Betriebliche Mitbestimmung
und Arbeitskampf

Europäische Hochschulschriften Recht

European University Studies in Law

Publications Universitaires Européennes de Droit

Band/Volume 6746

Hüseyin Nas

# Betriebliche Mitbestimmung und Arbeitskampf

PETER LANG

Lausanne - Berlin - Bruxelles – Chennai New York - Oxford

**Bibliografische Information der Deutschen Nationalbibliothek**
Die Deutsche Nationalbibliothek verzeichnet diese Publikation in der Deutschen Nationalbibliografie; detaillierte bibliografische Daten sind im Internet über http://dnb.d-nb.de abrufbar.

Zugl.: Bielefeld, Univ., Diss., 2023

D 361
ISSN 0531-7312
ISBN 978-3-631-90205-9
E-ISBN 978-3-631-90472-5
E-ISBN 978-3-631-90473-2
DOI 10.3726/b20985



Verlegt durch:
Peter Lang GmbH, Berlin, Deutschland

info@peterlang.com http://www.peterlang.com/



Diese Publikation wurde begutachtet.

*Meiner Familie in großer Dankbarkeit*

# Vorwort

Die vorliegende Arbeit wurde im Wintersemester 2023 von der Rechtswissenschaftlichen Fakultät der Universität Bielefeld als Dissertation angenommen. Die Arbeit entstand während meiner Tätigkeit als wissenschaftlicher Mitarbeiter in einer internationalen Wirtschaftskanzlei. Literatur und Rechtsprechung konnten bis August 2022 berücksichtigt werden.

Mein besonderer Dank gilt meinem Doktorvater, Herrn Prof. Dr. Oliver Ricken, der die vorliegende Arbeit betreut und mir bei der Anfertigung der Arbeit alle Freiräume gelassen hat. Bedanken möchte ich mich auch bei Frau Prof. Dr. Sudabeh Kamanabrou für die zügige Erstellung des Zweitgutachtens.

Überaus dankbar bin ich meinen geliebten Eltern, Musa und Havva Nas, meinen Geschwistern, Ayşe, Esra und Selçuk Nas, sowie meiner lieben Frau Damla Nas für die stets uneingeschränkte Unterstützung und den jederzeitigen Rückhalt. Ihrer Unterstützung und ihrem Verständnis verdanke ich es, dass meine Arbeit in der vorliegenden Form fertig gestellt werden konnte. Ihnen widme ich daher die Arbeit.

Düsseldorf, den 17.04.2023 Hüseyin Nas

# Inhaltsverzeichnis

# Literaturverzeichnis

*Adam, F. Roman*: Streikbruchprämien und Maßregelungsverbot, Besprechung des BAG-Urteils vom 14.08.2018 – 1 AZR 287/17, DZWIR 2019, 267 ff.

*Ahrendt, Martina*: Firmentarifvertrag und Firmenbezogener Verbandstarifvertrag, Ein aktueller Rechtsprechungsüberblick, RdA 2012, 129 ff.

*Auffarth, Fritz*: Die neue Betriebsverfassung, AuR 1972, 33 ff.

*Bader, Peter*: Die Rechtsprechung zur Betriebsratsanhörung ab dem Jahre 2010, NZA-RR 2015, 505 ff.

*Bader, Peter/Fischermeier, Ernst/Gallner, Inken, u.a.*: KR-Kommentar, Gemeinschaftskommentar zum Kündigungsschutzgesetz und zu sonstigen kündigungsschutzrechtlichen Vorschriften, 12. Auflage, Köln 2019 (KR/*Bearbeiter*)

*Baeck, Ulrich/Winzer, Thomas/Kramer, Nadine*: Neuere Entwicklungen im Arbeitsrecht – Rechtsprechung des BAG zu Arbeitskampfmaßnahmen, NZG 2015, 1063 ff.

*Bauer, Jobst-Hubertus/Willemsen, Eva Maria*: Der (partei)politische Betriebsrat, NZA 2010, 1089 ff.

*Bauer, Jobst-Hubertus/Von Medem, Andreas*: Anmerkung zu BAG, Beschl. v. 15.10.2013 – 1 ABR 31/12, AP GG Art. 9 Arbeitskampf Nr. 181

*Bauer, Jobst-Hubertus/Haußmann, Katrin*: Arbeiten verboten! – Das neue Streikbrecherverbot für Leiharbeitnehmer, NZA 2016, 803 ff.

*Bauer, Jobst-Hubertus/Krieger, Steffen*: „Firmentarifsozialplan" als zulässiges Ziel eines Arbeitskampfes, NZA 2004, 1019 ff.

*Bauer, Jobst-Hubertus/Haußmann, Katrin*: Der Notdienst im Arbeitskampf, DB 1996, 881 ff.

*Baumann, Helge/Brehmer, Helge*: Die Zusammensetzung von Betriebsräten: Ergebnisse aus der WSI-Betriebsrätebefragung 2015, WSI-Mitt. 2016, S. 201 ff.

*Bayreuther, Frank*: Der Streik um einen Tarifsozialplan, Konsequenzen des Urteils des BAG vom 24.04.2007 für die Tarifrechtspraxis, NZA 2007, 1017 ff.

*Bayreuther, Frank*: Die Rechtsprechung des Bundesarbeitsgerichts im Jahre 2007, ZfA 2009, 1–130

*Becker, Friedrich/Leimert, Dirk*: Die Stellung der Gewerkschaften nach dem neuen Betriebsverfassungsgesetz, BlStSozArbR, 1972, 37 ff.

*Beckerle, Sebastian*: Die Arbeitskampfrechtliche Judikatur im Spiegel der letzten zehn Jahre, Eine aktuelle Bestandsaufnahme und Tendenzen, NJW 2017, 439 ff.

*Beckerle, Sebastian/Hendric, Stolzenberg*: Kollektive Krankmeldung – Rückkehr eines atypischen Kampfmittels, NZA 2016, 1313 ff.

*Beer, Hans*: Über den Betriebsfrieden, AuR 1958, 236 ff.

*Bell, Alexander*: Wilde Arbeitskämpfe, Diss., Köln 1966

*Belling, Detlev W.*: Die Zulässigkeit freiwilliger Sonderzahlungen als Mittel der Streikabwehr, NZA 1990, 214 ff.

*Bengelsdorf, Peter*: Rechtliche Möglichkeiten zur Beschleunigung des erzwingbaren Einigungsstellenverfahrens, BB 1991, 613 ff.

*Berg, Peter*: Betriebsrat im Arbeitskampf, AiB 2019, 41 ff.

*Berg, Peter*: Einsatz von Streikbrechern, AiB 2012, 73 f.

*Berg, Peter*: Aktuelle Fragen des Arbeitskampfrechts und der Arbeitskampfpraxis, ArbuR 2020, 450 ff.

*Bieback, Karl-Jürgen*: Arbeitsverhältnis und Betriebsratsamt bei der außerordentlichen Kündigung von Betriebsratsmitgliedern, RdA 1978, 82 ff.

*Bieback, Karl-Jürgen/Mayer, Udo*: Mitbestimmung des Betriebsrats während des Arbeitskampfes, AuR 1982, 169 ff.

*Biedenkopf, Kurt H.*: Grenzen der Tarifautonomie, Karlsruhe 1964

*Bieder, Marcus*: Die Entwicklung der betrieblichen Mitbestimmung in sozialen Angelegenheiten (§ 87 I BetrVG), NZA-RR 2017, 225 ff.

*Blanke, Hermann*: Arbeitskampf und Betriebsrat, AiB 1993, 220 ff.

*Blomeyer, Wolfgang*: Die rechtliche Bewertung des Betriebsfriedens im Individual-, arbeits- und Betriebsverfassungsrecht, ZfA 1972, 85 ff.

*Bobke, Manfred H./Grimberg, Herbert*: Betriebsrat und Arbeitskampf, AiB 1984, 20 ff.

*Boecken, Winfried/Düwell, Franz Josef/Diller, Martin/Hanau, Hans*: NomosKommentar, Gesamtes Arbeitsrecht, 1. Auflage, Baden-Baden 2016 (NK-ArbR/*Bearbeiter*)

*Boemke, Burkhard*: Anmerkung zu BAG, Beschl. v. 20.03.2018 – 1 ABR 70/16, jurisPR-ArbR 6/2019 Anm. 2

*Boemke, Burkhard*: (Kein) Einsatz von Leiharbeitnehmerinnen als Streikbrecher, ZfA 2017, 1 ff.

*Boldt, Gerhard*: Zur Zulässigkeit von Firmentarifverträgen mit verbandsangehörigen Unternehmen, RdA 1971, 257 ff.

*Brill, Werner*: Betriebsrat und Arbeitskampf, DB 1979, 403 ff.

*Brox, Hans/Rüthers, Bernd:* Arbeitskampfrecht, 2. Auflage, Stuttgart/Berlin/Köln/Mainz 1982

*Buchner, Herbert*: Anmerkung zu BAG, Urt. v. 26.10.1971 – 1 AZR 113/68, SAE 1973, 33 ff.

*Büchner, Lutz Michael*: Die Mitbestimmung des Betriebsrats bei der Anordnung von Streikarbeit, BlStSozArbR 1985, 145 ff.

*Büchner, Lutz Michael*: Die Streikarbeit in der Arbeitskampfordnung, Zur Rechtmäßigkeit der Anordnung bzw. der Verweigerung von Streikarbeit im Arbeits- und Beamtenrecht, Diss., Frankfurt am Main 1987 (Die Streikarbeit)

*Bulla, G.-A.*: Betriebsverfassung und Arbeitskampf, Die gesetzliche Friedenspflicht gemäß § 49 II 2 BetrVG, § 55 II 2 PersVertrG, RdA 1962, 385 ff.

*Burger, Stefan/Rein, Michael*: Kein Unterlassungsanspruch des Arbeitgebers gegen betriebsverfassungswidriges Verhalten des Betriebsrats?, NJW 2010, 3613 ff.

*Busch, Mathias*: Mitbestimmung des Betriebsrats bei arbeitskampfbedingten Versetzungen in bestreikte Betriebe, DB 1997, 1974 ff.

*Buschmann, Rudolf*: Notdienstmaßnahmen im Arbeitskampf, AuR 1980, 230

*Dahl, Holger*: Mitbestimmung in wirtschaftlichen Angelegenheiten, Betriebsänderung, 1. Auflage, Frankfurt am Main 2021

*Däubler, Wolfgang*: Arbeitskampfrecht, Handbuch für die Praxis, 4. Auflage, Baden-Baden 2018 (Däubler/*Bearbeiter*, Arbeitskampfrecht); 2. Auflage, Baden-Baden 1987 (Däubler/*Bearbeiter*, Arbeitskampfrecht, 2. Aufl.)

*Däubler, Wolfgang*: Tarifvertragsgesetz, mit Arbeitnehmer-Entsendegesetz, 4. Auflage, Baden-Baden 2016 (Däubler/*Bearbeiter*, TVG)

*Däubler, Wolfgang*: Das Arbeitsrecht, Leitfaden für Arbeitnehmer, Band 1, 13. Auflage, Hamburg 1993

*Däubler, Wolfgang*: Anmerkung zu BAG, Urt. v. 20.03.1979 – 1 AZR 450/76, AiB 2012, 604 ff.

*Däubler, Wolfgang*: Anmerkung zu BAG, Urt. v. 05.12.1978 – 6 AZR 485/76, AiB 2011, 471 ff.

*Däubler, Wolfgang*: Der Notdienst im Arbeitskampf, AuR 1981, 257 ff.

*Däubler, Wolfgang/Klebe, Thomas/Wedde, Peter*: Kommentar für die Praxis, BetrVG, Betriebsverfassungsgesetz mit Wahlordnung und EBR-Gesetz, 17. Auflage, Frankfurt am Main 2020 (DKW/*Bearbeiter*)

*Däubler, Wolfgang/Hjort, Jens Peter/Schubert, Michael/Wolmerath, Martin*: NomosKommentar, Handkommentar, Arbeitsrecht, Individualarbeitsrecht mit kollektivrechtlichen Bezügen, 4. Auflage, Baden-Baden 2017 (Däubler/Hjort/Schubert/Wolmerath/*Bearbeiter*)

*De Beauregard, Paul Melot*: Die Rechtsprechung zum Arbeitskampfrecht in den Jahren 2016–2018, NZA-RR 2019, 625 ff.

*De Beauregard, Paul Melot/Baur, Maximilian*: Rechtsprechung zum Arbeitskampfrecht in den Jahren 2013 bis 2015, NZA-RR 2016, 617 ff.

*Deinert, Olaf*: Neuregelung des Fremdpersonaleinsatzes im Betrieb, RdA 2017, 65 ff.

*Dietz, Helmut W.*: Friedenspflicht und Mitbestimmung des Betriebsrats in Arbeitskämpfen, Diss., Gießen 1989 (Friedenspflicht)

*Dietz, Rolf*: Betriebsverfassungsgesetz, mit Wahlordnung, 4. Auflage, München/Berlin 1967

*Dietz, Rolf/Richardi, Reinhard:* Beck'sche Kommentare zum Arbeitsrecht, Betriebsverfassungsgesetz, Band 2, §§ 74 – Schluß mit Betriebsverfassungsgesetz 1952, 6. Auflage, München 1982

*Dornbusch, Gregor/Krumbiegel, Markus/Löwisch, Manfred:* AR, Kommentar zum gesamten Arbeitsrecht, 10. Auflage, Köln 2021 (DKL/*Bearbeiter*)

*Drescher, Ingo/Fleischer, Holger/Schmidt, Karsten:* Münchener Kommentar zum Handelsgesetzbuch, Band 1, 5. Auflage, München 2021 (MüKoHGB/*Bearbeiter*)

*Dütz, Wilhelm*: Verfahrensrecht der Betriebsverfassung, AuR 1973, 353 ff.

*Düwell, Franz Josef*: Betriebsverfassungsgesetz, BetrVG, WahlO, EBRG, SEBG, Handkommentar, 5. Auflage, Baden-Baden 2018 (Düwell/*Bearbeiter*)

*Eich, Rolf-Achim*: Mitbestimmungsrechte des Betriebsrates bei arbeitskampfbedingten Maßnahmen des Arbeitgebers, DB 1979, Beil. 9, 1 ff.

*Eichelsbacher, Franz*: Kommentar zum Betriebsrätegesetz vom 4. Februar 1920 nebst Wahlordnung vom 5. Februar 1920 und Musterbeispielen, München 1920

*Gaumann, Ralf/Schafft, Marcus*: Tarifvertragliche Öffnungsklauseln – ein sinnvolles Flexibilisierungsinstrument, NZA 1998, 176 ff.

*Farthmann, Friedhelm*: Die Mitbestimmung des Betriebsrats bei der Regelung der Arbeitszeit, RdA 1974, 65 ff.

*Feig, J./Sitzler, F.*: Kommentar zum Betriebsrätegesetz vom 4. Februar 1920, 9. und 10. Auflage, Berlin 1922

*Fischer, Ulrich*: Anmerkung zu BAG Urt. v. 14.08.2018 – 1 AZR 287/17, jurisPR-ArbR 6/2019 Anm. 1

*Fitting, Karl/Schmidt, Ingrid/Trebinger, Yvonne/Linsenmaier, Wolfgang/Schelz, Hanna/Schmidt, Kristina:* Fitting, Betriebsverfassungsgesetz, Handkommentar, 31. Auflage, München 2022 (*Fitting*, BetrVG)

*Flatow, Georg*: Betriebsräte und Gewerkschaften, NZfA 1924, 385 ff.

*Flatow, Georg/Kahn-Freund, Otto*: Kommentar zum Betriebsrätegesetz vom 4. Februar 1920, 13. Auflage, Berlin 1931

*Franzen, Martin*: Neuausrichtung des Drittpersonaleinsatzes – Überlegungen zu den Vorhaben des Koalitionsvertrags, RdA 2015, 141 ff.

*Frieling, Tino/Jacobs, Matthias/Krois, Christopher*: Arbeitskampfrecht, Handbuch für Wissenschaft und Praxis, München 2021 (Frieling/Jacobs/Krois/*Bearbeiter*, Arbeitskampfrecht)

*Gagel, Alexander/Knickrehm, Sabine/Deinert, Olaf*: Gagel, SGB II/SGB III, Grundsicherung und Arbeitsförderung, Kommentar, Band 1, EL 79, München September 2020 (Gagel/*Bearbeiter*)

*Gallner, Inken/Mestwerdt, Wilhelm/Nägele, Stefan*: NomosKommentar, Handkommentar, Kündigungsschutzrecht, 7. Auflage, Baden-Baden 2021 (Gallner/Mestwerdt/Nägele/*Bearbeiter*)

*Galperin, Hans/Löwisch, Manfred*: Kommentar zum Betriebsverfassungsgesetz, Band 2, Regelung der Mitbestimmung (§§ 74–132), 6. Auflage, Heidelberg 1982; 5. Auflage, Heidelberg 1976

*Gamillscheg, Franz*: Kollektives Arbeitsrecht – Band I, Grundlagen, Koalitionsfreiheit, Tarifvertrag, Arbeitskampf und Schlichtung, München 1997

*Gamillscheg, Franz*: Hundert Jahre Betriebsverfassung, ArbuR 1991, 272 ff.

*Gaumann, Ralf*: Ausgabe von Werksausweisen bei Erhaltungsarbeiten im Arbeitskampf – ein mitbestimmungspflichtiger Tatbestand?, NZA 2001, 245 ff.

*Germelmann, Claas-Hinrich*: Der Betriebsfrieden im Betriebsverfassungsrecht, Band 1, Frankfurt am Main 1972 (Der Betriebsfrieden)

*Germelmann, Claas-Hinrich/Prütting, Hanns/Matthes, Hans-Christoph*: Kommentar zum Arbeitsgerichtsgesetz, 9. Auflage, München 2017 (Germelmann/Matthes/Prütting/*Bearbeiter*)

*Gester, Heinz*: Die betriebsverfassungsrechtliche Stellung von Belegschaft und Betriebsrat, Diss., Köln 1956 (Die Stellung von Belegschaft und Betriebsrat)

*Gloistein, Hermann*: Der Betriebsrat im Arbeitskampf, Amtstätigkeit und Entgeltansprüche arbeitskampfbetroffener Betriebsratsmitglieder, Diss., München 2001

*Greiner, Stefan*: Atypische Arbeitskampfmittel und Kampfpluralität, Welche Verteidigungsmittel bleiben?, NJW 2010, 2977 ff.

*Grimm, Detlef*: Anmerkung zu BAG, Beschl. v. 13.12.2011 – 1 ABR 2/10, ArbRB 2012, 175 f.

*Grimm, Detlef/Vitt, Tillmann*: Neue Entwicklungen im Arbeitskampfrecht, Welche Möglichkeiten haben die Tarifvertragsparteien, wo lauern Risiken?, ArbRB 2020, 21 ff.

*Grobys, Isabella/Panzer-Heemeier, Andrea*: StichwortKommentar zum Arbeitsrecht, 3. Auflage, Baden-Baden 2017 (Grobys/Panzer-Heemeier/*Bearbeiter*, Arbeitskampf)

*Hahn, Frank/Pfeiffer, Gerhard/Schubert, Jens*: Arbeitszeitrecht, Handkommentar, 2. Auflage, Baden-Baden 2018 (Hahn/Pfeiffer/Schubert/*Bearbeiter*)

*Hamann, Wolfgang*: Anmerkung zu BVerfG, Beschl. v. 25.02.2019 – 1 BvR 842/17, jurisPR-ArbR 14/2019 Anm. 1

*Hanau, Peter*: Unklarheiten in dem Regierungsentwurf des Betriebsverfassungsgesetzes, BB 1971, 485 ff.

*Hässler, Kay*: Beteiligungsrechte des Betriebsrats im Arbeitskampf, Diss., Hamburg 1992 (Beteiligungsrechte)

*Hauer, Matti*: Anmerkung zu LAG Frankfurt, Beschl. v. 08.09.2016 – 5 TaBV 242/15, jurisPR-ArbR 49/2016 Anm. 4

*Heinze, Meinhard*: Mitbestimmung des Betriebsrats und Arbeitskampf, DB 1982, Beil. 23, 1 ff.

*Heinze, Meinhard*: Die betriebsverfassungsrechtlichen Ansprüche des Betriebsrats gegenüber dem Arbeitgeber, DB 1983, Beil. 9, 1 ff.

*Heinze, Meinhard*: Anmerkung zu BAG, Urt. v. 06.03.1979 – 1 AZR 866/77, SAE 1980, 221 ff.

*Heinze, Meinhard*: Personalplanung, Einstellung und Kündigung, Mitbestimmung des Betriebsrates bei personellen Maßnahmen, Stuttgart 1982 (Personalplanung)

*Henssler, Martin/Willemsen, Heinz Josef/Kalb, Heinz-Jürgen*: Arbeitsrecht Kommentar, 10. Auflage, Köln 2022 (HWK/*Bearbeiter*)

*Herbst, Jens*: Arbeitskampf, Rechte des Betriebsrats im Arbeitskampf, AiB 1987, 4 ff.

*Herbst, Jens*: Arbeitskampf, Rechte des Betriebsrats im Arbeitskampf, AiB 1987, 4 ff.

*Hergenröder, Curt Wolfgang*: Anmerkung zu BAG, Beschl. v. 10.12.2002 – 1 ABR 7/02, SAE 2003, 343 ff.

*Herschel, Wilhelm*: Anmerkung zu BAG, Urt. v. 17.12.1976 – 1 AZR 772/75, SAE 1977, 185 ff.

*Herschel, Wilhelm*: Zur Entstehung des Tarifvertragsgesetzes, ZfA 1973, 183 ff.

*Hess, Harald/Worzalla, Michael/Glock, Dirk/Nicolai, Andrea/Rose, Franz-Josef/Huke, Kristina*: BetrVG Kommentar, 10. Auflage, Köln 2018 (HWGNRH/*Bearbeiter*)

*Hiersemann, Walter*: Die Stellung des Betriebsrats im Arbeitskampf, BB 1966, 252 ff.

*Hohenstatt, Klaus-Stefan*: Erhaltungsarbeiten im Arbeitskampf, Diss., Frankfurt am Main 1993 (Erhaltungsarbeiten)

*Holthusen, Marcel*: Die Betriebsstilllegung durch den Arbeitgeber im Arbeitskampf, RdA 2019, 216 ff.

*Hromadka, Wolfgang*: Die Betriebsverfassung, Ein Überblick über Betriebsverfassungsgesetz und Sprecherausschussgesetz, 2. Auflage, München 1994

*Hueck, Alfred/Nipperdey, Hans Carl*: Lehrbuch des Arbeitsrechts, Band 2, Kollektives Arbeitsrecht, Halbband 2, 7. Auflage, Berlin 1970; Band 2, 6. Auflage, Berlin und Frankfurt a.M. 1957

*Ilbertz, Wilhelm*: Anmerkung zu BAG, Beschl. v. 10.12.2002 – 1 ABR 7/02, ZBVR 2004, 5 f.

*Jacobs, Matthias*: Das neue Arbeitskampfrecht des Bundesarbeitsgerichts, ZfA 2011, 71 ff.

*Jahn, Lothar*: Die Beteiligung des Betriebsrats bei arbeitskampfbedingten Maßnahmen des Arbeitgebers, Diss., Baden-Baden 1993 (Die Beteiligung des Betriebsrats)

*Jahnke, Volker*: Betriebsrisiko und Mitbestimmung des Betriebsrats, ZfA 1984, 69 ff.

*Jahnke, Volker*: Unterlassungsansprüche bei drohender Verletzung der allgemeinen Friedenspflicht (§ 74 Abs. 2 Satz 2 BetrVG), BlStSozArbR 1974, 164 ff.

*Jansen, Guido*: Die betriebliche Mitbestimmung im Arbeitskampf, Zugleich ein Beitrag zum arbeitskampfrechtlichen Paritätsprinzip, Diss., Berlin 1999 (Mitbestimmung)

*Jarass, Hans/Pieroth, Bodo*: Kommentar zum GG, Grundgesetz für die Bundesrepublik Deutschland, 16. Auflage, München 2020

*Kalb, Heinz-Jürgen*: Arbeitskampfrecht, Eine systematische Darstellung und Dokumentation der wichtigen arbeitskampfrechtlichen Entscheidungen in Leitsätzen, Neuwied und Darmstadt 1986

*Kamanabrou, Sudabeh*: Arbeitsrecht, Lehrbuch des Privatrechts, Tübingen 2017

*Kaskel, Walter/Dersch, Hermann*: Arbeitsrecht, 5. Auflage, Berlin/Göttingen/Heidelberg 1957

*Kempen, Otto Ernst*: Das Rechtsverhältnis zwischen den Belegschaftsvertretern und den Gewerkschaften im Arbeitskampf, NZA 2005, 185 ff.

*Kestermann, Christian/Lesch, Hagen/Stettes, Oliver*: Betriebsratswahlen 2018, Vierteljahresschrift zur empirischen Wirtschaftsordnung, Institut der deutschen Wirtschaft Köln, IW-Trends 4/2018, S. 79 ff.

*Kiel, Heinrich/Lunk, Stefan/Oetker, Hartmut*: Münchener Handbuch zum Arbeitsrecht, Band 3, Kollektives Arbeitsrecht I, 5. Auflage, München 2022; Band 4, Kollektives Arbeitsrecht II, Arbeitsgerichtsverfahren, 5. Auflage, München 2022 (MHdB ArbR/*Bearbeiter*)

*Kissel, Otto Rudolf*: Arbeitskampfrecht, Ein Leitfaden, München 2002

*Kissel, Otto Rudolf*: Die Rechtsprechung des BAG in Arbeitskampfsachen im Jahre 1988, NZA 1989, 81 ff.

*Kittner, Michael*: Aktuelle Fragen des Arbeitsrechts, AuR 1981, 289 ff.

*Klein, Thomas/Leist, Dominik*: Kein Einsatz von Leiharbeitnehmern als Streikbrecher – Die Neuregelung in § 11 Abs. 5 AÜG im Hinblick auf Auslegung, Schutzlücken, Rechtsfolgen und Durchsetzungen, AuR 2017, 100 ff.

*Kleinmann, Christof/Fündling, Caroline*: Arbeitskampf und betriebliche Mitbestimmung, NZA 2018, 1386 ff.

*Klocke, Daniel*: Das BetrVG und der Arbeitskampf im Betrieb, HSI-Schriftenreihe, Band 29, 1. Auflage, Frankfurt am Main 2019 (Das BetrVG und der Arbeitskampf)

*Klocke, Daniel*: Das Verhältnis von Arbeitskampfrecht und Betriebsverfassungsrecht, AuR 2020, 444 ff.

*Konzen, Horst*: Gemeinsame Anmerkung zu BAG, Urt. v. 14.02.1978 – 1 AZR 54/76, 1 AZR 76/76, 1 AZR 103/76, AP GG Art. 9 Arbeitskampf Nr. 57–59

*Kraft, Alfons*: Die Mitwirkungs- und Mitbestimmungsrechte des Betriebsrats während des Arbeitskampfes, in: Arbeitsleben und Rechtspflege – Festschrift für Gerhard Müller, Berlin 1981, S. 265 ff. (FS Müller)

*Kraft, Alfons*: Anmerkung zu BAG, Beschl. v. 24.04.1979 – 1 ABR 43/77, SAE 1979, 303 f.

*Kraft, Alfons*: Anmerkung zu BAG, Urt. v. 16.12.1982 – 2 AZR 76/81, AP KSchG 1969 § 15 Nr. 13

*Kraus, Jana*: Erhaltungsarbeiten im Streik, Diss., Frankfurt am Main 2000 (Erhaltungsarbeiten)

*Krause, Rüdiger*: Anmerkung zu BAG, Beschl. v. 10.12.2002 – 1 ABR 7/02, EzA BetrVG 2001 § 80 Nr. 1

*Krause, Rüdiger*: Gewerkschaften und Betriebsräte zwischen Kooperation und Konfrontation, RdA 2009, 129 ff.

*Kreutz, Peter*: Grundsätze der Zusammenarbeit zwischen Arbeitgeber und Betriebsrat nach dem neuen Betriebsverfassungsgesetz, BlStSozArbR 1972, 44 ff.

*Krichel, Ulrich*: Ist der Firmentarifvertrag mit einem verbandsangehörigen Arbeitgeber erstreikbar?, NZA 1986, 731 ff.

*Krieger, Steffen/Günther, Jens*: Streikrecht 2.0 – Erlaubt ist, was gefällt!?, NZA 2010, 20 ff.

*Krüger, Herbert*: Gewerkschaftliche Betätigung von Betriebs- und Personalratsmitgliedern, ZBR 1972, 97 ff.

*Krummel, Christoph*: Betriebsrat und betriebliche Mitbestimmung im Arbeitskampf, BB 2002, 1418 ff.

*Küttner, Wolfdieter/Schmidt, Uwe*: Einseitige Anordnung von Überstunden durch den Arbeitgeber im Arbeitskampf, DB 1988, 704 ff.

*Lambrich, Thomas/Woidy, Isabelle*: Anmerkung zu BAG, Beschl. v. 20.03.2018 – 1 ABR 70/16, Voraussetzungen zur Suspendierung des Mitbestimmungsrechts des Betriebsrats für den Fall einer streikbedingten Anordnung von Mehrarbeit, DB 2018, 2645

*Larenz, Karl/Canaris, Claus-Wilhelm*: Methodenlehre der Rechtswissenschaft, 3. Auflage, Berlin/Heidelberg 1995

*Lembke, Mark*: AÜG-Reform 2017 – Eine Reformation in Peius, NZA 2017, 1 ff.

*Lieb, Manfred*: Zur Mitbestimmung des Betriebsrats bei der Bewältigung der Fernwirkungen von Arbeitskämpfen, NZA 1990, 377 ff.

*Linck, Rüdiger/Preis, Ulrich/Schmidt, Ingrid*: Ascheid/Preis/Schmidt, Kündigungsrecht, Großkommentar zum gesamten Recht der Beendigung von Arbeitsverhältnissen, 6. Auflage, München 2021 (APS/*Bearbeiter*)

*Linck, Rüdiger/Krause, Rüdiger/Bayreuther, Frank*: Kündigungsschutzgesetz, Kommentar, 16. Auflage, München 2019

*Lingemann, Stefan*: Anmerkung zu BAG, Beschl. v. 13.12.2011 – 1 ABR 2/10, ArbRAktuell 2012, 14

*Lipinski, Wolfgang/Ferme, Marco*: Erstreikbarkeit von Tarifsozialplänen zulässig – Erste Gedanken zu Gegenmaßnahmen der Arbeitgeberseite, Notwendige Überlegungen bei Betriebsänderungen nach dem BAG-Urteil vom 24.04.2007, DB 2007, 1250 ff.

*Litschen, Kai*: Das BAG und der Arbeitskampf oder die Kunst, ein totes Pferd zu reiten, NZA-RR 2015, 57 ff.

*Lobinger, Thomas*: Systemdenken im Betriebsverfassungsrecht, RdA 2011, 76 ff.

*Löwisch, Manfred*: Der praktische Fall, Betriebsverfassungs- und Sozialversicherungsrecht: Folgen eines Streiks, JuS 1973, 571 ff.

*Löwisch, Manfred*: Beschäftigungssicherung als Gegenstand betrieblicher und tariflicher Regelungen und von Arbeitskämpfen, DB 2005, 554 ff.

*Löwisch, Manfred/Kaiser, Dagmar/Klumpp, Steffen*: Kommentar zum Betriebsverfassungsgesetz, Band 2, §§ 74–132, 7. Auflage, Frankfurt am Main 2020

*Löwisch, Manfred/Rieble, Volker*: Tarifvertragsgesetz, Kommentar, 4. Auflage, München 2017

*Lund, Heinrich*: Anmerkung zu BAG, Beschl. v. 10.02.1988 - 1 ABR 70/86, AP BetrVG 1972 § 99 Nr. 53.

*Mansfeld, Werner*: Kommentar zum Betriebsrätegesetz mit den einschlägigen Nebengesetzen, 2. Auflage, Mannheim/Berlin/Leipzig 1930

*Markowski, Jürgen*: Anmerkung zu BAG, Urt. v. 20.03.2018 - 1 ABR 70/16, ArbRB 2018, 265

*Markowski, Jürgen*: Anmerkung zu BAG Beschl. v. 20.03.2018 - 1 ABR 70/16, ArbRB 2018, 265

*Dürig, Günter/Herzog, Roman/Scholz, Rupert*: Grundgesetz Kommentar, Band II, 90. Lieferung, München 2020 (Dürig/Herzog/Scholz/*Bearbeiter*)

*Mayer-Maly, Theo*: Zur Problematik betriebsnaher Tarifpolitik, DB 1965, 32 f.

*Mayer-Maly, Theo*: Lohnzahlungspflicht und Kurzarbeit in mittelbar kampfbetroffenen Betrieben, BB 1979, 1305 ff.

*Mayer, Udo*: Fernwirkung von Arbeitskämpfen und Mitbestimmung des Betriebsrats, AuR 1980, 65 ff.

*Meisel, Peter G*: Die Mitwirkung und Mitbestimmung des Betriebsrats in personellen Angelegenheiten, 5. Auflage, Heidelberg 1984

*Meisel, Peter G.*: Anmerkung zu BAG, Urt. v. 06.03.1979 - 1 AZR 866/77, AP BetrVG 1972 § 102 Nr. 20

*Merath, Friedrich*: Anmerkung zu BAG, Urt. v. 14.08.2018 - 1 AZR 287/17, GWR 2018, 476

*Meyer, Cord*: Einschränkung der Mitbestimmung im Arbeitskampf, BB 2012, 2753 ff.

*Meyer, Cord*: Aktuelle Rechtsprechung zum Arbeitskampfrecht, im Zeitraum der Jahre 2010 bis 2012, ZTR 2013, 8 ff.

*Meyer, Cord*: Anmerkung zu BAG, Beschl. v. 20.03.2018 - 1 ABR 70/16, RdA 2018, 380 ff.

*Milert, Werner/Tschirbs, Rudolf*: Von den Arbeiterausschüssen zum Betriebsverfassungsgesetz, Geschichte der betrieblichen Interessenvertretung, Band 6, Köln 1991 (Von den Arbeiterausschüssen)

*Moll, Wilhelm*: Münchener Anwaltshandbuch Arbeitsrecht, 5. Auflage, München 2021 (MAH ArbR/*Bearbeiter*)

*Müller-Glöge, Rudi/Preis, Ulrich/Schmidt, Ingrid:* Erfurter Kommentar zum Arbeitsrecht, 22. Auflage, München 2022; 21. Auflage, München 2021 (ErfK/*Bearbeiter*)

*Müller, Bernd/Landshuter, Francisca*: Arbeitsrecht im öffentlichen Dienst, 7. Auflage, München 2009 (Arbeitsrecht)

*Natzel, Inigo*: Anmerkung zu BAG, Beschl. v. 16.12.1986 – 1 ABR 35/85, SAE 1989, 243 ff.

*Neumann-Duesberg, Horst*: Betriebsverfassungsrecht, Berlin 1960

*Nikisch, Arthur*: Arbeitsrecht, Band 2, Koalitionsrecht, Arbeitskampfrecht und Tarifvertragsrecht, 2. Auflage, Tübingen 1959; Arbeitsrecht, Band 3, Betriebsverfassungsrecht, 2. Auflage, Tübingen 1966

*Nipperdey, Hans Carl*: Rechtsprobleme der Aussperrung und des Streiks, DB 1963, 1613 ff.

*Nothelfer, Nepomuk/Schlotthauer, Philipp*: Die Mehrarbeitsanordnung als Arbeitskampfmaßnahme – Besprechungsaufsatz zum BAG-Beschluss vom 20.03.2018 – 1 ABR 70/16, SAE 2019, 63 ff.

*Oetker, Hartmut*: Parteipolitische Betätigung von Betriebsräten im Spannungsfeld zwischen betriebsverfassungsrechtlicher Friedenspflicht und verfassungsrechtlich garantierter Meinungsfreiheit, BlStSozArbR 1983, 321 ff.

*Oetker, Hartmut*: Die Durchführung von Not- und Erhaltungsarbeiten bei Arbeitskämpfen, Heidelberg 1984 (Erhaltungsarbeiten)

*Otto, Hansjörg*: Arbeitskampfrecht- und Schlichtungsrecht, München 2006

*Otto, Hansjörg*: Mitbestimmung des Betriebsrats bei der Regelung von Dauer und Lage der Arbeitszeit, NZA 1992, 97 ff.

*Patett, Helmut*: Arbeitskampffernwirkungen, Lohnrisiko und Mitbestimmung, Diss., Hamburg 1984 (Arbeitskampffernwirkungen)

*Pauly, Stephan/Osnabrügge, Stephan*: Handbuch Kündigungsrecht, 5. Auflage, Bonn 2017 (Pauly/Osnabrügge/*Bearbeiter*)

*Pflug, Hans*: Geldsammlung im Betrieb zugunsten streikender Arbeitnehmer?, AuR 1954, 296 ff.

*Pfrogner, Julia*: Unterlassungsanspruch des Arbeitgebers gegen den Betriebsrat, RdA 2016, 161 ff.

*Preis, Ulrich/Greiner, Stefan*: Arbeitsrecht, Kollektivarbeitsrecht, Lehrbuch für Studium und Praxis, 5. Auflage, Köln 2020 (Kollektivarbeitsrecht)

*Priebe, Andreas*: Gebot der vertrauensvollen Zusammenarbeit und Arbeitskampfverbot, AiB 2012, 667 ff.

*Raab, Thomas*: Rechtsschutz des Arbeitgebers gegen Pflichtverletzungen des Betriebsrats (Teil 1), RdA 2017, 288 ff.

*Reichold, Hermann*: Der Betriebsrat – ein „Trojanisches Pferd“ im Arbeitskampf?, NZA 2004, 247 ff.

*Reichold, Hermann*: Kein Unterlassungsanspruch des Arbeitgebers bei parteipolitischer Betätigung des Betriebsrats nach § 74 Abs. 2 BetrVG – Besprechung des Beschlusses BAG v. 17.03.2010 – 7 ABR 95/08, RdA 2011, 58 ff.

*Reichold, Hermann*: Betriebsverfassung als Sozialprivatrecht, Historisch-dogmatische Grundlagen von 1848 bis zur Gegenwart, Schriften des Instituts für Arbeits- und Wirtschaftsrecht der Universität zu Köln, Band 66, München 1995 (Betriebsverfassung)

*Reinhard, Barbara*: Bedingt abwehrbereit – Wie Arbeitgeber sich gegen eine Blockadehaltung des Betriebsrats zur Wehr setzen können, ArbRB 2014, 218 ff.

*Reuss, Wilhelm*: Kollektive oder kollektiv-rechtliche Arbeitskampfziele?, AuR 1965, 97 ff.

*Reuter, Dieter*: Die (persönliche und amtliche) Rechtsstellung des Betriebsrats im Arbeitskampf, AuR 1973, 1 ff.

*Reuter, Dieter*: Anmerkung zu BAG, Beschl. v. 16.12.1986 – 1 ABR 35/85, JuS 1987, 583 f.

*Richardi, Reinhard*: Betriebsverfassungsrecht mit Wahlordnung, Kommentar, 17. Auflage, München 2022 (Richardi BetrVG/*Bearbeiter*)

*Richardi, Reinhard*: Anmerkung zu BAG, Urt. v. 17.12.1976 – 1 AZR 772/75, AP GG Art. 9 Arbeitskampf Nr. 52

*Richardi, Reinhard*: Anmerkung zu BAG, Urt. v. 26.10.1971 – 1 AZR 113/68, AP GG Art. 9 Arbeitskampf Nr. 44

*Richardi, Reinhard*: Die tarif-/ und betriebsverfassungsrechtliche Bedeutung der tarifvertraglichen Arbeitszeitregelung in der Metallindustrie, NZA 1984, 387 ff.

*Richardi, Reinhard*: Betriebsratsamt und Gewerkschaft, RdA 1972, 8 ff.

*Richardi, Reinhard*: Arbeitskampfrecht und betriebsverfassungsrechtliche Mitbestimmungsordnung, in: Justiz und Recht – Festschrift aus Anlass des 10jährigen Bestehens der Deutschen Richterakademie in Trier, Heidelberg 1983, S. 111 ff. (FS der deutschen Richterakademie)

*Ricken, Oliver*: Die Rechtsprechung des Bundesarbeitsgerichts im Jahre 2011, ZfA 2012, 615 ff.

*Ricken, Oliver*: Der Sozialplantarifvertrag als zulässiges Arbeitskampfziel? ZfA 2008, 283 ff.

*Rieble, Volker*: Gewerkschaftsnützige Leistungen an Betriebsräte, BB 2009, 1016 ff.

*Rieble, Volker*: Flash-Mob – ein neues Kampfmittel?, NZA 2008, 796 ff.

*Rieble, Volker/Wiebauer, Bernd*: Meinungskampf im Betrieb, ZfA 2010, 63 ff.

*Ring, Gerhard*: Die Zahlung von Streikbruchprämien als zulässiges Arbeitskampfinstrument und dessen rechtlicher Bestand, Besprechung des Urteils BAG v. 14.08.2018 – 1 AZR 287/17, RdA 2019, 239 ff.

*Rolfs, Christian/Giesen, Richard/Kreikebohm, Ralf/Udsching, Peter*: Beck'scher Online-Kommentar Arbeitsrecht, 63. Edition, München 2022 (BeckOK ArbR/*Bearbeiter*)

*Rolfs, Christian/Bütefisch, Wylka*: Gewerkschaftliche Betätigung des Betriebsratsmitglieds im Arbeitskampf, NZA 1996, 17 ff.

*Röller, Jürgen* (Hrsg.): Küttner, Personalbuch, Arbeitsrecht – Lohnsteuerrecht – Sozialrecht, 28. Auflage, München 2021 (Küttner/*Bearbeiter*)

*Roß, Anika Andrea*: Das Arbeitskampfverbot des Betriebsrats, Aktuelle Probleme zu einem klassischen Thema, Diss., Münster 2010 (Das Arbeitskampfverbot)

*Rüthers, Bernd*: Die Betriebsverfassung im Nationalsozialismus, AuR 1970, 97 ff.

*Rüthers, Bernd/Klosterkemper, Heinz*: Anmerkung zu BAG, Beschl. v. 24.04.1979 – 1 ABR 43/77, AP GG Art. 9 Arbeitskampf Nr. 63

*Rüthers, Bernd/Henssler, Martin*: Anmerkung zu BAG, Beschl. v. 16.12.1986 – 1 ABR 35/85, AP BetrVG 1972 § 87 Ordnung des Betriebes Nr. 13

*Sachs, Michael*: Grundgesetz Kommentar, 9. Auflage, München 2021 (Sachs/*Bearbeiter*)

*Säcker, Franz-Jürgen*: Gewerkschaften und wilder Streik, BB 1971, 962 ff.

*Säcker, Franz Jürgen/Rixecker, Roland/Oetker, Hartmut/Limperg, Bettina*: Münchener Kommentar zum Bürgerlichen Gesetzbuch, Band 5, 8. Auflage, München 2020 (MükoBGB/*Bearbeiter*)

*Schäfer, Claus*: Die WSI-Befragung von Betriebs- und Personalräten 2002 – ein Überblick, WSI-Mitt. 2003, S. 139 ff.

*Scharff, Bettina*: Anmerkung zu LAG Berlin-Brandenburg, Beschl. v. 31.01.2012 – 7 TaBV 1733/11, BB 2013, 702 ff.

*Schaub, Günter/Koch, Ulrich*: Arbeitsrecht von A–Z, 24. Auflage, München 2020

*Schaub, Günther*: Arbeitsrechts-Handbuch, Systematische Darstellung und Nachschlagewerk für die Praxis, 19. Auflage, München 2021 (Schaub/*Bearbeiter*)

*Schiffer, Jack*: Erhaltungsarbeiten im Arbeitskampf, Diss., München 1975 (Erhaltungsarbeiten)

*Schleusener, Axel Aino*: Rechtmäßigkeit kampfweiser Durchsetzung von Firmentarifverträgen gegenüber verbandsangehörigen Arbeitgebern, NZA 1998, 239 ff.

*Schmidt, Eberhard*: Mitwirkungspflicht des Betriebsrats bei der Notdienstbestellung vor Arbeitskampf?, DB 1978, 1278

*Schönhöft, Andreas/Weyhing, Maria*: Neutralitätspflicht und Koalitionsfreiheit des Betriebsrats, BB 2014, 762 ff.

*Schröder, Horst*: Streik und Strafrecht, BB 1953, 1015 ff.

*Schulin, Bertram*: Mitbestimmung im Arbeitskampf, in: Lieb/von Stebut/Zöllner (Hrsg.), Arbeitskampfrecht, Symposium Hugo Seiter zum Gedächtnis, Berlin 1990, S. 191 ff.

*Schwarze, Roland*: Zur arbeitskampfrechtlichen Zulässigkeit der Streikbruchprämie, RdA 1993, 264 ff.

*Schwarze, Roland*: Beteiligungsrechte des Betriebsrates im Arbeitskampf, Anmerkung zu BAG, Beschl. v. 13.11.2011 – 1 ABR 2/10, JA 2012, 630 ff.

*Seiter, Hugo*: Streikrecht und Aussperrungsrecht, Ein Arbeitskampfrechtssystem auf der Grundlage subjektiv privater Kampfrechte, Tübingen 1975

*Seiter, Hugo*: Mitbestimmung des Betriebsrats bei vorübergehender Stilllegung mittelbar arbeitskampfbetroffener Betriebe, RdA 1979, 393 ff.

*Seiter, Hugo*: Die neue Betriebsrisiko- und Arbeitskampfrisikolehre – zu den Beschlüssen des Bundesarbeitsgerichts vom 22.12.1980 (1 ABR 2/79 und 1 ABR 76/79), DB 1981, 321 ff. – DB 1981, 578 ff.

*Simitis, Spiros/Weiss, Manfred*: Zur Mitbestimmung des Betriebsrats bei Kurzarbeit, DB 1973, 1240 ff.

*Spielberger, Marc*: Anmerkung zu BAG, Urt. v. 14.08.2018 – 1 AZR 287/17, NZA-RR 2019, 126 f.

*Stege, Dieter/Weinspach, F.K./Schiefer, Bernd*: Betriebsverfassungsgesetz, Handkommentar für die betriebliche Praxis, 9. Auflage, Köln 2002

*Steinau-Steinrück, Robert/ Burmann, Kai-Oliver:* Die betriebsinterne Öffentlichkeitsarbeit des Betriebsrats, Wenn zwei sich streiten, freut sich das Publikum, NZA 2019, 209 ff.

*Stettes, Oliver*: Betriebsratswahlen 2014, Ein Rückblick auf Basis der Betriebsratswahlen, Vierteljahresschrift zur empirischen Wirtschaftsordnung, Institut der deutschen Wirtschaft Köln, IW-Trends 1/2015, S. 3 ff.

*Sura, Stephan*: Anmerkung zu BAG, LAG Hamburg, Beschl. v. 25.04.2018 – 2 TaBV 1/18, NZA-RR 2018, 551 ff.

*Sura, Stephan*: Anmerkung zu BAG, Urt. v. 14.08.2018 – 1 AZR 287/17, NJW 2019, 538 ff.

*Thüsing, Gregor*: Anmerkung zu BAG, Urt. v. 18.02.2003 – 1 AZR 142/02, AP GG Art. 9 Arbeitskampf Nr. 163

*Thüsing, Gregor*: Dauerhafte Arbeitnehmerüberlassung: Neues vom BAG, vom EuGH und auch vom Gesetzgeber, NZA 2014, 10 ff.

*Thüsing, Gregor/Waldhoff, Christian*: Koalitionsfreiheit und Arbeitskampfrecht, ZfA 2011, 329 ff.

*Trittin, Wolfgang*: Das Betriebsrisiko bei mittelbaren Arbeitskampffolgen, Kritik der Rechtsprechung des BAG zu Entgeltansprüchen und Mitbestimmungsrechten, DB 1990, 322 ff.

*Tschöpe, Ulrich*: Arbeitsrecht Handbuch, 12. Auflage, Köln 2021 (Tschöpe/*Bearbeiter*)

*Ubber, Thomas/Löw, Meike*: Der Einsatz von Leiharbeitnehmern als Streikbrecher, BB 2015, 3125 ff.

*Van Gelder, Alfons*: Die Wirkung rechtmäßiger Arbeitskampfmaßnahmen, AuR 1969, 207 ff.

*Van Gelder, Alfons/Böttner, Walter*: Beendigung des Arbeitsverhältnisses durch Aussperrung oder Streik? – BAGE 16, 123, JuS 1969, 112 ff.

*Von Bismarck, Otto Fürst*: Gedanken und Erinnerungen, Band 3, Stuttgart und Berlin 1919

*Von Hoyningen-Huene, Gerrick*: Betriebsverfassungsrecht, 4. Auflage, München 1998

*Von Hoyningen-Huene, Gerrick*: Anmerkung zu BAG, Urt. v. 13.07.1993 – 1 AZR 676/92, AP GG Art. 9 Arbeitskampf Nr. 127

*Von Hoyningen-Huene, Gerrick*: Streikbedingte Sonderzuwendungen als Arbeitskampfmittel, DB 1989, 1466 ff.

*Vormbaum-Heinemann, Irma*: Anmerkung zu LAG Hamburg, Beschl. v. 25.04.2018 – 2 TaBV 1/18, ArbRAktuell 2018, 403

*Walenta, Heike*: Kein (nachträgliches) Mitbestimmungsrecht des Betriebsrats bei echten Streikbruchprämien, NZA 2021, 1762 ff.

*Waltermann, Raimund*: Arbeitsrecht, 20. Auflage, München 2021

*Wank, Rolf*: Die Rechtsprechung des Bundesarbeitsgerichts im Jahre 1986, ZfA 1987, 355 ff.

*Wank, Rolf*: Änderungen im Leiharbeitsrecht, RdA 2017, 100 ff.

*Weiss, Manfred*: Die Rolle des Betriebsrats im Arbeitskampf tariffähiger Parteien, AuR 1982, 265 ff.

*Weißleder, Ann-Christin*: Erhaltungs- und Notstandsarbeiten, Diss., Frankfurt am Main 2013

*Weller, Bernd*: Anmerkung zu BAG, Beschl. v. 20.03.2018 – 1 ABR 70/16, BB 2018, 3008

*Weller, Bernd/Bessing, Johanna*: BB-Rechtsprechungsreport zur Arbeitnehmermitbestimmung nach dem BetrVG – Teil I: Katalog des § 87 BetrVG, BB 2019, 564 ff.

*Wiebauer, Bernd*: Unterlassungsanspruch gegen politische Betätigung des Betriebsrats, zugleich Besprechung des Beschlusses des BAG vom 17.03.2010 – 7 ABR 95/08, BB 2010, 3091 ff.

*Wiese, Günther*: Stellung und Aufgaben des Betriebsrats im Arbeitskampf, NZA 1984, 378 ff.

*Wiese, Günther*: Internet und Meinungsfreiheit des Arbeitgebers, Arbeitnehmers und Betriebsrats, NZA 2012, 1 ff.

*Wiese, Günther*: Zur Freiheit der Meinungsäußerung des Betriebsrats und seiner Mitglieder im Außenverhältnis – Festschrift 50 Jahre Bundesarbeitsgericht (hrsg. von Oetker, Hartmut), München 2004, S. 1125 ff. (FS 50 Jahre BAG)

*Wiese, Günther*: Entwicklung des Rechts der Betriebs- und Unternehmensverfassung, JuS 1994, 99 ff.

*Wiese, Günther/Kreutz, Peter/Oetker, Hartmut/Raab, Thomas/Weber, Christoph/Franzen, Martin/Gutzeit, Martin/Jacobs, Matthias/Schubert, Claudia*: Gemeinschaftskommentar zum Betriebsverfassungsgesetz, Band II, §§ 74–132, 12. Auflage, München 2022 (GK-BetrVG/*Bearbeiter*)

*Willemsen, Heinz Josef/Stamer, Katrin*: Erstreikbarkeit tariflicher Sozialpläne: Die Wiederherstellung der Arbeitskampfparität, NZA 2007, 413 ff.

*Witt, Carsten*: Die Beteiligungsrechte des Betriebsrats und das Verbot des Rechtsmissbrauchs, BB 1986, 2194 ff.

*Wlotzke, Otfried/Preis, Ulrich/Kreft, Burghard*: BetrVG, Kommentar, 4. Auflage, München 2009 (Wlotzke/Preis/Kraft/*Bearbeiter*)

*Woitaschek, Frank*: Ausgewählte Fragen des Verfahrens vor der Einigungsstelle, NZA 2021, 324 ff.

*Wolf, Ernst*: Rezension von: Hans-Ulrich Evers, Arbeitskampf, Freiheit, Neutralität, Waffengleichheit und Aussperrung, 1969, RdA 1970, 53 ff.

*Wolter, Henner*: Arbeitskampfrecht – Grenzen der richterlichen Rechtsfortbildung, AuR 1979, 333 ff.

*Wulff, Manfred*: Beteiligungsrechte bei Ein- und Umgruppierung, AiB 2013, 156 ff.

*Zöllner, Wolfgang*: Arbeitsrecht und Politik, DB 1970, 54 ff.

# Abkürzungsverzeichnis

| | |
|---|---|
| a.A. | andere Ansicht |
| a.F. | alte Fassung |
| Abs. | Absatz |
| AiB | Arbeitsrecht im Betrieb |
| Anm. | Anmerkung |
| AOG | Arbeitsordnungsgesetz |
| AP | Arbeitsrechtliche Praxis |
| ArbG | Arbeitsgericht |
| ArbRAktuell | Arbeitsrecht Aktuell |
| ArbRB | Arbeits-Rechtsberater |
| Art. | Artikel |
| Aufl. | Auflage |
| AÜG | Arbeitnehmerüberlassungsgesetz |
| AuR | Arbeit und Recht |
| BAG | Bundesarbeitsgericht |
| BAGE | Amtliche Sammlung der Entscheidungen des Bundesarbeitsgerichts |
| BB | Betriebs-Berater |
| BBiG | Berufsbildungsgesetz |
| Bd. | Band |
| BeckRS | Beck-Rechtsprechung |
| BetrVG | Betriebsverfassungsgesetz |
| BGB | Bürgerliches Gesetzbuch |
| BGH | Bundesgerichtshof |
| Bl. | Blatt |
| BlStSozArbR | Blätter für Steuerrecht, Sozialversicherung und Arbeitsrecht |
| BRG | Betriebsrätegesetz |
| bspw. | beispielsweise |
| BT-Drucks. | Bundestags-Drucksache |
| BVerfG | Bundesverfassungsgericht |
| BVerfGE | Amtliche Sammlung der Entscheidungen des Bundesverfassungsgerichts |

| | |
|---|---|
| bzw. | beziehungsweise |
| ca. | circa |
| d.h. | das heißt |
| DB | Der Betrieb |
| DZWIR | Deutsche Zeitschrift für Wirtschafts- und Insolvenzrecht |
| EzA | Entscheidungssammlung zum Arbeitsrecht |
| f. | folgende |
| ff. | fort folgende |
| FS | Festschrift |
| gem. | gemäß |
| GG | Grundgesetz |
| ggf. | gegebenenfalls |
| GmbH | Gesellschaft mit beschränkter Haftung |
| h.M. | herrschende Meinung |
| Hrsg. | Herausgeber |
| Hs. | Halbsatz |
| i.V.m. | in Verbindung mit |
| IW-Trends | Institut der deutschen Wirtschaft-Trends |
| JA | Juristische Arbeitsblätter |
| jurisPR-ArbR | juris Praxis-Report Arbeitsrecht |
| JuS | Juristische Schulung |
| Kap. | Kapitel |
| KSchG | Kündigungsschutzgesetz |
| LAG | Landesarbeitsgericht |
| m.w.N. | mit weiteren Nachweisen |
| n.F. | neue Fassung |
| NJW | Neue Juristische Wochenschrift |
| Nr. | Nummer |
| NZA | Neue Zeitschrift für Arbeitsrecht |
| NZA-RR | Neue Zeitschrift für Arbeitsrecht Rechtsprechungs-Report |
| OLG | Oberlandesgericht |
| PrGS | Preußische Gesetzessammlung |
| RdA | Recht der Arbeit |
| RGBl | Reichsgesetzblatt |
| Rn. | Randnummer |
| S. | Seite |

| | |
|---|---|
| SAE | Sammlung Arbeitsrechtlicher Entscheidungen |
| sog. | sogenannt |
| TVG | Tarifvertragsgesetz |
| TVVO | Verordnung über Tarifverträge, Arbeiter- und Angestelltenausschüsse und Schlichtung von Arbeitsstreitigkeiten |
| u.a. | unter anderem |
| Urt. | Urteil |
| vgl. | vergleiche |
| VwVfG | Verwaltungsverfahrensgesetz |
| WRV | Weimarer Reichsverfassung |
| WSI-Mitt. | Zeitschrift des Wirtschafts- und Sozialwissenschaftlichen Instituts der Hans-Böckler-Stiftung |
| z.B. | zum Beispiel |
| ZBR | Zeitschrift für Beamtenrecht |
| ZBVR | Zeitschrift für Betriebsverfassungsrecht |
| ZFA | Zeitschrift für Arbeitsrecht |
| ZPO | Zivilprozessrecht |
| ZTR | Zeitschrift für Tarifrecht |

# Einleitung

Auch wenn die Gewerkschaften und die Arbeitgeber oder Arbeitgebervereinigungen die Hauptakteure eines Arbeitskampfes sind, kommt der Stellung des Betriebsrats eine besondere Rolle zu, denn dieser gerät durch die Wahrnehmung seiner betriebsverfassungsrechtlichen Rechte und Pflichten zwischen die Fronten. Seine Entscheidungen im Rahmen von Mitwirkungs- und Mitbestimmungsrechten während eines Arbeitskampfes können sich gewollt oder ungewollt, zugunsten oder zulasten einer der Tarifparteien, auf das Kampfgeschehen auswirken.

Dies kann mit der Pflicht des Betriebsrats zur neutralen Wahrnehmung seiner Aufgaben und zur vertrauensvollen Zusammenarbeit gem. § 2 Abs. 1 BetrVG kollidieren. Denn er soll sich in einem Arbeitskampf weder auf die Seite des Arbeitgebers[*] noch auf die Seite der Gewerkschaft schlagen, obgleich ihm häufig wegen der überwiegenden Gewerkschaftsmitgliedschaft von Betriebsratsmitgliedern Gewerkschaftsnähe und Parteilichkeit vorgeworfen wird.[1] Die Doppelstellung der Betriebsratsmitglieder, einerseits als Mitglieder des Betriebsrats und andererseits als normale Arbeitnehmer mit Gewerkschaftszugehörigkeit, verschärft insofern den bestehenden Konflikt. Im Vordergrund steht hierbei der Schutz der Arbeitskampffreiheit und die Gewährleistung der Tarifautonomie des Arbeitgebers gem. Art. 9 Abs. 3 GG.

Das BetrVG regelt nur in wenigen Vorschriften das Verhältnis der Betriebsverfassung zum Arbeitskampfrecht. Einerseits werden nach § 2 Abs. 3 BetrVG die Aufgaben der Gewerkschaften und der Arbeitgebervereinigungen, insbesondere die Wahrnehmung der Interessen ihrer Mitglieder, durch das BetrVG nicht

---

* Anmerkung: Aus Gründen der besseren Lesbarkeit wird in der vorliegenden Arbeit ausschließlich das generische Maskulinum verwendet. Diese Formulierungen umfassen gleichermaßen Personen aller Geschlechter, die damit selbstverständlich gleichberechtigt angesprochen sind.

1 Ca. 84 % der Betriebsratsmitglieder waren nach einer Betriebs- und Personalrätebefragung nach den Betriebsratswahlen von 2002 gewerkschaftlich organisiert, vgl. *C. Schäfer*, WSI-Mitt. 2003, S. 139 ff.; ca. 62,1 % bei Betriebsrätebefragung 2015, vgl. *Baumann/Brehmer*, WSI-Mitt. 2016, S. 209; ca. 64 % bei IW-Betriebsratswahlbefragung 2014, vgl. *Stettes*, IW-Trends 1/2015, S. 15 f.; ca. 59 % bei IW-Betriebsratswahlbefragung 2018, vgl. *Kestermann/Lesch/Stettes*, IW-Trends 4/2018, S. 89; *Kempen*, NZA 2005 185, 185; *Beauregard*, NZA-RR 2019, 625, 628.

berührt und Betriebsratsmitglieder dürfen gem. § 74 Abs. 3 BetrVG gewerkschaftlich aktiv sein. Andererseits sind jedoch gem. § 74 Abs. 2 S. 1 Hs. 1 BetrVG Maßnahmen des Arbeitskampfes zwischen Arbeitgeber und Betriebsrat unzulässig. Dem ist zu entnehmen, dass das BetrVG grundsätzlich auch im Arbeitskampf anzuwenden ist und die Kompetenzen des Betriebsrats währenddessen bestehen bleiben.[2]

Zur Auflösung dieses Spannungsfeldes kann es angezeigt sein, die Beteiligungsrechte des Betriebsrats einzuschränken, wenn der Arbeitgeber eine beteiligungspflichtige Arbeitskampfmaßnahme ergreifen möchte. Als Arbeitskampfmaßnahme kommen beispielsweise arbeitskampfbedingte personelle Maßnahmen in Betracht, insbesondere Einstellungen oder Versetzungen von Arbeitnehmern[3], der Ausspruch von Kündigungen[4] sowie die Anordnung von Überstunden[5], um auf den gewerkschaftlich geführten Arbeitskampf zu reagieren.[6] Der Betriebsrat kann, im Hinblick auf die Konfrontation zwischen Arbeitnehmerschaft und Arbeitgeber infolge des Streiks, rechtlich gehindert sein, personelle Beteiligungsrechte bei Maßnahmen auszuüben, die der Arbeitgeber als Gegenmaßnahme auf eine Arbeitsniederlegung trifft.[7] Inwieweit Beteiligungsrechte einzuschränken sind, war deshalb bereits Gegenstand zahlreicher Entscheidungen des Bundesarbeitsgerichts.[8]

Allerdings sind auch die gesetzlich verankerten Rechte des Betriebsrats zu beachten. Diese dienen gerade der Wahrnehmung der Interessen der Belegschaft, sodass jede Einschränkung durch das Richterrecht des Arbeitskampfes legitimiert werden muss.[9] Denn trotz der erkennbaren Wechselwirkungen der

---

2 BAG, Urt. v. 05.05.1987 – 1 AZR 292/85, NZA 1987, 853; Brox/Rüthers/*Brox*, Arbeitskampfrecht, § 12 Rn. 436; *Galperin/Löwisch*, BetrVG, § 74 Rn. 13; *Schönhöft/Weyhing*, BB 2014, 762, 763; *Wiese*, NZA 1984, 378.

3 BAG, Urt. v. 26.10.1971 – 1 AZR 113/68, AP GG Art. 9 Arbeitskampf Nr. 44; Beschl. v. 13.12.2011 – 1 ABR 2/10, AP GG Art. 9 Arbeitskampf Nr. 176.

4 BAG, Urt. v. 14.02.1978 – 1 AZR 76/76, AP GG Art. 9 Arbeitskampf Nr. 58.

5 BAG, Beschl. v. 24.04.1979 – 1 ABR 43/77, AP GG Art. 9 Arbeitskampf Nr. 63.

6 BAG, Urt. v. 26.10.1971 – 1 AZR 113/68, AP GG Art. 9 Arbeitskampf Nr. 44; *Wiese*, NZA 1984, 378, 381.

7 BAG, Urt. v. 14.02.1978 – 1 AZR 76/76, AP GG Art. 9 Arbeitskampf Nr. 58.

8 BAG, Beschl. v. 22.12.1980 – 1 ABR 2/79, NJW 1981, 937; Urt. v. 05.05.1987 – 1 AZR 292/85, NZA 1987, 853; Beschl. v. 13.12.2011 – 1 ABR 2/10, NZA 2012, 571; Beschl. v. 20.03.2018 – 1 ABR 70/16, NZA 2018, 1081.

9 BAG, Beschl. v. 13.12.2011 – 1 ABR 2/10, NZA 2012, 571; *Klocke*, Das BetrVG und der Arbeitskampf, S. 31.

Mitbestimmungstatbestände auf das Kampfgeschehen, beantwortet das BetrVG selbst nicht die Frage der Handhabung dieses Konflikts in einem Arbeitskampf.[10] Daher besteht die Herausforderung darin, das Interesse des Arbeitgebers in einem Arbeitskampf handlungsfähig zu bleiben, mit den Interessen der Belegschaft an Mitwirkung an den sie berührenden Maßnahmen in einen schonenden Ausgleich zu bringen.[11] Um unter Berücksichtigung der Kräfteverhältnisse von Arbeitgeber und Gewerkschaft in einem Arbeitskampf einen Ausgleich zu schaffen, haben sich im Laufe der Zeit in der juristischen Literatur verschiedene Ansätze zur Problembewältigung abgezeichnet. Obgleich die Rechtsprechung eine Einschränkung der Beteiligungsrechte über eine verfassungskonforme Einschränkung[12] im Lichte des Art. 9 Abs. 3 GG – eine arbeitskampfkonforme Auslegung der Beteiligungsrechte[13] – vornimmt, hat sich die Argumentation im Laufe der Zeit konkretisiert und verändert. Die Besonderheit liegt darin, dass es für die Beschränkungsmöglichkeiten keine allgemeingültige Formel gibt, sondern die Beeinträchtigung der Arbeitskampffreiheit durch die Beteiligungsrechte eine Einzelfallentscheidung bleibt. Aus diesem Grund werden die Auswirkungen des Arbeitskampfes auf die einzelnen Mitbestimmungstatbestände des BetrVG den Schwerpunkt dieser Arbeit bilden.

Die vorliegende Arbeit wird sich zunächst mit der zentralen Vorschrift des § 74 Abs. 2 S. 1 Hs. 1 BetrVG auseinandersetzen und dazu nach einem kurzen historischen Rückblick im Einzelnen den Inhalt dieser Vorschrift und das darin enthaltene Verbot behandeln. Anschließend wird die Rechtsstellung des Betriebsrats und der Betriebsratsmitglieder im Arbeitskampf dargestellt, denn für die Frage der betrieblichen Mitbestimmung ist von wesentlicher Bedeutung, ob der Betriebsrat als betriebsverfassungsrechtliches Organ in seiner Funktion im Arbeitskampf fortbesteht und seine Kompetenzen weiterhin ausüben kann.

Im Zentrum der Arbeit stehen die Auswirkungen des Arbeitskampfes auf die einzelnen Mitwirkungs- und Mitbestimmungsrechte des Betriebsrats. Dazu werden die unterschiedlichen dogmatischen Ansätze zur Einschränkung der Mitwirkungs- und Mitbestimmungsrechte dargestellt. Abschließend werden

---

10 *Krause*, EzA BetrVG 2001 § 80 Nr. 1; *Meyer*, BB 2012, 2753, 2754.

11 *Klocke*, Das BetrVG und der Arbeitskampf, S. 32; *Klocke*, AuR 2020, 444, 445.

12 So das BVerfG, Beschl. v. 07.04.1997 – 1 BvL 11/96, NZA 1997, 773; *Otto*, NZA 1992, 97, 104.

13 BAG, Beschl. v. 22.12.1980 – 1 ABR 2/79, NJW 1981, 937; Urt. v. 05.05.1987 – 1 AZR 292/85, NZA 1987, 853; Beschl. v. 13.12.2011 – 1 ABR 2/10, NZA 2012, 571; Beschl. v. 20.03.2018 – 1 ABR 70/16, NZA 2018, 1081; *Fitting*, BetrVG, § 87 Rn. 30; ErfK/*Linsenmaier*, GG, Art. 9 Rn. 157.

neue Formen des Arbeitskampfes und Sonderfälle behandelt sowie ihre Auswirkungen auf die betriebliche Mitbestimmung untersucht. Hierbei beschränkt sich die Untersuchung auf die Frage der Auswirkungen des Arbeitskampfes im Hinblick auf die Mitwirkungs- und Mitbestimmungsrechte bei unmittelbar kampfbetroffenen Betrieben. Die Auswirkungen auf selbst nicht in den Arbeitskampf einbezogenen Betriebe, sog. mittelbar kampfbetroffene Betriebe, sollen im Rahmen dieser Untersuchung keine Berücksichtigung finden.

# 1. Kapitel Das betriebsverfassungsrechtliche Arbeitskampfverbot

## A. Das Arbeitskampfverbot, § 74 Abs. 2 S. 1 Hs. 1 BetrVG

Das betriebsverfassungsrechtliche Arbeitskampfverbot nach § 74 Abs. 2 S. 1 Hs. 1 BetrVG ist gesetzlicher Ausgangspunkt für die Rolle und die Befugnisse des Betriebsrats im Zusammenhang mit Arbeitskämpfen. Der Vorschrift können nicht unmittelbar die generelle Rolle und die Befugnisse des Betriebsrats während eines Arbeitskampfes entnommen werden, dennoch dient sie als Orientierungshilfe und stellt das grundsätzliche Verhältnis des Betriebsrats und der Betriebsverfassung zu einem Arbeitskampf dar. Sie gebietet, ebenso wie § 2 Abs. 1 BetrVG, einen friedvollen Umgang und eine vertrauensvolle Zusammenarbeit zwischen Arbeitgeber und Betriebsrat.[14] Das BetrVG thematisiert an keiner anderen Stelle den Betriebsrat und den Arbeitskampf. Auch bezüglich der Kompetenzen des Betriebsrats während eines Arbeitskampfes oder mit Bezug zu einem Arbeitskampf, wird man im gegenwärtigen BetrVG nicht fündig. Dementsprechend kommt dem § 74 Abs. 2 S. 1 Hs. 1 BetrVG eine wesentliche Bedeutung als Anknüpfungspunkt für die Auslegung hinsichtlich der zentralen Thematik der Arbeit – der Einschränkung der Mitbestimmungsrechte des Betriebsrats – zu, sodass sie als Grundlage für die nächsten Kapitel dient.

### I. Einführung in das Arbeitskampfverbot

Gem. § 74 Abs. 2 S. 1 Hs. 1 BetrVG sind *„Maßnahmen des Arbeitskampfes zwischen Arbeitgeber und Betriebsrat [...] unzulässig"*. Diese Regelung stellt einen wesentlichen Grundsatz für die Zusammenarbeit der Betriebsparteien dar und ist Bestandteil der betriebsverfassungsrechtlichen Friedensordnung.[15] Sie bestimmt ihre im Arbeitskampf zu bewahrende Neutralitätspflicht und konkretisiert die betriebliche Friedenspflicht sowie die vertrauensvolle Zusammenarbeit gem. § 2 Abs. 1 BetrVG während des Arbeitskampfes.[16] Die Anordnung der

---

14 *Germelmann*, Der Betriebsfrieden, S. 112; Richardi BetrVG/*Maschmann*, BetrVG, § 74 Rn. 1 ff., 16.

15 GK-BetrVG/*Jacobs*, BetrVG, § 74 Rn. 31; MHdB ArbR/*Boemke*, § 288 Rn. 9.

16 *Gamillscheg*, Kollektives Arbeitsrecht, Bd. I, S. 1124; *Kissel*, Arbeitskampfrecht, § 36 Rn. 8; *Kleinmann/Fündling*, NZA 2018, 1386 f.; *Krummel*, BB 2002, 1418; *Priebe*, AiB 2012, 667, 669.

Unzulässigkeit von Arbeitskampfmaßnahmen unter Betriebspartnern ist dabei absolut zu verstehen, sodass eine konkrete Beeinträchtigung des Betriebsfriedens nicht erforderlich ist.[17] Neben dem Arbeitskampfverbot enthält dieser Absatz zwei weitere Verbote, in S. 2 das Verbot den Arbeitsablauf oder den Frieden des Betriebs zu beeinträchtigen – die allgemeine Friedenspflicht – und in S. 3 das Verbot parteipolitischer Betätigung im Betrieb. Das Verbot der parteipolitischen Betätigung ist ebenso absolut zu verstehen,[18] wohingegen es bei der allgemeinen Friedenspflicht einer konkreten Gefährdung bedarf,[19] da die allgemeine Friedensplicht als Auffangtatbestand hinter den konkreten Verboten steht.[20] Diese absoluten Verbote in Abs. 2 S. 1 und S. 3 BetrVG zeigen, dass der Gesetzgeber eine konkrete Gefährdung für entbehrlich hielt, weil er in diesen Fällen eine konkrete Gefährdung des Betriebsfriedens stets als verwirklicht ansah.[21] Daher kommt es bei den Verboten des Arbeitskampfes und der parteipolitischen Betätigung nicht auf die im Einzelfall eintretende Beeinträchtigung an. Maßnahmen, die unter diese Regelungen fallen, sind als solche schon, abstrakt verboten.

Das Gebot der vertrauensvollen Zusammenarbeit zwischen Arbeitgeber und Betriebsrat gem. § 2 Abs. 1 BetrVG wird nicht nur durch das Arbeitskampfverbot, sondern durch alle Verbote in Abs. 2 konkretisiert und so die Kooperationsmaxime gefördert.[22] Die Norm des Arbeitskampfverbots dient den Interessen der Betriebsallgemeinheit an der Sicherung eines geordneten Betriebsablaufs und dem Betriebsfrieden.[23] Demnach stellt das Modell des Betriebsverfassungsgesetzes aufgrund seiner Bestimmungen bezüglich der Zusammenarbeit der Betriebspartner insgesamt eine Kooperations- und Friedensordnung dar

17 GK-BetrVG/*Jacobs*, BetrVG, § 74 Rn. 33 m.w.N.; *Heinze*, DB 1982, Beil. 23, 1, 5; HWK/*Reichold*, BetrVG, § 74 Rn. 10.

18 BVerfG, Beschl. v. 28.04. 1976 – 1 BvR 71/73, BVerfGE 42, 133; BAG, Beschl. v. 13.09.1977 – 1 ABR 67/75, AP BetrVG 1972 § 42 Nr. 1; *Blomeyer*, ZfA 1972, 85, 120.

19 BVerfG, Beschl. v. 28.04. 1976 – 1 BvR 71/73, BVerfGE 42, 133; *Blomeyer*, ZfA 1972, 85, 112, 119, 121; *Stege/Weinspach/Schiefer*, BetrVG, § 74 Rn. 8.

20 *Wiese*, NZA 2012, 1, 7.

21 BVerfG, Beschl. v. 28.04. 1976 – 1 BvR 71/73, BVerfGE 42, 133; BAG, Beschl. v. 13.09.1977 – 1 ABR 67/75, AP BetrVG 1972 § 42 Nr. 1; *Heinze*, DB 1982, Beil. 23, 1, 5.

22 Vgl. BT-Drucks. VI/1786, S. 46; BVerfG, Urt. v. 01.03.1979 – 1 BvR 532, 533/77, 419/78, 1 BvL, NJW 1979, 699; *Kissel*, Arbeitskampfrecht, § 36 Rn. 9, 2; *Kreutz*, BlStSozArbR 1972, 44, 45; Richardi BetrVG/*Maschmann*, BetrVG, § 2 Rn. 5, § 74 Rn. 16; *Wiese*, NZA 1984, 378.

23 BAG, Beschl. v. 15.10.2013 – 1 ABR 31/12, NZA 2014, 319.

und setzt nicht auf Konfrontation.[24] Das Arbeitskampfverbot berührt gem. § 74 Abs. 2 S. 1 Hs. 2 BetrVG jedoch nicht die Arbeitskämpfe tariffähiger Parteien. Diese können uneingeschränkt unter den allgemeinen Voraussetzungen des Arbeitskampfrechts Arbeitskämpfe gegeneinander führen. Dabei sind die Auswirkungen eines von Tarifparteien getragenen Arbeitskampfes auf das betriebliche Geschehen unerheblich.[25] Denn nach der Konzeption der deutschen Betriebsverfassung sollen sich Kompetenzen der Betriebsräte und die der Gewerkschaften nicht tangieren, da sie unterschiedliche Handlungsbereiche betreffen.[26] Insoweit ergänzt § 74 Abs. 2 S. 1 BetrVG auch § 77 Abs. 3 BetrVG und soll die Gewerkschaft vor der Konkurrenz durch den Betriebsrat schützen.[27] Das gesamte System der vertrauensvollen Zusammenarbeit im BetrVG dient der Funktionsfähigkeit der Tarifautonomie.[28]

Mithin ist die Durchführung von Arbeitskampfmaßnahmen zwecks Beilegung betriebsverfassungsrechtlicher Meinungsverschiedenheiten zwischen Betriebsrat und Arbeitgeber untersagt. Beide dürfen den jeweils anderen Betriebspartner auf diesem Wege nicht zu einem betriebsverfassungsrechtlichen Verhalten oder zum Abschluss einer Betriebsvereinbarung zwingen.[29] Das bedeutet, dass der Betriebsrat beispielsweise die Belegschaft mit Blick auf eine bezweckte Betriebsvereinbarung nicht zum Streik aufrufen darf und auf der anderen Seite der Arbeitgeber die Belegschaft nicht aussperren darf, um Rechte des Betriebsrats aus der Betriebsverfassung - insbesondere die Beteiligungsrechte - abzuwehren.[30] Jegliche Form der Druckausübung durch Kampfmaßnahmen ist hierbei untersagt. Dies gilt auch für die unterstützende Teilnahme an gewerkschaftlich geführten Streiks. Vielmehr sieht das BetrVG andere Instrumente zur friedlichen Konfliktlösung vor.[31] Demnach sind Arbeitskämpfe zwischen den Betriebsparteien zur Regelung betriebsverfassungsrechtlicher Streitigkeiten rechtswidrig.[32]

---

24 BVerfG, Urt. v. 01.03.1979 - 1 BvR 532, 533/77, 419/78, 1 BvL 21/78, NJW 1979, 699; HWK/*Reichold*, BetrVG, § 74 Rn. 10; *Meyer*, BB 2012, 2753; *Reichold*, NZA 2004, 247, 248; Richardi BetrVG/*Maschmann*, BetrVG, § 74 Rn. 16; *Wiese*, NZA 1984, 378.

25 *Kissel*, Arbeitskampfrecht, § 36 Rn. 10.

26 *Kempen*, NZA 2005, 185, 186.

27 *Gamillscheg*, Kollektives Arbeitsrecht, Bd. I, S. 1124.

28 *Richardi*, FS der deutschen Richterakademie, S. 111, 113.

29 *Fitting*, BetrVG, § 74 Rn. 12; *Krummel*, BB 2002, 1418.

30 *Brill*, DB 1979, 403; *Fitting*, BetrVG, § 74 Rn. 12.

31 BAG, Urt. v. 17.12.1976 - 1 AZR 772/75, AP GG Art. 9 Arbeitskampf Nr. 52.

32 Missverständlich BAG, Urt. v. 17.12.1976 - 1 AZR 772/75, AP GG Art. 9 Arbeitskampf Nr. 52; Urt. v. 07.06.1988 - 1 AZR 372/86, AP GG Art. 9 Arbeitskampf Nr. 106;

## II. Historischer Hintergrund - Geschichtliche Entwicklung

Zum besseren Verständnis des betriebsverfassungsrechtlichen Arbeitskampfverbots soll im Folgenden die geschichtliche Entwicklung des Arbeitskampfverbots und des Betriebsfriedens gem. § 74 Abs. 2 BetrVG näher beleuchtet werden. Zum anderen soll dieser Abschnitt für den Schwerpunkt dieser Untersuchung - die Einschränkungsmöglichkeit von Mitbestimmungsrechten im Arbeitskampf - bei der Auslegung der zentralen Vorschrift des § 74 Abs. 2 S. 1 Hs. 1 BetrVG mit Blick auf die Historie eine Auslegungshilfe bieten. Dazu wird zugleich ein Überblick über die historischen Grundlagen des Betriebsverfassungsrechts gegeben.

### *1. Die geschichtliche Entwicklung bis zum Ende des ersten Weltkrieges*

Mit dem Beginn der Industrialisierung im 19. Jahrhundert entstanden immer mehr Massenarbeitsverhältnisse,[33] welche von einem strengen Über- und Unterordnungsverhältnis geprägt waren.[34] Die Arbeiter wurden als Untergebene behandelt, statt als Vertragspartner auf gleicher Augenhöhe.[35] Mangels betrieblicher Interessenvertretung und Mitwirkungsrechte der Arbeitnehmer in den Betrieben konnte der Arbeitgeber einseitig die Arbeitsbedingungen diktieren, ohne auf Widerstand zu stoßen.[36] Der Begriff des Betriebsfriedens war hingegen noch völlig unbekannt, sodass nicht von gemeinsamen Interessen zwischen Arbeitgeber und Belegschaft im Sinne des Betriebes und der Arbeitnehmer die Rede sein konnte.[37] Die Arbeitgeber konnten ihre „Alleinherrschaft" gegenüber Arbeitnehmern durch einseitig bestimmte Fabrikordnungen durchsetzen, die Verhaltenspflichten für die Arbeitnehmer vorsahen.[38]

In der ersten Hälfte des 19. Jahrhunderts gab es bereits zwecks Ermöglichung einer Mitbestimmung Bestrebungen Fabrikvereine oder Arbeiterausschüsse zu bilden.[39] Der erste Versuch einer gesetzlichen Beteiligung von Arbeitnehmern bei der Gestaltung von Arbeitsbedingungen wurde im volkswirtschaftlichen

---

*Richardi*, AP GG Art. 9 Arbeitskampf Nr. 52; *Herschel*, SAE 1977, 188; HWGNRH/*Worzalla*, BetrVG, § 74 Rn. 13 f.

33 *Kamanabrou*, Arbeitsrecht, § 2 Rn. 28; *Waltermann*, Arbeitsrecht, § 3 Rn. 27.

34 *Germelmann*, Der Betriebsfrieden, S. 27; *Reichold*, Betriebsverfassung, S. 24 f.

35 *Reichold*, Betriebsverfassung, S. 24 f.

36 *Kaskel/Dersch*, Arbeitsrecht, S. 8; *Waltermann*, Arbeitsrecht, § 3 Rn. 27.

37 *Germelmann*, Der Betriebsfrieden, S. 27.

38 *Reichold*, Betriebsverfassung, S. 24.

39 *Reichold*, Betriebsverfassung, S. 44 ff.; Richardi BetrVG/*Richardi*, BetrVG, Einleitung Rn. 6.

Ausschuss der verfassungsgebenden Nationalversammlung der Paulskirche unternommen.[40] Kollektive Interessenwahrnehmung und betriebliche Beteiligungsrechte sollten erstmals in dem Entwurf einer Gewerbeordnung in den Jahren 1848 und 1849 in den Vorschriften §§ 42 und 43 im Wege eines durch die Arbeitnehmer gebildeten Fabrikausschusses, der Mitwirkungsrechte zugunsten der Arbeitnehmer vorsah, eingeführt werden und Gegenstand eines Gesetzes sein.[41] Darüber hinaus wollte man den Ausschüssen die Aufgabe zur Aufrechterhaltung der Ordnung im Betrieb und die Befugnis zur Erstellung einer Fabrikordnung übertragen.[42] Trotz der Einräumung einer lediglich beschränkten Mitwirkung in betrieblichen Angelegenheiten wurde der Entwurf indes nie umgesetzt, da die Arbeitgeber wegen ihrer unbeschränkten „Alleinherrschaft"[43] kein Interesse an einer betrieblichen kollektiven Interessenwahrnehmung hatten.[44] Die Mehrheit des volkswirtschaftlichen Ausschusses beschloss, von der weiteren Beratung der Gewerbeordnung Abstand zu nehmen.[45] Nicht einmal auf dem Gebiet der formellen Arbeitsbedingungen gab es eine Mitbestimmung.[46] Es gab nur vereinzelt freiwillige Arbeiterausschüsse, welche zunächst auch bei den Gewerkschaften aus Angst vor Konkurrenz auf Ablehnung gestoßen waren.[47] Die sozialdemokratischen Gewerkschaften befürchteten Konkurrenz und die Verdrängung ihrer Aufgaben.[48]

Erst mit der Änderung der Arbeiterschutzpolitik, die durch den kaiserlichen Erlass vom 04.02.1890 mit einer Ankündigung der Änderung veranlasst wurde, konnte die betriebliche Mitbestimmung das erste Mal in der Geschichte gesetzlich verankert werden.[49] Kaiser Wilhelm II wollte einen sozialpolitischen Reformkurs einschlagen.[50] Die willkürliche Gestaltung der Verhaltenspflichten und Sanktionen seitens der Arbeitgeber sollte durch die Regulierung der

---

40 Düwell/*Düwell*, BetrVG, Einleitung Rn. 1; *Gester*, Die Stellung von Belegschaft und Betriebsrat, S. 11.

41 *Germelmann*, Der Betriebsfrieden, S. 27; *Gester*, Die Stellung von Belegschaft und Betriebsrat, S. 11; *Nikisch*, Arbeitsrecht, S. 4.

42 *Nikisch*, Arbeitsrecht, S. 4.

43 *Neumann-Duesberg*, Betriebsverfassungsrecht, S. 51.

44 *Nikisch*, Arbeitsrecht, S. 4.

45 Düwell/*Düwell*, BetrVG, Einleitung Rn. 1.

46 *Neumann-Duesberg*, Betriebsverfassungsrecht, S. 51.

47 Richardi BetrVG/*Richardi*, BetrVG, Einleitung Rn. 6, 7; *Krause*, RdA 2009, 129, 131.

48 *Gamillscheg*, ArbuR 1991, 272, 273.

49 Richardi BetrVG/*Richardi*, BetrVG, Einleitung Rn. 8.

50 Düwell/*Düwell*, BetrVG, Einleitung Rn. 2, 3.

GewO eingeschränkt werden.[51] Mit dem Arbeiterschutzgesetz vom 01.06.1891[52] wurde das Recht zur Mitwirkung der Arbeitnehmer und die Möglichkeit zur Wahl von Fabrikausschüssen in die Gewerbeordnung eingeführt,[53] ohne dass ausdrücklich eine Bestimmung über die innerbetriebliche Zusammenarbeit, den Betriebsfrieden oder das betriebliche Arbeitskampfverbot zwischen Arbeitgeber und Arbeiterausschuss vorgesehen war.[54] Dies geschah insbesondere als Reaktion auf die vorausgegangenen Arbeitskämpfe im Bereich des Bergbaus.[55] Mit der Einführung von gesetzlichen Bestimmungen über Mitwirkungsrechte sei bezweckt worden, die *„Pflege des Friedens zwischen Arbeitgeber und Arbeitnehmer“* zu fördern.[56]

Jede Fabrik, die in der Regel mindestens zwanzig Arbeiter beschäftigte, wurde öffentlich-rechtlich verpflichtet, innerhalb von vier Wochen nach Inkrafttreten dieses Gesetzes oder nach der Eröffnung des Betriebes eine Arbeitsordnung zu erlassen, § 134a GewO. Der Inhalt wurde in § 134b GewO festgelegt und beinhaltete u.a. Bestimmungen über die Arbeitszeit, die Abrechnung und Lohnzahlung sowie Kündigungsfristen. Mit Zustimmung eines ständigen Ausschusses konnte die Arbeitsordnung weiter ergänzt werden. Ferner war ausdrücklich festgelegt, dass vor Erlass einer Arbeitsordnung den Arbeitern Gelegenheit zu geben war, sich über den Inhalt zu äußern und einen vorhandenen Arbeiterausschuss über den Inhalt der Arbeitsordnung anzuhören, § 134d GewO. Die Errichtung von ständigen Arbeiterausschüssen blieb hingegen fakultativ.[57]

Während nach dem Arbeiterschutzgesetz von 1891 die Bildung von Arbeiterausschüssen lediglich fakultativ war, wurden obligatorische Arbeiterausschüsse nach Unruhen und Streiks im Jahre 1905 durch das Allgemeine Berggesetz für die preußischen Staaten in seiner Fassung vom 14.07.1905[58] und 28.07.1909[59] zur Einflussnahme auf die Gestaltung ihrer Arbeitsverhältnisse im Bergbau

---

51 Düwell/*Düwell*, BetrVG, Einleitung Rn. 2, 3.

52 Abänderung der Gewerbeordnung RGBl. 1891/261 ff.

53 *Gamillscheg*, ArbuR 1991, 272; *Preis/Greiner*, Kollektivarbeitsrecht, § 142 Rn. 1583.

54 *Germelmann*, Der Betriebsfrieden, S. 28.

55 Düwell/*Düwell*, BetrVG, Einleitung Rn. 2; *Gamillscheg*, ArbuR 1991, 272.

56 Vgl. Brief des Kaisers an den Minister, abgedruckt in *von Bismarck*, Gedanken und Erinnerungen, Bd. 3, S. 67–69.

57 Düwell/*Düwell*, BetrVG, Einleitung Rn. 3.

58 PrGS 1905/307 ff.

59 PrGS 1909/677 ff.

eingeführt.[60] Der Hauptzweck der Allgemeinen Berggesetze war u.a. die Förderung des Betriebsfriedens.[61]

Die entscheidende Kehrtwende erfolgte jedoch erst während des ersten Weltkrieges, als die Regelung der Mitwirkungsrechte im Bereich des Bergbaus durch das Hilfsdienstgesetz vom 05.12.1916[62] auf kriegs- und versorgungswichtige Betriebe – den sog. Hilfsdienstbetrieben – ausgedehnt wurde.[63] Danach mussten in Hilfsdienstbetrieben mit mehr als 50 Arbeitern oder Angestellten ständige Arbeiter- und Angestelltenausschüsse errichtet werden, sodass eine Pflicht zur Einrichtung bestand.[64] Gem. § 12 Hilfsdienstgesetz oblag es den Arbeiterausschüssen, das gute Einvernehmen innerhalb der Arbeiterschaft des Betriebes und zwischen der Arbeiterschaft und dem Arbeitgeber zu fördern. Ebenso war der Ausschuss ein Sprachrohr für die Arbeitnehmer und hatte die Beschwerden und Belange aufzunehmen, um sie dem Arbeitgeber zu kommunizieren. Zudem war in § 13 Hilfsdienstgesetz ein Konfliktregelungsmechanismus vorgesehen. Danach sollten bei Meinungsverschiedenheiten bzw. Streitigkeiten über die Lohn- oder sonstigen Arbeitsbedingungen, wenn eine Einigung zwischen dem Arbeitgeber und dem Arbeiterausschuss nicht zustande kam, entweder das Einigungsamt oder die Schlichtungsstelle angerufen werden. Die Verankerung einer solchen Regelung zur Lösung von Uneinigkeiten sprach auch dafür, die Konflikte nicht im Wege des Arbeitskampfes zu lösen. Die Ausweitung der Mitwirkung sollte vielmehr dazu dienen, durch die Arbeiterausschüsse als Anlaufstelle für die Arbeitnehmer innerbetriebliche Spannungen und Streiks beizulegen.[65] Das Gesetz sollte durch die Mitarbeit der Arbeitnehmer in den Arbeiterausschüssen zu einem Ausgleich hinsichtlich der allgemeinen Dienstpflicht, die ebenso durch das Hilfsdienstgesetz angeordnet wurde, führen.[66] Die Kriegswirtschaft sollte nicht durch Spannungen im Bereich des Arbeitslebens gestört werden.[67]

---

60 *Germelmann*, Der Betriebsfrieden, S. 29; *Reichold*, Betriebsverfassung, S. 177 ff.; Richardi BetrVG/*Richardi*, BetrVG, Einleitung Rn. 9.

61 *Nikisch*, Arbeitsrecht, Bd. 3, S. 5.

62 Gesetz über den vaterländischen Hilfsdienst RGBl 1916/1333 ff.

63 *Hoyningen-Huene*, Betriebsverfassungsrecht, S. 11; *Neumann-Duesberg*, Betriebsverfassungsrecht, S. 30; *Reichold*, Betriebsverfassung, S. 185 ff.

64 *Reichold*, Betriebsverfassung, S. 189.

65 *Germelmann*, Der Betriebsfrieden, S. 30.

66 *Reichold*, Betriebsverfassung, S. 188 ff.; *Waltermann*, Arbeitsrecht, § 3 Rn. 34.

67 *Germelmann*, Der Betriebsfrieden, S. 30.

Insofern bezweckte dieses Gesetz nicht die Schaffung einer Parität, sondern die Förderung der Kriegswirtschaft.[68]

Bis zum Ende des ersten Weltkrieges waren damit die Voraussetzungen für die Entwicklung einer Betriebsverfassung geschaffen.[69] Eine gesetzliche Bestimmung über das Verbot oder das Unterlassen von Arbeitskämpfen zwischen Arbeitgeber und Arbeiterausschüssen war in dem Hilfsdienstgesetz indes nach wie vor nicht vorhanden.

### *2. Die Entwicklung in der Weimarer Republik – das Betriebsrätegesetz von 1920*

Auch nach Kriegsende hatten die Arbeiterausschüsse weiterhin Bestand und wurden über den Bereich des Hilfsdienstgesetzes, des Berggesetzes und der Gewerbeordnung hinaus allgemein gesetzlich eingeführt. Durch die TVVO – Verordnung über Tarifverträge, Arbeiter- und Angestelltenausschüsse und Schlichtung von Arbeitsstreitigkeiten – vom 23.12.1918,[70] erlassen durch den Rat der Volksbeauftragten, haben die Arbeiterausschüsse vorbehaltlich bestehender Ausnahmen in allen Betrieben, Verwaltungen und Büros Verbreitung gefunden.[71] Dies galt gem. §§ 8 und 9 der TVVO für alle Betriebe, Verwaltungen und Büros, in denen in der Regel mindestens zwanzig Arbeiter oder zwanzig Angestellte beschäftigt wurden. Den Arbeitnehmern wurde nach § 13 TVVO über die Ausschüsse und Vertretungen Mitwirkungsrechte bei der Regelung von Löhnen und sonstigen Arbeitsverhältnissen gewährt.[72] Eine Bestimmung für ein Arbeitskampfverbot zwischen Arbeitgeber und Arbeiter- und Angestelltenausschüsse bestand nicht. Ein Mechanismus zum Zwecke der Schlichtung von Arbeitsstreitigkeiten war in den §§ 15 ff. TVVO enthalten.

Kurze Zeit später wurde die Interessenvertretung durch eine Räteorganisation und damit die betriebliche Mitbestimmung in der WRV gesetzlich verankert.[73] Nach Art. 165 der WRV vom 11.08.1919[74] erhielten die Arbeiter und Angestellten zur Wahrnehmung ihrer sozialen und wirtschaftlichen Interessen

68 *Germelmann*, Der Betriebsfrieden, S. 31.

69 *Krause*, RdA 2009, 129, 131; *Wiese*, JuS 1994, 99, 101.

70 RGBl. S. 1456.

71 *Germelmann*, Der Betriebsfrieden, S. 31; *Preis/Greiner*, Kollektivarbeitsrecht, § 142 Rn. 1584; *Wiese*, JuS 1994, 99, 101.

72 *Hoyningen-Huene*, Betriebsverfassungsrecht, S. 12; *Wiese*, JuS 1994, 99, 101.

73 Richardi BetrVG/*Richardi*, BetrVG, Einleitung Rn. 10.

74 RGBl. S. 1383.

gesetzliche Vertretungen auf betrieblicher Ebene als Betriebsarbeiterräte sowie nach Wirtschaftsgebieten gegliederte überbetriebliche Bezirksarbeiterräte und Reichsarbeiterräte. Die beiderseitigen Organisationen – die Gewerkschaften und die betrieblichen Arbeiterräte – und ihre Vereinbarungen wurden in dieser Bestimmung anerkannt. Gem. Art. 165 der WRV wurden die Arbeiter und Angestellten dazu berufen, durch diese Interessenvertretungen gleichberechtigt in Gemeinschaft mit den Unternehmern an Regelungen der Lohn- und Arbeitsbedingungen sowie an der gesamten wirtschaftlichen Entwicklung mitzuwirken. Ferner sollten nach dieser Bestimmung die Bezirksarbeiterräte und der Reichsarbeiterrat zur Erfüllung der gesamten wirtschaftlichen Aufgaben und zur Mitwirkung bei der Ausführung der Sozialisierungsgesetze mit den Vertretungen der Unternehmer und sonst beteiligter Volkskreise zu Bezirkswirtschaftsräten und zu einem Reichswirtschaftsrat zusammenkommen. Danach waren die Bezirkswirtschaftsräte und der Reichswirtschaftsrat so zu gestalten, dass alle wichtigen Berufsgruppen entsprechend ihrer wirtschaftlichen und sozialen Bedeutung darin vertreten sind. Darüber hinaus wurde dem Reichswirtschaftsrat das Recht zur Gesetzesinitiative zugesprochen und der Gesetzgeber ermächtigt, den Arbeiter- und Wirtschaftsräten Kontroll- und Verwaltungsbefugnisse zu übertragen.[75] Die Vereinigungsfreiheit zur Wahrung und Förderung der Arbeits- und Wirtschaftsbedingungen wurde erstmalig in der deutschen Geschichte verfassungsrechtlich in Art. 159 WRV konstituiert und gewährleistete die Vereinigungsfreiheit uneingeschränkt für jedermann und alle Berufe.[76]

Als erstmaliges eigenständiges Konstrukt in Sachen betrieblicher Mitbestimmung und Interessenwahrnehmung innerhalb der Betriebsverfassung wurde in Ausführung des Art. 165 WRV schließlich das BRG vom 04.02.1920[77] erlassen.[78] Entgegen den Widerständen und Drohungen der Arbeitgeber mit Betriebsstilllegungen konnte das Gesetz mit entsprechenden Drohungen der Gewerkschaften mit deutschlandweiten Generalstreiks in der Nationalversammlung durchgesetzt werden.[79] Die Betriebsvertretungen bekamen besondere Mitwirkungs- und Mitbestimmungsrechte und waren von den Gewerkschaften organisatorisch unabhängig.[80] Nach § 1 BRG waren zur Wahrnehmung der gemeinsamen

75 Vgl. auch *Däubler*, Arbeitskampfrecht, § 4 Rn. 7; *Krause*, RdA 2009, 129, 132.
76 *Jahn*, Die Beteiligung des Betriebsrats, S. 20.
77 RGBl. S. 147.
78 Richardi BetrVG/*Richardi*, BetrVG, Einleitung Rn. 11; *Wiese*, JuS 1994, 99, 101.
79 *Eichelsbacher*, BRG, Einleitung, S. 8.
80 *Richardi*, RdA 1972, 9.

wirtschaftlichen Interessen der Arbeitnehmer dem Arbeitgeber gegenüber und zur Unterstützung des Arbeitgebers in der Erfüllung der Betriebszwecke in allen Betrieben, die in der Regel mindestens zwanzig Arbeitnehmer beschäftigen, Betriebsräte zu errichten. Den Betriebsräten sowie Arbeiter- und Angestelltenräten wurden echte Aufgaben und Befugnisse sowie den vorhandenen Betriebsvertretungen echte Mitwirkungs- und Mitbestimmungsrechte in sozialen und personellen Angelegenheiten zugewiesen.[81] Bereits zu dieser Zeit hatte der Betriebsrat insofern eine Doppelrolle zu erfüllen, als er zum einen die Interessen der Arbeitnehmer gegenüber dem Arbeitgeber zu vertreten hatte und zum anderen zum Zwecke des Betriebsinteresses mit dem Arbeitgeber zusammenarbeiten musste.[82]

Trotz der inhaltlich großen Erweiterung und der umfangreichen Regelungen enthielt auch das BRG keine ausdrückliche Bestimmung zum Arbeitskampfverbot zwischen den Betriebsparteien, dem Arbeitgeber und den Betriebsvertretungen.[83] Der Betriebsrat hatte jedoch zum einen nach § 66 Nr. 3 BRG die Aufgabe, „*den Betrieb vor Erschütterungen zu bewahren*" und zum anderen gem. § 66 Nr. 6 BRG „*das Einvernehmen innerhalb der Arbeitnehmerschaft sowie zwischen ihr und dem Arbeitgeber zu fördern und für die Wahrung der Vereinigungsfreiheit der Arbeitnehmerschaft einzutreten*". Bei der Aufgabe, den Betrieb vor Erschütterungen zu schützen, handelte es sich um die gesetzliche Friedenspflicht, die für den Betriebsrat als auch für den Arbeitgeber galt.[84] Diese Aufgaben waren sehr weit und unbestimmt formuliert, sodass sie viele Verpflichtungen umfassten, insbesondere bei der Nr. 3 handelte es sich um eine sehr dehnbare Rahmenbestimmung.[85] Erschütterungen des Betriebes sollten alle auf innerbetriebliche Ursachen rückführbare Störungen des Betriebsablaufs erfassen.[86] Der Betriebsrat hatte unter Einsetzung aller ihm zur Verfügung stehenden Mittel und seines Einflusses dafür Sorge zu tragen, dass der Betrieb vor Unruhen bewahrt wird.[87] Erschütterungen im Sinne des Gesetzes konnten von der Belegschaft, was die Regel war, aber auch von dem Arbeitgeber ausgehen und äußerten sich z.B. in Form von Arbeitsniederlegungen und allgemeiner Unruhe.[88] Nach

81 *Reichold*, Betriebsverfassung, S. 261 ff.
82 *Flatow/Kahn-Freund*, BRG, § 66 Nr. 3 Anm. 1; *Nikisch*, Arbeitsrecht, S. 6.
83 *Bulla*, RdA 1962, 385, 386, Fn. 1.
84 *Flatow/Kahn-Freund*, BRG, § 66 Nr. 3 Anm. 1.
85 *Mansfeld*, BRG, § 66 Anm. 4a.
86 *Germelmann*, Der Betriebsfrieden, S. 31; *Flatow/Kahn-Freund*, BRG, § 66 Nr. 3 Anm. 1.
87 *Mansfeld*, BRG, § 66 Anm. 4a.
88 *Flatow/Kahn-Freund*, BRG, § 66 Nr. 3 Anm. 1; *Mansfeld*, BRG, § 66 Anm. 4a.

der Friedenspflicht sollten alle kollektiven Interessenstreitigkeiten nicht durch Arbeitskampfmaßnahmen, sondern durch die im BRG vorgesehenen Konfliktlösungsmittel gelöst werden.[89] Die Förderung des Einvernehmens und Wahrung der Vereinigungsfreiheit gem. § 66 Nr. 6 BRG stellte eine Konkretisierung der sich aus Nr. 3 ergebenden allgemeinen betriebsverfassungsrechtlichen Friedenspflicht dar und ging insoweit noch weiter, als sie auch zur Gewährleistung des Friedens innerhalb der Belegschaft diente.[90] Für die Wiederherstellung des betrieblichen Friedens sollte zunächst der Betriebsrat zuständig sein und erst als letztes Mittel die Schlichtungsstelle anrufen.[91]

Nach diesen Bestimmungen hatte der Betriebsrat selbst alles zu unterlassen, was den Frieden im Betrieb oder das gute Einvernehmen gefährden könnte.[92] Eine Gefährdung war insbesondere dann anzunehmen, wenn Betriebsratsmitglieder gewerkschaftliche Tätigkeiten im Betrieb vornahmen und damit eine Störung anders organisierter oder nicht organisierter Arbeitnehmer verursachten.[93] Anders als heute,[94] war in der Weimarer Zeit für die Verletzung der Friedenspflicht durch gewerkschaftliche Betätigungen und Durchführung von Arbeitskämpfen im Betrieb, stets eine konkrete Gefährdung erforderlich.[95] Zur Vermeidung solcher Störungen hatte sich der Betriebsrat politisch und gewerkschaftlich völlig neutral zu verhalten.[96] Unter der Aufgabe *„den Betrieb vor Erschütterungen zu bewahren"* war trotz des Fehlens eines ausdrücklichen gesetzlichen Arbeitskampfverbots zwischen den Betriebsparteien, insbesondere das Verbot der Organisierung oder Förderung von Arbeitskämpfen durch den Betriebsrat zu verstehen.[97] Weder der Betriebsrat noch eines der Betriebsratsmitglieder durften zur Arbeitsniederlegung auffordern oder sich an einer solchen beteiligen.[98] Sie hatten es bei Arbeitskämpfen der wirtschaftlichen Vereinigungen generell zu unterlassen, in ihrer amtlichen Eigenschaft Stellung zu

---

89 *Jahn*, Die Beteiligung des Betriebsrats, S. 24.

90 *Flatow/Kahn-Freund*, BRG, § 66 Nr. 6 Anm. 1 ff.; *Mansfeld*, BRG, § 66 Anm. 7a.

91 *Mansfeld*, BRG, § 66 Anm. 4a.

92 *Mansfeld*, BRG, § 66 Anm. 4a, 7a.

93 *Mansfeld*, BRG, § 66 Anm. 4a, 7a.

94 Siehe hierzu die Ausführungen unter 1. Kap. A. I.

95 *Oetker*, BlStSozArbR 1983, 321.

96 *Mansfeld*, BRG, § 66 Anm. 7a.

97 *Däubler*, Arbeitskampfrecht, § 4 Rn. 10; *Flatow/Kahn-Freund*, BRG, § 66 Nr. 3 Anm. 3; *Flatow*, NZfA 1924, 400.

98 *Flatow/Kahn-Freund*, BRG, § 66 Nr. 3 Anm. 3; *Germelmann*, Der Betriebsfrieden, S. 32; *Krause*, RdA 2009, 129, 132.

beziehen.[99] Wenn der Betriebsrat die verantwortungsvolle Aufgabe hatte, den Arbeitnehmern den richtigen Weg aufzuzeigen und z.B. die Arbeitnehmer zu belehren und Streitigkeiten zu erörtern, um den Betrieb vor Erschütterungen zu bewahren, dann hätte es seiner Aufgabe nach § 66 Nr. 3 BRG und der Friedenspflicht erst recht widersprochen, wenn er sich selbst an einem Arbeitskampf beteiligt hätte. Daher hatte er sich insbesondere bei Arbeitskämpfen zurückzuhalten, denn jedes Hervortreten widersprach seiner Friedensplicht.[100] Nicht nur die Teilnahme, sondern jede Aufforderung an die Belegschaft die Arbeit niederzulegen verletzte seine gesetzliche Friedenspflicht, den Betrieb vor Erschütterungen zu bewahren, auch wenn er den Arbeitskampf für gerechtfertigt hielt.[101] Darüber hinaus durfte der Betriebsrat in seiner Amtstätigkeit nicht für die Gewerkschaft tätig sein, sondern aufgrund seiner Stellung als Betriebsratsmitglied lediglich die Interessen des Betriebs wahrnehmen.[102] Lediglich in ihrer Arbeitnehmerstellung durften sich die Betriebsratsmitglieder an gewerkschaftlichen rechtmäßigen Arbeitskämpfen beteiligen.[103] Bei einem Verstoß gegen die gesetzliche Friedenspflicht durch den Betriebsrat stand dem Arbeitgeber rechtlich die Möglichkeit zur Verfügung, gem. §§ 39, 41 BRG einen Antrag auf Auflösung des Betriebsrats oder das Erlöschen der Mitgliedschaft eines Mitglieds wegen *„gröblicher Verletzung seiner gesetzlichen Pflichten"* zu stellen. Mithin enthielt schon das BRG im Rahmen der gesetzlichen Friedenspflicht gem. § 66 Nr. 3 BRG ein Verbot für die Betriebsparteien, Arbeitskämpfe gegeneinander zu führen und eine Vorgabe, ihre Meinungsstreitigkeiten im Wege der nach dem BRG zuständigen Stellen beizulegen.

### *3. Die Entwicklung im Nationalsozialismus – das Gesetz zur Ordnung der nationalen Arbeit*

Die Entwicklungen im Nationalsozialismus warfen einen Schatten auf die betriebliche Mitbestimmung aus der Weimarer Zeit. Mit der Machtübernahme der Nationalsozialisten im Jahre 1933 erlitten die positive Entwicklung der betrieblichen Mitbestimmung und die betriebliche Interessenwahrnehmung

---

99 *Germelmann*, Der Betriebsfrieden, S. 32.

100 *Flatow/Kahn-Freund*, BRG, § 66 Nr. 3 Anm. 4; *Flatow*, NZfA 1924, 400 f.; *Mansfeld*, BRG, § 66 Anm. 4a.

101 *Feig/Sitzler*, BRG, § 66 Anm. 4; *Flatow/Kahn-Freund*, BRG, § 66 Nr. 3 Anm. 4; *Mansfeld*, BRG, § 66 Anm. 4a.

102 *Mansfeld*, BRG, § 66 Anm. 4a.

103 *Flatow*, NZfA 1924, 400; *Mansfeld*, BRG, § 66 Anm. 4a.

einen Rückschlag. Die Weimarer Betriebsverfassung konnte den Vorstellungen und Anforderungen an eine betriebliche Arbeitnehmervertretung im Nationalsozialismus nicht gerecht werden. Die Nationalsozialisten erschufen eine ihrer Vorstellung entsprechende Betriebsverfassung. Durch das Gesetz zur Ordnung der nationalen Arbeit vom 20.01.1934[104] wurde die betriebliche Mitbestimmung vollständig beseitigt, indem das BRG aus der Weimarer Zeit durch § 65 Nr. 1 AOG aufgehoben wurde, und das sog. „Führerprinzip" etabliert.[105] Damit stand man wieder am Anfang der Entwicklung. Alle betrieblichen Angelegenheiten standen gem. § 2 Abs. 1 AOG nur dem „Führer" des Betriebes – dem Unternehmer – als alleiniger Entscheidungsträger zu.[106] Ferner konnte der „Führer" des Betriebes nach §§ 26 ff. AOG einseitig die Betriebsordnung erlassen. Der Gedanke der „deutschen Volksgemeinschaft" überlagerte alle Spannungen und Interessengegensätze zwischen Arbeitgeber und Arbeitnehmer.[107] Die Interessen der Arbeitnehmer und die vorhandenen Spannungen mussten zurückstehen, denn das AOG war primär von der Idee der Förderung und Einheit der Volksgemeinschaft geprägt.[108] Arbeitnehmer und Arbeitgeber waren gezwungen gemeinsam diesem Ziel zu dienen.

Mitbestimmungsrechte waren in dem AOG nicht enthalten. In Betrieben mit mehr als 20 Beschäftigte musste zwar ein sog. Vertrauensrat gebildet werden, in dem auch der Betriebsführer seinen Platz hatte, echte Mitbestimmungsrechte standen ihm jedoch nicht zu, sondern lediglich eine in betrieblichen Angelegenheiten beratende Funktion gegenüber dem Betriebsführer.[109] Der Vertrauensrat hatte weder eine Entscheidungsbefugnis noch konnte er gegen den Willen des Betriebsführers Regelungen zugunsten der Arbeitnehmer durchsetzen.[110]

Ein konkretes Arbeitskampfverbot zwischen den Betriebsparteien war weder vorhanden[111] noch wurde die Friedenspflicht ausdrücklich erwähnt. Indes sah § 36 Abs. 1 Nr. 2 AOG eine Disziplinarstrafe für den Fall vor, dass *„Angehörige der Gefolgschaft den Arbeitsfrieden im Betrieb durch boswillige Verhetzung der Gefolgschaft gefährden, sich insbesondere als Vertrauensmänner bewusst*

104 RGBl I, S. 45 ff.

105 *Nikisch*, Arbeitsrecht, S. 7; *Preis/Greiner*, Kollektivarbeitsrecht, § 142 Rn. 1585; *Reichold*, Betriebsverfassung, S. 336 ff.; *Rüthers*, AuR 1970, 97. 99.

106 *Rüthers*, AuR 1970, 97, 98.

107 *Rüthers*, AuR 1970, 97, 99.

108 *Rüthers*, AuR 1970, 97, 98.

109 Richardi BetrVG/*Richardi*, BetrVG, Einleitung Rn. 12.

110 *Rüthers*, AuR 1970, 97, 100.

111 *Bulla*, RdA 1962, 385, 386, Fn. 1.

*unzulässige Eingriffe in die Betriebsführung anmaßen oder den Gemeinschaftsgeist innerhalb der Betriebsgemeinschaft fortgesetzt böswillig stören*". Der Begriff des „Arbeitsfriedens" tauchte damit im Zusammenhang mit einer Disziplinarregelung auf. Jedes sozialwidrige Verhalten stellte einen Verstoß gegen diese Bestimmung dar.[112] Beispielsweise konnte jeder Aufruf zu einem Arbeitskampf durch Arbeitnehmer oder Vertrauensrat diesen Tatbestand erfüllen,[113] denn jegliche kollektive Spannungen zwischen Arbeitgeber und Arbeitnehmer waren als eine Störung des Arbeitsfriedens zu werten.[114] Die Unzulässigkeit eines Arbeitskampfes wurde neben dieser Vorschrift bereits aus dem AOG gefolgert, denn Arbeitskämpfe waren mit dem Gemeinschaftsgedanken nicht vereinbar und widersprachen den Geboten der sozialen Ehre.[115] Arbeitskämpfe passten nicht mehr in das Weltbild des Nationalsozialismus. Folglich beinhaltete der Begriff des Arbeitsfriedens u.a. das im Gedanken der Volks- und Betriebsgemeinschaft liegende Verbot des Arbeitskampfes, zumal eine bloße Gefährdung ausreichend erscheinte.[116] Die Einhaltung des Arbeitsfriedens sollte nur durch Schlichtungsmechanismen, die sog. Reichtreuhänder nach §§ 19 ff. AOG, die Vertrauensräte und schließlich die Ehrengerichtsverfahren nach §§ 35 ff. AOG, gewährleistet werden.

Folglich enthielt das Gesetz zwar kein ausdrückliches Arbeitskampfverbot oder eine Friedenspflicht, jedoch waren bei Aufrufen oder der Durchführung von Arbeitskämpfen, die den Arbeitsfrieden und die Betriebsgemeinschaft störten, Sanktionen zu befürchten, sodass ein generelles Arbeitskampfverbot herrschte. Daher verkörperte der Arbeitsfrieden u.a. das Verbot des Arbeitskampfes für die Betriebsparteien und die gesamte Belegschaft.

### 4. *Nachkriegszeit*

Nach dem Ende des zweiten Weltkrieges und dem Zusammenbruch des Dritten Reichs wurde das AOG durch das Kontrollratsgesetz Nr. 40 vom 30.11.1946[117] aufgehoben.[118] Das Recht wieder Betriebsräte zu wählen und die Arbeitnehmerschaft innerhalb der Betriebsverfassung wieder an der Betriebsverfassung

112 *Hueck/Nipperdey/Dietz*, AOG, § 19 Rn. 1.
113 *Rüthers*, AuR 1970, 97, 101, 105.
114 *Germelmann*, Der Betriebsfrieden, S. 36.
115 *Rüthers*, AuR 1970, 97, 101, 105.
116 *Germelmann*, Der Betriebsfrieden, S. 37.
117 Amtsblatt des Kontrollrats Nr. 12, S. 229.
118 *Wiese*, JuS 1994, 99, 102.

zu beteiligen, ermöglichte erst das Kontrollratsgesetz Nr. 22 vom 10.04.1946.[119] Danach wurde zur Wahrnehmung der beruflichen, wirtschaftlichen und sozialen Interessen der Arbeiter und Angestellten in den einzelnen Betrieben die Errichtung und die Tätigkeit von Betriebsräten in ganz Deutschland gestattet. Das Kontrollratsgesetz Nr. 22 enthielt im Wesentlichen nur die wichtigsten Bestimmungen über die Bildung, die Aufgaben und die Befugnisse von Betriebsräten. Fragen im Zusammenhang mit Arbeitskämpfen auf betrieblicher Ebene, wie z.B. Verbote von Kampfmaßnahmen, fanden keine Erwähnung. Da es sich bei diesem Gesetz um ein Rahmengesetz handelte, entwickelten später einige der westdeutschen Bundesländer eigene landesrechtliche Betriebsrätegesetze.[120]

### *5. § 49 Abs. 2 BetrVG 1952*

Um die Zersplitterung zu beseitigen und den Betriebsräten eine einheitliche Basis zu gewähren sowie zur Schaffung einer Neuordnung der deutschen Wirtschaft wurde ein neues einheitliches BetrVG gefordert.[121] Die Gewerkschaften forderten umfassende und umfangreiche Mitbestimmungsrechte an allen wirtschaftlich maßgeblichen Entscheidungen.[122] Nachdem Bundeskanzler *Adenauer* am 20.09.1949[123] ankündigte, die Rechtsbeziehungen zwischen Arbeitnehmern und Arbeitgebern zeitgemäß neu zu ordnen, sollte auf Antrag der Fraktion der CDU/CSU vom 19.10.1949[124] ein Gesetz zur Neuregelung der Beziehungen zwischen Arbeitnehmern und Arbeitgebern entworfen werden.[125] Sowohl der DGB als auch die Spitzenorganisationen der Unternehmerschaft legten Vorschläge vor.[126] Anschließend folgten ein CDU/CSU-Entwurf über die betriebliche Mitbestimmung vom 17.05.1950[127] und ein SPD-Entwurf zur Neuordnung der Wirtschaft vom 25.07.1950.[128]

---

119 Amtsblatt des Kontrollrats Nr. 6, S. 133; Richardi BetrVG/*Richardi*, BetrVG, Einleitung Rn. 13.

120 *Nikisch*, Arbeitsrecht, S. 7 f.; Richardi BetrVG/*Richardi*, BetrVG, Einleitung Rn. 15.

121 Richardi BetrVG/*Richardi*, BetrVG, Einleitung Rn. 16.

122 Vorschläge des Deutschen Gewerkschaftsbundes zur Neuordnung der deutschen Wirtschaft v. 14.04.1950, RdA 1950, 183 ff.; *Preis/Greiner*, Kollektivarbeitsrecht, § 142 Rn. 1586.

123 Regierungserklärung, BT. Prot. Bd. 1, S. 26.

124 BT-Drucks. I/117.

125 *Wiese*, JuS 1994, 99, 103.

126 Vgl. RdA 1950, 181 ff.

127 BT-Drucks. Nr. 970.

128 BT-Drucks. Nr. 1229.

Das am 11.10.1952 verabschiedete und am 14.11.1952 in Kraft getretene BetrVG[129] konnte zwar den Anforderungen der Gewerkschaften nicht gerecht werden,[130] es konnte allerdings die Zersplitterung beseitigen und enthielt umfangreiche Regelungen zu Mitbestimmungsrechten des Betriebsrats in sozialen (§§ 56 ff. BetrVG 1952), in personellen (§§ 60 ff. BetrVG 1952) und in wirtschaftlichen Angelegenheiten (§§ 67 ff. BetrVG 1952) sowie zur Beteiligung der Arbeitnehmer im Aufsichtsrat (§§ 76 f. BetrVG 1952). Das Gesetz knüpfte an das BRG an und baute die Rechtsstellung des Betriebsrats weiter aus.[131]

Gem. § 49 Abs. 1 BetrVG 1952 wurde die vertrauensvolle Zusammenarbeit zwischen Arbeitgeber und Betriebsrat in das BetrVG eingeführt. Hinsichtlich der Aufgaben des Betriebsrats und des Verhältnisses zum Arbeitgeber beinhaltete das BetrVG eine andere Grundkonzeption, als sie dem BRG von 1920 zugrunde lag.[132] Das Prinzip der Gegensätzlichkeit zwischen Arbeitnehmern und Arbeitgebern und die Arbeitsweise der Konfrontation gehörten der Vergangenheit an.[133] Von nun an sollten Arbeitgeber und Betriebsrat im Rahmen der geltenden Tarifverträge vertrauensvoll und im Zusammenwirken mit den im Betrieb vertretenen Gewerkschaften und Arbeitgebervereinigungen zum Wohle des Betriebes und seiner Arbeitnehmer unter Berücksichtigung des Gemeinwohls zusammenarbeiten. Auf der einen Seite hatte der Betriebsrat die Interessen der Arbeitnehmer zu vertreten und auf der anderen Seite zum Wohle des Betriebes mit dem Arbeitgeber vertrauensvoll zusammenzuarbeiten. Mithin hat das BetrVG 1952 den Grundsatz der vertrauensvollen Zusammenarbeit eingeführt.[134]

Erstmalig sah ein Betriebsverfassungsgesetz auf bundesrechtlicher Ebene eine ausdrückliche allgemeine Friedenspflicht und ein Arbeitskampfverbot zwischen Arbeitgeber und Betriebsrat gem. § 49 Abs. 2 BetrVG 1952 vor. Nach § 49 Abs. 2 S. 1 BetrVG 1952 hatten Arbeitgeber und Betriebsrat alles zu unterlassen, was geeignet war, die Arbeit und den Frieden des Betriebes zu gefährden. Nach S. 2

---

129 BGBl. I, S. 681; Entwurf von CDU/CSU, BT-Drucks. 970; Entwurf von SPD, BT-Drucks. 1229; Regierungsentwurf vom 31.10.1950, BT-Drucks. 1546; Ausschussbericht, BT-Drucks. 3585.

130 *Preis/Greiner*, Kollektivarbeitsrecht, § 142 Rn. 1586; *Milert/Tschirbs*, Von den Arbeiterausschüssen, S. 71 f.; Richardi BetrVG/*Richardi*, BetrVG, Einleitung Rn. 16, 17.

131 Düwell/*Düwell*, BetrVG, Einleitung Rn. 8; *Milert/Tschirbs*, Von den Arbeiterausschüssen, S. 73.

132 *Dietz*, BetrVG, § 49 Rn. 1; *Neumann-Duesberg*, Betriebsverfassungsrecht, S. 33.

133 *Dietz*, BetrVG, § 49 Rn. 1.

134 *Neumann-Duesberg*, Betriebsverfassungsrecht, S. 34 f.

durften sie insbesondere keine Maßnahmen des Arbeitskampfes gegeneinander durchführen. Das Betriebsverfassungsrecht verbot Kampfmaßnahmen auf der Ebene des Betriebes zwischen den betrieblichen Sozialpartnern.[135] Das bedeutet, dass weder der Betriebsrat noch der Arbeitgeber zu Arbeitskampfmaßnahmen aufrufen, sie einleiten oder durchführen durften, um den anderen Teil zu einer Maßnahme zu veranlassen.[136] Ferner hatten sie den Betriebsfrieden insoweit zu fördern, als sie zur Erhaltung des Betriebsfriedens und zur Vermeidung von Störungen, auch durch Einwirkung auf die Arbeitnehmer, hinwirken mussten.[137] § 49 Abs. 2 S. 3 BetrVG 1952 bestimmte, dass *„Arbeitskämpfe tariffähiger Parteien hierdurch nicht berührt werden"*. Die Betriebsratsmitglieder waren verpflichtet auch bei rechtmäßigen Streiks, die von den Gewerkschaften geführt wurden, in ihrer Amtsstellung ihre Neutralität zu wahren.[138] Lediglich in ihrer Eigenschaft als Arbeitnehmer durften sie sich an gewerkschaftlich geführten Streiks beteiligen.[139]

### *6. § 74 Abs. 2 BetrVG 1972*

Nachdem das geltende BetrVG 1952 trotz der veränderten wirtschaftlichen und sozialen Verhältnisse fast unverändert geblieben war, brachten in der 5. Legislaturperiode des Deutschen Bundestages die CDU, die SPD und die FDP Gesetzesentwürfe für ein neues BetrVG ein.[140] Daneben unterbreiteten zahlreiche Verbände Änderungsvorschläge.[141] Am 28.10.1969 kündigte die Bundesregierung eine Reform des BetrVG an und legte am 29.01.1971 dem Bundestag einen Regierungsentwurf vor.[142] Anschließend wurde am 18.01.1972 das neue Gesetz im Bundesgesetzblatt verkündet und trat am 19.01.1972 in Kraft.[143]

Auch das BetrVG 1972 wird vom Grundsatz der vertrauensvollen Zusammenarbeit zwischen Betriebsrat und Arbeitgeber beherrscht.[144] Die Vorschrift der vertrauensvollen Zusammenarbeit nach § 49 Abs. 1 BetrVG 1952

135 *Bulla*, RdA 1962, 385, 386.
136 *Dietz*, BetrVG, § 49 Rn. 13.
137 *Neumann-Duesberg*, Betriebsverfassungsrecht, S. 440.
138 *Neumann-Duesberg*, Betriebsverfassungsrecht, S. 441.
139 *Neumann-Duesberg*, Betriebsverfassungsrecht, S. 442.
140 *Auffarth*, AuR 1972, 33.
141 *Auffarth*, AuR 1972, 33.
142 BT-Drucks. VI/1786.
143 *Auffarth*, AuR 1972, 33.
144 *Kraft*, ZfA 1973, 243, 252.

wurde im neuen BetrVG 1972 allerdings an den Beginn des BetrVG gestellt, um die geschichtliche[145] und grundlegende[146] Bedeutung dieser Bestimmung hervorzuheben. Die Bestimmung war für sämtliche Regelungen des BetrVG von Bedeutung.[147] Die allgemeine Friedenspflicht zwischen Arbeitgeber und Betriebsrat – im Interesse der Sicherung des geordneten Arbeitsablaufs und des Betriebsfriedens – und das Arbeitskampfverbot blieben bestehen und fanden ihren neuen Platz in § 74 Abs. 2 BetrVG.[148] Die Durchführung von Maßnahmen des Arbeitskampfes sollte den tariffähigen Koalitionen vorbehalten bleiben, während die Betriebsparteien ihre Meinungsverschiedenheiten durch die im Gesetz zur Verfügung stehenden Mittel regeln sollten.[149] Dadurch wurde die betriebsverfassungsrechtliche Friedenspflicht konkretisiert und zugleich zum Ausdruck gebracht, dass die Betriebsverfassung von einem Kooperationsmodell beherrscht wird.[150]

Neu eingeführt wurde die Bestimmung in Abs. 3, wonach „*Arbeitnehmer, die im Rahmen dieses Gesetzes Aufgaben übernehmen, hierdurch in der Betätigung für ihre Gewerkschaft auch im Betrieb nicht beschränkt werden*“.[151] Hierdurch sollte klargestellt werden, dass die Betriebsratsmitglieder uneingeschränkt von ihrer Koalitionsfreiheit Gebrauch machen können und in ihrer Eigenschaft als Arbeitnehmer sich als Gewerkschaftsmitglieder weiterhin für ihre Gewerkschaften betätigen und an rechtmäßigen Arbeitskämpfen teilnehmen können.[152] Der Abs. 3 trug der Tatsache Rechnung, dass ein großer Anteil der Betriebsratsmitglieder gewerkschaftlich organisiert war. Hierdurch konnte eine in der Literatur und Rechtsprechung vertretene Einschränkung der Koalitionsfreiheit hinsichtlich der Betätigung für die Gewerkschaften und der Teilnahme an gewerkschaftlichen Arbeitskämpfen von Betriebsratsmitgliedern beendet werden.[153]

---

145 Stellungnahme des Bundesrats, BR-Drucks. 715/70, S. 35.
146 Begründung des Entwurfs der Bundesregierung, BT-Drucks. VI/1786, S. 35, 46.
147 *Germelmann*, Der Betriebsfrieden, S. 49.
148 BT-Drucks. VI/1786, S. 35, 46.
149 BT-Drucks. VI/1786, S. 46.
150 BVerfG, Urt. v. 01.03.1979 – 1 BvR 532, 533/77, 419/78, 1 BvL, NJW 1979, 699.
151 BT-Drucks. VI/1786, S. 35, 46.
152 BT-Drucks. VI/1786, S. 35, 46; *Bieback*, RdA 1978, 82, 93.
153 *Auffarth*, AuR 1972, 33, 35.

### 7. *Zwischenergebnis*

Dieser kurze historische Überblick veranschaulicht den langen und mühsamen Weg in der Entwicklung der betrieblichen Mitbestimmung und die Implementierung der allgemeinen Friedenspflicht sowie des betrieblichen Arbeitskampfverbots. Mithilfe zahlreicher Streiks und Aufstände im Laufe des 19. und 20. Jahrhunderts, schaffte es die Arbeitnehmerschaft, eigene betriebliche Interessenvertretungen zu erhalten. Als Reaktion auf die vorausgegangenen Arbeitskämpfe im Bereich des Bergbaus, wurde das erste Mal in der Geschichte mit dem Arbeiterschutzgesetz vom 01.06.1891 das Recht zur betrieblichen Mitbestimmung und zur Wahl von Fabrikausschüssen in die GewO eingeführt. Während nach dem Arbeiterschutzgesetz die Bildung von Arbeiterausschüssen fakultativ war, wurden nach Unruhen und Streiks im Jahre 1905 durch das Allgemeine Berggesetz für die preußischen Staaten obligatorische Arbeiterausschüsse im Bergbau eingeführt. Diese Regelungen und die Möglichkeit der Mitwirkung im Bereich des Bergbaus wurden während des ersten Weltkrieges durch das Hilfsdienstgesetz vom 05.12.1916 auf kriegs- und versorgungswichtige Betriebe ausgedehnt. Dieses Gesetz enthielt zudem einen Konfliktregelungsmechanismus, wonach bei Streitigkeiten das Einigungsamt oder die Schlichtungsstelle angerufen werden konnte. Eine gesetzliche Bestimmung über das Arbeitskampfverbot war nach wie vor nicht vorhanden.

Nach Kriegsende haben die Arbeiterausschüsse im Wege des Gesetzes durch die TVVO, vorbehaltlich bestehender Ausnahmen, in allen Betrieben, Verwaltungen und Büros Verbreitung gefunden. Den Arbeitnehmern wurden über die Ausschüsse und Vertretungen Mitwirkungsrechte eingeräumt. Ein betriebliches Arbeitskampfverbot bestand auch hier nicht.

Erstmalig in der Weimarer Republik wurden die Interessenvertretung durch eine Räteorganisation und die betriebliche Mitbestimmung in Art. 165 der WRV gesetzlich verankert. Die Arbeiter und Angestellten erhielten zur Wahrnehmung ihrer sozialen und wirtschaftlichen Interessen gesetzliche Vertretungen auf betrieblicher Ebene. Anschließend wurde in Ausführung des Art. 165 der WRV das BRG erlassen, wonach im Interesse der Arbeitnehmerschaft Betriebsräte mit echten Aufgaben und Befugnissen sowie Mitwirkungsrechten gegründet werden sollten. Ausdrückliche Regelungen zur Friedenspflicht und zum betrieblichen Arbeitskampfverbot waren im BRG zwar nicht enthalten, nach § 66 Nr. 3 BRG hatte der Betriebsrat jedoch die Aufgabe, *„den Betrieb vor Erschütterungen zu bewahren"*, worunter eine gesetzliche Friedenspflicht und insbesondere ein betriebliches Arbeitskampfverbot verstanden wurde. Der Betriebsrat hatte selbst alles zu unterlassen, was den Frieden im Betrieb oder das gute Einvernehmen gefährden konnte.

Im Nationalsozialismus wurde mit dem AOG das BRG aufgehoben und alles beseitigt, was bisher für die Arbeitnehmerschaft errungen wurde. Im Fokus stand nun das „Führerprinzip". Das AOG enthielt weder eine echte Interessenvertretung für die Arbeitnehmer noch Mitbestimmungsrechte. Auch in diesem Gesetz fanden die Friedenspflicht und das Arbeitskampfverbot ausdrücklich keine Erwähnung, jedoch wurden bewusste Unruhen und Arbeitskämpfe von der Arbeitnehmerschaft oder den Betriebsratsmitgliedern nach § 36 Abs. 1 Nr. 2 AOG sanktioniert. Jegliche kollektiven Spannungen, sei es durch die Arbeitnehmer oder die Betriebsratsmitglieder, passten nicht in das Weltbild der Nationalsozialisten.

In der Nachkriegszeit wurde das AOG aufgehoben und man konnte gemäß dem Kontrollratsgesetz Nr. 22 wieder Betriebsräte errichten. Auch hier waren Bestimmungen im Zusammenhang mit Arbeitskämpfen und dem Betriebsfrieden nicht vorhanden. Da es sich bei dem Kontrollratsgesetz um ein Rahmengesetz handelte, entwickelten einige westdeutsche Bundesländer eigene landesrechtliche Betriebsrätegesetze. Dadurch kamen bundesweit uneinheitliche Regelungen zustande.

Erst mit dem BetrVG 1952 konnte die Zersplitterung hinsichtlich der betriebsverfassungsrechtlichen Regelungen in der BRD beseitigt und den Betriebsräten umfangreiche Mitbestimmungsrechte eingeräumt werden. Erstmalig sah ein Betriebsverfassungsgesetz auf bundesrechtlicher Ebene eine ausdrückliche allgemeine Friedenspflicht und ein Arbeitskampfverbot zwischen Arbeitgeber und Betriebsrat gem. § 49 Abs. 2 BetrVG 1952 vor. Nach § 49 Abs. 2 S. 1 BetrVG 1952 hatten Arbeitgeber und Betriebsrat alles zu unterlassen, was geeignet war, die Arbeit und den Frieden des Betriebes zu gefährden. Nach S. 2 durften sie insbesondere keine Maßnahmen des Arbeitskampfes gegeneinander durchführen. Das bedeutet, dass weder der Betriebsrat noch der Arbeitgeber zu Arbeitskampfmaßnahmen aufrufen, sie einleiten oder durchführen durften, um den anderen Teil zu einer Maßnahme zu veranlassen.

Im BetrVG 1972 blieben die allgemeine Friedenspflicht zwischen Arbeitgeber und Betriebsrat und das Arbeitskampfverbot bestehen und wurden in § 74 Abs. 2 BetrVG geregelt. Neu eingeführt wurde die Bestimmung in Abs. 3, wonach Arbeitnehmer, die im Rahmen dieses Gesetzes Aufgaben übernahmen, hierdurch in der Betätigung für ihre Gewerkschaft auch im Betrieb nicht beschränkt werden sollten. Die Betriebsratsmitglieder konnten insofern in ihrer Eigenschaft als Arbeitnehmer ihrer gewerkschaftlichen Betätigung nachgehen und sich an gewerkschaftlichen Arbeitskämpfen beteiligen.

Die Betriebsparteien sollten miteinander kooperativ und vertrauensvoll zusammenarbeiten und ihre Meinungsverschiedenheiten insgesamt nur mit den im BetrVG vorhandenen Schlichtungsmöglichkeiten lösen. Die betriebsverfassungsrechtliche Friedenspflicht diente gerade dazu, diese Zusammenarbeit zu fördern, um die wirtschaftliche Lage und Entwicklung im Betrieb nicht zu gefährden. Zudem sollte er die Arbeitnehmerschaft in den Betrieb und eine bestehende Wirtschafts- und Gesellschaftsordnung eingliedern.[154] Mithilfe dieses Begriffs und des Arbeitskampfverbots schaffte es der Staat, regulierend in Auseinandersetzungen im betrieblichen Bereich insoweit einzugreifen, als sie gesetzlich regelte, die betriebliche Ebene von Beeinträchtigungen zwischen den Betriebsparteien rauszuhalten.[155]

## III. Adressaten des Arbeitskampfverbots

Das Arbeitskampfverbot nach § 74 Abs. 2 S. 1 Hs. 1 BetrVG nennt bestimmte Verbotsadressaten. Da als Betroffene über den Wortlaut hinaus weitere Adressaten in Betracht kommen können, bedarf es vorliegend einer Differenzierung.

### *1. Arbeitgeber und Betriebsrat*

Gemäß dem Wortlaut der Vorschrift sind zum einen der Arbeitgeber und zum anderen der Betriebsrat als betriebsverfassungsrechtliches Kollektivorgan die Verbotsadressaten.[156] Das Verbot bezieht sich dabei lediglich auf die Betriebsverfassung und nicht allgemein auf das Arbeitskampfrecht. Aus der Norm ergibt sich zwar nicht unmittelbar, dass sie für die betriebsverfassungsrechtliche Stellung gilt, jedoch würde ein anderes Verständnis die verfassungsrechtlich verankerte Koalitionsfreiheit und die Tarifautonomie des Arbeitgebers sowie die Koalitionsfreiheit der Betriebsratsmitglieder in ihrer Arbeitnehmerfunktion verletzen. Eine solche Differenzierung ist der Doppelstellung der Betriebspartner geschuldet, wobei die konkrete Doppelrolle den Arbeitgeber und die Betriebsratsmitglieder betrifft und nicht den Betriebsrat selbst.[157] Sie sind Betriebs- sowie Vertragspartner des Einzelarbeitsvertrages, d.h. die Betriebsratsmitglieder

154 *Germelmann*, Der Betriebsfrieden, S. 41.

155 *Germelmann*, Der Betriebsfrieden, S. 41.

156 BAG, Beschl. v. 15.10.2013 – 1 ABR 31/12, NZA 2014, 319; GK-BetrVG/*Jacobs*, BetrVG, § 74 Rn. 38; MHdB ArbR/*Boemke*, § 288 Rn. 10.

157 Brox/Rüthers/*Brox*, Arbeitskampfrecht, § 12 Rn. 407, 412; *Germelmann*, Der Betriebsfrieden, S. 98.

sind sowohl Amtsinhaber als auch Arbeitnehmer zugleich und der Arbeitgeber sowohl Betriebspartner als auch Arbeitgeber im Rahmen des Arbeitsverhältnisses und dabei Partei des Arbeitsvertrages. Darüber hinaus begegnen sich die Parteien auch im Rahmen eines Tarifkonflikts, der Arbeitgeber als Tarifvertragspartei oder auf der Seite des Arbeitgeberverbands als Verbandsmitglied und die Betriebsratsmitglieder eventuell auf Gewerkschaftsseite bzw. organisiert in einer Koalition. Dem Arbeitgeber als Tarifpartner und den Arbeitnehmern stehen außerhalb des Betriebsverfassungsrechts die verfassungsrechtliche Koalitionsfreiheit bzw. Arbeitskampffreiheit gem. Art. 9 Abs. 3 GG zu.[158] Der Arbeitgeber muss in der Lage sein im Rahmen des allgemeinen Arbeitskampfrechts aufgrund seiner Tarifautonomie auf gewerkschaftliche Streiks zu reagieren und Kampfmaßnahmen durchzuführen. Eine Klarstellung, dass Arbeitskämpfe tariffähiger Parteien von dem betriebsverfassungsrechtlichen Arbeitskampfverbot nicht berührt werden, erfolgt in § 74 Abs. 2 S. 1 Hs. 2 BetrVG.[159] Für die Betriebsratsmitglieder in ihrer Arbeitnehmerfunktion kann nichts anderes gelten, denn nach Abs. 3 wird ihre Betätigungsfreiheit für die Gewerkschaften nicht berührt. Sie dürfen ihr Streikrecht außerhalb des Betriebsverfassungsrechts und ihres Amtes uneingeschränkt wahrnehmen. Der Betriebsrat als solcher besitzt hingegen nur eine betriebsverfassungsrechtliche Amtsstellung, aus der sich unmittelbar seine Rechte und Pflichten ergeben und auf die seine Existenz beschränkt ist.[160] Auf Rechte aus dem allgemeinen kollektiven Arbeitsrecht und Art. 9 Abs. 3 BetrVG kann er sich nicht berufen, denn der Betriebsrat ist nicht tariffähig. Gem. § 2 Abs. 1 und Abs. 3 TVG sind nur Gewerkschaften, einzelne Arbeitgeber, Arbeitgeberverbände sowie Spitzenverbände von Gewerkschaften und Arbeitgeberverbänden tariffähig. Auf die Rechte aus Art. 9 GG können sich nur die Tarifvertragsparteien und die Arbeitnehmer als Mitglieder dieser Parteien berufen. Zudem mangelt es dem Betriebsrat bereits an der eigenständigen Grundrechtsfähigkeit.[161] Zum einen ist er nicht frei gebildet i.S.v. Art. 19 Abs. 3 GG und zum anderen ist er auch nicht berechtigt, über die gesetzlich zugewiesenen Aufgaben hinaus, Grundrechte der Arbeitnehmer wahrzunehmen.[162] Der

158 BVerfG, Beschl. v. 26.06.1991 – 1 BvR 779/85, BVerfGE 84, 212; Dürig/Herzog/Scholz/*Scholz*, GG, Art. 9 Rn. 167; Sachs/*Höfling*, GG, Art. 9 Rn. 102.

159 ErfK/*Kania*, BetrVG, § 74 Rn. 10.

160 *Germelmann*, Der Betriebsfrieden, S. 99.

161 BVerfG, Beschl. v. 26.05.1970 – 2 BvR 311/67, BVerfGE 28, 314; MHdB ArbR/*Boemke*, § 286 Rn. 21; Richardi BetrVG/*Richardi*, BetrVG, Einleitung Rn. 119 f.

162 BVerfG, Beschl. v. 26.05.1970 – 2 BvR 311/67, BVerfGE 28, 314; MHdB ArbR/*Boemke*, § 286 Rn. 21; Richardi BetrVG/*Richardi*, BetrVG, Einleitung Rn. 119 f.

Betriebsrat ist an die Vorschriften des Gesetzes gebunden, die ihm bestimmte Zuständigkeiten und Befugnisse zuweisen.[163] Über das BetrVG hinausreichende Handlungsbefugnisse stehen dem Betriebsrat hingegen nicht zu.[164] Die Wahrnehmung des Betriebsratsamts stellt keine Betätigung für die Koalition dar. Mithin hat der Betriebsrat als solcher kein durch Art. 9 Abs. 3 GG gewährleistetes Recht, die Arbeits- und Wirtschaftsbedingungen der Bediensteten zu wahren und zu fördern.[165] Art. 9 Abs. 3 GG gewährleistet Rechte lediglich für Bürger, Koalitionen und ihre Mitglieder.[166] Demzufolge kann das Arbeitskampfverbot nicht gegen die Koalitions- und Streikfreiheitsrechte des Betriebsrats verstoßen, da sie auf ihn nicht anwendbar sind.

Auch die Neutralitätspflicht des Betriebsrats, die sich aus dem Arbeitskampfverbot ergibt, verdeutlicht, dass der Betriebsrat lediglich Adressat in seiner betriebsverfassungsrechtlichen Stellung ist.[167] Seine Zuständigkeit erstreckt sich auf die gesamte Belegschaft, ebenso auf Nicht- oder Andersorganisierte, und nicht nur auf die tarifgebundenen Arbeitnehmer einer bestimmten streikenden Gewerkschaft.[168] Daher darf er keinen parteiischen Eindruck bei den Arbeitnehmern erwecken. Aus dem Titel der Norm des § 74 BetrVG „*Grundsätze für die Zusammenarbeit*" und der Verankerung des Arbeitskampfverbots im BetrVG ergibt sich auch bereits, dass es lediglich um die betriebsverfassungsrechtliche Zusammenarbeit zwischen Arbeitgeber und Betriebsrat geht. Zudem wäre die Ausnahmeregelung des § 74 Abs. 2 S. 1 Hs. 2 BetrVG zwecklos, wenn Arbeitgeber und Betriebsrat nicht nur in ihrer betriebsverfassungsrechtlichen Funktion betroffen wären.

Aufgrund der zulässigen Möglichkeit, kollektivrechtlich weiterhin im Rahmen von Tarifstreitigkeiten aufzutreten und zu handeln, birgt die Doppelstellung Spannungen.[169] Bei der Vornahme von Kampfhandlungen müssen Arbeitgeber und Betriebsratsmitglieder diese Spannungen beachten, da es zu Abgrenzungsschwierigkeiten hinsichtlich zulässiger Maßnahmen kommen kann. Insofern sind im Rahmen ihrer betrieblichen Organstellung Maßnahmen des Arbeitskampfes lediglich zwischen ihnen verboten. Der Betriebsrat als

163 BVerfG, Beschl. v. 26.05.1970 – 2 BvR 311/67, BVerfGE 28, 314.
164 BVerfG, Beschl. v. 26.05.1970 – 2 BvR 311/67, BVerfGE 28, 314.
165 BVerfG, Beschl. v. 26.05.1970 – 2 BvR 311/67, BVerfGE 28, 314.
166 BVerfG, Beschl. v. 26.05.1970 – 2 BvR 311/67, BVerfGE 28, 314.
167 *Germelmann*, Der Betriebsfrieden, S. 99.
168 *Germelmann*, Der Betriebsfrieden, S. 99.
169 *Germelmann*, Der Betriebsfrieden, S. 98; *Reichold*, NZA, 2004, 247, 249.

betriebsverfassungsrechtliches Organ ist in diesem Zusammenhang zur Neutralität im Arbeitskampf verpflichtet und hat alle Unterstützungsmaßnahmen für eine Gewerkschaft als Tarifvertragspartei zu unterlassen, durch die der Arbeitgeber betroffen wird.[170] Insofern ist es ihm nicht nur untersagt, Arbeitskämpfe zu organisieren und durchzuführen, sondern sich auch kraft seines Amtes an Arbeitskämpfen von Tarifvertragsparteien zu beteiligen.[171]

Des Weiteren ist der Arbeitgeber gerade aufgrund seiner Doppelstellung von dem Arbeitskampfverbot weniger intensiv betroffen und unterliegt nicht in gleichem Maße wie der Betriebsrat dem Arbeitskampfverbot. Als Tarifpartner ist ihm die Teilnahme an Arbeitskämpfen aufgrund seiner Tarif- und Koalitionsfreiheit gem. Art. 9 Abs. 3 GG weiterhin gestattet. Entgegen der Ansicht von *Kissel*[172] wirkt sich die betriebliche Friedenspflicht auf die Betriebspartner unterschiedlich aus. *Kissel* ist der Auffassung, der Arbeitgeber unterliege bei einem Arbeitskampf um einen Verbandstarifvertrag den gleichen Schranken wie der Betriebsrat. Insbesondere bei einem firmenbezogenen Verbandstarifvertrag agiere nicht der Arbeitgeber als Tarifpartner, sondern der Arbeitgeberverband.[173] Demzufolge wäre er bei Verbandstarifverträgen und bei firmenbezogenen Verbandstarifverträgen gleichermaßen vom Arbeitskampfverbot betroffen und dürfte keine Kampfmaßnahmen vornehmen. Dem kann jedoch nicht gefolgt werden.[174] Denn der Arbeitgeber ist bei tariflichen Arbeitskämpfen immer als Verbandsmitglied oder als tariffähige Partei im Sinne des § 2 Abs. 1 TVG betroffen. In dieser Eigenschaft unterliegt seine Kampfteilnahme keiner Beschränkung durch § 74 Abs. 2 S. 1 BetrVG und er kann an den Arbeitskampfmaßnahmen der Tarifpartner teilnehmen.[175] Es ist in diesem Zusammenhang lediglich verboten, dass die Maßnahmen gezielt gegen den Betriebsrat als Organ gerichtet werden oder betriebliche Ziele berühren, die nicht durch Tarifvertrag geregelt werden dürfen.[176]

---

170 BAG, Beschl. v. 22.12.1980 – 1 ABR 2/79, AP GG Art. 9 Arbeitskampf Nr. 70; *Kraft*, FS Müller, S. 265, 270 f.; MHdB ArbR/*Boemke*, § 288 Rn. 17; *Rolfs/Bütefisch*, NZA 1996, 17; *Schönhöft/Weyhing*, BB 2014, 762, 763; *Wiese*, NZA 1984, 378.

171 *Jahnke*, ZfA 1984, 69, 87.

172 *Kissel*, Arbeitskampfrecht, § 36 Rn. 13.

173 *Kissel*, Arbeitskampfrecht, § 36 Rn. 13, 14.

174 So auch Brox/Rüthers/*Brox*, Arbeitskampfrecht, § 12 Rn. 414; DKW/*Berg*, BetrVG, § 74 Rn. 22; MHdB ArbR/*Boemke*, § 288 Rn. 10.

175 Brox/Rüthers/*Brox*, Arbeitskampfrecht, § 12 Rn. 414; DKW/*Berg*, BetrVG, § 74 Rn. 22; MHdB ArbR/*Boemke*, § 288 Rn. 10.

176 Brox/Rüthers/*Brox*, Arbeitskampfrecht, § 12 Rn. 414.

Gleiches gilt bei einem Firmentarifvertrag, bei dem der Arbeitgeber unmittelbar Kampfpartei ist.[177] In einer solchen Konstellation unterliegt der Arbeitgeber lediglich im Verhältnis zum Betriebsrat weiterhin dem Verbot.[178]

Arbeitgeber und Betriebsrat stehen als Akteure der Betriebsverfassung die Mittel der Betriebsverfassung zur Verfügung, um ihre Streitigkeiten zu lösen. Ihre Meinungsverschiedenheiten in betriebsverfassungsrechtlichen Angelegenheiten müssen die vorliegenden Verbotsadressaten auf friedlichem Wege lösen. Dazu stehen ihnen die gesetzlich vorgesehenen Verfahren vor der Einigungsstelle oder den Gerichten für Arbeitssachen im Beschlussverfahren zur Verfügung.[179] Die Betriebsparteien dürfen auch keine Regelungen oder Vereinbarungen bezüglich Arbeitskämpfe treffen, welche die Kampfparität beeinträchtigen würden.[180] Insoweit unterliegen auch freiwillige Betriebsvereinbarungen den betriebsverfassungsrechtlichen Schranken von Arbeitskampfmaßnahmen, denn die von Art. 9 Abs. 3 GG geschützte Chancengleichheit der Tarifvertragsparteien muss gewahrt werden.[181]

Darüber hinaus kann die betriebliche Neutralitätspflicht des Betriebsrats nicht auf Arbeitskämpfe im eigenen Betrieb beschränkt werden.[182] Der Betriebsrat muss als Organ der Betriebsverfassung das Neutralitätsgebot im Hinblick auf Arbeitskämpfe umfassend wahren. Demnach darf er auch nicht an Arbeitskämpfen anderer Betriebe unterstützend teilnehmen oder Streikende anderer Betriebe aktiv unterstützen, auch wenn der Arbeitgeber weder unmittelbar noch mittelbar betroffen ist.[183] Der Betriebsrat und seine Mitglieder in ihrer Amtsstellung müssen sich nach dem Gesetzeszweck des Kampfverbots von jeglichen Kampfmaßnahmen fernhalten und sich auf vorhandene Konfliktlösungsmittel des BetrVG beschränken. Die fehlenden Regelungsmechanismen im BetrVG bezüglich Arbeitskämpfe fremder Betriebe sprechen auch gegen eine Befugnis des

177 *Kissel*, Arbeitskampfrecht, § 36 Rn. 14.

178 *Kissel*, Arbeitskampfrecht, § 36 Rn. 14.

179 BAG, Urt. v. 17.12.1976 – 1 AZR 772/75, AP GG Art. 9 Arbeitskampf Nr. 52; BeckOK ArbR/*Werner*, BetrVG, § 74 Rn. 9.

180 BAG, Beschl. v. 30.08.1994 – 1 ABR 10/94, AP GG Art. 9 Arbeitskampf Nr. 132; *Krummel*, BB 2002, 1418, 1419.

181 BAG, Beschl. v. 30.08.1994 – 1 ABR 10/94, AP GG Art. 9 Arbeitskampf Nr. 132.

182 So aber *Germelmann*, Der Betriebsfrieden, S. 107 f.; *Pflug*, AuR 1954, 296, 297 f.

183 Brox/Rüthers/*Brox*, Arbeitskampfrecht, § 12 Rn. 412; GK-BetrVG/*Jacobs*, BetrVG, § 74 Rn. 68; *Reichold*, NZA 2004, 247, 248; *Rolfs/Bütefisch*, NZA 1996, 17, 20; *Wiese*, NZA 1984, 378, 379; a.A.: *Däubler*, Das Arbeitsrecht, S. 400 f.; *Germelmann*, Der Betriebsfrieden, S. 107 f.; *Pflug*, AuR 1954, 296 ff.

Betriebsrats, sodass er sich auf die Möglichkeiten in seinem Betrieb beschränken muss. Zudem ist zweifelhaft, ob eine solche Unterstützungs- und Solidaritätshandlung von seinen betriebsverfassungsrechtlichen Aufgaben gedeckt ist, da das BetrVG keine Legitimation dafür vorsieht.[184] Ferner hätte ein solches Solidaritätsverhalten Einfluss auf die vertrauensvolle Zusammenarbeit zum eigenen Arbeitgeber, obwohl er von dieser Maßnahme nicht betroffen wäre. Zweifellos würde das Verhältnis belastet werden. Auch das Vertrauen der Arbeitnehmer in den Betriebsrat als neutraler Sachwalter ihrer Interessen würde zerrüttet werden, da der Betriebsrat sich in einer Art und Weise für die Rechte fremder Arbeitnehmer einsetzen würde, die ihm für die Interessenwahrnehmung der Belegschaft des eigenen Betriebs untersagt wäre. Aufgrund seiner Neutralitätspflicht hat er demnach jede gezielte Ausnutzung seiner Amtsstellung für gewerkschaftliche Zwecke – sei es den eigenen Betrieb oder fremde Betriebe betreffend – zu unterlassen.[185]

### 2. *Betriebsratsmitglieder*

Da die Betriebsratsmitglieder in § 74 Abs. 2 S. 1 Hs. 1 BetrVG nicht explizit genannt werden, stellt sich die Frage, ob diese ebenso unter das Arbeitskampfverbot fallen. In der Literatur findet sich zwar eine Auffassung[186], das Verbot verpflichte entsprechend dem Wortlaut der Verbotsnorm lediglich den Betriebsrat als Organ der Betriebsverfassung und nicht die einzelnen Mitglieder. Die Rechtsprechung[187] und die überwiegenden Stimmen in der Literatur[188] sind jedoch einhellig davon überzeugt, dass die Betriebsratsmitglieder in ihrer Eigenschaft

---

184 *Wiese*, NZA 1984, 378, 379.

185 *Rolfs/Bütefisch*, NZA 1996, 17, 20.

186 *Becker/Leimert*, BlStSozArbR, 1972, 37, 42; *Däubler*, Das Arbeitsrecht, S. 400 f.; *Däubler*, Arbeitskampfrecht, § 13 Rn. 27.

187 BVerfG, Beschl. v. 28.04.1976 – 1 BvR 71/73, BVerfGE 42, 133, 140; BAG, Beschl. v. 21.02.1978 – 1 ABR 54/76, AP BetrVG 1972 § 74 Nr. 1; Beschl. v. 12.06.1986 – 6 ABR 67/84, AP BetrVG 1972 § 74 Nr. 5.

188 Brox/Rüthers/*Brox*, Arbeitskampfrecht, § 12 Rn. 406; DKW/*Berg*, BetrVG, § 74 Rn. 17; ErfK/*Kania*, BetrVG, § 74 Rn. 12; *Fitting*, BetrVG, § 74 Rn. 15; *Gamillscheg*, Kollektives Arbeitsrecht, Bd. I, S. 1126; *Germelmann*, Der Betriebsfrieden, S. 99 f.; GK-BetrVG/*Jacobs*, BetrVG, § 74 Rn. 35, 39; *Gloistein*, Der Betriebsrat im Arbeitskampf, S. 37; HWGNRH/*Worzalla*, BetrVG, § 74 Rn. 15; HWK/*Reichold*, BetrVG, § 74 Rn. 12; *Kissel*, Arbeitskampfrecht, § 36 Rn. 19; Löwisch/Kaiser/Klumpp/*Klumpp*, BetrVG, § 74 Rn. 16; Richardi BetrVG/*Maschmann*, BetrVG, § 74 Rn. 19; *Rolfs/Bütefisch*, NZA 1996, 17; *Roß*, Das Arbeitskampfverbot, S. 24 ff.; *Wiese*, NZA 1984, 378, 397.

als Amtsträger ebenso als Adressaten von dem Arbeitskampfverbot des § 74 Abs. 2 S. 1 Hs. 1 BetrVG erfasst sind wie der Betriebsrat als Organ. Der Wortlaut der Vorschrift nennt zwar nur den Betriebsrat als Kollektivorgan, jedoch besteht dieser gerade aus den einzelnen Betriebsratsmitgliedern. Nur durch diese kann er seine Tätigkeit ausüben und ist handlungsfähig.[189] Daher schlägt die Vorschrift auf die Betriebsratsmitglieder in dieser Eigenschaft durch.[190] Anderenfalls könnte man den Sinn und Zweck der Vorschrift umgehen, wenn die Betriebsratsmitglieder unabhängig vom Kollektivorgan Kampfmaßnahmen ergreifen könnten. Zwar könnte nach der Gegenansicht ein einzelnes Betriebsratsmitglied durch sein Verhalten den ganzen Betriebsrat diskreditieren,[191] jedoch liegt es aufgrund der besonderen Amtsstellung des Betriebsrats in seiner eigenen Verantwortung, dafür Sorge zu tragen, dass die Mitglieder rechtmäßig und in Übereinstimmung mit den betriebsverfassungsrechtlichen Vorschriften agieren. Darüber hinaus korrespondiert diese Auffassung in systematischer Hinsicht mit dem Verständnis der vertrauensvollen Zusammenarbeit in § 2 Abs. 1 BetrVG. Die Betriebsratsmitglieder werden von § 2 Abs. 1 BetrVG als Adressaten der Regelung mit erfasst, obwohl der Wortlaut der Vorschrift ausdrücklich nur den Arbeitgeber und den Betriebsrat nennt.[192] Daher dürfen auch einzelne Betriebsratsmitglieder nicht störend in das betriebliche Geschehen eingreifen, sondern müssen sich in ihrem Amt während eines Arbeitskampfes neutral verhalten.[193] Dementsprechend dürfen sie sich für Streikzwecke auch nicht der sachlichen Mittel, der Räume sowie der Informations- und Kommunikationstechnik im Sinne des § 40 Abs. 2 BetrVG bedienen oder Streikaufrufe als Betriebsratsmitglied unterzeichnen.[194] Das Verbot richtet sich jedoch nur an die Betriebsratsmitglieder in ihrer Amtsstellung, d.h. das betriebsverfassungsrechtliche Arbeitskampfverbot gilt nur insoweit, als das Betriebsratsmitglied nicht

189 Brox/Rüthers/*Brox*, Arbeitskampfrecht, § 12 Rn. 406; MHdB ArbR/*Boemke*, § 288 Rn. 10.

190 BVerfG, Beschl. v. 28.04.1976 – 1 BvR 71/73, BVerfGE 42, 133; BAG, Beschl. v. 21.02.1978 – 1 ABR 54/76, AP BetrVG 1972 § 74 Nr. 1; Beschl. v. 15.10.2013 – 1 ABR 31/12, NZA 2014, 319; *Blomeyer*, ZfA 1972, 85, 122; *Fitting*, BetrVG, § 74 Rn. 15; Richardi BetrVG/*Maschmann*, BetrVG, § 74 Rn. 19, 26.

191 *Gloistein*, Der Betriebsrat im Arbeitskampf, S. 37.

192 ErfK/*Koch*, BetrVG, § 2 Rn. 1; mit ähnlicher Argumentation zur Regelungssystematik des § 23 BetrVG *Gloistein*, Der Betriebsrat im Arbeitskampf, S. 37.

193 BAG, Urt. v. 25.10.1988 – 1 AZR 368/87, AP GG Art. 9 Arbeitskampf Nr. 110.

194 BAG, Beschl. v. 15.10.2013 – 1 ABR 31/12, NZA 2014, 319; HWK/*Reichold*, BetrVG, § 74 Rn. 12.

zu Kampfmaßnahmen im Zusammenhang mit betriebsverfassungsrechtlichen Streitfragen aufrufen darf.[195] Hingegen darf er in seiner Eigenschaft als betriebsratsangehöriger Arbeitnehmer mit Blick auf seine Koalitionsfreiheit gem. Art. 9 Abs. 3 GG – wie die anderen Belegschaftsmitglieder – an einem Arbeitskampf teilnehmen und wird nicht vom Arbeitskampfverbot erfasst.[196] Dies kommt auch in § 74 Abs. 3 BetrVG i.V.m. § 2 Abs. 3 BetrVG zum Ausdruck, wonach die Betriebsratsmitglieder in der Betätigung für ihre Gewerkschaft nicht beeinträchtigt werden dürfen und die gewerkschaftliche Betätigung durch dieses Gesetz nicht berührt wird.[197]

### 3. *Arbeitnehmer/Belegschaft*

Umstritten ist auch die Frage, ob die einzelnen Arbeitnehmer vom Arbeitskampfverbot betroffen sind.

Hierzu wird vereinzelt vertreten, dass die einzelnen Arbeitnehmer bzw. die Belegschaft entgegen des eindeutig auf den Betriebsrat und den Arbeitgeber beschränkten Gesetzeswortlauts als Adressaten des Arbeitskampfverbots in Betracht kommen.[198] Arbeitskämpfe auf betrieblicher Ebene seien mit Blick auf die Friedenspflicht schlechthin verboten.[199] Insbesondere *Bell*[200] führt entgegen des Wortlauts, des Sinn und Zwecks sowie der systematischen Stellung der Vorschrift an, dass Betriebsrat und Belegschaft als eine Einheit zu betrachten seien. Die Belegschaft werde in Sachen Mitbestimmungsrechte, welche zugunsten der Belegschaft geschaffen worden seien, lediglich durch den Betriebsrat vertreten. Daher müsse sie auch von den Verboten betroffen sein. Wenn schon ein unter Führung des Betriebsrats vorgenommener Belegschaftsstreik unzulässig sei, dann müsse der Arbeitgeber erst recht keinen vom Betriebsrat unabhängigen und von der Belegschaft selbstständig geführten Streik dulden. Das Verbot

---

195 Richardi BetrVG/*Maschmann*, BetrVG, § 74 Rn. 19, 26; Grobys/Panzer-Heemeier/*Ubber*, Arbeitskampf Rn. 91.

196 Brox/Rüthers/*Brox*, Arbeitskampfrecht, § 12 Rn. 413; *Weiss*, AuR 1982, 265, 271.

197 *Herbst*, AiB 1987, 4; *Weiss*, AuR 1982, 265, 271.

198 BAG, Urt. v. 17.12.1976 – 1 AZR 772/75, AP GG Art. 9 Arbeitskampf Nr. 52 die Bestimmung erfasse „*jedenfalls mittelbar*" auch den einzelnen Arbeitnehmer; *Bell*, Wilde Arbeitskämpfe, S. 56 f.; *Beer*, AuR 1958, 263 f.; *Dietz*, BetrVG, § 49 Rn. 18 bzgl. Belegschaft; *Schröder*, BB 1953, 1015, 1016.

199 *Bell*, Wilde Arbeitskämpfe, S. 56; *Bulla*, RdA 1962, 385, 387.

200 *Bell*, Wilde Arbeitskämpfe, S. 56 f.

müsse, wenn es schon für den mit besonderen Rechten ausgestatteten Betriebsrat gelte, umso mehr für die Belegschaftsmitglieder gelten.

Dieser Auffassung kann nicht gefolgt werden. Zu Recht lehnt auch die herrschende Meinung[201] eine Ausdehnung ab und ist der Auffassung, dass einzelne Arbeitnehmer des Betriebs, die über keine amtliche Funktion verfügen, und die Belegschaft insgesamt, nicht unmittelbar vom Arbeitskampfverbot betroffen seien. Dafür spricht bereits der eindeutige Wortlaut des Gesetzes. Dieser nennt weder die Arbeitnehmer noch die Belegschaft, sondern lediglich die Betriebsparteien als Verbotsadressaten. Auch der Sinn und Zweck steht einem solchen Verständnis entgegen, denn er verfolgt eine friedliche und vertrauensvolle Zusammenarbeit zwischen Arbeitgeber und Betriebsrat und eine Konfliktlösung auf den dafür vorgesehenen Wegen ohne eine Konfrontation im Wege des Streiks.[202] Ein Interesse des Gesetzgebers, diese Regelung auch auf die Arbeitnehmer zu erstrecken, ist gerade nicht ersichtlich. Auch das Argument, der Arbeitskampf sei auf betrieblicher Ebene schlechthin verboten, greift nicht durch, da allgemein anerkannt ist, dass die tariffähigen Parteien sehr wohl Arbeitskämpfe zu betrieblichen und betriebsverfassungsrechtlichen Fragestellungen sowie zu Firmentarifverträgen führen dürfen.[203]

Die Ausführungen von *Bell* überzeugen ebenfalls nicht. Weder sind Betriebsrat und Belegschaft als Einheit zu betrachten noch erscheint der Erst-Recht-Schluss schlüssig. Die Belegschaftsinteressen werden zwar vom Betriebsrat wahrgenommen, die Arbeitnehmer stehen jedoch weder zum Betriebsrat noch zum Arbeitgeber in einem betriebsverfassungsrechtlichen Rechtsverhältnis.[204] Der Betriebsrat ist gerade ein betriebsverfassungsrechtliches Kollektivorgan und als solches mit besonderen Rechten und Pflichten ausgestatten. Seine Mitglieder genießen Sonderkündigungsschutz, um die Interessen der gesamten Belegschaft effektiv vertreten zu können. Dabei ist der Betriebsrat den Arbeitnehmern nicht untergeordnet, sondern als deren Vertreter der Gegenspieler des

---

201 Brox/Rüthers/*Brox*, Arbeitskampfrecht, § 12 Rn. 406; *Däubler*, Arbeitskampfrecht, § 13 Rn. 27; DKW/*Berg*, BetrVG, § 74 Rn. 17; ErfK/*Kania*, BetrVG, § 74 Rn. 12; GK-BetrVG/*Jacobs*, BetrVG, § 74 Rn. 41; *Gamillscheg*, Kollektives Arbeitsrecht Bd. I, S. 1126; *Heinze*, DB 1982, Beil. 23, 1, 6, Fn. 61; *Herschel*, SAE 1977, 188; Richardi BetrVG/*Maschmann*, BetrVG, § 74 Rn. 19; *Richardi*, AP GG Art. 9 Arbeitskampf Nr. 52; *Roß*, Das Arbeitskampfverbot, S. 20 ff.; *Seiter*, Streikrecht und Aussperrungsrecht, S. 397 f.

202 *Reichold*, NZA 2004, 247, 248; *Rolfs/Bütefisch*, NZA 1996, 17, 18.

203 Siehe hierzu die Ausführungen unter 1. Kap. A. IV. 2. a), b).

204 MHdB ArbR/*Boemke*, § 288 Rn. 11.

Arbeitgebers auf betrieblicher Ebene. Dem Erst-Recht-Schluss ist ferner entgegenzuhalten, dass es sich bei dem Arbeitskampfverbot um eine Spezialregelung handelt, welche einen konkreten Anwendungsbereich hat. Der Gegenansicht ist zwar zuzugeben, dass den Arbeitnehmern nicht mehr Rechte zustehen können als dem Betriebsrat, jedoch handelt es sich hier um eine zwingende betriebliche Regelung, zumal für die Belegschaft weiterhin die allgemeinen Grundsätze gelten. Sie gehören nicht in den Schutzbereich der Vorschrift und sind nicht – zumindest nicht aus dem BetrVG – zur vertrauensvollen Zusammenarbeit verpflichtet.[205] Die §§ 2, 74 BetrVG richten sich lediglich an die Betriebspartner in dieser Eigenschaft.[206] Die Arbeitnehmer hingegen sind lediglich aufgrund ihres Arbeitsverhältnisses individualrechtlich zur Einhaltung von Ordnung und Frieden verpflichtet.[207] Insofern ergibt sich bei der Teilnahme an einem betriebsverfassungswidrigen Arbeitskampf des Betriebsrats die Rechtswidrigkeit der Beteiligung nicht aus § 74 Abs. 2 BetrVG, sondern aus den allgemeinen Grundsätzen des Arbeitskampfrechts und – bei einer entsprechenden arbeitsvertraglichen Regelung – aus dem Arbeitsvertragsrecht.[208] Entsprechendes gilt mangels gewerkschaftlicher Führung auch bei einem rechtswidrigen wilden Streik.[209] Die arbeitsvertraglichen und die betrieblichen Pflichten sind streng auseinanderzuhalten, sodass keine Rückschlüsse von der einen auf die andere Ebene zulässig sind.[210] Folglich ist eine Ausdehnung des Verbots auf die Arbeitnehmer nicht gerechtfertigt.

Der Versuch einiger Literaturstimmen[211], aus dem Umkehrschluss des § 74 Abs. 2 S. 1 Hs. 2 BetrVG eine Ausdehnung auf die Arbeitnehmer zu begründen, geht ebenso fehl.[212] Daraus, dass der Arbeitskampf tariffähiger Parteien nicht berührt werde, sei zu schließen, dass das Verbot für alle anderen – also auch die Arbeitnehmer – gelte.[213] Hierzu hat *Seiter*[214] bereits überzeugend ausgeführt,

---

205 So aber *Neumann-Duesberg*, Betriebsverfassungsrecht, S. 118 f.

206 *Germelmann*, Der Betriebsfrieden, S. 104 f.

207 Brox/Rüthers/*Brox*, Arbeitskampfrecht, § 12 Rn. 406; *Germelmann*, Der Betriebsfrieden, S. 104 f.

208 Brox/Rüthers/*Brox*, Arbeitskampfrecht, § 12 Rn. 406.

209 GK-BetrVG/*Jacobs*, BetrVG, § 74 Rn. 41.

210 *Germelmann*, Der Betriebsfrieden, S. 104 f.

211 *Hueck/Nipperdey*, Lehrbuch des Arbeitsrechts, Bd. II, S. 641; *Nipperdey*, DB 1963, 1613, 1615, Fn. 7; *Zöllner*, DB 1970, 54, 59.

212 Siehe hierzu die Ausführungen unter 1. Kap. A. IV. 2. c).

213 *Zöllner*, DB 1970, 54, 59.

214 *Seiter*, Streikrecht und Aussperrungsrecht, S. 396.

dass der Hs. 2 nur eine klarstellende Funktion habe. Für ein solches Verständnis müsse eine erweiternde Interpretation im Hinblick auf die Belegschaftsmitglieder hinzukommen, was jedoch § 74 Abs. 2 S. 1 BetrVG nicht zu entnehmen sei. Eine teleologische Auslegung im Wege der erweiternden Interpretation orientiert sich in erster Linie am Zweck des Gesetzes und der ihr zugrunde liegenden Regelungsabsicht.[215] Der mögliche Wortsinn des Gesetzes stellt hierbei die Grenze der Auslegung dar.[216] Für die Annahme einer Erweiterung müsste die Norm nach dem Wortlaut die Fälle nicht erfassen, die jedoch nach dem Regelungsplan und dem Sinn und Zweck des Gesetzes der gleichen Rechtsfolge unterliegen müssten.[217] Nur dann kommt eine entsprechende Anwendung in Betracht. Für die Rechtfertigung einer entsprechenden Anwendung müsste eine planwidrige Regelungslücke vorliegen. Allein der Umstand, dass das Gesetz für einen bestimmten Fall keine Regelung enthält, ist für die Annahme einer Regelungslücke nicht ausreichend.[218] Nur die Tatsache, dass die Arbeitnehmer in der Vorschrift nicht genannt werden, kann nicht für die Annahme einer Regelungslücke sprechen. Nach dem Zweck des Gesetzes sollen die Arbeitnehmer gerade nicht miterfasst werden, sondern lediglich die Betriebspartner zur Gewährleistung des betrieblichen Friedens. Es ist nicht erkennbar, warum der Gesetzgeber an dieser Stelle bezwecken sollte, dass die Arbeitsvertragsparteien keine Kampfmaßnahmen gegeneinander führen können, um arbeitsvertragliche Regelungsziele zu erreichen,[219] zumal eine Regelung für die Arbeitnehmer nicht fehlt, sondern die allgemeinen Grundsätze zum Arbeitskampfrecht gelten. Aus diesem Grund ist schon eine Regelungslücke zu verneinen. Darüber hinaus fehlt auch die Planwidrigkeit, da der Gesetzgeber die Arbeitnehmer von vornherein nicht berücksichtigen wollte. Entsprechend dem Wortlaut, sollten nur Betriebsrat und Arbeitgeber erfasst werden. Gegen ein solches Verständnis spricht auch, dass der Gesetzgeber mehrmals die Möglichkeit hatte, die Arbeitnehmer in den Wortlaut der Norm aufzunehmen, dies allerdings bewusst unterlassen hat. Demnach würde eine Erweiterung gegen den gesetzgeberischen Willen verstoßen.

---

215 *Larenz/Canaris*, Methodenlehre der Rechtswissenschaft, S. 187 f., 194.

216 *Larenz/Canaris*, Methodenlehre der Rechtswissenschaft, S. 187, 245.

217 *Larenz/Canaris*, Methodenlehre der Rechtswissenschaft, S. 193, 196.

218 *Larenz/Canaris*, Methodenlehre der Rechtswissenschaft, S. 191.

219 *Richardi*, AP GG Art. 9 Arbeitskampf Nr. 52.

Insofern trifft die Regelung die einzelnen Arbeitnehmer weder unmittelbar noch mittelbar. Soweit das BAG in seiner Entscheidung vom 17.12.1976[220] ausführt, die Arbeitnehmer seien *„jedenfalls mittelbar"* betroffen, kann dem ebenfalls nicht gefolgt werden. Das BAG begründete seine Auffassung damit, dass Arbeitskampfmaßnahmen auf Arbeitnehmerseite regelmäßig eine Vielzahl der die Arbeit niederlegenden Arbeitnehmer voraussetze und die Gesamtheit der Arbeitnehmer der Ordnung der Betriebsverfassung unterworfen sei. Der einzelne Arbeitnehmer dürfe, ob mit oder ohne Billigung oder gar Organisation durch den Betriebsrat, nicht durch eine gebündelte Arbeitsniederlegung mit anderen Arbeitnehmern bezwecken, eine bestimmte betriebsverfassungsrechtliche Regelung zu erzwingen. In der Betriebsverfassung scheide der Arbeitskampf als Rechtsinstitut aus.

Diese Ausführungen sind abzulehnen. Bereits *Richardi*[221] führt in diesem Zusammenhang zutreffend aus, dass das Arbeitskampfverbot sich an den Arbeitgeber und den Betriebsrat in ihrer betriebsverfassungsrechtlichen Funktion richte. Der Adressatenkreis könne nur erweitert werden, wenn der Zweck des betriebsverfassungsrechtlichen Arbeitskampfverbots es erfordere. Eine Ausdehnung auf die Arbeitnehmer als Arbeitsvertragsparteien finde jedoch im Zweck des Kampfverbots keine Stütze.[222] Dem ist zuzustimmen. Das Kampfverbot bezweckt im Lichte des Kooperationsmodells des BetrVG, dass Konflikte auf der betrieblichen Ebene nicht durch den Arbeitskampf, sondern in den dafür vorgesehenen Verfahren ausgetragen werden. Dadurch werden allerdings die Arbeitsvertragsparteien zum Zwecke arbeitsvertraglicher Ziele nicht eingeschränkt, gegeneinander Kampfmaßnahmen führen zu können. Insoweit geht es ausschließlich um die Frage der Zulässigkeit von nichtgewerkschaftlichen Streiks, sodass man die Unzulässigkeit eines wilden Streiks nicht mit dem betriebsverfassungsrechtlichen Arbeitskampfverbot begründen kann.[223] Er ist nach den Arbeitskampfgrundsätzen insoweit rechtswidrig, als er mangels gewerkschaftlicher Führung nicht der Durchsetzung tariflicher Regelungen dienen würde,[224]

---

220 BAG, Urt. v. 17.12.1976 – 1 AZR 772/75, AP GG Art. 9 Arbeitskampf Nr. 52; a.A.: DKW/*Berg*, BetrVG, § 74 Rn. 17, Fn. 35; GK-BetrVG/*Jacobs*, BetrVG, § 74 Rn. 41; *Herschel*, SAE 1977, 185, 188; *Richardi*, AP GG Art. 9 Arbeitskampf Nr. 52.

221 *Richardi*, AP GG Art. 9 Arbeitskampf Nr. 52.

222 So auch *Seiter*, Streikrecht und Aussperrungsrecht, S. 397 ff.

223 *Richardi*, AP GG Art. 9 Arbeitskampf Nr. 52.

224 GK-BetrVG/*Jacobs*, BetrVG, § 74 Rn. 41.

denn jeder nicht durch die Gewerkschaft organisierte Arbeitskampf ist nach der Rechtsprechung des BAG stets rechtswidrig.[225]

### 4. *Tarifvertragsparteien*

Die Tarifvertragsparteien sind ebenso wenig von dem Arbeitskampfverbot des § 74 Abs. 2 S. 1 Hs. 1 BetrVG betroffen, da sie keine Verbotsadressaten sind.[226] Gem. § 74 Abs. 2 S. 1 Hs. 2 BetrVG sind Arbeitskämpfe tariffähiger Parteien – Tarifvertragsparteien wie Gewerkschaften, einzelne Arbeitgeber, Arbeitgeberverbände sowie Spitzenorganisationen gem. § 2 Abs. 1 und 3 TVG – ausdrücklich von dem Verbot ausgenommen. Deren Arbeitskämpfe werden durch das Arbeitskampfverbot nicht berührt. Der Arbeitgeber kann also als Tarifvertragspartei an Arbeitskämpfen teilnehmen. Die Rechtmäßigkeit dieser Arbeitskämpfe beurteilt sich nach den maßgeblichen richterrechtlichen Grundsätzen des Arbeitskampfrechts.[227] Eine Rechtswidrigkeit kann nicht auf das Arbeitskampfverbot gem. § 74 Abs. 2 S. 1 Hs. 1 BetrVG gestützt werden.

Fraglich erscheint, ob der Vorschrift des § 74 Abs. 2 S. 1 Hs. 2 BetrVG eine weitergehende Bedeutung dahin entnommen werden kann, dass sie Aussagen über Arbeitskämpfe nicht tariffähiger Parteien trifft.

*Van Gelder/Böttner*[228] sind der Auffassung, die Vorschrift lasse die Schlussfolgerung zu, dass nur solche Arbeitskämpfe zulässig und damit rechtmäßig seien, die zwischen tariffähigen Parteien geführt werden. Sie stellen dabei auf den Wortlaut der Vorschrift „*tariffähiger Parteien*" ab. Daraus ergebe sich, dass ein Streik nur rechtmäßig sei, wenn er durch die Gewerkschaft organisiert werde, denn weder seien streikende Arbeitnehmer tariffähig noch die tariffähige Gewerkschaft allein in der Lage zu streiken. Die Gewerkschaft müsse auf der Seite der Arbeitnehmer den Streik als tariffähige Partei leiten, und zwar gegen einen tariffähigen Arbeitgeber oder eine Arbeitgeberorganisation. Die Vorschrift treffe somit zusätzlich eine Aussage über Arbeitskämpfe nicht tariffähiger Parteien dahingehend, dass sie die Zulässigkeit von wilden Streiks verneine.

---

225 BAG, Urt. v. 20.12.1963 – 1 AZR 428/62, NJW 1964, 883; Urt. v. 28.04.1966 – 2 AZR 176/65, AP GG Art. 9 Arbeitskampf Nr. 37; Urt. v. 21.10.1969 – 1 AZR 93/ 68, AP GG Art. 9 Arbeitskampf Nr. 41; Beschl. v. 21.04.1971 – GS 1/68, AP GG Art. 9 Arbeitskampf Nr. 43; BGH, Urt. v. 05.02.1980 – VI ZR 174/78, AP GG Art. 9 Nr. 32.

226 BeckOK ArbR/*Werner*, BetrVG, § 74 Rn. 13; Brox/Rüthers/*Brox*, Arbeitskampfrecht, § 12 Rn. 411.

227 GK-BetrVG/*Jacobs*, BetrVG, § 74 Rn. 42 m.w.N; *Fitting*, BetrVG, § 74 Rn. 13.

228 *van Gelder/Böttner*, JuS 1969, 112, 115.

Nach überwiegender Meinung in der Literatur ergibt sich indes im Umkehrschluss aus Abs. 2 S. 1 Hs. 2 BetrVG nicht, dass nur Arbeitskämpfe tariffähiger Parteien rechtmäßig sind.[229]

Insbesondere *Säcker*[230] hält den Umkehrschluss für unzulässig und führt aus, dass der Hs. 2 lediglich eine klarstellende Funktion habe. Es komme zugunsten der tariffähigen Organisationen zum Ausdruck, dass ihre verfassungsrechtliche Tarifautonomie und Rechte aus Art. 9 Abs. 3 GG durch betriebsverfassungsrechtliche Normen nicht eingeschränkt werden. Rechtliche Schlussfolgerungen oder Aussagen hinsichtlich der Unzulässigkeit und Rechtswidrigkeit wilder Streiks, können nicht gezogen werden. Es fehle jeglicher Nachweis dafür, dass die Norm ein allgemeines Streikverbot enthalte oder der Gesetzgeber nur den tariffähigen Streik sichern wollte. Eine Aussage bezüglich Streiks von Arbeitnehmern werde durch die Vorschrift nicht getroffen.

Auch *Seiter*[231] schließt sich dieser Ansicht an und argumentiert mit dem Wortlaut und dem Sinn und Zweck der Vorschrift gegen die Auslegung, alle „nicht“ tariffähigen Parteien von dem Verbot erfassen zu wollen. Aus dem Hs. 1 gehe bereits hervor, dass Arbeitnehmer nicht erfasst werden. Die Erweiterung des Verbots im Hs. 2 auf die Arbeitnehmer sei daher abwegig. Der Hs. 2 habe lediglich eine an sich überflüssige, aber klarstellende Funktion. Der Gesetzgeber habe vor allem die in der Weimarer Zeit aufgetauchten Zweifel ausräumen wollen, dass Betriebsratsmitglieder in ihrer Eigenschaft als Arbeitnehmer an gewerkschaftlich geführten Arbeitskämpfen teilnehmen dürfen. Weitere Absichten seien aus den Gesetzgebungsmaterialien nicht ersichtlich.

Die Ausführungen von *Säcker* und *Seiter* überzeugen. Der Wortlaut der Vorschrift, der ausdrücklich nur den Betriebsrat und den Arbeitgeber erwähnt, als auch der Sinn und Zweck, den betrieblichen Frieden zu gewährleisten, lassen

229 *Bell*, Wilde Arbeitskämpfe, S. 56 f.; GK-BetrVG/*Jacobs*, BetrVG, § 74 Rn. 42; *Nikisch*, Arbeitsrecht, Bd. 2, S. 120, 145 f.; *Reuss*, AuR 1965, 97, 99 f.; Richardi BetrVG/*Maschmann*, BetrVG, § 74 Rn. 21; *Säcker*, BB 1971, 962, 963; *Seiter*, Streikrecht und Aussperrungsrecht, S. 396 f.; a.A.: *Nipperdey*, DB 1963, 1613, 1615, Fn. 7; unter Berufung auf die unveröffentlichten Lehren von Ernst Wolf: *van Gelder*, AuR 1969, 207, 209; *van Gelder/Böttner*, JuS 1969, 112, 115; *Wolf*, RdA 1970, 53, 54 selbst lediglich, dass zwischen tariffähigen Parteien geführte Arbeitskämpfe rechtmäßig sein können und § 49 Abs. 2 S. 3 BetrVG die Möglichkeit ausschließt, dass von Arbeitgeber geführte Arbeitskämpfe allgemein rechtswidrig sein können. Dem ist nicht zu entnehmen, dass nur Arbeitskämpfe tariffähiger Parteien rechtmäßig oder alle anderen rechtswidrig sind.

230 *Säcker*, BB 1971, 962, 963.

231 *Seiter*, Streikrecht und Aussperrungsrecht, S. 396 f.

nicht darauf schließen, dass das BetrVG generelle Aussagen bezüglich Arbeitskämpfe nicht tariffähiger Parteien treffen wollte. Die Vorschrift beschränkt sich arbeitskampfrechtlich lediglich auf den Arbeitskampf auf betrieblicher Ebene. Für dieses Ergebnis spricht auch die systematische Auslegung des § 74 Abs. 2 BetrVG. Die Sätze 2 und 3 des Absatzes beziehen sich ebenso ausdrücklich auf den Arbeitgeber und den Betriebsrat. Dies zeigt, dass nur die Betriebsparteien erfasst werden sollen, sodass Rückschlüsse auf die Rechtswidrigkeit wilder Streiks nicht möglich sind. Im Gegenteil, Hs. 2 stellt gerade klar, dass sich die Einschränkung des Hs. 1 nicht auf das Arbeitskampfrecht im Allgemeinen auswirkt, sondern sich auf den betrieblichen Bereich beschränkt und auf die genannten Adressaten bezieht. Insbesondere § 2 Abs. 3 BetrVG verdeutlicht, dass das BetrVG und der Arbeitskampf nach dem Tarifrecht nicht vermischt werden dürfen. Die Frage, ob Hs. 1 auch Arbeitnehmer als Adressaten des Arbeitskampfverbots erfasst bzw. eine Ausdehnung möglich ist, wurde bereits verneint.[232]

## IV. Gegenstand des Arbeitskampfverbots

Grundsätzlich ist Gegenstand des betriebsverfassungsrechtlichen Arbeitskampfverbots das Verbot betriebsverfassungsrechtlicher Auseinandersetzungen auf der betrieblichen Ebene zwischen Arbeitgeber und Betriebsrat. Da der Arbeitskampf allerdings nicht nur auf betrieblicher Ebene zwischen Arbeitgeber und Betriebsrat, sondern auch außerhalb der Betriebsverfassung zwischen Arbeitgeber bzw. Arbeitgebervereinigung sowie einer Gewerkschaft als Tarifvertragsparteien stattfinden kann, erstreckt sich der Gegenstand des Verbots auch auf die Unterstützung von gewerkschaftlichen Arbeitskämpfen und die Teilnahme an solchen.

Im Folgenden ist näher auf den Gegenstand des Arbeitskampfverbots bei dem „betriebsverfassungsrechtlichen“ und dem „tarifvertragsbezogenen“ Arbeitskampf einzugehen.

### 1. *Betriebsverfassungsrechtlicher Arbeitskampf*

Bereits der Wortlaut der Vorschrift in § 74 Abs. 2 S. 1 Hs. 2 BetrVG lässt erkennen, dass Arbeitskämpfe tariffähiger Parteien durch das Arbeitskampfverbot nicht berührt werden. Dies lässt darauf schließen, dass sich das Verbot primär auf das Betriebsverfassungsrecht und somit auf das betriebsverfassungsrechtliche Verhältnis zwischen Arbeitgeber und Betriebsrat richtet.[233] Den

232 Siehe hierzu die Ausführungen unter 1. Kap. A. III. 3.

233 *Richardi*, FS der deutschen Richterakademie, S. 111, 114.

Tarifvertragsparteien bleibt es unbenommen, weiterhin ihre Arbeitskämpfe, ohne Rücksicht auf das betriebliche Geschehen, auszutragen.[234]

Inhaltlich umfasst das Verbot insbesondere betriebsverfassungsrechtliche Auseinandersetzungen, wie z.B. den Abschluss von Betriebsvereinbarungen und Regelungsabreden zwischen Arbeitgeber und Betriebsrat.[235] Das bedeutet, dass die Betriebsparteien gegeneinander keine Kampfmaßnahmen zur Erreichung betriebsverfassungsrechtlicher Ziele bzw. generell in Fragen der Betriebsverfassung, vornehmen, unterstützen oder vorbereiten dürfen.[236] Sie sind verpflichtet, die für sie geltende absolute Friedenspflicht zu wahren. Dazu müssen sie neben dem gesetzlich geregelten Bereich der betrieblichen Zusammenarbeit, insbesondere im Rahmen der Mitwirkungs- und Mitbestimmungsrechte, auch das übrige betriebliche Geschehen – die Gesamtheit des innerbetrieblichen Sozialgeschehens zwischen Arbeitgeber und Belegschaft bzw. Betriebsrat – berücksichtigen und dürfen sie nicht zum Gegenstand von Arbeitskämpfen machen.[237] Nur so kann der Frieden im Betrieb und die vertrauensvolle Zusammenarbeit umfassend gewährleistet werden. Dabei wird nicht zwischen möglichen Arbeitskampfmaßnahmen differenziert, da neben den klassischen Maßnahmen des Streiks und der Aussperrung auch sämtliche anderen Maßnahmen, die den Betriebsfrieden beeinträchtigen, verboten sind.[238] Dazu gehören auf betrieblicher Ebene auch alle Förderungs- und Unterstützungsmaßnahmen.[239] Die Betriebspartner müssen stattdessen ihre Konflikte und Streitigkeiten, die auf Betriebsebene stattfinden, in den gesetzlich vorgesehenen Verfahren durch Anrufung der Einigungsstelle (§ 76 BetrVG) bzw. im arbeitsgerichtlichen Beschlussverfahren durch Anrufung des Arbeitsgerichts (§ 2a Abs. 1 Nr. 1 ArbGG) austragen.[240]

## 2. *Tarifvertragsbezogener Arbeitskampf*

Das Arbeitskampfverbot bezieht sich primär auf das Betriebsverfassungsrecht. Der tarifvertragsbezogene Arbeitskampf bleibt aber für das Verbot nicht

234 *Kissel*, Arbeitskampfrecht, § 36 Rn. 10.
235 *Kissel*, Arbeitskampfrecht, § 36 Rn. 11.
236 Brox/Rüthers/*Brox*, Arbeitskampfrecht, § 12 Rn. 409; *Wiese*, NZA 2012, 1, 6.
237 Brox/Rüthers/*Brox*, Arbeitskampfrecht, § 12 Rn. 409; *Bulla*, RdA 1962, 385, 387; *Kreutz*, BlStSozArbR 1972, 44, 48.
238 Brox/Rüthers/*Brox*, Arbeitskampfrecht, § 12 Rn. 410.
239 *Bulla*, RdA 1962, 385, 387.
240 BAG, Urt. v. 17.12.1976 – 1 AZR 772/75, AP GG Art. 9 Arbeitskampf Nr. 52; Düwell/*Lorenz*, BetrVG, § 74 Rn. 7; *Rolfs/Bütefisch*, NZA 1996, 17, 18.

unbedeutend. Demzufolge ist zu prüfen, inwieweit der tarifvertragsbezogene Arbeitskampf für das betriebsverfassungsrechtliche Arbeitskampfverbot eine Rolle spielt. Berücksichtigung soll auch die Frage finden, ob Arbeitskämpfe um betriebliche und betriebsverfassungsrechtliche Regelungen sowie Firmentarifverträge zwischen den Tarifvertragsparteien vom Verbot miterfasst werden.

Gem. § 74 Abs. 2 S. 1 Hs. 2 BetrVG werden Arbeitskämpfe tariffähiger Parteien durch das Verbot nicht berührt. Einschränkungen bezüglich der Arbeitskampffreiheit tariffähiger Parteien lassen sich dem Wortlaut der Vorschrift nicht entnehmen. Dabei spielt das verfolgte Regelungsziel der Kampfmaßnahmen keine Rolle.[241] Die Rechtmäßigkeit der Arbeitskämpfe von tariffähigen Parteien beurteilt sich vielmehr nach allgemeinen arbeitskampfrechtlichen Grundsätzen.[242] Dem Betriebsrat ist es indes nicht nur untersagt, selbst Arbeitskämpfe gegen den Arbeitgeber zu führen, sondern auch gewerkschaftliche Forderungen und Arbeitskämpfe gegen den Arbeitgeber oder die Arbeitgebervereinigung zu unterstützen.[243] Der Betriebsrat oder die Betriebsratsmitglieder dürfen sich in ihrer Amtsstellung weder in einen tarifvertraglichen Arbeitskampf einmischen noch an Streiks teilnehmen. Insofern gilt das Arbeitskampfverbot für die Betriebspartner uneingeschränkt für jegliche Arbeitskämpfe, unabhängig davon, von wem sie organisiert werden.

### *a) Arbeitskämpfe um betriebliche und betriebsverfassungsrechtliche Regelungen*

Das Arbeitskampfverbot erstreckt sich auf Streitigkeiten zwischen den Betriebsparteien auf betrieblicher Ebene. Eine Angelegenheit zwischen den Tarifvertragsparteien um einen Tarifvertrag zur Regelung betrieblicher oder betriebsverfassungsrechtlicher Fragen gem. §§ 1 Abs. 1, 3 Abs. 2 TVG gehört hingegen nicht zu den „betriebsverfassungsrechtlichen Auseinandersetzungen" im Sinne des § 74 Abs. 2 S. 1 Hs. 1 BetrVG, sondern zu den allgemeinen Streitgegenständen von Tarifvertragsparteien im Rahmen des allgemeinen Tarifrechts[244]

---

241 Siehe hierzu die Ausführungen unter 1. Kap. A. IV. 2. a), b).

242 DKW/*Berg*, BetrVG, § 74 Rn. 20.

243 Brox/Rüthers/*Brox*, Arbeitskampfrecht, § 12 Rn. 411, 412; *Bulla*, RdA 1962, 385, 387; *Gamillscheg*, Kollektives Arbeitsrecht, Bd. I, S. 1125.

244 DKW/*Berg*, BetrVG, § 74 Rn. 20; ErfK/*Kania*, BetrVG, § 74 Rn. 10; *Galperin/Löwisch*, BetrVG, § 74 Rn. 11; *Germelmann*, Der Betriebsfrieden, S. 106; GK-BetrVG/*Jacobs*, BetrVG, § 74 Rn. 44; *Kissel*, Arbeitskampfrecht, § 36 Rn. 11; Löwisch/Kaiser/Klumpp/*Klumpp*, BetrVG, § 74 Rn. 14; *Reuss*, AuR 1965, 99 ff.; Richardi BetrVG/*Maschmann*, BetrVG, § 74 Rn. 22.

und betrifft einzig die Frage nach der Zulässigkeit tarifvertraglicher Gestaltung solcher Regelungen.[245]

Es wird indes in der älteren Literatur von *Biedenkopf*[246] vertreten, das Arbeitskampfverbot müsse auch für Tarifkampfforderungen zwischen Tarifvertragsparteien, die sich auf betriebliche oder betriebsverfassungsrechtliche Regelungen beziehen, gelten. Ferner stelle ein Streik zur Erzwingung betrieblicher Mitbestimmungsrechte bzw. zur Gestaltung betrieblicher Arbeitsbedingungen durch Betriebsvereinbarungen eine Umgehung des Arbeitskampfverbots dar, wenn eine im Betrieb vertretene Gewerkschaft anstelle des Betriebsrats den Streik durchführe.[247] Ein Streik zwecks betrieblicher und betriebsverfassungsrechtlicher Regelungen sei daher wegen Umgehung des Arbeitskampfverbots rechtswidrig. Dies begründet *Biedenkopf* unter Hinweis auf die Problematik der Beibehaltung der Streikfreiheit im betriebsverfassungsrechtlichen Bereich im Hinblick auf die Rechte der nicht-organisierten Arbeitnehmer. Denn die betrieblichen und betriebsverfassungsrechtlichen Regelungen gem. § 3 Abs. 2 TVG gelten für alle Arbeitnehmer des betroffenen Betriebes, sodass die nicht-organisierten Arbeitnehmer ebenso betroffen seien. Mangels Mitgliedschaft in einer Koalition fehle ihnen gerade die Möglichkeit auf den Inhalt der Norm im Rahmen der verbandsinternen Willensbildung einwirken zu können. Alle normunterworfenen Arbeitnehmer müssten für eine ordnungsgemäße Legitimation an der Willensbildung beteiligt sein. Da dies allerdings, in Anbetracht der gesetzlichen Ermächtigung nach § 3 Abs. 2 TVG, nicht der Fall sei, unterlägen die Betriebsparteien den gleichen Bindungen, insbesondere der besonderen Friedenspflicht. Andere Stimmen in der Literatur argumentieren ähnlich mit dem Sinn und Zweck des Arbeitskampfverbots und der nachteiligen Folge, dass die abschließend und zwingend für alle Arbeitnehmer geltende Betriebsverfassung geändert werde und die Arbeitnehmer auch gegen ihren Willen binden könnte.[248]

Diese Ansicht ist jedoch abzulehnen. Das BAG hat bereits in der Entscheidung vom 19.09.1987[249] bestätigt, dass die Bestimmung des § 1 Abs. 1 TVG geltendes Recht sei und betriebsverfassungsrechtliche Fragen im Tarifvertrag

245 GK-BetrVG/*Jacobs*, BetrVG, § 74 Rn. 45.

246 *Biedenkopf*, Grenzen der Tarifautonomie, S. 315 f.; ähnlich *Hueck/Nipperdey*, Lehrbuch des Arbeitsrechts, Bd. 2, Hb. 2, S. 1013 f.

247 *Biedenkopf*, Grenzen der Tarifautonomie, S. 312; so auch *Bulla*, RdA 1962, 385, 387, Fn. 8; *Hueck/Nipperdey*, Lehrbuch des Arbeitsrechts, Bd. 2, Hb. 2, S. 1013 f.; *Nikisch*, Arbeitsrecht, Bd. 2, S. 125 f.; *Seiter*, Streikrecht und Aussperrungsrecht, S. 527.

248 *Hueck/Nipperdey*, Lehrbuch des Arbeitsrechts, Bd. 2, Hb. 2, S. 1013 f.; *Nikisch*, Arbeitsrecht, Bd. 2, S. 125 f.; *Richardi*, NZA 1984, 387, 388.

249 BAG, Beschl. v. 18.08.1987 – 1 ABR 30/86, NZA 1987, 779.

geordnet werden können.[250] In einer weiteren Entscheidung vom 10.02.1988[251] wurde festgestellt, dass die Beteiligungsrechte des Betriebsrats nach dem BetrVG in personellen Angelegenheiten durch Tarifvertrag erweitert und verstärkt werden können.[252] Auch im Schrifttum hat diese Rechtsprechung weitgehend Zustimmung gefunden.[253]

Neben den gesetzlichen Regelungen in §§ 1 Abs. 1 und 3, Abs. 2 TVG, ist den Vorschriften nach §§ 3, 38 Abs. 1, 47 Abs. 4, 55 Abs. 4, 76 Abs. 8, 77 Abs. 3, 4 S. 4, 86, 87 Abs. 1 und 117 BetrVG die Befugnis der Tarifvertragspartner zu entnehmen, betriebliche und betriebsverfassungsrechtliche Fragen durch Tarifvertrag regeln zu können,[254] zumal der Wortlaut des § 74 Abs. 2 S. 1 Hs. 2 BetrVG ausdrücklich Arbeitskämpfe tariffähiger Parteien gestattet und diese von der Verbotsnorm des S. 1 Hs. 1 ausnimmt. Jeglicher Hinweis auf eine generelle Einschränkung fehlt. Die Aufnahme einer entsprechenden Verbotsregelung hinsichtlich betrieblicher und betriebsverfassungsrechtlicher Regelungen, wäre möglich gewesen, ist jedoch unterblieben. Zudem hat der Gesetzgeber weder im BetrVG noch in § 1 Abs. 1 TVG bisher trotz zahlreicher Gelegenheiten eine Anpassung diesbezüglich vorgenommen, was für eine Regelungsbefugnis der Tarifpartner spricht.[255] Die Tatsache, dass die nicht-organisierten Arbeitnehmer bei solchen Regelungen trotz mangelnder Legitimation an der Willensbildung gebunden werden, liegt schlicht daran, dass diese Regelungen nur einheitlich ergehen und nach § 3 Abs. 2 TVG auf alle Arbeitnehmer des Betriebes erstreckt und angewendet werden können.[256] Denn der Betriebsrat nimmt gerade die Interessen aller Arbeitnehmer wahr. Eine Spaltung der betriebsverfassungsrechtlichen Befugnisse und Interessenwahrnehmung erscheint nicht möglich und wäre mit dem BetrVG nicht vereinbar. Außerdem werden hohe Anforderungen an solche Regelungen gestellt. Diese dürfen zur sachgerechten Wahrnehmung der Interessen der Arbeitnehmer und der Aufgaben des Betriebsrats nur

---

250 *Kissel*, Arbeitskampfrecht, § 12 Rn. 3.

251 BAG, Beschl. v. 10.02.1988 - 1 ABR 70/86, NZA 1988, 699.

252 Siehe für die tarifvertragliche Zulässigkeit der Erweiterung der Mitwirkungsrechte des Betriebsrats hinsichtlich der Zustimmung nach § 102 BetrVG BAG, Urt. v. 21.06.2000 - 4 AZR 379/99, NZA 2001, 271.

253 *Kissel*, Arbeitskampfrecht, § 12 Rn. 5 m.w.N.; Wlotzke/Preis/Kraft/*Preis*, BetrVG, § 74 Rn. 9.

254 MHdB ArbR/*Boemke*, § 289 Rn. 15.

255 *Gaumann/Schafft*, NZA 1998, 176, 182.

256 ErfK/*Franzen*, TVG, § 3 Rn. 16; *Herschel*, ZfA 1973, 183, 191 f.; *Löwisch/Rieble*, TVG, § 3 Rn. 222.

zugunsten der Arbeitnehmer ergehen,[257] sodass auch die nicht- oder andersorganisierten Arbeitnehmer davon profitieren und keine Nachteile erleiden. Dies ist bereits aus der Rechtsnatur des BetrVG als Arbeitnehmerschutzrecht herzuleiten.[258] Dem steht auch nicht der Sinn und Zweck des § 74 Abs. 2 BetrVG entgegen, denn dieser soll nur den betrieblichen Frieden und die vertrauensvolle Zusammenarbeit zwischen Betriebsrat und Arbeitgeber gewährleisten, nicht jedoch den gesamten betrieblichen und betriebsverfassungsrechtlichen Bereich aus dem Arbeitskampf herausnehmen.[259] Da solche Regelungen mithin tarifvertraglich geregelt werden dürfen, können sie auch im Rahmen eines Arbeitskampfes errungen werden.[260] Dagegen spricht auch nicht die Möglichkeit, die Einigungsstelle bei betriebsverfassungsrechtlichen Streitigkeiten einschalten zu können, da sie nur den Betriebspartnern zusteht. Letztlich würde eine entsprechende Einschränkung auf tarifvertraglicher Ebene die Koalitionsfreiheit gem. Art. 9 Abs. 3 GG verletzen.[261]

Daher ist auch die Ansicht, dass Arbeitskämpfe tariffähiger Parteien um betriebliche und betriebsverfassungsrechtliche Regelungen eine Umgehung des Arbeitskampfverbots darstellen und demnach rechtswidrig seien, abzulehnen.[262] Insbesondere Arbeitskämpfe von Gewerkschaften, die um betriebliche Arbeitsbedingungen durch Betriebsvereinbarungen oder andere betriebliche Regelungen geführt werden, würden eine Umgehung des Arbeitskampfverbots darstellen, da der Betriebsrat für den Abschluss von Betriebsvereinbarungen und betriebliche Angelegenheiten zuständig sei, jedoch selbst gerade wegen des Arbeitskampfverbots keinen Arbeitskampf führen dürfe.[263] Die Gewerkschaft könne so den Arbeitskampf für den Betriebsrat führen. Die Tarifparteien sind allerdings dazu befugt im Rahmen von Tarifverträgen Regelungen treffen zu können. Auch wenn die Gewerkschaft den Abschluss einer Betriebsvereinbarung bezweckt,

---

257 *Lund*, AP BetrVG 1972 § 99 Nr. 53.

258 *Lund*, AP BetrVG 1972 § 99 Nr. 53.

259 So aber unzutreffend BAG, Urt. v. 17.12.1976 – 1 AZR 772/75, AP GG Art. 9 Arbeitskampf Nr. 52 *„Arbeitskämpfe auf dem Gebiet der Betriebsverfassung sind ohne Rücksicht auf die Frage, wer sie organisiert, rechtswidrig"*.

260 *Kissel*, Arbeitskampfrecht, § 12 Rn. 5.

261 *Richardi*, AP GG Art. 9 Arbeitskampf Nr. 52.

262 So etwa *Biedenkopf*, Grenzen der Tarifautonomie, S. 312, 314; *Bulla*, RdA 1962, 385, 387, Fn. 8; *Hueck/Nipperdey*, Lehrbuch des Arbeitsrechts, Bd. 2, Hb. 2, S. 1013 f.; *Nikisch*, Arbeitsrecht, Bd. 2, S. 125 f.; *Seiter*, Streikrecht und Aussperrungsrecht, S. 527.

263 *Biedenkopf*, Grenzen der Tarifautonomie, S. 312; so auch *Bulla*, RdA 1962, 385, 387, Fn. 8; *Seiter*, Streikrecht und Aussperrungsrecht, S. 527.

kann eine Umgehung des Arbeitskampfverbots nicht angenommen werden, da sie nicht unter den Anwendungsbereich des § 74 Abs. 2 BetrVG fällt.[264] Der Arbeitskampf wäre jedoch bereits mangels Vorliegen eines tarifvertraglichen Kampfziels aus allgemeinen tarifvertraglichen Grundsätzen rechtswidrig.[265] Aus denselben Gründen kann auch der Ansicht von *Seiter*[266] nicht gefolgt werden, soweit er meint, nach dem Willen des Gesetzgebers sei dem Arbeitskampfverbot zu entnehmen, dass Betriebsvereinbarungen generell nicht durch Arbeitskämpfe durchgesetzt werden sollen.

### *b) Arbeitskämpfe um Firmentarifverträge*

Überdies stellt sich die Frage, ob das betriebsverfassungsrechtliche Arbeitskampfverbot Arbeitskämpfe tariffähiger Parteien um den Abschluss von Firmentarifverträgen verbietet.

Aus § 74 Abs. 2 S. 1 Hs. 2 BetrVG ergibt sich, dass die Rechtswidrigkeit der Arbeitskämpfe zwischen tariffähigen Parteien – unabhängig vom Kampfziel und davon, ob sich der Arbeitskampf nur auf einen Betrieb auswirkt – niemals aus einer Verbotsverletzung nach S. 1 Hs. 1 folgen kann.[267] Insofern wird das vorliegende Kampfverbot auch dann nicht tangiert, wenn die Tarifvertragsparteien einen Firmentarifvertrag abschließen möchten.[268]

Soweit *Boldt*[269] der Auffassung ist, dass die kampfweise Herbeiführung von Firmentarifverträgen für verbandsgebundene Arbeitgeber und betriebsbezogenen Tarifregelungen der betrieblichen Friedenspflicht widerspricht, kann dem nicht gefolgt werden. Er ist der Ansicht, der Kampf um einen Firmentarifvertrag führe zu einer starken Verschiebung der Auseinandersetzung von der Verbandsebene auf die betriebliche Ebene[270] und einer starken Involvierung

---

264 So aber *Hueck/Nipperdey*, Lehrbuch des Arbeitsrechts, Bd. 2, Hb. 2, S. 1013 f.; *Nikisch*, Arbeitsrecht, Bd. 2, S. 125 f.

265 *Germelmann*, Der Betriebsfrieden, S. 98; GK-BetrVG/*Jacobs*, BetrVG, § 74 Rn. 45.

266 *Seiter*, Streikrecht und Aussperrungsrecht, S. 527.

267 GK-BetrVG/*Jacobs*, BetrVG, § 74 Rn. 44.

268 DKW/*Berg*, BetrVG, § 74 Rn. 20; *Galperin/Löwisch*, BetrVG, § 74 Rn. 11; *Gamillscheg*, Kollektives Arbeitsrecht, Bd. I, S. 1124; *Kreutz*, BIStSozArbR 1972, 44, 49; Löwisch/Kaiser/Klumpp/*Klumpp*, BetrVG, § 74 Rn. 14; Richardi BetrVG/*Maschmann*, BetrVG, § 74 Rn. 22; Wlotzke/Preis/Kraft/*Preis*, BetrVG, § 74 Rn. 9.

269 *Boldt*, RdA 1971, 257, 267; so auch *Mayer-Maly*, DB 1965 32, 33 bzgl. Firmentarifverträge und firmenbezogene Verbandstarifverträge.

270 So auch *Mayer-Maly*, DB 1965 32, 33, die Grenzziehung zwischen den Ebenen verwische sich.

der Betriebsratsmitglieder aufgrund ihrer Nähe zu den Gewerkschaften. Der Arbeitskampf werde so im Hintergrund durch die Betriebsparteien geführt, obwohl die Friedenspflicht nach § 74 Abs. 2 BetrVG dies ausdrücklich verbiete.

Diese Bedenken überzeugen nicht. Denn die vorgebrachten Befürchtungen, dass die Betriebsratsmitglieder sich einmischen könnten, bestehen nicht nur bei Kämpfen um Firmentarifverträge. Betriebsratsmitglieder sind regelmäßig bei den Gewerkschaften aktiv. Sie dürfen sogar als Arbeitnehmer an Arbeitskämpfen von Gewerkschaften teilnehmen und dabei in verschiedenen Positionen tätig sein.[271] Es besteht für sie immer die Gelegenheit, ihre Ansichten und Ziele mit in die Gewerkschaftsarbeit einfließen zu lassen. Jedoch darf nicht automatisch von einer Überschreitung der Amtsbefugnisse ausgegangen werden. § 74 Abs. 3 BetrVG lässt sich entnehmen, dass das Gesetz die Doppelstellung der Betriebsratsmitglieder duldet. Ferner sieht § 2 Abs. 1 BetrVG ausdrücklich die Zusammenarbeit zwischen Betriebsrat und den im Betrieb vertretenen Gewerkschaften vor. Nur wenn tatsächlich Verstöße gegen die Neutralitätspflicht festgestellt werden, können ggf. Maßnahmen gem. § 23 BetrVG wegen grober Verletzung gesetzlicher Pflichten ergriffen werden. Natürlich dürfen auch Betriebsratsmitglieder nicht den Eindruck erwecken, sich in ihrer Amtsstellung an Arbeitskämpfen zu beteiligen. Darauf müssen sie zwar bei Firmentarifverträgen besonders achten, weil es zu Abgrenzungsschwierigkeiten hinsichtlich ihrer Stellung kommen kann.[272] Insbesondere wenn im Zusammenhang mit einem Firmentarifvertrag die Tarifkommission der Gewerkschaft, welche über den Arbeitskampf entscheidet, nur oder im Wesentlichen mit Betriebsratsmitgliedern besetzt ist, ist Vorsicht geboten.[273] Jedoch kann unter normalen Umständen nicht von einem Verstoß ausgegangen werden. Insofern können Betriebsratsmitglieder in ihrer Arbeitnehmerstellung ohne Einschränkungen am Arbeitskampf um einen Firmentarifvertrag teilnehmen.[274] Unabhängig von der Zugehörigkeit zu einer Arbeitgebervereinigung verleiht gerade § 2 Abs. 1 TVG dem Arbeitgeber die uneingeschränkte Tariffähigkeit, sodass ihm das Instrumentarium

---

271 Richardi BetrVG/*Maschmann*, BetrVG, § 74 Rn. 26.

272 Richardi BetrVG/*Maschmann*, BetrVG, § 74 Rn. 26.

273 Richardi BetrVG/*Maschmann*, BetrVG, § 74 Rn. 26 unzulässig, wenn die Tarifkommission nur oder im Wesentlichen mit Betriebsratsmitgliedern besetzt ist.

274 Brox/Rüthers/*Brox*, Arbeitskampfrecht, § 12 Rn. 413; *Fitting*, BetrVG, § 74 Rn. 16; GK-BetrVG/*Jacobs*, BetrVG, § 74 Rn. 65; HWGNRH/*Worzalla*, BetrVG, § 74 Rn. 24; a.A.: einschränkend *Galperin/Löwisch*, BetrVG, § 74 Rn. 12; Richardi BetrVG/Maschmann, BetrVG, § 74 Rn. 26 unzulässig, wenn Tarifkommission nur oder im Wesentlichen mit Betriebsratsmitgliedern besetzt ist.

des Firmentarifvertrages zur Verfügung steht.[275] Dem Arbeitgeber steht die Möglichkeit offen, unbeschadet seiner Verbandszugehörigkeit und eines für ihn gültigen Verbandstarifvertrages, einen konkurrierenden oder ergänzenden wirksamen Firmentarifvertrag abzuschließen.[276] Sogar ein verbandswidriger Firmentarifvertrag behält seine Gültigkeit.[277] Auch das Streikrecht gegen ein Verbandsmitglied zur Durchsetzung eines Firmentarifvertrages ist grundsätzlich anerkannt, sodass weder die individuelle Koalitionsfreiheit des Arbeitgebers noch die kollektive Koalitionsfreiheit des Arbeitgeberverbandes aus Art. 9 Abs. 3 GG dem entgegenstehen.[278] Das Arbeitskampfverbot des § 74 Abs. 2 BetrVG wird nicht berührt, da es sich ausschließlich an die Betriebsparteien richtet.[279]

Das Arbeitskampfverbot steht dem auch nicht entgegen, wenn der Inhalt des bezweckten Firmentarifvertrages einer durch den Betriebsrat erfolglos intendierten Betriebsvereinbarung entspricht, welche der erzwingbaren Mitbestimmung unterlag.[280]

### *c) Zwischenergebnis*

Die Untersuchung des tarifvertragsbezogenen Arbeitskampfes im Lichte des Arbeitskampfverbots hat gezeigt, dass das Arbeitskampfverbot lediglich zwischen den Betriebsparteien gilt und keinerlei einschränkende Auswirkungen auf Arbeitskämpfe und Ziele von Tarifparteien hat. Diese können uneingeschränkt um betriebliche und betriebsverfassungsrechtliche Regelungen sowie Firmentarifverträge, soweit arbeitskampfrechtlich möglich, streiken. Für die Beurteilung der Rechtmäßigkeit solcher Arbeitskämpfe ist lediglich das allgemeine Arbeitskampfrecht von Relevanz.

---

275 BAG, Urt. v. 04.04. 2001 – 4 AZR 237/00, NZA 2001, 1085, 1086; *Ahrendt*, RdA 2012, 129; *Kissel*, Arbeitskampfrecht, § 26 Rn. 118 ff.

276 BAG, Urt. v. 04.04.2001 – 4 AZR 237/00, NZA 2001, 1085, 1086.

277 BAG, Urt. v. 04.04.2001 – 4 AZR 237/00, NZA 2001, 1085, 1086.

278 BAG, Urt. v. 04.05. 1955 – 1 AZR 493/54, NJW 1955, 1373; Urt. v. 10.12.2002 – 1 AZR 96/02, AP GG Art. 9 Arbeitskampf Nr. 162; Urt. v. 24.04.2007 – 1 AZR 252/06, AP TVG § 1 Sozialplan Nr. 2 für firmenbezogenen Verbandstarifvertrag; Däubler/*Peter*, TVG, § 2 Rn. 163; a.A.: HWGNRH/*Worzalla*, BetrVG, § 74 Rn. 24 unzulässig bei Tarifwilligkeit des Arbeitgeberverbandes; *Krichel*, NZA 1986, 731, 732 ff.; *Schleusener*, NZA 1998, 239 ff.; *Thüsing*, AP GG Art. 9 Arbeitskampf Nr. 163.

279 BAG, Urt. v. 24.04.2007 – 1 AZR 252/06, AP TVG § 1 Sozialplan Nr. 2.

280 BeckOK ArbR/*Werner*, BetrVG, § 74 Rn. 13; *Gamillscheg*, Kollektives Arbeitsrecht, Bd. I, S. 1124; DKW/*Berg*, BetrVG, § 74 Rn. 20.

Dafür spricht auch der mittelbare Schutzzweck der Vorschrift, denn das Verbot bewirkt neben dem Schutz des Betriebsfriedens und der Konkretisierung der vertrauensvollen Zusammenarbeit den Schutz der Gewerkschaften vor der Kampfkonkurrenz des Betriebsrats. Das Verbot ergänzt insoweit die Vorschrift des § 77 Abs. 3 BetrVG, welche bestimmte Regelungsgegenstände, die bereits tarifvertraglich geregelt sind oder üblicherweise geregelt werden, aus dem betrieblichen Geschehen heraushalten will.[281] Die Betriebsräte sollen nicht die Aufgaben der Gewerkschaften übernehmen, sondern haben ihre eigenen Zuständigkeitsbereiche. Dies ist auch dem Umstand geschuldet, dass sie die Interessen aller und nicht nur der tarifgebundenen Arbeitnehmer zu wahren haben. Sie dürfen den Gewerkschaften keine Konkurrenz machen, vielmehr sind sie berechtigt – was in der Praxis der Regelfall ist – mit ihnen zusammenzuarbeiten. Eine Einschränkung hinsichtlich der vorgenannten Streikziele würde den Schutzzweck ins Gegenteil verkehren.

Soweit *Jacobs*[282] die Auffassung vertreten, dass es sich dabei jedoch nicht um einen eigenständigen Schutzzweck des § 74 Abs. 2 BetrVG handeln kann,[283] ist dem zuzustimmen. Denn im Vordergrund stehen der betriebliche Frieden und das Verhältnis zwischen Arbeitgeber und Betriebsrat. Diese sollen sich zur Problembewältigung der dafür vorgesehenen Instrumente des BetrVG bedienen. Wie bereits dargelegt, hat S. 1 Hs. 2 nur eine klarstellende Funktion und soll die tariffähigen Parteien von dem Verbot – da auch um betriebsverfassungsrechtliche Streitigkeiten gestreikt werden kann – ausnehmen. Für den eigenständigen Schutz der Gewerkschaften vor Konkurrenz existiert bereits die Vorschrift des § 77 Abs. 3 BetrVG, welche zusätzlich von § 87 Abs. 1 BetrVG gestützt wird. Darüber hinaus richtet sich das Verbot zugleich an den Arbeitgeber. Dies spricht ebenso gegen einen eigenständigen Schutzzweck vor Kampfkonkurrenz.[284]

## V. Maßnahmen des Arbeitskampfes zwischen Arbeitgeber und Betriebsrat

Der Arbeitgeber und der Betriebsrat dürfen als Verbotsadressaten keine „*Maßnahmen des Arbeitskampfes*“ gegeneinander vornehmen. Da sich aus dem

281 *Gamillscheg*, Kollektives Arbeitsrecht, Bd. I, S. 1124; GK-BetrVG/*Jacobs*, BetrVG, § 74 Rn. 38.

282 GK-BetrVG/*Jacobs*, BetrVG, § 74 Rn. 38.

283 So aber DKL/*Kolbe*, BetrVG, § 74 Rn. 6.

284 GK-BetrVG/*Jacobs*, BetrVG, § 74 Rn. 38.

BetrVG die Bedeutung des Arbeitskampf- und Maßnahmenbegriffs nicht ergibt, bedarf es zur Einordnung einer Erläuterung des Anwendungsbereichs.

### 1. *Arbeitskampfbegriff*

Der Arbeitskampf ist aufgrund seiner wesentlichen Bedeutung für das Arbeitsrecht Gegenstand vieler Gesetze. Eine gesetzliche Definition dessen, was unter dem Arbeitskampfbegriff zu verstehen ist, ist weder im BetrVG noch in anderen Gesetzen enthalten.[285] Er wird vom Grundgesetz in Art. 9 Abs. 3 als zulässig vorausgesetzt und findet neben § 74 Abs. 2 BetrVG auch in § 2 Abs. 1 Nr. 2 ArbGG, § 25 KSchG, § 66 Abs. 2 BPersVG, §§ 160, 36 Abs. 3 SGB III, § 11 Abs. 5 AÜG und § 174 Abs. 6 SGB IX Erwähnung, ohne dass sich dort rechtliche Vorgaben für die Zulässigkeit finden lassen.[286] Die angeführten Vorschriften gehen jedoch nicht von einem einheitlichen Begriff des Arbeitskampfes aus, sodass für § 74 Abs. 2 S. 1 Hs. 1 BetrVG nicht pauschal ein enger[287] oder weiter Begriff unterstellt werden kann, sondern im Wege der Auslegung der jeweiligen Bestimmung ermittelt werden muss.[288] Die Bedeutung des Begriffs wird von dem speziellen Regelungszweck bestimmt.[289] Bei einem weiten Begriff folgt die rechtliche Beurteilung erst an die Feststellung eines Arbeitskampfes.[290]

In der Literatur wird der Arbeitskampfbegriff unter Berücksichtigung der geschichtlichen Entwicklung überwiegend weit verstanden.[291] Der weite

---

285 *Däubler*, Arbeitskampfrecht, § 8 Rn. 10; *Kissel*, Arbeitskampfrecht, § 13 Rn. 1; NK-ArbR/*Hanau*, GG, Art. 9 Rn. 95; *Otto*, Arbeitskampf- und Schlichtungsrecht, § 1 Rn. 1.

286 Brox/Rüthers/*Brox*, Arbeitskampfrecht, § 2 Rn. 16; *Däubler*, Arbeitskampfrecht, § 8 Rn. 9; *Kissel*, Arbeitskampfrecht, § 13 Rn. 1; Schaub/Koch/*Koch*, Arbeitsrecht, Arbeitskampf.

287 *Hueck/Nipperdey*, Lehrbuch des Arbeitsrechts, Bd. II, Hb. 2, S. 870, 887.

288 *Kissel*, Arbeitskampfrecht, § 15 Rn. 2; Brox/Rüthers/*Brox*, Arbeitskampfrecht, § 2 Rn. 16; *Germelmann*, Der Betriebsfrieden, S. 71; genaue Auslegung des § 74 Abs. 2 S. 1 Hs. 1 BetrVG bleibt den Ausführungen im Zusammenhang mit der Einschränkung der Mitbestimmungsrechte unter 3. Kap. B. vorbehalten.

289 *Germelmann*, Der Betriebsfrieden, S. 71.

290 *Kissel*, Arbeitskampfrecht, § 15 Rn. 3.

291 BeckOK ArbR/*Waas*, GG, Art. 9 Rn. 2; Brox/Rüthers/*Brox*, Arbeitskampfrecht, § 2 Rn. 16 ff.; ErfK/*Linsenmaier*, GG, Art. 9 Rn. 94; Germelmann/Matthes/Prütting/*Schlewing*, ArbGG, § 2 Rn. 36; *Heinze*, DB 1982, Beil. 23, 1, 8; HWGNRH/*Worzalla*, BetrVG, § 74 Rn. 12; *Kamanabrou*, Arbeitsrecht, § 23 Rn. 2041; *Kissel*, Arbeitskampfrecht, § 13 Rn. 1, § 15 Rn. 2 ff.; MHdB ArbR/*Ricken*, § 265 Rn. 3; NK-ArbR/*Hanau*, GG, Art. 9 Rn. 95; *Rieble/Wiebauer*, ZfA 2010, 63, 108; *Waltermann*, Arbeitsrecht, § 29 Rn. 659.

Arbeitskampfbegriff wird auch dem Verbot des § 74 Abs. 2 BetrVG zugrunde gelegt.[292] Darunter wird jede von der Arbeitnehmer- oder Arbeitgeberseite bewirkte kollektive Störung der Arbeitsbeziehungen verstanden, die dem Zweck dient, Druck zur Erreichung eines bestimmten Ziels auszuüben.[293] Auf der Arbeitnehmerseite ist das klassische Kampfmittel der Streik, die kollektive Arbeitsniederlegung, und auf der Arbeitgeberseite die Aussperrung, die Annahmeverweigerung der Arbeitsleistung und Einstellung der Entgeltzahlung.[294] Jedoch werden nicht nur herkömmliche Formen des Arbeitskampfes erfasst, sondern auch solche Vorgänge, die u.a. als Protestdemonstration, Warnstreik, Sympathiestreik, wilder Streik, streikbegleitende Flashmob-Aktionen bezeichnet werden.[295] Der Arbeitskampfbegriff beschränkt sich nicht auf bestimmte Ziele, sodass sich das Streikziel auf beliebige Inhalte – neben arbeitsrechtlichen auch auf wirtschaftliche oder politische Themen – richten kann.[296] Für den Begriff ist ferner unter Zugrundelegung des weiten Begriffs, mit Blick auf den absoluten Verbotscharakter des § 74 Abs. 2 S. 1 Hs. 1 BetrVG, irrelevant, ob ein Arbeitskampf rechtmäßig oder rechtswidrig ist.[297] Er beschreibt also nur einen Lebenssachverhalt, für den grundsätzlich eine rechtliche Bewertung in Betracht kommt, ohne daraus – aus der Bezeichnung als Arbeitskampf – unmittelbar Rechtsfolgen ableiten zu können.[298] Demnach kann eine Maßnahme als Arbeitskampf qualifiziert werden, ohne eine Aussage darüber zu treffen, ob dieser rechtmäßig oder rechtswidrig ist. Dieser Aspekt ist erst im zweiten Schritt, nach der Annahme eines Arbeitskampfes, im Rahmen der Rechtmäßigkeitsvoraussetzungen zu prüfen. Da es sich um die kollektive Störung von Arbeitsbeziehungen handelt, muss sich entweder das jeweilige Druckmittel oder das Kampfziel auf

---

292 Frieling/Jacobs/Krois/*Husemann*, Arbeitskampfrecht, § 8 Rn. 27; GK-BetrVG/*Jacobs*, BetrVG, § 74 Rn. 47; *Heinze*, DB 1982, Beil. 23, 1, 8; HWGNRH/*Worzalla*, BetrVG, § 74 Rn. 12; Löwisch/Kaiser/Klumpp/*Klumpp*, BetrVG, § 74 Rn. 13; *Rieble/Wiebauer*, ZfA 2010, 63, 108.

293 Brox/Rüthers/*Brox*, Arbeitskampfrecht, § 2 Rn. 17; ErfK/*Linsenmaier*, GG, Art. 9 Rn. 94; *Kamanabrou*, Arbeitsrecht, § 23 Rn. 2041; *Schwarze*, RdA 1993, 264, 267.

294 ErfK/*Linsenmaier*, GG, Art. 9 Rn. 94.

295 Germelmann/Matthes/Prütting/*Schlewing*, ArbGG, § 2 Rn. 36; vgl. für umfangreiche Aufzählung GK-BetrVG/*Jacobs*, BetrVG, § 74 Rn. 48 ff.

296 NK-ArbR/*Hanau*, GG, Art. 9 Rn. 95.

297 BeckOK ArbR/*Waas* GG Art. 9 Rn. 1; *Otto*, Arbeitskampf- und Schlichtungsrecht, § 1 Rn. 1.

298 Brox/Rüthers/*Brox*, Arbeitskampfrecht, § 2 Rn. 16 ff.; *Kamanabrou*, Arbeitsrecht, § 23 Rn. 2041; *Otto*, Arbeitskampf- und Schlichtungsrecht, § 1 Rn. 1.

das Arbeitsverhältnis beziehen.[299] Mithin wird dem Begriff des Arbeitskampfes vor dem Hintergrund der Gewährleistung der Kampfmittelfreiheit bewusst eine weite Bedeutung zugrunde gelegt.[300] Dadurch kann sich das Arbeitskampfrecht fortan weiterentwickeln und wird in Anbetracht der Globalisierung und der Digitalisierung neuen Erscheinungsformen gerecht. Hingegen entspricht das engere Begriffsverständnis nicht dem Sinn und Zweck der Vorschrift. Denn so würden viele nachteilige und beeinträchtigende Maßnahmen zwischen den Betriebsparteien aus dem Anwendungsbereich der Norm herausfallen, sodass die betriebliche Friedenspflicht und die vertrauensvolle Zusammenarbeit nicht gewährleistet werden könnten.

### 2. *Maßnahmenbegriff*

§ 74 Abs. 2 S. 1 Hs. 1 BetrVG untersagt nach seinem Wortlaut alle „*Maßnahmen des Arbeitskampfes*“ zwischen den Betriebsparteien. Der Begriff der Arbeitskampfmaßnahme ist ebenso wie der Begriff des Arbeitskampfes nicht in den geltenden arbeitsrechtlichen Vorschriften definiert.[301] Auch hier muss der Begriff nach dem Regelungszweck der betreffenden gesetzlichen Vorschrift bestimmt werden. Ausgangspunkt für die Untersuchung ist zunächst der allgemeine Begriff, welcher dann für das BetrVG zu präzisieren und zu konkretisieren ist.[302] Hierbei muss dem Begriff der betriebsverfassungsrechtlichen Maßnahme ein weites Verständnis zugrunde gelegt werden, um alle Maßnahmen zu erfassen, die geeignet sind, den Betriebsfrieden zu beeinträchtigen. Das BAG setzte sich bereits im Jahre 1958 mit dem Begriff der Arbeitskampfmaßnahme im arbeitskampfrechtlichen Sinne auseinander und formulierte ihn nach dem allgemeinen Sprachgebrauch.[303] Maßnahmen des Arbeitskampfes sind „*alle Maßnahmen, die den Verhandlungspartner bewusst und gewollt unter den unmittelbaren Druck eingeleiteter Arbeitskämpfe setzen und damit seine Entschließungsfreiheit beeinträchtigen sollen. Kampfmaßnahme in diesem Sinne ist jede Maßnahme, die an die Stelle des freien Verhandelns den Zwang zum Bewilligen der Forderung des Partners oder jedenfalls zum Nachgeben setzen soll, und zwar aus Furcht vor den Nachteilen oder*

299 *Jarass/Pieroth*, GG, Art. 9 Rn. 34; *Kissel*, Arbeitskampfrecht, § 13 Rn. 2; Dürig/Herzog/Scholz/*Scholz*, GG, Art. 9 Rn. 316; MHdB ArbR/*Ricken*, § 265 Rn. 3.

300 MHdB ArbR/*Ricken*, § 265 Rn. 3.

301 *Germelmann*, Der Betriebsfrieden, S. 71.

302 *Germelmann*, Der Betriebsfrieden, S. 71; *Jansen*, Mitbestimmung, S. 66; *Hässler*, Beteiligungsrechte, S. 55.

303 BAG, Urt. v. 31.10.1958 – 1 AZR 632/57, AP TVG § 1 Friedenspflicht Nr. 2.

*Verlusten, die der Arbeitskampf mit sich bringt*".[304] Diese Formulierung erfolgte im Hinblick auf die Gewährleistung und den Schutz der arbeitskampfrechtlichen Friedenspflicht. Das BAG hat sich in der vorliegenden Entscheidung zwar nicht mit dem Begriff der Arbeitskampfmaßnahme im Sinne des BetrVG, sondern im Sinne des allgemeinen Arbeitskampfrechts befasst, jedoch kann man sich mit Blick auf den Zweck des Arbeitskampfverbots an dem arbeitskampfrechtlichen Begriff orientieren. In der Literatur wurde der Begriff der Kampfmaßnahme im Sinne des § 74 BetrVG bewusst weit gefasst und die arbeitskampfrechtliche Begriffsbestimmung des BAG für das BetrVG für anwendbar gehalten.[305] Danach fallen alle zur Druckausübung kollektiv organisierten Maßnahmen, die zu einer Störung der Arbeitsbeziehungen führen, darunter.[306] Gegen ein rein betriebsverfassungsrechtliches und vom arbeitskampfrechtlichen Begriff losgelöstes Verständnis spricht auch die Bezugnahme auf Arbeitskämpfe tariffähiger Parteien in § 74 Abs. 2 S. 1 Hs. 2 BetrVG.[307] Für das weit gefasste arbeitskampfrechtliche Verständnis spricht ferner, dass alle Vorbereitungs- und Unterstützungshandlungen von der Vorschrift erfasst werden,[308] sodass kein Raum für Druckausübung auf diese Art und Weise verbleibt. Ferner ist anerkannt, dass für das absolute Verbot des Arbeitskampfverbots bereits eine abstrakte Gefährdung, ohne das Vorliegen einer konkreten Störung, ausreicht.[309] Daher bedürfte es lediglich einer Sachlage, die nach allgemeiner Lebenserfahrung zu einer Störung führen würde.[310]

*Germelmann*[311] begründet die entsprechende Begriffsbestimmung in den beiden Rechtsgebieten und das weite Verständnis mit den Unterschieden zwischen dem Tarifrecht und dem Betriebsverfassungsrecht. Die relative Friedenspflicht im Tarifrecht habe lediglich eine begrenzte Wirkung, die inhaltlich und zeitlich auf den betreffenden Tarifvertrag beschränkt sei. Die im BetrVG geregelte Friedenspflicht der Betriebspartner hingegen sei weder zeitlich noch sachlich beschränkt. Entsprechend dem Wortlaut seien alle Kampfmaßnahmen

---

304 BAG, Urt. v. 31.10.1958 – 1 AZR 632/57, AP TVG § 1 Friedenspflicht Nr. 2.

305 *Bulla*, RdA 1962, 285, 386; Brox/Rüthers/*Brox*, Arbeitskampfrecht, § 12 Rn. 410; *Germelmann*, Der Betriebsfrieden, S. 73; a.A.: *Dietz*, Friedenspflicht, S. 12.

306 Richardi BetrVG/*Maschmann*, BetrVG, § 74 Rn. 18; *Kissel*, Arbeitskampfrecht, § 36 Rn. 10.

307 *Jansen*, Mitbestimmung, S. 67.

308 Brox/Rüthers/*Brox*, Arbeitskampfrecht, § 12 Rn. 410.

309 *Heinze*, DB 1982, Beil. 23, 1, 5, 6.

310 *Germelmann*, Der Betriebsfrieden, S. 73.

311 *Germelmann*, Der Betriebsfrieden, S. 74 f.

zu unterlassen. Bereits die vorhandenen Möglichkeiten im BetrVG zur Streitschlichtung zeigen, dass Arbeitskämpfe zwischen den Betriebsparteien keinen Platz im BetrVG haben. Eine solche Art an Zwangsschlichtung bestehe im Tarifrecht nicht. Werden den Betriebsparteien generell die Möglichkeit zum Führen von Arbeitskämpfen versagt, entfallen auch jegliche Kampfmaßnahmen wie z.B. Vorbereitungsmaßnahmen. Das Erfordernis der vertrauensvollen Zusammenarbeit bestätige diese Auffassung.

Wenn der Begriff der Arbeitskampfmaßnahme für das sachlich und zeitlich begrenzte Arbeitskampfrecht gilt, dann muss es, entsprechend den überzeugenden Ausführungen von *Germelmann,* erst recht für das im BetrVG geltende weite Arbeitskampfverbot gelten. Es besteht insoweit Einigkeit, dass jede Maßnahme, die unter den vorbeschriebenen Begriff der Maßnahme fällt, von dem Arbeitskampfverbot nach § 74 Abs. 2 BetrVG erfasst wird.[312] Eine Einengung des Begriffs an dieser Stelle würde den umfassenden Schutz der Friedenspflicht konterkarieren. Demnach werden nicht nur Hauptmaßnahmen wie Streik und Aussperrung zum Auslösen und Abwehren eines Arbeitskampfes erfasst, sondern auch alle im Rahmen von § 74 Abs. 2 S. 2 BetrVG vorgenommenen Betätigungen im Zusammenhang mit einem Arbeitskampf, die den Arbeitsablauf oder den Frieden des Betriebs beeinträchtigen.

Auch *Heinze*[313] legt dem Begriff ein umfassendes Verständnis zugrunde und zieht einen Vergleich zu der im öffentlichen Recht bereits existierenden Definition der Maßnahme gem. § 35 VwVfG. Die öffentlich-rechtliche Maßnahme wird nach dieser Definition als Oberbegriff verwendet und mit den Begriffen *„jeder Verfügung"* und *„Entscheidung"* einer Behörde konkretisiert. Dieser Definition könne eine weite Reichweite entnommen werden. Im gleichen Sinne sei der Begriff der Maßnahme nach § 74 BetrVG zu verstehen, und zwar sowohl für die arbeitskampfrelevante Entscheidung als auch für die Ausführung dieser Entscheidung zwischen den betriebsverfassungsrechtlichen Parteien.

Zu den Maßnahmen des Arbeitskampfes zählen damit neben der unmittelbaren Teilnahme an den Arbeitskämpfen, die Maßnahmen bezüglich Einleitung und Vorbereitung von Kampfhandlungen sowie bezüglich Leitung und Organisation von Arbeitskämpfen.[314] Für den Betriebsrat bedeutet dies u.a., dass er selbst nicht einen fremden Streik unterstützen, zu einem Streik aufrufen oder

312 Brox/Rüthers/*Brox*, Arbeitskampfrecht, § 12 Rn. 410; *Galperin/Löwisch*, BetrVG, § 74 Rn. 8 f.; *Germelmann*, Der Betriebsfrieden, S. 73 ff.

313 *Heinze*, DB 1982, Beil. 23, 1, 5, 7; so auch *Hässler*, Beteiligungsrechte, S. 55.

314 GK-BetrVG/*Jacobs*, BetrVG, § 74 Rn. 50.

die betrieblichen Räume und Mittel für einen Arbeitskampf nutzen darf.[315] Aufgrund der weiten Bedeutung können noch viele andere Handlungen unter die Verbotsnorm fallen. Das Verbot gilt hierbei aufgrund des eindeutigen Wortlauts der Norm für den Arbeitgeber und den Betriebsrat gleichermaßen. Insofern kommen für den Arbeitgeber alle Maßnahmen der Streikabwehr in Betracht bzw. Maßnahmen zur Vorbeugung von Auswirkungen streikbedingter Arbeitsniederlegungen, die einen Bezug zu einer laufenden oder einer unmittelbar bevorstehenden Arbeitsniederlegung haben.[316] In diesem Zusammenhang kann, soweit ein Bezug zu einer Streikmaßnahme besteht, auch die streikbedingte Anordnung von Mehrarbeit eine Kampfmaßnahme sein.[317] Bei Maßnahmen zur bloßen Kompensation von Streikfolgen handelt es sich hingegen nicht um Kampfmaßnahmen.[318] Diese Ausführungen zur Mehrarbeitsanordnung stammen aus dem Arbeitskampfrecht und sind auf das Betriebsverfassungsrecht lediglich insoweit zu übertragen, als sie als Maßnahme im Sinne des § 74 Abs. 2 S. 1 BetrVG in Betracht kommen und vom Verbot im Verhältnis zwischen Arbeitgeber und Betriebsrat erfasst sind.

Im Ergebnis ist festzuhalten, dass zur Gewährleistung des betriebsverfassungsrechtlichen Arbeitskampfverbots und der betrieblichen Friedenspflicht der Begriff aus dem Arbeitskampfrecht angewendet werden kann und im Sinne des BetrVG weiter reicht als der arbeitskampfrechtliche Begriff. Beispielsweise sind nach dem betriebsverfassungsrechtlichen Arbeitskampf Kampfmaßnahmen unabhängig von ihrer Rechtmäßigkeit oder Rechtswidrigkeit verboten. Im Arbeitskampfrecht sind hingegen nur die rechtswidrigen Kampfmaßnahmen untersagt. Darüber hinaus sind im BetrVG auch Maßnahmen des Arbeitskampfes unzulässig, die keine Paritätsrelevanz haben.[319] Demnach hat die Vorschrift lediglich eine betriebsverfassungsrechtliche und keine arbeitskampfrechtliche Funktion.[320]

Auf die Frage, ob auch die Wahrnehmung von Mitbestimmungsrechten des Betriebsrats während eines laufenden Arbeitskampfes der Tarifvertragsparteien eine verbotene Kampfmaßnahme im Sinne von § 74 Abs. 2 S. 1 Hs. 1

---

315 Für detaillierte Ausführung vgl. *Kissel*, Arbeitskampfrecht, § 36 Rn. 26 ff.

316 BAG, Beschl. v. 20.03.2018 – 1 ABR 70/16, NZA 2018, 1081.

317 BAG, Beschl. v. 20.03.2018 – 1 ABR 70/16, NZA 2018, 1081.

318 BAG, Beschl. v. 20.03.2018 – 1 ABR 70/16, NZA 2018, 1081; LAG Hessen, Beschl. v. 21.04.2016 – 5 TaBV 196/15, BeckRS 2016, 74599; *Kleinmann/Fündling*, NZA 2018, 1386, 1389; *Beckerle*, NJW 2017, 439, 443.

319 *Wiese*, NZA 1984, 378, 380.

320 *Wiese*, NZA 1984, 378, 380.

BetrVG darstellt und sich damit auf die Rechte des Arbeitgebers auswirkt, soll im Zusammenhang mit der Einschränkung von Mitbestimmungsrechten eingegangen werden.[321]

## VI. Umfang des Verbots

Wie vorstehend ausgeführt, erfasst das Arbeitskampfverbot jegliche Kampfhandlungen zwischen den Betriebsparteien, ohne dass Ausnahmen ersichtlich sind. Insofern sind zur Gewährleistung der absoluten Friedenspflicht schlechthin alle denkbaren Arbeitskampfmaßnahmen zwischen ihnen untersagt.[322] Dabei ist in Anbetracht des Zwecks des Kampfverbots unerheblich, welches Kampfziel die Betriebsparteien verfolgen.[323] *Seiter*[324] ist zwar der Auffassung, das Arbeitskampfverbot betreffe nur Ziele, die in den gesetzlich umschriebenen Zuständigkeitsbereich des Betriebsrats fallen und begründet dies u.a. mit einer Schlussfolgerung aus dem Wortlaut der Vorschrift *„zwischen Arbeitgeber und Betriebsrat"* sowie damit, dass die Betriebsparteien lediglich in ihrer Organstellung betroffen seien. Ob Betriebsratsmitglieder auch auf der einzelvertraglichen Ebene betroffen seien, sei fraglich. Diese Auffassung ist indes abzulehnen. Der Wortlaut der Vorschrift kann vorliegend nicht als Argumentationsgrundlage genutzt werden, ebenso nicht die betriebsverfassungsrechtliche Organstellung der Parteien, denn sie lassen keinen Schluss auf die Eingrenzung des Kampfziels zu. Die Ansicht ist insbesondere mit dem Sinn und Zweck des Verbots nicht vereinbar. Mit Blick auf den Zweck der Vorschrift, jegliche Störungen der vertrauensvollen Zusammenarbeit und des betrieblichen Friedens zwischen den Betriebsparteien zu vermeiden, müssen alle Kampfmaßnahmen unabhängig von ihrem Ziel erfasst werden. Wenn nur der gesetzlich umschriebene Zuständigkeitsbereich des Betriebsrats erfasst werden würde, könnte dieser Zweck nicht gewährleistet werden. Der Betriebsrat könnte zu Themen, die nicht in seinen Zuständigkeitsbereich fallen, Arbeitskämpfe führen, sodass es zu einer Konfrontation auf der betrieblichen Ebene zwischen den Betriebsparteien und damit zu einer Störung im Betrieb kommen würde. Die Norm soll jedoch gerade Störungen jeglicher Art durch Arbeitskämpfe verhindern, zumal eine saubere und

---

321 Siehe hierzu die Ausführungen unter 3. Kap. B. III. 1. bb).

322 Brox/Rüthers/*Brox*, Arbeitskampfrecht, § 12 Rn. 408, 410; GK-BetrVG/*Jacobs*, BetrVG, § 74 Rn. 51.

323 *Bulla*, RdA 1962, 385, 386; HWGNRH/*Worzalla*, BetrVG, § 74 Rn. 13; *Wiese*, NZA 1984, 378, 379.

324 *Seiter*, Streikrecht und Aussperrungsrecht, S. 422.

einfache Abgrenzung bei Streitigkeiten hinsichtlich des gesetzlichen Zuständigkeitsbereichs des Betriebsrats nicht möglich bzw. streitig sein wird.[325] Darüber hinaus könnte der Betriebsrat Arbeitskämpfe mit Zielen außerhalb seines Zuständigkeitsbereichs zum Anlass nehmen, um seine betriebsverfassungsrechtlichen Absichten durchzusetzen, sodass ein Missbrauchsrisiko bestehen würde. Das Kooperationsmodell sieht hingegen bestehende Möglichkeiten im BetrVG vor, welche zur Lösung von Streitigkeiten herangezogen werden müssen. Letztlich ist nicht der Zweck des Arbeitskampfes entscheidend, sondern die Adressaten, die auf der betrieblichen Ebene gegeneinander Kampfmaßnahmen vornehmen. Beispielsweise dürfte der Betriebsrat wegen betriebsverfassungsrechtlichen Streitfragen keinen Arbeitskampf im Betrieb führen, um z.B. auf diesem Wege den Abschluss einer Betriebsvereinbarung in Sachen Arbeitszeit zu erzwingen.[326] Irrelevant wäre dabei, ob die Arbeitszeitregelung vor dem Hintergrund des Tarifvorbehalts gem. § 77 Abs. 3 BetrVG in die Regelungsbefugnis bzw. den Zuständigkeitsbereich fallen würde. Ferner wäre nach außen hin eine Abgrenzung hinsichtlich der Ziele ohnehin nicht möglich, sodass sich dies auch auf den Betriebsfrieden und die Belegschaft auswirken würde. Das absolute Arbeitskampfverbot würde so entwertet werden. Demnach muss die gesamte betriebliche Ebene zwischen den Betriebsparteien frei vom Arbeitskampf bleiben, ohne auf bestimmte Ziele abzustellen.

Im Ergebnis sind daher betriebsverfassungsrechtliche und einzelarbeitsvertragliche Kampfziele gleichermaßen umfasst.

In betriebsverfassungsrechtlicher Hinsicht sind alle Kampfmaßnahmen zur Gestaltung der betriebsverfassungsrechtlichen Ordnung und hinsichtlich Regelungs- und Rechtsstreitigkeiten verboten.[327] Insbesondere Kampfmaßnahmen zum Abschluss einer Betriebsvereinbarung oder einer Regelungsabrede sowie zur Vornahme oder Unterlassung sonstiger betriebsverfassungsrechtlich relevanter Handlungen, sind erfasst.[328]

Demnach sind für den Arbeitgeber die Aussperrung sowie die Massenänderungskündigung und für den Betriebsrat oder seine Mitglieder die Vorbereitung, Durchführung oder Unterstützung jeglicher Arten von Belegschaftsstreik unzulässig.[329] Ebenso sind Handlungen erfasst, die sich gegen rechtswidrige

325 GK-BetrVG/*Jacobs*, BetrVG, § 74 Rn. 52.
326 BAG, Urt. v. 17.12.1976 – 1 AZR 772/75, AP GG Art. 9 Arbeitskampf Nr. 52.
327 GK-BetrVG/*Jacobs*, BetrVG, § 74 Rn. 52.
328 GK-BetrVG/*Jacobs*, BetrVG, § 74 Rn. 53; HWGNRH/*Worzalla*, BetrVG, § 74 Rn. 13 f.
329 GK-BetrVG/*Jacobs*, BetrVG, § 74 Rn. 54.

Kampfhandlungen richten, da weiterhin der gerichtliche Weg offen steht.[330] Des Weiteren werden alle Kampfmaßnahmen auf Betriebsebene um einzelarbeitsvertragliche Kampfziele erfasst.[331] In Frage komme z.B. die Regelung allgemeiner Arbeitsbedingungen, sodass die Teilnahme an einem wilden Streik gegen das Verbot verstößt.[332]

## B. Konsequenzen eines Verstoßes gegen das Arbeitskampfverbot

Jegliche Arbeitskampfmaßnahmen bzw. Kampfhandlungen der Betriebsparteien, die gegeneinander vorgenommen werden und gegen das gesetzliche Arbeitskampfverbot gem. § 74 Abs. 2 S. 1 Hs. 1 BetrVG verstoßen, sind rechtswidrig.[333] Die Adressaten des Kampfverbots handeln insofern widerrechtlich, als sie betriebsverfassungswidrige Kampfmaßnahmen vornehmen oder sich an derartigen Maßnahmen beteiligen.[334] Bei Verstößen gegen das Arbeitskampfverbot können sich Konsequenzen für die Adressaten ergeben.

### I. Betriebsrat und Betriebsratsmitglieder

Bei grober Verletzung gesetzlicher Pflichten sieht § 23 Abs. 1 BetrVG Rechtsfolgen für Betriebsratsmitglieder und Betriebsrat vor. Darunter ist eine objektiv erhebliche und offensichtlich schwerwiegende Pflichtverletzung zu verstehen.[335] Das Vorliegen einer groben Pflichtverletzung kann nur unter Berücksichtigung aller Umstände des Einzelfalls beurteilt werden.[336] In der Folge müsste die weitere Amtsausübung untragbar erscheinen.[337] Die Beteiligung von Betriebsratsmitgliedern an betriebsverfassungswidrigen Kampfhandlungen stellt regelmäßig

---

330 Brox/Rüthers/*Brox*, Arbeitskampfrecht, § 12 Rn. 423; a.A.: *Galperin/Löwisch*, BetrVG, § 74 Rn. 11.

331 GK-BetrVG/*Jacobs*, BetrVG, § 74 Rn. 55.

332 Brox/Rüthers/*Brox*, Arbeitskampfrecht, § 12 Rn. 410; GK-BetrVG/*Jacobs*, BetrVG, § 74 Rn. 55.

333 Brox/Rüthers/*Brox*, Arbeitskampfrecht, § 12 Rn. 416; HWGNRH/*Worzalla*, BetrVG, § 74 Rn. 16 f.

334 GK-BetrVG/*Jacobs*, BetrVG, § 74 Rn. 90.

335 BAG, Beschl. v. 21.02.1978 – 1 ABR 54/76, AP BetrVG 1972 § 74 Nr. 1.

336 BAG, Beschl. v. 22.06.1993 – 1 ABR 62/92, AP BetrVG 1972 § 23 Nr. 22; Düwell/*Düwell*, BetrVG, § 23 Rn. 12.

337 BAG, Beschl. v. 22.06.1993 – 1 ABR 62/92, AP BetrVG 1972 § 23 Nr. 22.

eine grobe Verletzung ihrer gesetzlichen Pflichten dar.[338] Als Konsequenz können gem. § 23 Abs. 1 BetrVG die Betriebsratsmitglieder aus dem Betriebsrat ausgeschlossen und der Betriebsrat, falls er als betriebsverfassungsrechtliches Organ eine solche Handlung veranlasst oder unterstützt hat, aufgelöst werden.[339] Andererseits kann im Einzelfall eine grobe Pflichtverletzung abgelehnt werden, wenn der Arbeitgeber durch eine Pflichtverletzung die rechtswidrige Kampfmaßnahme veranlasst hat.[340]

Neben den amtsrechtlichen Rechtsfolgen kann es auch zu individualarbeitsrechtlichen Folgen für die Betriebsratsmitglieder kommen. Die Frage, ob dem Arbeitgeber ein vertraglicher Schadensersatzanspruch oder ein außerordentliches Kündigungsrecht gegen die Betriebsratsmitglieder zusteht, beurteilt sich grundsätzlich danach, ob bei einem Verstoß gegen das betriebliche Kampfverbot zugleich Pflichten aus dem Arbeitsvertrag verletzt wurden.[341] Dies kann nur bei einer Teilnahme des Betriebsrats oder der Betriebsratsmitglieder an einem rechtswidrigen Streik, der nicht die Arbeitspflichten suspendiert, angenommen werden.[342] Die Beteiligung an einem rechtmäßigen Streik hingegen führt nur zur Verletzung der Amtspflicht. Im Rahmen der außerordentlichen Kündigung eines Betriebsratsmitglieds ist jedoch aufgrund der organschaftlichen Stellung an das Vorliegen eines wichtigen Grundes ein strenger Maßstab anzulegen, sodass ein schwerer Verstoß erforderlich ist.[343] Als Schadensersatz kommen für den Arbeitgeber neben vertraglichen (§ 280 Abs. 1 und 3 BGB) auch deliktische Ansprüche (§§ 823 Abs. 1 und 2, 826 BGB) in Betracht.[344]

Die Frage, ob dem Arbeitgeber bei betriebsverfassungswidrigen Kampfmaßnahmen des Betriebsrats oder der Betriebsratsmitglieder ein selbstständiger Unterlassungsanspruch aus § 74 Abs. 2 S. 1 Hs. 1 BetrVG zusteht, ist höchst

---

338 Brox/Rüthers/*Brox*, Arbeitskampfrecht, § 12 Rn. 416; ErfK/*Kania*, BetrVG, § 74 Rn. 37.

339 MHdB ArbR/*Boemke*, § 288 Rn. 20; Richardi BetrVG/*Maschmann*, BetrVG, § 74 Rn. 53; *Wiese*, NZA 1984, 378, 383.

340 LAG Hamm, Beschl. v. 06.11.1975 – 8 TaBV 21/75, DB 1976, 343 f.; Brox/Rüthers/*Brox*, Arbeitskampfrecht, § 12 Rn. 416.

341 ErfK/*Kania*, BetrVG, § 74 Rn. 37; *Fitting*, BetrVG, § 74 Rn. 74b; MHdB ArbR/*Boemke*, § 288 Rn. 20.

342 Brox/Rüthers/*Brox*, Arbeitskampfrecht, § 12 Rn. 417, 420 f., § 9 Rn. 322.

343 *Fitting*, BetrVG, § 74 Rn. 74b; GK-BetrVG/*Jacobs*, BetrVG, § 74 Rn. 100; *Kissel*, Arbeitskampfrecht, § 36 Rn. 109.

344 GK-BetrVG/*Jacobs*, BetrVG, § 74 Rn. 98, hier wird ebenso die Frage, ob § 74 Abs. 2 S. 1 BetrVG ein Schutzgesetz darstellt, kontrovers diskutiert.

umstritten. Die Rechtsprechung hat diese Frage in der Vergangenheit nicht einheitlich gehandhabt. Das BAG war zunächst lange Zeit der Auffassung,[345] das Unterlassungsgebot der betriebsverfassungsrechtlichen Friedenspflicht nach § 74 Abs. 2 S. 2 BetrVG enthalte entsprechend seinem Wortlaut einen eigenständigen Unterlassungsanspruch, der unabhängig neben § 23 Abs. 1 BetrVG bestehe. Das BAG sprach dem Arbeitgeber einen solchen Unterlassungsanspruch auf Grundlage des § 74 Abs. 2 BetrVG bei Verstößen des Betriebsrats gegen die betriebliche Friedenspflicht gem. § 74 Abs. 2 S. 2 BetrVG und gegen das Verbot der parteipolitischen Betätigung gem. § 74 Abs. 2 S. 3 BetrVG zu. Dieser ergebe sich im Wege einer Wortlautauslegung, ohne dass der Arbeitgeber auf die Möglichkeit nach § 23 Abs. 1 BetrVG verwiesen werden müsse. Von dieser Rechtsprechung rückte das BAG[346] allerdings später ab und verneinte einen Unterlassungsanspruch. Der Kurswechsel vollzog sich mit der Entscheidung des Siebten Senats des BAG aus dem Jahre 2010.[347] In dieser Entscheidung verneinte das BAG einen Unterlassungsanspruch des Arbeitgebers für den Fall eines Verstoßes gegen das Verbot der parteipolitischen Betätigung nach § 74 Abs. 2 S. 3 BetrVG und gab so seine frühere Rechtsprechung auf. Der Arbeitgeber könne vielmehr bei einem groben Verstoß des Betriebsrats gegen seine gesetzlichen Pflichten nach § 23 Abs. 1 S. 1 BetrVG die Auflösung des Betriebsrats beantragen und im Falle von einfachen Verstößen lediglich im Wege eines Feststellungsantrags nach § 256 Abs. 1 ZPO feststellen lassen, dass die Betätigung des Betriebsrats unzulässig sei.[348] Anschließend verneinte auch der Erste Senat des BAG[349] einen Unterlassungsanspruch für den Fall eines Verstoßes gegen das Arbeitskampfverbot nach § 74 Abs. 2 S. 1 Hs. 1 BetrVG wegen Versendung eines gewerkschaftlichen Streikaufrufs an die Arbeitnehmer mit einem ausschließlich zur dienstlichen Nutzung zur Verfügung gestellten E-Mail-Account und bestätigte so die neue

345 BAG, Beschl. v. 22.07.1980 – 6 ABR 5/78, AP BetrVG 1972 § 74 Nr. 3; Beschl. v. 12.06.1986 – 6 ABR 67/84, AP BetrVG 1972 § 74 Nr. 5 wegen Verstoßes gegen das Verbot der parteipolitischen Betätigung nach § 74 Abs. 2 S. 3 BetrVG.

346 BAG, Beschl. v. 17.03.2010 – 7 ABR 95/08, NZA 2010, 1133 wegen parteipolitischer Betätigung; Beschl. v. 15.10.2013 – 1 ABR 31/12, NZA 2014, 319 wegen Verletzung des Arbeitskampfverbots; Beschl. v. 28.05.2014 – 7 ABR 36/12, NZA 2014, 1213; so auch der Rechtsprechung des BAG folgend LAG Düsseldorf, Beschl. v. 14.12.2010 – 17 TaBV 12/10, NZA-RR 2011, 137; schon zuvor LAG Baden-Württemberg, Urt. v. 10.11.1977 – 2 Ta BV 2/77, DB 1978, 798.

347 BAG, Beschl. v. 17.03.2010 – 7 ABR 95/08, NZA 2010, 1133.

348 Vgl. auch MHdB ArbR/*Boemke*, § 287 Rn. 30.

349 BAG, Beschl. v. 15.10.2013 – 1 ABR 31/12, NZA 2014, 319.

Rechtsprechung. Der Siebte Senat bestätigte die neue Linie erneut mit seinem Beschluss vom 28.05.2014[350], in dem er einen betriebsverfassungsrechtlichen Unterlassungsanspruch des Arbeitgebers gegen den Betriebsrat hinsichtlich der Benennung von Beisitzern der Einigungsstelle verneinte. Auch wenn die Ablehnung eines Unterlassungsanspruchs des Arbeitgebers in der Literatur teilweise auf Zustimmung gestoßen ist,[351] hat sie von den überwiegenden Literaturstimmen vor dem Hintergrund der systematischen und strukturellen Erwägungen Ablehnung erfahren.[352] Den Rechtsprechungswandel begründete das BAG im Wesentlichen mit der fehlenden Vollstreckbarkeit eines Unterlassungsanspruchs, da wegen Vermögenslosigkeit[353] des Betriebsrats die Vollstreckung von Ordnungsgeld nicht in Betracht käme. Zudem sei eine abschließende und hinreichende Sanktionierung von Verstößen des Betriebsrats durch die Möglichkeit des Antrages auf Auflösung des Betriebsrats oder Ausschlusses eines Mitglieds gem. § 23 Abs. 1 BetrVG vorhanden. Auch die Systematik und der Gesetzeszweck sprechen dafür. Ein Unterlassungsanspruch stehe ausdrücklich nur dem Betriebsrat gem. § 23 Abs. 3 BetrVG zu. § 23 Abs. 1 BetrVG sehe einen solchen Anspruch für den Arbeitgeber nicht vor. Ferner diene die Vorschrift der Betriebsallgemeinheit an der Sicherung eines geordneten Betriebsablaufs und Betriebsfriedens, ohne dass wechselseitige Rechtspositionen vermittelt werden. Später hat das BAG[354] entschieden, dass die neue von der Rechtsprechung entwickelte Konzeption auch für andere in Betracht kommende betriebsverfassungsrechtliche Vorschriften gelte und sogar eingreife, wenn sich Verpflichtungen des Betriebsrats aus Abreden zwischen ihm und dem Arbeitgeber ergeben.

Die herrschende Meinung in der Literatur[355] lehnt allerdings die Rechtsprechungsänderung ab. Sie ist der Auffassung, die Unterlassungspflicht des § 74

---

350 BAG, Beschl. v. 28.05.2014 – 7 ABR 36/12, NZA 2014, 1213.

351 *Raab*, RdA 2017, 288 m.w.N.

352 *Raab*, RdA 2017, 288 m.w.N.

353 H.M.: BAG, Beschl. v. 17.03.2010 – 7 ABR 95/08, NZA 2010, 1133; Brox/Rüthers/*Brox*, Arbeitskampfrecht, § 12 Rn. 422; *Dütz*, AuR 1973, 353, 356; *Pfrogner*, RdA 2016, 161, 163; a.A.: GK-BetrVG/*Jacobs*, BetrVG, § 74 Rn. 95 m.w.N.

354 BAG, Beschl. v. 28.05.2014 – 7 ABR 36/12, NZA 2014, 1213.

355 *Bauer/Willemsen*, NZA 2010, 1089, 1091 f.; Brox/Rüthers/*Brox*, Arbeitskampfrecht, § 12 Rn. 422; *Burger/Rein*, NJW 2010, 3613, 3614; ErfK/*Kania*, BetrVG, § 74 Rn. 37; *Galperin/Löwisch*, BetrVG, § 74 Rn. 76; GK-BetrVG/*Jacobs*, BetrVG, § 74 Rn. 87; *Heinze*, DB 1983, Beil. 9, S. 15; HWGNRH/*Worzalla*, BetrVG, § 74 Rn. 61; HWK/*Reichold*, BetrVG, § 74 Rn. 19; *Jahnke*, BlStSozArbR 1974, 166 f.; *Kissel*, Arbeitskampfrecht, § 36 Rn. 92; Löwisch/Kaiser/Klumpp/*Klumpp*, BetrVG, § 74 Rn. 36; *Lobinger*, RdA 2011, 76, 80; *Pfrogner*, RdA 2016, 161 ff.; *Reichold*, RdA 2011, 58,

Abs. 2 BetrVG begründe für den Arbeitgeber einen selbstständigen Unterlassungsanspruch. Dieser könne im Beschlussverfahren (§§ 2a Abs. 1 Nr. 1, Abs. 2, 80 ff. ArbGG) und durch einstweilige Verfügung (§ 85 Abs. 2 ArbGG, §§ 935 ff. ZPO) geltend gemacht werden.[356] Dem ist zuzustimmen. Die Argumente der neuen Rechtsprechung überzeugen nicht. Der Unterlassungsanspruch wird nicht von § 23 Abs. 1 BetrVG verdrängt, da der Norm des § 74 Abs. 2 S. 1 Hs. 1 BetrVG eine eigenständige Bedeutung für einen Unterlassungsanspruch zukommt. Die Vorschrift kann nach ihrem Wortlaut zur Begründung eines Unterlassungsanspruchs ausgelegt werden.[357] Sie benennt ausdrücklich die Betriebspartner als Adressaten, sodass erkennbar diese Anspruchsinhaber und -gegner sein können. Eine ausdrückliche Aktivlegitimation wie z.B. in §§ 1004 Abs. 1 S. 2, 862 Abs. 1 BGB ist nicht erforderlich.[358] Auch aus § 87 BetrVG wird trotz fehlender ausdrücklicher Regelung ein Unterlassungsanspruch bei Verletzung eines Mitbestimmungsrechts abgeleitet.[359] Darüber hinaus steht dem auch nicht die Vermögenslosigkeit des Betriebsrats entgegen, da das Erkenntnisverfahren und das Vollstreckungsverfahren zwei unterschiedliche Verfahren darstellen und im Übrigen dem geltenden Recht auch Ansprüche bekannt sind, die zwar gerichtlich geltend gemacht werden können, nicht jedoch im Wege der Zwangsvollstreckung durchsetzbar sind.[360] Eine Waffengleichheit muss vorliegend gewährleistet werden, da andere vorhandene Rechtsschutzmöglichkeiten viel höhere Anforderungen an den Arbeitgeber stellen und weniger effektiv sind als der Unterlassungsanspruch.[361]

Dem Arbeitgeber würde jedoch aus Sicht der Rechtsprechung die Möglichkeit verbleiben, die Unterlassungspflicht des Betriebsrats im Wege eines

59 ff.; *Raab*, RdA 2017, 288 ff.; Richardi BetrVG/*Maschmann*, BetrVG, § 74 Rn. 52, 72; *Scharff*, BB 2013, 702, 704; *Wiebauer*, BB 2010, 3091, 3094; *Wiese*, NZA 1984, 378, 383; a.A.: DKW/*Berg*, BetrVG, § 74 Rn. 88 f.; *Fitting*, BetrVG, § 74 Rn. 74 f.; Schaub/*Ahrendt*, Arbeitsrechts-Handbuch, § 230 Rn. 12.

356 ErfK/*Kania*, BetrVG, § 74 Rn. 37; *Wiese*, NZA 1984, 378, 383.

357 *Raab*, RdA 2017, 288, 290.

358 BAG, Beschl. v. 22.07.1980 – 6 ABR 5/78, AP BetrVG 1972 § 74 Nr. 3.

359 BAG, Beschl. v. 03.05.1994 – 1 ABR 24/93, NZA 1995, 40; *Burger/Rein*, NJW 2010, 3613, 3614; *Raab*, RdA 2017, 288, 290.

360 BAG, Beschl. v. 22.07.1980 – 6 ABR 5/78, AP BetrVG 1972 § 74 Nr. 3; *Burger/Rein*, NJW 2010, 3613, 3615; *Pfrogner*, RdA 2016, 161, 164; *Reichold*, RdA 2011, 58, 62.

361 *Bauer/von Medem*, AP GG Art. 9 Arbeitskampf Nr. 181; *Burger/Rein*, NJW 2010, 3613, 3615; *Pfrogner*, RdA 2016, 161, 164.

Feststellungsantrages – ggf. auch im einstweiligen Rechtsschutz mit Antrag auf Erlass einer Feststellungsverfügung – gerichtlich klären zu lassen.[362]

Weiterhin kann der Arbeitgeber bei Eigentumsverletzung sein Unterlassungsbegehren auf § 1004 Abs. 1 S. 2 BGB stützen.[363]

## II. Arbeitgeber

Auch der Arbeitgeber hat bei Verstößen gegen das Arbeitskampfverbot und die betriebliche Friedenspflicht mit rechtlichen Konsequenzen zu rechnen. Das BetrVG sieht allerdings für den Arbeitgeber mildere Sanktionen vor. Der Betriebsrat kann sich im Gegensatz zum Arbeitgeber, der diesen im Wege des § 23 Abs. 1 BetrVG auflösen kann, nicht seines Arbeitgebers entledigen.[364]

Betriebsverfassungsrechtlich steht dem Betriebsrat gem. § 23 Abs. 3 BetrVG bei groben Verstößen des Arbeitgebers gegen seine Verpflichtungen aus dem BetrVG die Möglichkeit zur Verfügung, einen Antrag beim Arbeitsgericht zu stellen. Darin kann er verlangen, dem Arbeitgeber aufzugeben, eine Handlung zu unterlassen, die Vornahme einer Handlung zu dulden oder eine Handlung vorzunehmen. Bei einer Zuwiderhandlung drohen ihm gem. § 23 Abs. 3 S. 2 und 3 BetrVG ein Ordnungsgeld oder ein Zwangsgeld. Bei einem groben Verstoß ist kein Verschulden des Arbeitgebers erforderlich.[365]

Individualarbeitsrechtlich ist zu beachten, dass Arbeitskampfmaßnahmen, die gegen das BetrVG verstoßen, keine Auswirkungen auf das Arbeitsverhältnis mit den Arbeitnehmern haben.[366] Insofern kommt der Arbeitgeber bei einer betriebsverfassungswidrigen Aussperrung in Annahmeverzug, wenn er die Arbeitsleistung der Arbeitnehmer nicht annimmt, und bleibt nach § 615 BGB zur Lohnzahlung verpflichtet.[367] Weiterhin können bei Vorliegen eines Schadens Schadensersatzansprüche gegen den Arbeitgeber bestehen.[368]

---

362 BAG, Beschl. v. 28.05.2014 – 7 ABR 36/12, NZA 2014, 1213.

363 BAG, Beschl. v. 15.10.2013 – 1 ABR 31/12, NZA 2014, 319; GK-BetrVG/*Jacobs*, BetrVG, § 74 Rn. 94; HWK/*Reichold*, BetrVG, § 74 Rn. 19.

364 *Germelmann*, Der Betriebsfrieden, S. 103.

365 BAG, Beschl. v. 18.08. 2009 – 1 ABR 47/08, NZA 2010, 222; MHdB ArbR/*Boemke*, § 287 Rn. 45.

366 Brox/Rüthers/*Brox*, Arbeitskampfrecht, § 12 Rn. 425.

367 Brox/Rüthers/*Brox*, Arbeitskampfrecht, § 12 Rn. 425; *Bulla*, RdA 1962, 385, 389; *Fitting*, BetrVG, § 74 Rn. 74.

368 GK-BetrVG/*Jacobs*, BetrVG, § 74 Rn. 98.

Zudem kommt eine Strafbarkeit gem. § 119 Abs. 1 Nr. 2 und 3 BetrVG in Betracht.[369]

Dem Betriebsrat steht unabhängig von § 23 Abs. 3 BetrVG ein allgemeiner und selbstständiger Unterlassungsanspruch gegenüber dem Arbeitgeber zu. Dieser ergibt sich im Zusammenhang mit einer betriebsverfassungswidrigen Kampfhandlung des Arbeitgebers aus § 74 Abs. 2 S. 1 Hs. 1 BetrVG.[370] Er kann sich allerdings bei der Verletzung von Mitbestimmungsrechten auch aus einem konkreten Mitbestimmungstatbestand nach § 87 BetrVG ergeben.[371] Es kommt allerdings immer auf das einzelne Mitbestimmungsrecht, dessen „*konkrete gesetzliche Ausgestaltung und die Art der Rechtsverletzung an*".[372] § 23 Abs. 3 BetrVG stellt hierbei keine abschließende Regelung dar, die einen anderweitigen Anspruch aus einem Mitbestimmungsrecht ausschließt,[373] sodass der allgemeine Unterlassungsanspruch aufgrund sonstiger Verstöße möglich bleibt.[374]

## C. Zwischenergebnis

Das absolut zu verstehende Arbeitskampfverbot untersagt den Arbeitskampf als Konfliktlösungsmechanismus zwischen den Betriebsparteien und konkretisiert die betriebliche Friedenspflicht und die vertrauensvolle Zusammenarbeit nach § 2 Abs. 1 BetrVG. Die Betriebsparteien müssen ihre Meinungsverschiedenheiten stattdessen mit den im BetrVG vorhandenen Instrumenten durch Einschaltung der Einigungsstelle oder durch Anrufung des Arbeitsgerichts lösen. Das Arbeitskampfverbot bezieht sich nur auf die betriebliche Ebene zwischen den Betriebsparteien. Arbeitskämpfe tariffähiger Parteien werden durch das Kampfverbot nicht berührt. Das Verbot geht auch nicht so weit, dass Tarifkampfforderungen zur Regelung betrieblicher und betriebsverfassungsrechtlicher Angelegenheiten

---

369 ErfK/*Kania*, BetrVG, § 74 Rn. 38; GK-BetrVG/*Jacobs*, BetrVG, § 74 Rn. 96; *Kreutz*, BlStSozArbR 1972, 44, 46.

370 ErfK/*Kania*, BetrVG, § 74 Rn. 37; GK-BetrVG/*Jacobs*, BetrVG, § 74 Rn. 91; Wlotzke/Preis/Kraft/*Preis*, BetrVG, § 74 Rn. 36; siehe hierzu auch die Ausführungen unter 1. Kap. B. I.

371 BAG, Beschl. v. 03.05.1994 – 1 ABR 24/93, NZA 1995, 40; Beschl. v. 26.07.2005 – 1 ABR 29/04, NZA 2005, 1372.

372 BAG, Beschl. v. 26.07.2005 – 1 ABR 29/04, NZA 2005, 1372.

373 BAG, Beschl. v. 03.05.1994 – 1 ABR 24/93, NZA 1995, 40; BeckOK ArbR/*Besgen*, BetrVG, § 23 Rn. 42; MHdB ArbR/*Boemke*, § 287 Rn. 47.

374 MHdB ArbR/*Boemke*, § 287 Rn. 47.

sowie der Abschluss eines Firmentarifvertrages zwischen Tarifvertragsparteien erfasst werden.

Das Verbot richtet sich nur an den Arbeitgeber und den Betriebsrat als Betriebsparteien. Da der Betriebsrat erst durch seine Mitglieder handlungsfähig wird, werden diese verständlicherweise ebenso erfasst. Diese dürfen in ihrer Eigenschaft als Arbeitnehmer weiterhin an den Arbeitskämpfen tariffähiger Parteien teilnehmen. Nicht betroffen sind hingegen die einzelnen Arbeitnehmer bzw. die Belegschaft, für die lediglich die allgemeinen Regelungen zum Arbeitskampfrecht gelten.

Vor dem Hintergrund der bezweckten betrieblichen Friedenspflicht wird der Arbeitskampfbegriff des § 74 Abs. 2 S. 1 Hs. 1 BetrVG weit verstanden. Dabei ist es für die Qualifizierung als Kampfmaßnahme unerheblich, ob eine Maßnahme rechtswidrig oder rechtmäßig ist. Zur Gewährleistung der absoluten Friedenspflicht sind alle denkbaren Kampfmaßnahmen zwischen ihnen untersagt. Unerheblich ist auch, welches Kampfziel verfolgt wird. Für das Eingreifen der Norm muss insbesondere das verfolgte Ziel nicht in den gesetzlichen Zuständigkeitsbereich des Betriebsrats fallen.

Bei Verstößen gegen das betriebsverfassungsrechtliche Kampfverbot müssen die Betriebsparteien mit rechtlichen Konsequenzen rechnen. Der Betriebsrat kann bei einem groben Verstoß gegen seine gesetzlichen Pflichten gem. § 23 Abs. 1 BetrVG aufgelöst und die Betriebsratsmitglieder ausgeschlossen werden. Der Arbeitgeber kann hingegen zu einer Maßnahme nach § 23 Abs. 3 BetrVG verpflichtet und zu Ordnungsgeld bzw. Zwangsgeld verurteilt werden. Beiden Betriebsparteien können ferner Unterlassungs- und ggf. Schadensersatzansprüche zustehen. Schließlich können Betriebsratsmitgliedern bei Verletzung der individualarbeitsrechtlichen Arbeitspflichten außerordentliche Kündigungen drohen.

# 2. Kapitel Das Betriebsratsamt und die Betriebsratsmitglieder während eines Arbeitskampfes tariffähiger Parteien

Die Stellung des Betriebsrats und der einzelnen Betriebsratsmitglieder in einem Arbeitskampf ist für die Frage der Auswirkungen eines Arbeitskampfes auf die betrieblichen Mitbestimmungsrechte von wesentlicher Bedeutung. Nur für den Fall, dass der Betriebsrat und die Mitglieder ihr Amt sowie ihre allgemeinen Rechte und Pflichten während eines Arbeitskampfes behalten, stellt sich im zweiten Schritt[375] die Frage, wie mit den Mitbestimmungsrechten zu verfahren ist. Dementsprechend ist sie als Vorfrage vorab darzustellen.

## A. Rechtsstellung des Betriebsrats im Arbeitskampf

Im Folgenden werden die Auswirkungen eines Arbeitskampfes tariffähiger Parteien auf das Betriebsratsamt und die aus dem Arbeitskampfverbot folgenden Konsequenzen für das Streikrecht der Betriebsratsmitglieder behandelt.

### I. Fortbestand des Betriebsratsamtes im Arbeitskampf

Fraglich ist, ob ein Arbeitskampf bzw. eine Arbeitskampfmaßnahme tariffähiger Parteien sich auf den Fortbestand des Betriebsratsamtes auswirken und zur Funktionsunfähigkeit führen kann.

Der Betriebsrat als Organ der Betriebsverfassung muss seinen Rechten und Pflichten nach dem BetrVG jederzeit nachkommen. Die Frage, ob ein Arbeitskampf konkrete Auswirkungen auf das Betriebsratsamt hat, kann dem BetrVG mangels ausdrücklicher Regelung nicht entnommen werden. Wie sich eine konkrete Arbeitskampfmaßnahme, die sich auf die Betriebsratsmitglieder erstreckt oder die sie selbst in ihrer Arbeitnehmerstellung vornehmen, auf ihr Amt auswirkt, lässt das BetrVG ebenso offen. § 74 Abs. 2 S. 1 Hs. 1 BetrVG verbietet einzig Arbeitskampfmaßnahmen zwischen den Betriebsparteien und § 23 BetrVG sieht entsprechende Sanktionen diesbezüglich vor.

375 Siehe für die Auswirkungen auf die Mitbestimmungsrechte die Ausführungen unter 3. Kap.

Zunächst war in der älteren Literatur die h.M. der Auffassung, das Betriebsratsamt sei untrennbar verbunden mit dem Arbeitsverhältnis, sodass bei arbeitskampfrechtlicher Suspendierung des Arbeitsverhältnisses auch das Betriebsratsamt zum Ruhen komme.[376] Über das Amt des Betriebsratsmitglieds hinaus ruhe sogar das Amt des Betriebsrats selbst, wenn sich alle Betriebsratsmitglieder und alle Ersatzmänner am Arbeitskampf beteiligen.[377] Neben einer Aussperrung mit suspendierender Wirkung sollte auch eine Aussperrung mit lösender Wirkung möglich sein, mit der Konsequenz, dass das Betriebsratsamt mit dem Arbeitsverhältnis aufgehoben bzw. erloschen sein sollte.[378] Hiernach teilte das Betriebsratsamt das Schicksal des Arbeitsverhältnisses. Mithin konnte der Betriebsrat seine betriebsverfassungsrechtlichen Funktionen während eines Arbeitskampfes nicht ausüben und wurde funktionslos.

Es ist jedoch heute sowohl in der Rechtsprechung[379] als auch in der Literatur[380] nahezu unumstritten, dass das Betriebsratsamt während eines Arbeitskampfes bestehen bleibt und der Betriebsrat als Organ seine Funktion nicht

---

376 *Dietz*, BetrVG, § 22 Rn. 32a; *Neumann-Duesberg*, Betriebsverfassungsrecht, S. 146; *Nikisch*, Arbeitsrecht, Bd. 3, S. 121 f.; *Kraft*, ZfA 1973, 243, 258; a.A.: *Hueck/Nipperdey*, Lehrbuch des Arbeitsrechts, Bd. 2, Hb. 2, S. 1186.

377 *Dietz*, BetrVG, § 22 Rn. 32a.

378 *Kraft*, ZfA 1973, 243, 258; *Reuter*, AuR 1973, 1.

379 BAG, Beschl. v. 21.04.1971 – GS 1/68, AP GG Art. 9 Arbeitskampf Nr. 43; Urt. v. 14.02.1978 – 1 AZR 54/76, AP GG Art. 9 Arbeitskampf Nr. 57; Urt. v. 14.02.1978 – 1 AZR 76/76, NJW 1979, 236; Urt. v. 06.03.1979 – 1 AZR 866/77, AP BetrVG 1972 § 102 Nr. 20; Beschl. v. 24.04.1979 – 1 ABR 43/77, AP GG Art. 9 Arbeitskampf Nr. 63; Beschl. v. 10.12.2002 – 1 ABR 7/02, NZA 2004, 223; Beschl. v. 13.12.2011 – 1 ABR 2/10, NZA 2012, 571; Beschl. v. 20.03.2018 – 1 ABR 70/16, NZA 2018, 1081.

380 BeckOK ArbR/*Werner*, BetrVG, § 74 Rn. 14; *Blanke*, AiB 1993, 220, 221; *Brill*, DB 1979, 403 f.; Brox/Rüthers/*Brox*, Arbeitskampfrecht, § 12 Rn. 436; *Buchner*, SAE 1973, 33, 44; DKW/*Berg*, BetrVG, § 74 Rn. 30 f.; Düwell/*Lorenz*, BetrVG, § 74 Rn. 11; ErfK/*Kania*, BetrVG, § 74 Rn. 14; *Fitting*, BetrVG, § 74 Rn. 17 f.; *Gamillscheg*, Kollektives Arbeitsrecht, Bd. I, S. 1277 f.; GK-BetrVG/*Jacobs*, BetrVG, § 74 Rn. 57 ff.; *Gloistein*, Der Betriebsrat im Arbeitskampf, S. 18; *Herbst*, AiB 1987, 4, 5; WGNRH/*Worzalla*, BetrVG, § 74 Rn. 28; *Jansen*, Mitbestimmung, S. 111 f.; *Kissel*, Arbeitskampfrecht, § 36 Rn. 5–7; *Kraft*, FS Müller, S. 265; *Kreutz*, BlStSozArbR 1972, 44, 49; *Krummel*, BB 2002, 1418, 1419; *Mayer-Maly*, BB 1979, 1305, 1311 f.; MHdB ArbR/*Boemke*, § 288 Rn. 15; NK-ArbR/*Bodem*, BetrVG, § 74 Rn. 4; *Reichold*, NZA 2004, 247, 248; *Reuter*, AuR 1973, 1 ff.; Richardi BetrVG/*Maschmann*, BetrVG, § 74 Rn. 23; *Rolfs/Bütefisch*, NZA 1996, 17, 18; *Seiter*, Streikrecht und Aussperrungsrecht, S. 370 f.; *Weiss*, AuR 1982, 265, 266; *Wiese*, NZA 1984, 378.

verliert. Der Arbeitskampf hat keine Auswirkung auf das Betriebsratsamt. Dabei spielt es keine Rolle, ob die Betriebsratsmitglieder an einem Arbeitskampf teilnehmen oder von einer Aussperrung betroffen sind.[381] Der große Senat des BAG hat bereits in seinem Beschluss vom 21.04.1971[382] festgestellt, dass u.a. für Betriebsratsmitglieder wegen ihres besonderen Kündigungsschutzes nach § 15 KSchG und § 103 BetrVG – insgesamt für Personen mit besonderem Kündigungsschutz – aus Verhältnismäßigkeitsgesichtspunkten ein absolutes Verbot der lösenden Aussperrung bestehe. Der Arbeitgeber könne sie nur suspendierend aussperren.[383] Deren Arbeitsverhältnisse dürfen wegen eines Arbeitskampfes nicht enden. Das Fortbestehen des rechtlichen Bandes des Arbeitsverhältnisses liege bei Betriebsratsmitgliedern auch im Interesse des Arbeitgebers, da sonst keine Rechtsgrundlage für deren weitere Tätigkeit in dieser für das Unternehmen kritischen Zeitspanne bestehe.[384] Eine rechtmäßige Aussperrung oder ihre Beteiligung an einem rechtmäßigen Streik führt damit nur zur Suspendierung der Hauptpflichten aus dem Arbeitsverhältnis.[385] Die Suspendierungswirkung erfasst nicht die Pflicht zur Ausübung des Amtes.[386]

*Neumann-Duesberg*[387] begründet das Ruhen des Amtes zwar nicht unmittelbar mit dem Ruhen des Arbeitsverhältnisses, da es nicht im Arbeitsverhältnis wurzle, sondern mit dem Grundsatz der Kampfparität. Er geht sogar weiter und behauptet, auch ohne Aussperrung ruhe das Betriebsratsamt während eines Arbeitskampfes. Dies folgert er aus dem Ruhen der Beteiligungsrechte der Arbeitnehmer während eines Streiks, denn solange die Beteiligungsrechte der Arbeitnehmer ruhen, könne der Betriebsrat auch keine Beteiligungsrechte wahrnehmen. Für diesen Zeitraum sei er auch von seinem Amt suspendiert. Zudem sei kein Betriebsrat zur Wahrnehmung und Ausübung der Rechte vorhanden, solange alle oder die Mehrzahl der Betriebsratsmitglieder streiken. Auch das Argument der Überforderung des Betriebsrats und die zerrüttete

381 GK-BetrVG/*Jacobs*, BetrVG, § 74 Rn. 57.

382 BAG, Beschl. v. 21.04.1971 – GS 1/68, AP GG Art. 9 Arbeitskampf Nr. 43; bestätigt durch BVerfG, Beschl. v. 19.02.1975 – 1 BvR 418/71, AP GG Art. 9 Arbeitskampf Nr. 50.

383 BAG, Beschl. v. 21.04.1971 – GS 1/68, AP GG Art. 9 Arbeitskampf Nr. 43.

384 BAG, Beschl. v. 21.04.1971 – GS 1/68, AP GG Art. 9 Arbeitskampf Nr. 43.

385 BeckOK ArbR/*Besgen*, BetrVG, § 24 Rn. 8; ErfK/*Koch*, BetrVG, § 24 Rn. 5.

386 MHdB ArbR/*Krois*, § 292 Rn. 118; Richardi BetrVG/*Thüsing*, BetrVG, § 25 Rn. 8; *Rolfs/Bütefisch*, NZA 1996, 17, 18.

387 *Neumann-Duesberg*, Betriebsverfassungsrecht, S. 146.

vertrauensvolle Zusammenarbeit während eines Arbeitskampfes würden für ein Ruhen sprechen.

Auch *Kraft*[388] argumentiert zur Begründung für das Ruhen des Amtes sowie sämtlicher Beteiligungsrechte dahingehend, dass die Differenzierung zwischen arbeitskampfbezogenen und anderen Beteiligungsrechten die vertrauensvolle Zusammenarbeit verletze. Diese sei gerade notwendige Voraussetzung für die betriebliche Mitbestimmung, könne allerdings im Arbeitskampf so nicht erfüllt werden. Dem Betriebsrat sei es nicht möglich, gleichzeitig die Interessen der Gewerkschaft und die des Betriebes sowie der Belegschaftsmitglieder wahrzunehmen. Ferner sei für die Wahrnehmung der Interessen der Arbeitnehmer im Arbeitskampf zur Gewährleistung der Kampfparität nicht der Betriebsrat, sondern lediglich die Gewerkschaften zuständig.

Dieser Ansicht kann nicht gefolgt werden. Die angeführten Argumente können nicht überzeugen. Für ein Ruhen des Betriebsratsamtes während eines Arbeitskampfes, mit oder ohne einer Arbeitskampfmaßnahme mit suspendierender Wirkung, sind keine plausiblen Gründe ersichtlich.[389] Auch dem Gesetz lässt sich hierzu keine Argumentationsgrundlage entnehmen. Anknüpfungspunkt muss indessen weiterhin das BetrVG bleiben.[390] Lediglich § 24 BetrVG normiert Gründe, die zum Erlöschen der Mitgliedschaft führen.[391] Der Arbeitskampf oder die Suspendierung sind allerdings nicht aufgeführt. Nach § 23 BetrVG ist es möglich die Auflösung des Betriebsrats bei einem Verstoß gegen das Arbeitskampfverbot wegen grober Verletzung seiner Amtspflichten zu erreichen, welches nach § 24 Nr. 5 BetrVG zum Erlöschen der Mitgliedschaft im Betriebsrat führen würde. Eine solche Auflösung bleibt jedoch immer eine Einzelfallentscheidung und spricht, da sie beantragt werden muss, gegen ein automatisches Ruhen des Amtes. Für den Bestand des Betriebsrats spricht auch der Abs. 2, der unverzüglich Neuwahlen anordnet. Ferner könnte das Erlöschen der Mitgliedschaft nach dem allgemeinen Beendigungsgrund nach § 24 Nr. 3 BetrVG wegen Beendigung des Arbeitsverhältnisses diskutiert werden. Die

388 *Kraft*, ZfA 1973, 243, 259 ff., *Kraft* hat diese Ansicht jedoch aufgegeben in SAE 1979, 303, 304, siehe hierzu auch *Kraft*, FS Müller, S. 265, 270 f.

389 Richardi BetrVG/*Maschmann*, BetrVG, § 74 Rn. 28.

390 *Bieback*, RdA 1978, 82, 94.

391 *Brill*, DB 1979, 403; *Wiese*, NZA 1984, 378.

lösende Aussperrung von Betriebsratsmitgliedern ist allerdings unzulässig,[392] sodass das Arbeitsverhältnis bestehen bleibt und insoweit ruht.

Entgegen der Ansicht von *Neumann-Duesberg* kann aus dem Ruhen der Beteiligungsrechte der Arbeitnehmer nicht das Ruhen des Amtes gefolgert werden. Für die Wahrnehmung der Interessen der Belegschaft ist gerade der Betriebsrat als eigenständiges Organ der Betriebsverfassung zuständig,[393] ohne von den Arbeitsverhältnissen der Arbeitnehmer abhängig zu sein. Aus den im BetrVG gesetzlich geregelten Rechten und Pflichten des Betriebsrats ergibt sich eine solche Abhängigkeit nicht. Für die Interessenwahrnehmung ist es gerade nicht erforderlich, dass die Arbeitnehmer in einem nicht suspendierten Arbeitsverhältnis stehen. In einem solchen Fall, in dem die Arbeitsverhältnisse aufgrund einer Aussperrung suspendiert sind, ist es erst recht erforderlich und zweckmäßig, dass die Belegschaft vertreten wird und ihre Rechte weiterhin wahrgenommen werden. Da die Bindung der Arbeitnehmer an den Betrieb bestehen bleibt, wird die Schutzfunktion des Betriebsrats notwendig.[394] Die Teilnahme der Betriebsratsmitglieder an einem Arbeitskampf in ihrer Arbeitnehmerstellung verhindert auch nicht zugleich die Wahrnehmung ihrer betrieblichen Aufgaben. Darüber hinaus überzeugt auch nicht das Überforderungsargument, denn der Betriebsrat hat neben den Mitbestimmungsrechten viele andere Aufgaben, die möglicherweise in das Arbeitskampfgeschehen eingreifen. Allein das Bestehen des funktionierenden Amtes kann weder ihre Neutralität beeinträchtigen noch sie überfordern, da ihre Funktionsfähigkeit erst einmal keinem Tarifpartner zugutekommt. Insbesondere die vertrauensvolle Zusammenarbeit zwischen Betriebsrat und Arbeitgeber bleibt ein wesentlicher Grundsatz, den ein Arbeitskampf allein nicht zerrütten kann. Im Gegenteil, auch im Arbeitskampf hat der Arbeitgeber ein Interesse daran, dass der Betriebsrat weiterhin in seinem Amt als „Kontrollorgan"[395] funktioniert und seinen Aufgaben im wohlverstandenen Interesse der Belegschaft sowie des Arbeitgebers[396] neutral nachkommt. Hierzu zählen insbesondere Aufgaben im Zusammenhang mit dem Arbeitskampf, etwa die Aufrechterhaltung der betrieblichen Ordnung, die Mitwirkung

392 BAG, Beschl. v. 21.04.1971 – GS 1/68, AP GG Art. 9 Arbeitskampf Nr. 43; *Fitting*, BetrVG, § 74 Rn. 17; GK-BetrVG/*Jacobs*, BetrVG, § 74 Rn. 58; *Kraft*, FS Müller, S. 265; Richardi BetrVG/*Maschmann*, BetrVG, § 74 Rn. 28.

393 Vgl. BAG, Urt. v. 25.10.1988 – 1 AZR 368/87, AP GG Art. 9 Arbeitskampf Nr. 110.

394 *Bieback*, RdA 1978, 82, 94.

395 *Weiss*, AuR 1982, 265, 266.

396 *Meisel*, AP BetrVG 1972 § 102 Nr. 20.

bei der Organisation des Notdienstes oder die Vorbereitung einer reibungslosen Wiederaufnahme der Arbeit.[397] Einerseits sollte der Betriebsrat in betriebsverfassungsrechtlichen Angelegenheiten für den Arbeitgeber ansprechbar, andererseits weiterhin wegen des erhöhten Beratungsbedarfs für die Arbeitnehmer erreichbar sein, z.B. in dem er Sprechstunden anbietet oder Betriebsversammlungen durchführt.[398] Der Arbeitgeber ist in dieser besonders kritischen Zeit auf die Tätigkeit der Betriebsratsmitglieder angewiesen.[399] Auch der Grundsatz der Kampfparität vermag nicht zu einem anderen Ergebnis führen. Mit Blick auf Art. 9 Abs. 3 GG müssen nach diesem Gebot dem sozialen Gegenspieler gleichgewichtige Verhandlungs- und Kampfchancen – die sog. Waffengleichheit – bei der Vereinbarung der Arbeits- und Wirtschaftsbedingungen verbleiben.[400] Es ist insoweit richtig, dass auch hier die Kampfparität der Tarifvertragsparteien gewahrt werden muss.[401] Hinsichtlich paritätsbeeinträchtigender Maßnahmen, also einzelner Beteiligungsrechte, kann der Betriebsrat wegen ihrer Wirkung auf das Kampfgeschehen sozusagen „funktionsunfähig" werden.[402] Dies gilt unabhängig davon, ob sich die Betriebsratsmitglieder am Streik beteiligen.[403] Der Begriff der „Funktionsunfähigkeit" meint in diesem Zusammenhang nicht, dass der Betriebsrat all seine Funktionen verliert, sondern dass das Beteiligungsrecht nicht ausgeübt werden darf. Mit Blick auf die Mitbestimmungsrechte verlangt der Grundsatz der Chancengleichheit nach Auffassung des BAG in einem solchen Fall eine Einschränkung der Mitbestimmungsrechte.[404] Dabei betont das BAG, dass diese Rechte jedoch nur insoweit zurückzustehen haben, als deren Ausübung die Kampffähigkeit des Arbeitgebers ernsthaft gefährde.[405] Allein das Amt des Betriebsrats, ohne dass eine konkrete kampfbedingte Maßnahme vorliegt, hat hingegen keine ernsthafte Gefährdung der Kampfparität zur Folge. Die Existenz des Betriebsratsamtes dient nicht der Gewerkschaft, sondern der

---

397 BAG, Urt. v. 25.10.1988 – 1 AZR 368/87, AP GG Art. 9 Arbeitskampf Nr. 110; Brox/Rüthers/*Brox*, Arbeitskampfrecht, § 12 Rn. 436; DKW/*Berg*, BetrVG, § 74 Rn. 31; ErfK/*Kania*, BetrVG, § 74 Rn. 14.

398 DKW/*Berg*, BetrVG, § 74 Rn. 40, 41; *Blanke*, AiB 1993, 220, 223.

399 BAG, Beschl. v. 21.04.1971 – GS 1/68, AP GG Art. 9 Arbeitskampf Nr. 43.

400 *Seiter*, Streikrecht und Aussperrungsrecht, S. 156, 172.

401 BAG, Beschl. v. 10.12.2002 – 1 ABR 7/02, NZA 2004, 223.

402 BAG, Beschl. v. 10.12.2002 – 1 ABR 7/02, NZA 2004, 223.

403 BAG, Beschl. v. 10.12.2002 – 1 ABR 7/02, NZA 2004, 223.

404 BAG, Beschl. v. 20.03.2018 – 1 ABR 70/16, NZA 2018, 1081.

405 BAG, Beschl. v. 20.03.2018 – 1 ABR 70/16, NZA 2018, 1081.

Belegschaft, sodass eine Zurechnung an die Gewerkschaft nicht erfolgen kann.[406] Daher kann eine Beeinflussung der Chancengleichheit nicht durch den Fortbestand und die Existenz des Amtes, sondern nur durch einzelne Beteiligungsrechte angenommen werden.[407]

Insoweit wird auch die Auffassung von *Kraft*[408] widerlegt, denn der Betriebsrat nimmt weder die Stellung der Gewerkschaften ein noch nimmt er ihre Aufgaben wahr. Der Betriebsrat ist ein betriebsverfassungsrechtliches Organ und zuständig für die gesamte Belegschaft des Betriebes.[409] Die Gewerkschaften vertreten dagegen nur die Interessen der tarifgebundenen Arbeitnehmer. Auch die Tatsache, dass viele der Betriebsratsmitglieder gleichzeitig Mitglieder bei den Gewerkschaften sind und Positionen einnehmen, kann kein anderes Ergebnis rechtfertigen, denn das BetrVG räumt den Betriebsratsmitgliedern dieses Recht ein, § 74 Abs. 3 BetrVG. Danach dürfen sie sich trotz ihres Amtes für ihre Gewerkschaften betätigen. Die Wahrnehmung bloß ihres Amtes bedeutet nicht zugleich die Wahrnehmung der Gewerkschaftsaufgaben. Hierbei handelt es sich um zwei unterschiedliche Aufgabenbereiche und Zuständigkeiten, die es nicht zu vermischen gilt. Auf der anderen Seite können auch die Gewerkschaften im Interesse der Kampfparität nicht die Funktion des Betriebsrats erfüllen und im Arbeitskampf allein für die Arbeitnehmerinteressen zuständig sein. Ihnen stehen weder die betriebsverfassungsrechtlichen Zuständigkeiten und Aufgaben noch die Beteiligungsrechte zu.[410] Die nichtorganisierten Arbeitnehmer würden so ohne Interessenvertretung schutzlos gestellt.[411]

Zudem gilt die betriebsverfassungsrechtliche Friedenspflicht gem. § 74 Abs. 2 i.V.m. Abs. 3 BetrVG auch während eines gewerkschaftlichen Arbeitskampfes. Eine solche Regelung wäre für den Fall des Ruhens des Amtes widersprüchlich.[412] Ebenso verdeutlicht § 74 Abs. 2 S. 1 Hs. 2 BetrVG, dass das Unterlassungsgebot auch während eines Tarifkampfes gilt.[413] Die Betriebsratsmitglieder

---

406 *Richardi*, FS der deutschen Richterakademie, S. 111, 115.

407 *Jansen*, Mitbestimmung, S. 112; *Hässler*, Beteiligungsrechte, S. 22.

408 *Kraft*, ZfA 1973, 243, 259 ff., *Kraft* hat diese Ansicht jedoch in SAE 1979, 303, 304 aufgegeben; siehe hierzu auch *Kraft*, FS Müller, S. 265, 270 f.

409 *Kempen*, NZA 2005, 185, 188.

410 *Jansen*, Mitbestimmung, S. 112.

411 *Jansen*, Mitbestimmung, S. 112.

412 *Kraft*, ZfA 1973, 243, 258.

413 *Gloistein*, Der Betriebsrat im Arbeitskampf, S. 20 mit ähnlicher Argumentation, dass die Friedenspflicht und das Arbeitskampfrecht der Tarifparteien zeitlich nebeneinander stehen können.

würden ferner entgegen § 74 Abs. 3 BetrVG durch ihr Amt in der Betätigung für ihre Gewerkschaft beschränkt.[414] Zudem würden sie benachteiligt und im Zweifel aus Angst vor Nachteilen davon abgehalten werden, sich für ihre Gewerkschaft zu betätigen. Die vertrauensvolle Zusammenarbeit würde dagegen seitens des Arbeitgebers gestört, wenn dieser es in der Hand hätte, das Amt zu suspendieren, zumal eine Missbrauchsgefahr hinsichtlich Umstrukturierungsmaßnahmen bestünde.[415]

Aus den vorgenannten Gründen besteht daher das Betriebsratsamt während eines Arbeitskampfes sowie im Falle einer Suspendierung unbeschränkt fort.

## II. Stellung der Betriebsratsmitglieder

Die vorgenannten Ausführungen gelten nicht nur für den Betriebsrat als Organ, sondern allgemein für das Betriebsratsamt, welches die jeweiligen Betriebsratsmitglieder innehaben. Der Betriebsrat setzt sich gerade gem. §§ 9, 15 BetrVG aus seinen Mitgliedern als Arbeitnehmer zusammen. Als Organ kann er seine Rechte und Pflichten nur durch seine Mitglieder erfüllen, denn nur durch diese ist er imstande zu handeln.[416] Damit bleiben auch die Betriebsratsmitglieder in ihrem Amt von einem Arbeitskampf der Tarifparteien oder einer Arbeitskampfmaßnahme des Arbeitgebers unberührt. Sie müssen weiterhin ihr Amt und ihre Funktion im Interesse des Betriebes und der Belegschaft in vertrauensvoller Zusammenarbeit wahrnehmen.

Allerdings erscheint die Anwendung des Arbeitskampfverbots bei den Betriebsratsmitgliedern nicht so einfach wie beim Betriebsrat als Organ, denn diese haben eine Doppelstellung. Sie stehen dem Arbeitgeber neben ihrer Eigenschaft als Mitglieder des Betriebsrats und Adressaten des Arbeitskampfverbots in einem Arbeitsvertragsverhältnis sowie eventuell als Gewerkschaftsmitglieder gegenüber. Sie müssen die Aufgabenwahrnehmung für den Betrieb und ihre individuellen Interessen bei der Betätigung für ihre Gewerkschaft in Einklang bringen. Dadurch ergeben sich in der Praxis Abgrenzungsschwierigkeiten.[417]

---

414 *Kraft*, ZfA 1973, 243, 259.

415 *Reuter*, AuR 1973, 1, 2.

416 Brox/Rüthers/*Brox*, Arbeitskampfrecht, § 12 Rn. 406; *Rolfs/Bütefisch*, NZA 1996, 17, 18.

417 GK-BetrVG/*Jacobs*, BetrVG, § 74 Rn. 39.

### 1. *Teilnahme an Arbeitskämpfen*

Zu untersuchen ist, inwieweit Betriebsratsmitglieder an Arbeitskämpfen tariffähiger Parteien teilnehmen dürfen. Hierbei ist zwischen ihrer Stellung als Arbeitnehmer und als Betriebsratsmitglied im Amt zu unterscheiden. Zudem ist zu prüfen, wie die Stellungen im Arbeitskampf auseinandergehalten werden können.

#### *a) Arbeitnehmerstellung vs. Amtsstellung*

Grundsätzlich dürfen sich Betriebsratsmitglieder gem. § 74 Abs. 3 BetrVG weiterhin für ihre Gewerkschaft im Betrieb betätigen und werden durch ihre Aufgaben im Rahmen des BetrVG nicht beschränkt. Ergänzt wird die Vorschrift durch § 2 Abs. 3 BetrVG, wonach die Aufgaben der Gewerkschaften, insbesondere die Wahrnehmung der Interessen ihrer Mitglieder, durch das BetrVG nicht berührt werden. Sie dürfen sich in ihrer Eigenschaft als Arbeitnehmer an einem von einer Gewerkschaft geführten rechtmäßigen Arbeitskampf beteiligen.[418] Hierzu besteht in der Rechtsprechung und im Schrifttum Einigkeit.[419] Ihr Recht zur Teilnahme an Arbeitskämpfen in ihrer Arbeitnehmerfunktion folgt aus der Freiheit zur koalitionsgemäßen Betätigung bzw. der individuellen Koalitionsfreiheit gem. Art. 9 Abs. 3 GG.[420] Der Arbeitskampf ist insoweit auch für sie grundrechtlich geschützt und steht ihnen in ihrer Arbeitnehmerstellung zu.[421] Ihr Koalitionsgrundrecht wird nicht durch das Arbeitskampfverbot begrenzt, da ausdrücklich der Arbeitskampf tariffähiger Parteien unberührt bleibt.[422] Allein die Wahrnehmung und Übernahme von Aufgaben in der Betriebsverfassung führt nicht zu einer Grundrechtseinschränkung.[423] Der Gesetzgeber hat sich

---

418 *Kempen*, NZA 2005, 185, 190; *Reichold*, NZA 2004, 247, 249.

419 BAG, Urt. v. 26.10.1971 – 1 AZR 113/68, AP GG Art. 9 Arbeitskampf Nr. 44; BeckOK ArbR/*Werner*, BetrVG, § 74 Rn. 14; Brox/Rüthers/*Brox*, Arbeitskampfrecht, § 12 Rn. 413; DKW/*Berg*, BetrVG, § 74 Rn. 28; ErfK/*Kania*, BetrVG, § 74 Rn. 12; *Fitting*, BetrVG, § 74 Rn. 16; GK-BetrVG/*Jacobs*, BetrVG, § 74 Rn. 39; *Herbst*, AiB 1987, 4; *Kempen*, NZA 2005, 185, 190; *Reichold*, NZA 2004, 247, 249; Richardi BetrVG/*Maschmann*, BetrVG, § 74 Rn. 26; *Weiss*, AuR 1982, 265, 271.

420 ErfK/*Linsenmaier*, GG, Art. 9 Rn. 30, 166; *Seiter*, Streikrecht und Aussperrungsrecht, S. 67 f.

421 BAG, Urt. v. 20.11.2012 – 1 AZR 611/11, AP GG Art. 9 Arbeitskampf Nr. 180; Urt. v. 20.11.2018 – 1 AZR 189/17, NZA 2019, 402; *Bieback*, RdA 1978, 82, 93.

422 *Germelmann*, Der Betriebsfrieden, S. 99.

423 *Bieback*, RdA 1978, 82, 94; so aber *Richardi*, RdA 1972, 16.

in § 74 Abs. 2 S. 1 Hs. 2, Abs. 3 BetrVG – als Konkretisierung des aus Art. 9 Abs. 3 GG folgenden Rechts zur Wahrung und Förderung der Arbeits- und Wirtschaftsbedingungen – für eine möglichst uneingeschränkte gewerkschaftliche Betätigung der Betriebsratsmitglieder entschieden.[424] Sie sind lediglich bei der Wahrnehmung und Erfüllung von betriebsverfassungsrechtlichen Amtsaufgaben in der Betätigung für ihre Gewerkschaft beschränkt. Ein Teilnahmerecht an gewerkschaftlichen Arbeitskämpfen steht auch gewerkschaftlich nicht-organisierten Betriebsratsmitgliedern, trotz einer fehlenden Regelung wie § 74 Abs. 3 BetrVG, der auf die gewerkschaftliche Tätigkeit zugeschnitten ist, in Anbetracht des Schutzes der negativen Koalitionsfreiheit zu.[425]

Aufgrund der Doppelstellung[426] müssen die Betriebsratsmitglieder weiterhin auch bei der Teilnahme an gewerkschaftlichen Arbeitskämpfen oder während eines Arbeitskampfes ihre Neutralitätspflicht einhalten. Sie können mit derselben Handlung nicht zugleich als Gewerkschaftsfunktionäre handeln. Entweder werden die Interessen der Belegschaft oder als Gewerkschaftsfunktionäre nur die Interessen der tarifgebundenen Mitglieder wahrgenommen. Mischtätigkeiten sind nach unserer Rechtsordnung nicht möglich,[427] kommen aber in der Praxis vor.

Gegenstand vieler Auseinandersetzungen war insbesondere der Umstand, dass ein Betriebsratsmitglied über eine Teilnahme hinaus eine führende Rolle bei der Vorbereitung und Durchführung gewerkschaftlicher Arbeitskampfmaßnahmen übernahm.[428] Eine solche Positionierung bietet sich regelmäßig aufgrund ihrer besonderen Vertrauensstellung bei der Belegschaft aus taktischen Gründen für die Gewerkschaften an.[429] Lediglich in ihrer Amtsfunktion sind die Betriebsratsmitglieder von dem Arbeitskampfverbot erfasst und dürfen weder selbst einen Arbeitskampf führen noch an einem gewerkschaftlichen Arbeitskampf teilnehmen.

Fraglich ist daher, in welchem Umfang sich Einschränkungen für die Betriebsratsmitglieder bezüglich ihres Streikrechts aus dem betrieblichen Arbeitskampfverbot ergeben.

---

424 *Bieback*, RdA 1978, 82, 93; *Reichold*, NZA 2004, 247, 249.

425 BAG, Beschl. v. 21.04.1971 – GS 1/68, AP GG Art. 9 Arbeitskampf Nr. 43; Urt. v. 22.03.1994 – 1 AZR 622/93, AP GG Art. 9 Arbeitskampf Nr. 130; Brox/Rüthers/*Brox*, Arbeitskampfrecht, § 12 Rn. 413; *Kreutz*, BIStSozArbR 1972, 44, 49.

426 Brox/Rüthers/*Brox*, Arbeitskampfrecht, § 12 Rn. 413.

427 *Rieble*, BB 2009, 1016, 1017.

428 *Rolfs/Bütefisch*, NZA 1996, 17, 18.

429 *Herbst*, AiB 1987, 4.

Diese Frage wird im Schrifttum unterschiedlich beurteilt. Teilweise wird vertreten, dass mit Blick auf die Neutralitätspflicht lediglich die unauffällige Teilnahme an tariflichen Arbeitskämpfen gestattet sei und das Amt die Zurückhaltung erfordere.[430] Die Wahrnehmung leitender und führender Funktionen sei nicht erlaubt.[431] Dies wird mit dem Erfordernis zur Objektivität und Neutralität bei der Amtsführung begründet.[432] Mit Blick auf die ausdrückliche Gestattung nach § 74 Abs. 3 BetrVG sind die überwiegenden Stimmen in der Literatur[433] hingegen der Auffassung, solche Beschränkungen seien abzulehnen und mit dem Abs. 3 nicht vereinbar. Die Betriebsratsmitglieder seien in ihrer Arbeitnehmerstellung wie jeder andere Arbeitnehmer zu behandeln. Sie müssen keine passive Rolle einnehmen, sondern können sich aktiv beteiligen und führende Rollen übernehmen.[434] Im Rahmen ihrer Beteiligung dürfen sie den Arbeitskampf vorbereiten, organisieren und leiten, z.B. indem sie die Urabstimmung mitorganisieren, zum Streik aufrufen, in der Streikleitung mitarbeiten und der Tarifkommission der Gewerkschaft angehören.[435] Auf der anderen Seite bedeutet das natürlich nicht, dass sie ihr Amt zu Kampfzwecken ausnutzen dürfen, sondern müssen sich jeder Bezugnahme auf ihr Amt enthalten.[436] Dazu gehört es auch, die sachlichen Mittel des Arbeitgebers für die Betriebsratstätigkeit

---

430 *Dietz/Richardi*, BetrVG, § 74 Rn. 77; *Galperin/Löwisch*, BetrVG, § 74 Rn. 12 bei Arbeitskampf um einen Firmentarifvertrag; *Hiersemann*, BB 1966, 252; *Rolfs/Bütefisch*, NZA 1996, 17, 20.

431 *Rolfs/Bütefisch*, NZA 1996, 17, 20.

432 *Rolfs/Bütefisch*, NZA 1996, 17, 20.

433 *Becker/Leimert*, BlStSozArbR, 1972, 37, 42; *Bieback*, RdA 1978, 82, 93 f.; *Brill*, DB 1979, 403; Brox/Rüthers/*Brox*, Arbeitskampfrecht, § 12 Rn. 413; ErfK/*Kania*, BetrVG, § 74 Rn. 12; *Fitting*, BetrVG, § 74 Rn. 16; GK BetrVG/*Jacobs*, BetrVG, § 74 Rn. 65; Herbst, AiB 1987, 4; HWGNRH/*Worzalla*, BetrVG, § 74 Rn. 26; Löwisch/Kaiser/Klumpp/*Klumpp*, BetrVG, § 74 Rn. 14; Richardi BetrVG/*Maschmann*, BetrVG, § 74 Rn. 26; *Wiese*, NZA 1984, 378, 379.

434 *Berg*, AiB 2019, 41, 44; DKW/*Berg*, BetrVG, § 74 Rn. 28; *Fitting*, BetrVG, § 74 Rn. 16; GK-BetrVG/*Jacobs*, BetrVG, § 74 Rn. 65; *Stege/Weinspach/Schiefer*, BetrVG, § 74 Rn. 4; *Steinrück/Burmann*, NZA 2019, 209, 212.

435 GK-BetrVG/*Jacobs*, BetrVG, § 74 Rn. 65 m.w.N.; LAG Düsseldorf, Beschl. v. 05.07.1994 – 8 TaBV 57/94, AuR 1995, 107 f.; Richardi BetrVG/*Maschmann*, BetrVG, § 74 Rn. 26 mit der Einschränkung, dass es bei einem Firmentarifvertrag unzulässig sei, wenn die Tarifkommission nur oder im Wesentlichen mit Betriebsratsmitgliedern besetzt ist.

436 *Bobke/Grimberg*, AiB 1984, 20, 21; HWGNRH/*Worzalla*, BetrVG, § 74 Rn. 26; *Stege/Weinspach/Schiefer*, BetrVG, § 74 Rn. 4.

nicht für Zwecke des gewerkschaftlichen Arbeitskampfes zu verwenden.[437] Beispielsweise dürfen weder die Räumlichkeiten der kämpfenden Gewerkschaft überlassen noch die zur Betriebsratstätigkeit vorgesehenen Computer und Kopiergeräte zugunsten der Gewerkschaft eingesetzt werden.[438] Ebenso steht die unbeschränkte Arbeitskampfbeteiligung den nicht-organisierten Betriebsratsmitgliedern aus Gründen des Gleichbehandlungsgrundsatzes und der negativen Koalitionsfreiheit zu.[439]

Der herrschenden Auffassung ist zu folgen. Zutreffend ist, dass die Betriebsratsmitglieder bei der Einhaltung ihrer Neutralität im Arbeitskampf hohen Anforderungen unterliegen. Das Vertrauen in die Objektivität und die Neutralität der Mitglieder darf nicht erschüttert werden.[440] Jedoch darf die Neutralitätspflicht nicht so weit gehen, dass sie das Teilnahmerecht in der Arbeitnehmerstellung einschränkt. Auch die Begründung, die Betriebsratsmitglieder seien bei der Belegschaft bekannt und können daher ihre Eigenschaft als Amtsträger nicht ablegen,[441] überzeugt nicht.[442] Sie dürfen sich in ihrer Stellung als Arbeitnehmer und als Gewerkschaftsfunktionäre an einem rechtmäßigen Streik aktiv beteiligen, ohne sich zurückhalten zu müssen.[443] Das Gesetz erlaubt in § 74 Abs. 3 BetrVG ausdrücklich die Betätigung für die Gewerkschaften und normiert keinerlei Einschränkungen. Trotz der möglichen Interessenkollision und der Systemverschiedenheit der Interessenvertretung durch Betriebsrat und Gewerkschaft hat der Gesetzgeber Doppelämter nicht untersagt.[444] Ihr Amt kann nicht als Makel für die Ausübung ihrer Koalitionsfreiheit angesehen und hierdurch ihr Grundrecht aus Art. 9 Abs. 3 GG unzulässig eingeschränkt werden. Weder aus der Neutralitäts- noch aus der Friedenspflicht lässt sich eine plausible Erklärung für eine solche Einschränkung herleiten. Die Amtspflichten des Betriebsrats sind auf die unmittelbare Amtsausübung zu begrenzen und können nicht die gesamte Anstellung einnehmen.[445] Dafür spricht auch die Systematik des § 74 BetrVG, denn neben dem Abs. 2 S. 1 Hs. 1 BetrVG, wonach der Betriebsrat

437 *Brill*, DB 1979, 403; *Reichold*, NZA 2004, 247, 249.

438 *Bieback*, RdA 1978, 82, 92; *Bobke/Grimberg*, AiB 1984, 20, 21; *Gloistein*, Der Betriebsrat im Arbeitskampf, S. 34.

439 *Dietz*, Friedenspflicht, S. 65.

440 BVerfG, Beschl. v. 26.05.1970 – 2 BvR 664/65, BVerfGE 28, 295, 298.

441 *Kraft*, ZfA 1973, 243, 257; *Hanau*, BB 1971, 485, 488.

442 *Bieback*, RdA 1978, 82, 92.

443 *Kempen*, NZA 2005, 185, 190; *Wiese*, NZA 1984, 378, 379.

444 *Rieble*, BB 2009, 1016, 1017.

445 *Bieback*, RdA 1978, 82, 92.

und die Betriebsratsmitglieder dem Arbeitskampfverbot unterliegen, stellt Abs. 3 BetrVG ausdrücklich klar, dass dem einzelnen Betriebsratsmitglied die völlige Freiheit zur gewerkschaftlichen Betätigung verbleibt. Diese Differenzierung der Bereiche hinsichtlich der Amtsstellung und der Arbeitnehmerstellung zeigt, auch wenn eine praktische Trennung schwierig ist,[446] dass eine solche erforderlich und möglich ist.[447] Die Trennung der Amtsposition von anderen Rechtspositionen ist schließlich auch in anderen Bereichen, insbesondere zur Vermeidung von Interessenkollisionen, üblich und wird von jedem Amtsträger verlangt.[448] Bereits die Gesetzesmaterialien für § 74 Abs. 3 BetrVG bestätigen diese Auffassung, wonach es zunächst hieß, dass *„Arbeitnehmer, die nach diesem Gesetz Aufgaben übernehmen, hierdurch – unbeschadet der sich aus ihrem Amt ergebenden Pflichten – nicht gehindert sind, als Gewerkschaftsmitglieder für ihre Gewerkschaft tätig zu werden"*.[449] Diese Grundsätze gelten auch für freigestellte Betriebsratsmitglieder.[450] Die Tatsache, dass sie für die Betriebsratstätigkeit vollständig freigestellt und nur in dieser Funktion bekannt sind, rechtfertigt kein anderes Ergebnis. Die uneingeschränkte Teilnahme in aktiver und führender Rolle gilt auch für Arbeitskämpfe um Firmentarifverträge.[451]

Eine Verpflichtung, in einem Arbeitskampf ausdrücklich auf ihre Teilnahme in ihrer Arbeitnehmerfunktion und nicht in ihrer Amtsfunktion hinzuweisen, besteht nicht.[452] Sie dürfen jedoch nicht den Eindruck erwecken, als Betriebsratsmitglieder am Arbeitskampf teilzunehmen.[453] Nur wenn aufgrund der Umstände ein falscher Anschein erweckt wird, müssen sie über die tatsächlichen

---

446 DKW/*Berg*, BetrVG, § 74 Rn. 28; *Germelmann*, Der Betriebsfrieden, S. 100.

447 *Bieback*, RdA 1978, 82, 93; *Germelmann*, Der Betriebsfrieden, S. 100; *Wiese*, NZA 1984, 378, 380.

448 *Germelmann*, Der Betriebsfrieden, S. 100; *Wiese*, NZA 1984, 378, 379.

449 BT-Drucks. VI/1786, S. 46 (Regierungsentwurf); BT-Drucks. VI/2729, S. 28, 32 f. (Ausschussbericht).

450 LAG Düsseldorf, Beschl. v. 05.07.1994 – 8 TaBV 57/94, AuR 1995, 107 f.

451 *Wiese*, NZA 1984, 378, 379; *Kempen*, NZA 2005, 185, 190; *Fitting*, BetrVG, § 74 Rn. 16; Richardi BetrVG/*Maschmann*, BetrVG, § 74 Rn. 26 mit der Einschränkung, dass es beim Abschluss eines Firmentarifvertrages wegen der schwierigen Abgrenzung zwischen der Amtsstellung und der Stellung als Gewerkschaftsfunktionär unzulässig sei, wenn in einem solchen Fall die Tarifkommission der Gewerkschaft nur oder im Wesentlichen mit Betriebsratsmitgliedern besetzt sei.

452 LAG Düsseldorf, Beschl. v. 05.07.1994 – 8 TaBV 57/94, AuR 1995, 107 f.; *Rieble/Wiebauer*, ZfA 2010, 63, 109 f.

453 Richardi BetrVG/*Maschmann*, BetrVG, § 74 Rn. 26.

Umstände aufklären, wie etwa bei Interviews von Betriebsratsvorsitzenden durch Presse und Fernsehen.[454] Sie dürfen im Vergleich zu anderen Arbeitnehmern nicht schlechter gestellt werden.[455] Auch die bloße Angabe der Mitgliedschaft stellt keinen Verstoß gegen die Neutralitätspflicht dar, da sie in der Regel in ihrer Amtsfunktion bekannt sind.[456] Da der Betriebsrat nicht befugt ist, sich aktiv in den Arbeitskampf einzumischen, kann lediglich die missbräuchliche Ausnutzung des Amts durch bewusste Hervorhebung der Mitgliedschaft einen Verstoß darstellen, insbesondere durch das in Aussicht stellen eines bestimmten Betriebsratsverhaltens als Reaktion auf Maßnahmen im Arbeitskampf.[457]

### *b) Abgrenzung zwischen Amtsfunktion und Arbeitnehmerstellung – Abgrenzungskriterien*

In der Praxis gestaltet sich die Einhaltung der Neutralitätspflicht jedoch schwieriger, sodass sich die Frage stellt, wann ein Betriebsratsmitglied zulässigerweise in seiner Eigenschaft als Arbeitnehmer handelt.

Denn auch wenn sich die Mitglieder einwandfrei verhalten, erschwert die Tatsache, dass die Amtsstellung der Betriebsratsmitglieder im Betrieb regelmäßig bekannt ist, den Anforderungen an die Neutralität gerecht zu werden. Es ist ihnen gerade nicht möglich, während eines Arbeitskampfes ihre Eigenschaft als Betriebsratsmitglied abzulegen.[458] Zudem darf den einzelnen Arbeitnehmern kein Anlass zur Befürchtung gegeben werden, bei den Mitbestimmungsrechten werde die Mitgliedschaft in einer bestimmten Gewerkschaft relevant.[459] Auch für den Arbeitgeber muss erkennbar sein, in welcher Stellung der Arbeitnehmer handelt, damit ihm eine Möglichkeit zur Überprüfung und – im Falle eines Verstoßes gegen das Neutralitäts- und Arbeitskampfverbot – Sanktionierung verbleibt. Insofern würde sich ein objektives[460] Kriterium zur Abgrenzung zwischen der Arbeitnehmer- und der Amtsstellung mehr anbieten, als ein schwierig überprüfbares subjektives oder einzelfallabhängiges Kriterium.

Da § 74 Abs. 3 BetrVG die Unterscheidung von Amtswahrnehmung und gewerkschaftlicher Betätigung vorsieht, werden im Folgenden mögliche

---

454 *Wiese*, NZA 1984, 378, 380.

455 *Däubler*, Arbeitskampfrecht, § 12 Rn. 52.

456 *Däubler*, AiB 2012, 604, 605 f.

457 *Weiss*, AuR 1982, 265, 271.

458 BVerfG, Beschl. v. 26.05.1970 – 2 BvR 664/65, BVerfGE 28, 295, 209.

459 BVerfG, Beschl. v. 26.05.1970 – 2 BvR 664/65, BVerfGE 28, 295, 209.

460 So auch Wlotzke/Preis/Kraft/*Preis*, BetrVG, § 74 Rn. 33.

Abgrenzungskriterien dahingehend diskutiert, wann ein Betriebsratsmitglied als schlichter Arbeitnehmer und wann als Mitglied des Betriebsrats handelt.

### *aa) Arbeitszeit und Arbeitsort*

*Krüger*[461] hält die „Arbeitszeit und den Arbeitsort" als objektivste Abgrenzungskriterien. Nur objektive Umstände würden wegen ihrer Erkennbarkeit für jedermann und der sinnlichen Wahrnehmungsmöglichkeit in Betracht kommen. Er plädiert für eine Vermutungswirkung. Danach greife eine unwiderlegliche Vermutung dahingehend, dass jede Betätigung eines Betriebsratsmitglieds während der Arbeitszeit oder der Arbeitsstelle ein Handeln in der Amtsstellung sei. Nur außerhalb des zeitlichen und räumlichen Rahmens seiner Tätigkeit könne ein Betriebsratsmitglied in seiner Arbeitnehmerstellung handeln. Dies seien die einzig praktikablen Kriterien.

Die Ansicht von *Krüger* kann nicht überzeugen. Ein solches Vorgehen würde der Betätigungsfreiheit für die Gewerkschaften nach § 74 Abs. 3 BetrVG nicht gerecht werden. Darin wird ausdrücklich klargestellt, dass die Betriebsratstätigkeit die Gewerkschaftstätigkeit auch im Betrieb nicht beschränkt, sodass ein solcher Ansatz bereits einen Verstoß gegen die Norm darstellen würde und insoweit auch mit dem Wortlaut der Vorschrift nicht vereinbar wäre. Es liefe auf ein prinzipielles Verbot gewerkschaftlicher Betätigung während der Arbeitszeit und im Betrieb hinaus.[462] Genau jenes Verbot sollte mit der Einführung des § 74 Abs. 3 BetrVG 1972 vermieden werden. Daher ist das Kriterium der „Arbeitszeit und des Arbeitsortes" als Ansatz für eine ordnungsgemäße Abgrenzung nicht geeignet.

### *bb) Ausdrücklicher Hinweis auf gewerkschaftliche Stellung*

Nach *Rolfs/Bütefisch*[463] könnte als Abgrenzungskriterium ebenso ein „ausdrücklicher Hinweis" auf das gewerkschaftliche Handeln dienen. Das BAG habe bereits unter der Geltung des BetrVG 1952 eine Abgrenzung dahin vorgenommen, dass grundsätzlich eine Vermutung für ein Handeln in der Amtsstellung bestehe und durch einen ausdrücklichen Hinweis entkräftet werden könne.[464] *Rolfs/Bütefisch* räumen insoweit selbst ein, dass eine prinzipielle Hinweispflicht mit dem erst 1972 eingeführten § 74 Abs. 3 BetrVG nur schwer vereinbar sei.

---

461 *Krüger*, ZBR 1972, 97, 100.

462 *Rolfs/Bütefisch*, NZA 1996, 17, 22.

463 *Rolfs/Bütefisch*, NZA 1996, 17, 23.

464 BAG, Urt. v. 14.02.1967 - 1 AZR 494/65, NJW 1967, 843.

Jedenfalls müsse immer dann, wenn ein konkreter Anlass zu der Befürchtung bestehe, das Betriebsratsmitglied könne von der Belegschaft als Amtsinhaber angesehen werden, ausdrücklich auf das Handeln in der Arbeitnehmerstellung als Gewerkschaftsmitglied hingewiesen werden.[465] Dies sei insbesondere erforderlich, wenn den übrigen Arbeitnehmern die Gewerkschaftsfunktion nicht bekannt sei oder im Falle einer Streikbeteiligung in einem räumlich-zeitlichen Zusammenhang mit der Ausübung gewerkschaftlicher Befugnisse.[466]

Das Verlangen nach einem „ausdrücklichen Hinweis" über die einschlägige Stellung ist jedoch abzulehnen. Dabei wird auf eine überholte Rechtsprechung des BAG[467] Bezug genommen, die gegenwärtig so nicht mehr angewendet werden kann.[468] Einer solchen Abgrenzung durch ausdrücklichen Hinweis bedurfte es damals, weil Unklarheit darüber herrschte, ob die Betriebsratsmitglieder sich trotz ihrer Amtsstellung weiterhin für ihre Gewerkschaften betätigen durften. Das BetrVG 1972 hat allerdings Klarheit geschaffen. Mit Einführung des § 74 Abs. 3 BetrVG 1972 sei das Verlangen nach einem ausdrücklichen Hinweis nicht mehr tragbar, da die Vorschrift sonst funktionslos wäre.[469] Deshalb spricht weder eine Vermutung[470] dafür, dass im Zweifel ein Handeln in der Betriebsratsfunktion vorliegt, noch besteht eine Pflicht des Arbeitnehmers sich von betriebsverfassungsrechtlichen Funktionen ausdrücklich zu distanzieren und darauf hinzuweisen, in welcher Funktion er konkret handelt.[471] Eine Aufklärungspflicht über die Stellung ist nur dann erforderlich, wenn in bestimmten Situationen die Umstände einen falschen Eindruck erwecken und diesem entgegengewirkt werden muss.[472] Eine solche Situation kann beispielsweise vorliegen, wenn der Betriebsratsvorsitzende im Rahmen eines Interviews durch Fernsehen und Presse zu einem Arbeitskampf Stellung nimmt und dabei den Eindruck erweckt als Amtsinhaber eine leitende Funktion bei der Durchführung

---

465 *Rolfs/Bütefisch*, NZA 1996, 17, 23.

466 *Rolfs/Bütefisch*, NZA 1996, 17, 23 f.

467 BAG, Urt. v. 14.02.1967 – 1 AZR 494/65, NJW 1967, 843.

468 ErfK/*Kania*, BetrVG, § 74 Rn. 34.

469 *Rolfs/Bütefisch*, NZA 1996, 17, 23; Wlotzke/Preis/Kraft/*Preis*, BetrVG, § 74 Rn. 33.

470 LAG Düsseldorf, Beschl. v. 05.07.1994 – 8 TaBV 57/94, AuR 1995, 107 f.; HWK/*Reichold*, BetrVG, § 74 Rn. 12.

471 LAG Düsseldorf, Beschl. v. 05.07.1994 – 8 TaBV 57/94, AuR 1995, 107 f.; *Berg*, AiB 2019, 41, 44; ErfK/*Kania*, BetrVG, § 74 Rn. 12; *Bobke/Grimberg*, AiB 1984, 20, 21; Löwisch/Kaiser/Klumpp/*Klumpp*, BetrVG, § 74 Rn. 16; Wlotzke/Preis/Kraft/*Preis*, BetrVG, § 74 Rn. 33.

472 GK-BetrVG/*Jacobs*, BetrVG, § 74 Rn. 66.

des Arbeitskampfes inne zu haben.[473] Entgegen den Ausführungen von *Rolfs/ Bütefisch* reicht dafür noch nicht aus, dass einigen Arbeitnehmern die Gewerkschaftsmitgliedschaft und -funktion der Betriebsratsmitglieder unbekannt ist oder sich diese zeitlich und räumlich an einem Streik beteiligen. Die Feststellung der Kenntnis der Arbeitnehmer über die Gewerkschaftsmitgliedschaft wäre kaum möglich. Auf der anderen Seite darf er jedoch in diesem Zusammenhang seine Amtsstellung nicht besonders hervorheben, um keinen falschen Eindruck zu erwecken.[474] Dies gilt auch für freigestellte Betriebsratsmitglieder.[475] Diese können in ihrer Arbeitnehmerstellung auch zum Streik aufrufen, ohne dass eine Vermutung für ihre Amtsträgereigenschaft gilt. Auch hier genügt, dass das freigestellte Mitglied jede Bezugnahme und jeden Hinweis auf seine Amtsstellung unterlässt. Mangels Vermutungswirkung bedarf es folglich keiner Korrektur mittels eines Hinweises.

### *cc) Handlung im Zusammenhang mit der Amtsausübung*

Weiterhin wird angeführt, dass das Kriterium der „Amtsausübung" eine Abgrenzung ermöglicht.[476] Eine Handlung als Betriebsratsmitglied werde immer dann angenommen, wenn sie im Zusammenhang mit der Verrichtung von Amtstätigkeiten stehe.

Auch die Anwendung des Kriteriums der „Amtsausübung" lässt keine eindeutige und hilfreiche Abgrenzung zu. Es würde zu einem weiteren Abgrenzungsproblem führen, denn es wäre objektiv nicht immer möglich, einwandfrei zu bestimmen, wann eine solche Amtsausübung besteht.[477] Eine saubere Trennung zwischen Arbeitnehmer- und Amtsstellung würde sich somit als schwierig gestalten. Ferner bestünde eine Missbrauchsgefahr. Die Betriebsratsmitglieder könnten zur Vertuschung eines Verstoßes gegen das Arbeitskampfverbot behaupten, in ihrer Arbeitnehmertätigkeit zu handeln. Darüber hinaus würde eine Sanktionslücke insoweit entstehen, als es den Betriebsratsmitgliedern ermöglichen würde die Gewerkschaften zu unterstützen oder ihre Amtsstellung auszunutzen, ohne jedoch eine Amtstätigkeit zu verrichten, z.B. durch Verwendung von sachlichen Mitteln nach Beendigung der Ausübung von amtlichen Aufgaben.

473 *Wiese*, NZA 1984, 378, 380; *Wiese*, FS 50 Jahre BAG, S. 1125, 1139.
474 GK-BetrVG/*Jacobs*, BetrVG, § 74 Rn. 66 m.w.N.
475 LAG Düsseldorf, Beschl. v. 05.07.1994 – 8 TaBV 57/94, AuR 1995, 107 f.
476 *Gloistein*, Der Betriebsrat im Arbeitskampf, S. 44.
477 *Gloistein*, Der Betriebsrat im Arbeitskampf, S. 44.

### *dd) Das „optische“ Trennungsprinzip und der Missbrauchsgedanke*

Allein der Begriff der Neutralitätspflicht hilft bei der Abgrenzung nicht weiter. Als weiterer Ansatz für eine Abgrenzung kommt das „optische Trennungsprinzip“[478] in Betracht. Hiernach muss rein visuell von außen erkennbar sein, in welcher Funktion der Arbeitnehmer auftritt. Dies führt natürlich in vielen Situationen zu Schwierigkeiten und ermöglicht keine saubere Abgrenzung, insbesondere dann, wenn die Belegschaft die diversen Funktionen des Arbeitnehmers kennt und dieser lediglich schweigend handelt, ohne sich zu äußern. Jedoch könne mit diesem Kriterium eine neutrale und objektive Methode aus der Sicht eines Dritten geschaffen werden, ohne in die Rechte des Arbeitgebers oder der Betriebsratsmitglieder einzugreifen.[479]

Als Abgrenzungskriterium kann auch der „Missbrauchsgedanke“ herangezogen werden, der zwar ebenfalls nicht immer zu einer eindeutigen Abgrenzung führt, aber insoweit als Ansatz zweckdienlich ist.[480] Hiernach dürfen die Mitglieder des Betriebsrats weder ihre Amtsautorität zur Unterstützung von Arbeitskampfmaßnahmen noch die Infrastruktur des Arbeitgebers im Sinne des § 40 Abs. 2 BetrVG zur Durchführung der Betriebsratstätigkeit missbrauchen.[481] Sinn und Zweck sei es, die Amtsstellung nicht systemwidrig für betriebsfremde Ziele zugunsten der Gewerkschaften einzusetzen. Die Betriebsratsmitglieder müssen ihre Zuständigkeiten im Interesse der gesamten Belegschaft und der vertrauensvollen Zusammenarbeit einhalten und dürfen sie weder zu eigenen Zwecken noch zu Zwecken des Arbeitskampfes missbrauchen.

Lediglich das „optische Trennungsprinzip“ und der „Missbrauchsgedanke“ überzeugen. Denn anhand dieser Maßstäbe kann im Einzelfall ohne gegen § 74 Abs. 3 BetrVG zu verstoßen bestimmt werden, ob als Arbeitnehmer oder als Betriebsratsmitglied gehandelt wird. So kann zunächst rein objektiv eine Einordnung durchgeführt und anhand von konkreten Äußerungen oder Handlungen festgestellt werden, ob die Amtsfunktion missbraucht wurde. Zur Beurteilung der Frage, ob die Amtsfunktion missbraucht wurde, bedarf es besonderer Umstände im Verhalten bzw. in den Erklärungen des Betriebsratsmitglieds.[482] Ein typischer Missbrauch kann sich beispielsweise aus der Art und Weise ergeben, wie sich

---

478 *Kissel*, Arbeitskampfrecht, § 36 Rn. 22.

479 *Gloistein*, Der Betriebsrat im Arbeitskampf, S. 45.

480 *Kissel*, Arbeitskampfrecht, § 36 Rn. 24; *Weiss*, AuR 1982, 265, 271.

481 BAG, Beschl. v. 15.10.2013 – 1 ABR 31/12, NZA 2014, 319; HWK/*Reichold*, BetrVG, § 74 Rn. 12; *Reichold*, NZA 2004, 247, 249.

482 LAG Düsseldorf, Beschl. v. 05.07.1994 – 8 TaBV 57/94, AuR 1995, 107 f.

das Betriebsratsmitglied Zugang zum Betrieb verschafft, insbesondere wenn unter dem Vorwand Betriebsratsaufgaben durchführen zu müssen Zutritt in den Betrieb verschafft wird, um dann zum Streik aufzurufen.[483] Insofern erscheinen diese Kriterien für eine Abgrenzung am besten geeignet.

## 2. *Stellungnahme*

Die Auseinandersetzung mit dem Recht der Betriebsratsmitglieder zur gewerkschaftlichen Betätigung hat gezeigt, dass ihnen weiterhin die Tätigkeit für ihre Gewerkschaften sowie die Teilnahme an Streiks gewährleistet werden muss. Sie müssen lediglich ihre Amtsfunktion von ihrer gewerkschaftlichen Betätigung strikt trennen. Dies gelingt allerdings nicht vollständig, denn die Mitgliedschaft im Betriebsrat ist ein wichtiges Amt, das nicht leicht abgelegt werden kann. In der Theorie überzeugen die vorstehenden Ausführungen zum Rollenwechsel, indes ist in der Praxis die Trennung in vielen Situationen schwierig und führt nicht selten zu Konflikten. Das uneingeschränkte Streikrecht ist zwar mit dem Gesetz vereinbar und von dem Gesetzgeber beabsichtigt, in der Realität verschafft die Streikteilnahme eines Betriebsratsmitglieds in seiner Arbeitnehmerstellung bei den Arbeitnehmern jedoch den Eindruck, dass der Betriebsrat den Streik unterstützt. Dieser Eindruck entsteht auch dann, wenn dies von den Betriebsratsmitgliedern nicht beabsichtigt ist, denn viele Arbeitnehmer kennen sich mit der Bedeutung und der Stellung des Betriebsrats nicht aus. Sie sehen ihn als Gegner des Arbeitgebers an, der an ihrer Seite ihre Interessen gegenüber diesem vertritt und gleichzeitig mit den Gewerkschaften verflochten ist. Viele Arbeitnehmer unterliegen oftmals dem Irrtum und setzen den Betriebsrat mit der Gewerkschaft gleich. Zahlreiche Statistiken zeigen, dass die Mehrzahl der Betriebsratsmitglieder und sogar ca. drei Viertel der Betriebsratsvorsitzenden gewerkschaftlich organisiert sind.[484] Diese Verhältnisse wirken sich zwangsläufig auf die Arbeitnehmer aus. Darüber hinaus arbeiten die Betriebsratsmitglieder sehr eng mit den Gewerkschaften zusammen und führen auch Absprachen durch, sodass die Trennung der Ämter und das betriebsverfassungskonforme Verhalten sich oft nur als Formalie darstellen. Nichtsdestotrotz ist dies kein Verstoß gegen das Arbeitskampfverbot. Das Zusammenspiel und die Vorgehensweise der betrieblichen und gewerkschaftlichen Funktionäre ist im Gesetz

483 LAG Düsseldorf, Beschl. v. 05.07.1994 – 8 TaBV 57/94, AuR 1995, 107 f.
484 *Hromadka*, Die Betriebsverfassung, S. 18; siehe hierzu auch die Quellen in Fn. 1.

angelegt und wird angesichts der verfassungsrechtlichen Koalitionsfreiheit der Arbeitnehmer geduldet.

Die Abgrenzungskriterien können letztendlich nicht immer zu eindeutigen Ergebnissen bei der Trennung zwischen den Positionen führen. Das Kriterium der „optischen Trennung“ in Kombination mit dem „Missbrauchsgedanken“ schafft keine absolute Sicherheit, sondern stellt sich als sicherste und geeignetste Methode zur Problembewältigung dar. Im Ergebnis bleibt es in vielen Fällen gleichwohl eine Einzelfallentscheidung, wann ein falscher Eindruck erweckt wurde, in welchem Fall eine Aufklärung nötig gewesen wäre oder wann ein Missbrauch des Amtes vorlag. Ein starres Prüfungsschema zur Unterscheidung zwischen den Positionen ist nicht vorhanden.

## III. Auswirkungen des Arbeitskampfes auf die arbeitsvertragliche Stellung der Betriebsratsmitglieder

Der Arbeitskampf an sich hat zunächst keinerlei Auswirkungen auf das Arbeitsverhältnis der Betriebsratsmitglieder. Das Arbeitsverhältnis, das von der Amtsstellung zu trennen ist, bleibt unstreitig wie bei den anderen Arbeitnehmern bestehen. Das Stattfinden eines Arbeitskampfes oder die Teilnahme von Arbeitnehmern an einem Streik, lassen das Arbeitsverhältnis unberührt. Erst wenn auch die Betriebsratsmitglieder von einer Aussperrung betroffen sind oder in ihrer Arbeitnehmerstellung an einem Streik teilnehmen, werden ihre Arbeitsverhältnisse bzw. ihre arbeitsrechtlichen Hauptpflichten suspendiert.[485] Die Suspendierung hat jedoch keine Auswirkung auf ihr Amt als Betriebsratsmitglied. Bei einer Verletzung der arbeitsvertraglichen Pflichten, wie etwa bei der Teilnahme eines Betriebsratsmitglieds an einem wilden Streik,[486] kann der Arbeitgeber jedoch individualarbeitsrechtliche Sanktionen ergreifen.[487] Nach Auffassung der Rechtsprechung des BAG wirkt sich die Aussperrung auf den Entgeltanspruch aus, denn einen Entgeltanspruch haben die Betriebsratsmitglieder grundsätzlich nach § 611a Abs. 2 BGB nur dann, „*wenn sie die vertraglich geschuldete Arbeitsleistung erbracht haben*“.[488] Dies wird im Wesentlichen damit

485 BAG, Urt. v. 25.10.1988 – 1 AZR 368/87, NZA 1989, 353; MüKoBGB/*Hesse*, BGB, Vor § 620, Rn. 64.

486 Brox/Rüthers/*Brox*, Arbeitskampfrecht, § 12 Rn. 421.

487 Siehe hierzu die Ausführungen unter 1. Kap. B. I.

488 BAG, Urt. v. 25.10.1988 – 1 AZR 368/87, NZA 1989, 353; a.A.: *Brox*, AP GG Art. 9 Arbeitskampf Nr. 110, mit dem Argument des Benachteiligungsverbots und dem Vergleich mit Erhaltungsarbeiten verrichtenden Arbeitnehmern.

begründet, dass das Betriebsratsamt gem. § 37 Abs. 1 BetrVG unentgeltlich als Ehrenamt geführt wird. „*Nach dem insoweit geltenden Lohnausfallprinzip ist für die Vergütung von Betriebsratstätigkeit immer danach zu fragen, was das Betriebsratsmitglied verdient haben würde, wenn es keine Betriebsratstätigkeit ausgeübt hätte.*“[489] Wenn sie keine Betriebsratsaufgaben wahrgenommen hätten, könnten sie wie die anderen Arbeitnehmer wegen der suspendierenden Wirkung der Aussperrung nicht arbeiten und einen Entgeltanspruch erlangen.

## B. Einwirkungspflicht auf Belegschaft und Pflicht zur Streikschlichtung

Das Arbeitskampfverbot konkretisiert das Gebot der vertrauensvollen Zusammenarbeit nach § 2 Abs. 1 BetrVG und zugleich das Rechts- und Pflichtenverhältnis der betriebsverfassungsrechtlichen Parteien.[490] Die Betriebsparteien stehen in einem Kooperationsverhältnis zueinander und sollen ihre Probleme nicht im Rahmen einer Konfrontation lösen. Daher muss der Betriebsrat im Interesse der Belegschaft und des Betriebes handeln. Fraglich erscheint in diesem Zusammenhang, ob das Arbeitskampfverbot nach § 74 Abs. 2 S. 1 BetrVG bei einem rechtswidrigen Arbeitskampf auch eine Einwirkungspflicht des Betriebsrats und der Betriebsratsmitglieder auf die Belegschaft begründet, um so den Betriebsfrieden aufrechtzuerhalten bzw. wiederherzustellen.

Nach einer in der Literatur vertretenen Auffassung besteht für den Betriebsrat eine Verpflichtung in einem solchen Falle auf die Belegschaft einzuwirken, um rechtswidrige Kampfmaßnahmen zu verhindern.[491]

*Germelmann*[492] begründet diese Auffassung entgegen dem Wortlaut des § 74 Abs. 2 S. 1 BetrVG, welcher ausdrücklich lediglich eine Unterlassungspflicht normiert, mit dem Grundsatz der vertrauensvollen Zusammenarbeit gem. § 2 Abs. 1 BetrVG. Da es sich bei dem Arbeitskampfverbot um eine Konkretisierung der betrieblichen Friedenspflicht und der vertrauensvollen Zusammenarbeit nach § 2 Abs. 1 BetrVG handle, werde auch ihr Inhalt durch diese Vorschrift mitbestimmt. Diese enthalte einen positiven Inhalt. Die Betriebspartner haben zum Wohle des Betriebes und der Belegschaft zusammenzuarbeiten. Daraus sei

489 BAG, Urt. v. 25.10.1988 – 1 AZR 368/87, NZA 1989, 353.

490 *Heinze*, DB 1982, Beil. 23, 1, 5, 9.

491 Brox/Rüthers/*Brox*, Arbeitskampfrecht, § 12 Rn. 415; *Bulla*, RdA 1962, 385, 387; *Germelmann*, Der Betriebsfrieden, S. 111 f.

492 *Germelmann*, Der Betriebsfrieden, S. 111 f.

eine Pflicht auf Einwirkung zum Schutze vor Erschütterungen abzuleiten. Dies entspreche auch dem Sinn und Zweck der Vorschrift.

Auch *Brox*[493] ist der Ansicht, der Betriebsrat müsse in seinem Einwirkungsbereich dafür Sorge tragen, dass die Belegschaft oder Teile von ihr nicht den Betriebsfrieden stören. Das Arbeitskampfverbot sei im Zusammenhang mit der vertrauensvollen Zusammenarbeit zu betrachten, sodass bei einer Gefährdung des Betriebsfriedens ein aktives Handeln geboten sei. Da der Betriebsrat weiterhin seine Neutralität wahren müsse und nicht den Anschein des verlängerten Arms des Arbeitgebers erwecken dürfe, bestehe eine Einwirkungspflicht nur im Rahmen des Zumutbaren. Erlaubt und verpflichtend sei in der Regel lediglich der Hinweis auf die Rechtswidrigkeit und die drohenden Rechtsfolgen. Ferner könne zwischen den rechtswidrig streikenden Arbeitnehmern und dem Arbeitgeber vermittelt werden.

Die überwiegende Auffassung in der Literatur[494] und die Rechtsprechung[495] lehnen hingegen eine Einwirkungspflicht des Betriebsrats auf die Arbeitnehmer ab. Bereits der Wortlaut des § 74 Abs. 2 S. 1 Hs. 1 BetrVG, der nur eine Unterlassungspflicht und keine Handlungspflicht normiere, spreche gegen eine solche Pflicht.[496] Die Unterlassungspflicht sei nicht als Einwirkungspflicht auf die Arbeitnehmer zu verstehen, um diese zur Wiederaufnahme ihrer Tätigkeit zu bewegen.[497]

Aufgrund des eindeutigen Wortlauts sowie dem Sinn und Zweck des Arbeitskampfverbots ist eine Einwirkungspflicht abzulehnen. Dem Wortlaut der Vorschrift kann nur die Unzulässigkeit von Arbeitskampfmaßnahmen zwischen den Betriebsparteien entnommen werden. Auch S. 2 der Vorschrift spricht davon, die Friedenspflicht beeinträchtigende Betätigungen zu unterlassen. Eine Einwirkungspflicht oder ein Handlungsgebot rechtswidrige Streiks zu unterbinden, ergibt sich weder aus dem Wortlaut noch aus der Systematik.[498] Das Arbeitskampfverbot regelt lediglich das Verhältnis zwischen den Betriebsparteien. Eine

---

493 Brox/Rüthers/*Brox*, Arbeitskampfrecht, § 12 Rn. 415.

494 *Bieback*, RdA 1978, 82, 96; *Brill*, DB 1979, 403; *Däubler*, AiB 2011, 471, 473; *Fitting*, BetrVG, § 74 Rn. 14a; GK-BetrVG/*Jacobs*, BetrVG, § 74 Rn. 88 m.w.N.; HWGNRH/*Worzalla*, BetrVG, § 74 Rn. 29; HWK/*Reichold*, BetrVG, § 74 Rn. 10; Richardi BetrVG/*Maschmann*, BetrVG, § 74 Rn. 25.

495 BAG, Urt. v. 05.12.1978 – 6 AZR 485/76, AiB 2011, 471 ff.; LAG Hamm, Urt. v. 06.11.1975 – 8 TaBV 21/75, DB 1976, 343.

496 *Fitting*, BetrVG, § 74 Rn. 14a.

497 BAG, Urt. v. 05.12.1978 – 6 AZR 485/76, AiB 2011, 471, 472.

498 *Wiese*, NZA 1984, 378, 383.

Ausdehnung der Aufgaben durch § 74 Abs. 2 BetrVG ist nicht vorgesehen. Die Aufgaben des Betriebsrats sind im BetrVG umfassend geregelt. Nach dem Sinn und Zweck der Vorschrift sollen die Betriebsparteien den Betriebsfrieden nicht stören und bei Streitigkeiten die ihnen zur Verfügung stehenden Mittel nutzen. Für den Betriebsrat besteht keine Pflicht dahingehend, den betrieblichen Frieden gewährleisten zu müssen, unabhängig davon, wer die Störung verursacht. Zudem wurde die Diskussion um eine Einwirkungspflicht bereits bei der Vorgängervorschrift § 49 Abs. 2 BetrVG 1952 geführt,[499] sodass dem Gesetzgeber die Problematik bekannt war und durch eine Klarstellung in der Norm hätte gelöst werden können. Daher spricht gegen eine Einwirkungspflicht, dass der Gesetzgeber keine Klarstellung in der Norm vorgenommen hat. Der Betriebsrat nimmt nur die betrieblichen Interessen der Belegschaft wahr, ohne ein Recht oder einen Anspruch gegen sie auf ein bestimmtes Verhalten zu haben.[500] Sie unterliegen auch nicht den Weisungen des Betriebsrats, sodass der Betriebsrat keinerlei Einfluss auf die Arbeitnehmer hat.[501]

Aus den allgemeinen Grundsätzen lässt sich eine Verhaltenspflicht immer dann ableiten, wenn eine Garantenpflicht besteht.[502] Eine solche Pflicht kann jedoch wegen der Neutralitätspflicht und mangels Anspruchs gegen die Arbeitnehmer auf rechtmäßiges Verhalten nicht angenommen werden.[503] Eine solche Garantenstellung könnte höchstens dann bejaht werden, wenn der Betriebsrat den rechtswidrigen Arbeitskampf veranlasst hat.[504] Die Annahme einer Einwirkungspflicht würde letztlich zu Unrecht die Haftung des Betriebsrats erweitern, denn bei einem Verstoß gegen eine Handlungspflicht – welches gleichzeitig einen Verstoß gegen das Arbeitskampfverbot darstellen würde – könnte der Arbeitgeber Sanktionen gegen den Betriebsrat ergreifen. Bei nicht eindeutig rechtswidrigen Fällen, bei denen es für den Betriebsrat schwierig ist, die Rechtmäßigkeit eines Streiks einzuschätzen, könnte der Arbeitgeber ferner mit der Drohung von Sanktionen Druck ausüben, um den Betriebsrat als verlängerten Arm zur Beendigung von Arbeitskämpfen zu bewegen. Diese Ausführungen gelten auch für

---

499 *Bulla*, RdA 1962, 385, 387; *Hueck/Nipperdey*, Lehrbuch des Arbeitsrechts, Bd. 2, Hb. 2, S. 1344.

500 *Wiese*, NZA 1984, 378, 383.

501 *Wiese*, NZA 1984, 378, 383.

502 ErfK/*Kania*, BetrVG, § 74 Rn. 11.

503 BeckOK ArbR/*Werner*, BetrVG, § 74 Rn. 15; Däubler/*Dette*, Arbeitskampfrecht, § 19 Rn. 168; *Wiese*, NZA 1984, 378, 383.

504 GK-BetrVG/*Jacobs*, BetrVG, § 74 Rn. 88.

rechtswidrige Handlungen im Rahmen eines rechtmäßigen gewerkschaftlichen Arbeitskampfes.

Eine Pflicht zur Einwirkung lässt sich auch nicht aus § 2 Abs. 1 BetrVG begründen.[505] Die Vorschrift zur vertrauensvollen Zusammenarbeit dient lediglich als Auslegungsregel und zur Bestimmung des Inhalts der Einzelnen aus dem BetrVG ergebenden Rechte und Pflichten.[506] Wenn zu einer Pflicht des Betriebsrats bereits keine konkreten Regelungen bzw. Vorschriften im BetrVG vorhanden sind, können aus der Bestimmung der vertrauensvollen Zusammenarbeit auch keine Rechte und Pflichten des Betriebsrats begründet und hergeleitet werden.[507] Ferner handelt es sich bei dem Kampfverbot des § 74 Abs. 2 S. 1 BetrVG, auch im Hinblick auf die Neutralitätspflicht, um eine abschließende Regelung.[508] Der Neutralitätspflicht könnte es entgegenstehen, wenn der Betriebsrat zugunsten des Arbeitgebers die Arbeitnehmer zur Nichtbeteiligung an rechtswidrigen Arbeitskämpfen bewegen müsste. Daher hat sich der Betriebsrat auch bei rechtswidrigen Streiks neutral zu verhalten.[509]

Gleichwohl besteht für den Betriebsrat gem. § 74 Abs. 1 S. 2 BetrVG eine Beratungspflicht dahingehend, dass er auf Wunsch des Arbeitgebers mit diesem über die Situation und über eine mögliche Beilegung beraten muss.[510] Es besteht zwar keine Einwirkungspflicht, indes bleibt es dem Betriebsrat unbenommen, den gestörten Betriebsfrieden durch Verhandlungen mit den Streikenden und dem Arbeitgeber wiederherzustellen.[511] Hierzu darf der Betriebsrat im Rahmen der Verhandlungen zwecks Erzielung einer sachgerechten Lösung die Interessen der Arbeitnehmer aufgreifen, ohne Partei zu ergreifen und den rechtswidrigen Arbeitskampf zu unterstützen.[512]

---

505 So aber Brox/Rüthers/*Brox*, Arbeitskampfrecht, § 12 Rn. 415; *Germelmann*, Der Betriebsfrieden, S. 111 f.; MHdB ArbR/*Ricken*, § 276 Rn. 56; Richardi BetrVG/*Maschmann*, BetrVG, § 74 Rn. 25.

506 BAG, Beschl. v. 28.05.2014 – 7 ABR 36/12, NZA 2014, 1213; vgl. auch Richardi BetrVG/*Richardi/Maschmann,* BetrVG, § 2 Rn. 18.

507 BAG, Beschl. v. 28.05.2014 – 7 ABR 36/12, NZA 2014, 1213.

508 GK-BetrVG/*Jacobs*, BetrVG, § 74 Rn. 88; *Wiese*, NZA 1984, 378, 383.

509 ErfK/*Kania*, BetrVG, § 74 Rn. 11.

510 *Wiese*, NZA 1984, 378, 383.

511 BAG, Urt. v. 05.12.1978 – 6 AZR 485/76, AiB 2011, 471, 472; BeckOK ArbR/*Werner*, BetrVG, § 74 Rn. 15; *Blanke*, AiB 1993, 220, 222; *Bobke/Grimberg*, AiB 1984, 20, 21; Düwell/*Lorenz*, BetrVG, § 74 Rn. 7; GK-BetrVG/*Jacobs*, BetrVG, § 74 Rn. 87; *Wiese*, NZA 1984, 378, 383.

512 *Däubler*, AiB 2011, 471, 473; GK-BetrVG/*Jacobs*, BetrVG, § 74 Rn. 89.

## C. Pflicht zur Stellungnahme und Information gegenüber der Belegschaft über Inhalt und Ziele des Arbeitskampfes

Fraglich ist, ob für den Betriebsrat im Arbeitskampf eine Pflicht zur Stellungnahme besteht. Oberstes Gebot in einem Arbeitskampf bleibt für den Betriebsrat die Neutralitätspflicht gem. § 74 Abs. 2 BetrVG. Der Betriebsrat als betriebsverfassungsrechtliches Organ hat seine Neutralität zu bewahren. Die Verpflichtung zur Stellungnahme, in der sich der Betriebsrat für oder gegen den Arbeitskampf aussprechen müsste, würde zwangsläufig einen Verstoß gegen die Neutralitätspflicht darstellen. Der Betriebsrat soll auf betrieblicher Ebene gerade nicht in den Arbeitskampf eingreifen. Vielmehr hat sich der Betriebsrat von Arbeitskämpfen rauszuhalten. Insofern schützt die Neutralitätspflicht den Betriebsrat und die Betriebsratsmitglieder davor, in einem Arbeitskampf Stellung beziehen zu müssen.[513] Dies kommt der Gewerkschaft sowie dem Arbeitgeber gleichermaßen zugute, da diese nicht mit einer zusätzlichen Gegenpartei rechnen brauchen und daher auch keine Einwirkungen seitens des Betriebsrats oder der Betriebsratsmitglieder zu befürchten haben.[514] Dies dient ferner der Gewährleistung des Betriebsfriedens und der Zusammenarbeit im Betrieb.[515] Mithin besteht keine Pflicht zugunsten einer Tarifvertragspartei Stellung zu nehmen.

Eine Stellungnahme dergestalt, dass sie nur informativ und nicht parteiergreifend erfolgt, kann hingegen mangels Verstoßes gegen die Neutralitätspflicht zulässig sein. Anders wäre dies zu beurteilen, wenn nach den Umständen des Einzelfalls, z.B. unmittelbar nach der Teilnahme des Betriebsratsmitglieds an einem Streik, eine informative Stellungnahme in der Funktion als Amtsträger erfolgt. In einem solchen Fall könnte die Neutralitätspflicht tangiert sein. Genauso wie die Arbeitnehmer können sich auch Betriebsratsmitglieder auf die verfassungsrechtliche Meinungsfreiheit gem. Art. 5 Abs. 1 GG berufen.[516] Eine Einschränkung erfährt die Meinungsfreiheit jedoch im Rahmen eines Arbeitskampfes. Das Arbeitskampfverbot nach § 74 Abs. 2 S. 1 BetrVG dient als einfachgesetzliche Grundlage zur Einschränkung der Meinungsfreiheit. Eine Einschränkung im Wege der Norm ist gem. Art. 5 Abs. 2 GG durch die Schranke der allgemeinen

---

513 BAG, Beschl. v. 17.03. 2010 – 7 ABR 95/08, NZA 2010, 1133 zu parteipolitischer Betätigung; *Wiese*, NZA 1984, 378, 379.

514 *Wiese*, NZA 1984, 378, 379.

515 BT-Drucks. VI/2729, S. 10.

516 BAG, Beschl. v. 17.03.2010 – 7 ABR 95/08, NZA 2010, 1133; *Wiese*, NZA 2012, 1, 5; *Wiese*, FS 50 Jahre BAG, S. 1125, 1126 f. m.w.N.

Gesetze zulässig, denn das Arbeitskampfverbot richtet sich nicht gegen eine bestimmte Meinung[517] und ist verhältnismäßig.[518] Daher wäre es nicht zulässig, dass der Betriebsrat im Rahmen eines Arbeitskampfes Meinungsverschiedenheiten mit dem Arbeitgeber in die Öffentlichkeit trägt.[519] Aufgrund des absoluten Verbots Arbeitskampfmaßnahmen gegeneinander zu führen, kommt es für die Zulässigkeit hierbei auch nicht darauf an, welcher der Betriebsparteien die Meinungsverschiedenheit in die Öffentlichkeit getragen hat.[520]

## D. Zwischenergebnis

Ein Arbeitskampf oder konkrete Arbeitskampfmaßnahmen tariffähiger Parteien haben auf den Fortbestand des Betriebsratsamtes keine Auswirkung und berühren nicht die Funktionsfähigkeit. Das Betriebsratsamt bleibt mangels gegenteiliger Regelung im BetrVG bestehen und der Betriebsrat als Organ verliert nicht seine Funktion. Die Teilnahme der Betriebsratsmitglieder an einem Streik oder die Auswirkungen einer Aussperrung ändert nichts daran. Eine rechtmäßige Aussperrung oder ihre Beteiligung an einem rechtmäßigen Arbeitskampf führt lediglich zur Suspendierung der Hauptpflichten aus dem Arbeitsverhältnis und betrifft nicht die Amtsausübung.

Der Betriebsrat hat auch im Arbeitskampf wichtige Funktionen und Aufgaben, die er im Interesse des Arbeitgebers und der Belegschaft wahrzunehmen hat. Während der Zeit, in der die Arbeitsverhältnisse aufgrund einer Aussperrung suspendiert sind, ist es erst recht erforderlich und zweckmäßig, dass die Rechte der Belegschaft weiterhin wahrgenommen und vertreten werden. Der Arbeitgeber hat in dieser besonders kritischen Zeit während eines Arbeitskampfes ebenfalls ein Interesse daran, dass der Betriebsrat weiterhin als „Kontrollorgan" seine Amtsfunktion erfüllt und als betriebsverfassungsrechtliches Organ für den Arbeitgeber ansprechbar sowie für die Arbeitnehmer erreichbar bleibt. Dem stehen weder die Neutralitätspflicht noch der Grundsatz der Kampfparität entgegen, denn das Bestehenbleiben des Betriebsratsamtes und die Wahrnehmung der laufenden Aufgaben beeinträchtigt weder die Neutralität noch beeinflusst

517 BVerfG, Urt. v. 15.01.1958 – 1 BvR 400/51, BVerfGE 7, 198, 209 f.

518 *Wiese*, NZA 2012, 1, 6.

519 So auch *Wiese*, NZA 2012, 1, 7.

520 *Wiese*, NZA 2012, 1, 6 für eine differenzierte Betrachtung bei der allgemeinen Friedenspflicht nach § 74 Abs. 2 S. 2 BetrVG. Die allgemeine Friedenspflicht sei erst unter Berücksichtigung des Wertegehalts der Meinungsfreiheit und unter Abwägung der beiderseitigen Rechtspositionen zu konkretisieren.

sie den laufenden Arbeitskampf zugunsten einer der Tarifvertragsparteien. Allein das Betriebsratsamt hat keine Gefährdung der Kampfparität zur Folge. Erst eine konkrete Maßnahme kann eine paritätsbeeinträchtigende Wirkung entfalten. Insbesondere die Ausübung von Beteiligungsrechten des Betriebsrats kann im Einzelfall wegen der Auswirkung auf das Kampfgeschehen die Parität beeinträchtigen. Eine Maßnahme hat jedoch nur insoweit zurückzustehen, als die Ausübung die Kampffähigkeit des Arbeitgebers ernsthaft gefährden würde.

Ferner dürfen sich die Betriebsratsmitglieder grundsätzlich gem. § 74 Abs. 3 BetrVG weiterhin für ihre Gewerkschaft im Betrieb betätigen und werden durch ihre betriebsverfassungsrechtlichen Aufgaben nicht beschränkt. Sie dürfen sogar in ihrer Eigenschaft als Arbeitnehmer an einem gewerkschaftlichen rechtmäßigen Arbeitskampf teilnehmen, ohne gegen das Arbeitskampfverbot zu verstoßen. Ihr Recht auf koalitionsgemäße Betätigung ist verfassungsrechtlich durch Art. 9 Abs. 3 GG geschützt und wird durch § 74 Abs. 3 BetrVG einfachgesetzlich konkretisiert.

Die Betriebsratsmitglieder dürfen sich in ihrer Stellung als Arbeitnehmer uneingeschränkt an Arbeitskämpfen beteiligen. Hierzu dürfen sie auch aktiv vorgehen und führende Positionen bei gewerkschaftlichen Streiks einnehmen. Es besteht keinerlei Verpflichtung sich aufgrund ihres Amtes bei der Teilnahme an Arbeitskämpfen zurückzuhalten und unauffällig zu verhalten. Sie dürfen im Verhältnis zu anderen Arbeitnehmern nicht benachteiligt werden. Sie müssen aber weiterhin ihre Neutralität wahren und dürfen ihr Amt nicht missbräuchlich für Zwecke der Gewerkschaften ausnutzen oder bewusst hervorheben. Ein Verhalten, dass einen falschen Anschein erwecken könnte, muss vermieden werden.

Trotz der ausdrücklichen Gestattung gem. § 74 Abs. 3 BetrVG, bereitet ihre Doppelstellung bei der Streikteilnahme zur Wahrnehmung gewerkschaftlicher Interessen Abgrenzungsschwierigkeiten. Es muss von außen für alle Beteiligten erkennbar sein, in welcher Funktion die Betriebsratsmitglieder handeln, um Unsicherheiten für die Belegschaft und den Arbeitgeber zu vermeiden und eine klare Überprüfbarkeit von Verstößen zu gewährleisten. Neben der rein „optischen Abgrenzbarkeit" kommt ergänzend noch der „Missbrauchsgedanke" hinzu, wonach die Mitglieder des Betriebsrats weder ihre Amtsautorität zur Unterstützung von Arbeitskampfmaßnahmen noch die Infrastruktur des Arbeitgebers im Sinne des § 40 Abs. 2 BetrVG zur Durchführung der Betriebsratstätigkeit missbrauchen dürfen.

Der Arbeitskampf hat auf die arbeitsvertragliche Stellung der Betriebsratsmitglieder ebenso wenig Auswirkungen. Lediglich, wenn sie auch ausgesperrt werden oder sich in ihrer Arbeitnehmerstellung an einem Streik beteiligen, sind ihre arbeitsvertraglichen Hauptpflichten suspendiert. Nur bei der Teilnahme an rechtswidrigen Streiks können konkrete individualarbeitsrechtliche Sanktionen drohen.

Darüber hinaus bestehen für den Betriebsrat aus § 74 Abs. 3 BetrVG oder der vertrauensvollen Zusammenarbeit keine Einwirkungspflichten auf die Arbeitnehmer. Der Wortlaut der Vorschrift schreibt ausdrücklich eine Unterlassungspflicht und keine Handlungspflicht vor. Es steht ihm allerdings frei, auf Wunsch des Arbeitgebers mit diesem zur Wiederherstellung des Betriebsfriedens zu verhandeln.

Der Betriebsrat darf sich nicht bewusst für die eine oder andere Tarifpartei aussprechen, sondern lediglich gegenüber den Arbeitnehmern zu den mit dem Arbeitskampf verfolgten Inhalten und Zielen informativ Stellung nehmen. Das Recht zur Stellungnahme zu informativen Zwecken könnte allerdings nach den Umständen des Einzelfalls, bei Vorliegen eines Verstoßes gegen die Neutralitätspflicht, versagt werden.

Insgesamt bleibt festzuhalten, dass zum einen die Abgrenzung zwischen den Stellungen der Betriebsratsmitglieder und zum anderen die Einschätzung, ob die Amtsfunktion missbraucht wurde, die größten Schwierigkeiten bereiten. Die Beurteilung anhand des „optischen" Trennungsprinzips und des „Missbrauchsgedankens" stellen zwar die objektivsten Kriterien dar und ermöglichen in der Regel eine Abgrenzung sowie Überprüfbarkeit, dennoch bleibt die Feststellung des Verstoßes gegen das Arbeitskampfverbot häufig unter Berücksichtigung der vorliegenden Umstände eine Entscheidung im Einzelfall.

# 3. Kapitel Beteiligungsrechte im Arbeitskampf

Nachdem die Stellung des Betriebsrats und der einzelnen Betriebsratsmitglieder in einem Arbeitskampf untersucht wurde, wird nun die zentrale Problematik dieser Arbeit – die Auswirkungen eines Arbeitskampfes auf die betrieblichen Mitbestimmungsrechte – behandelt.

Im Schwerpunkt befassen sich die nachfolgenden Ausführungen mit der Möglichkeit der Einschränkung der betrieblichen Mitbestimmungsrechte während eines Arbeitskampfes im Wege einer arbeitskampfkonformen Auslegung nach der Rechtsprechung des BAG und den zentralen Argumenten sowie leitenden Gesichtspunkten. Da der Ansatz der Rechtsprechung im Schrifttum im Einzelnen umstritten[521] ist, werden anschließend die hierzu vertretenen Ansichten in der Literatur und der teilweise im Schrifttum vertretene dogmatische betriebsverfassungsrechtliche Ansatz beleuchtet. Abschließend werden einzelne betriebsverfassungsrechtliche Mitbestimmungstatbestände auf die Frage der Einschränkungsmöglichkeit untersucht.

## A. Grundsatz: Beteiligungs- und Mitbestimmungsrechte bestehen auch während des Arbeitskampfes

Wie bereits im 2. Kapitel ausführlich erläutert,[522] bleibt das Betriebsratsamt während eines Arbeitskampfes bestehen. Der Betriebsrat als Organ behält weiterhin seine Funktion und seine betriebsverfassungsrechtlichen Befugnisse.[523] Da das Betriebsratsamt und die betriebsverfassungsrechtlichen Rechte und Pflichten weiterhin bestehen bleiben, bleiben auch die Beteiligungs- und Mitbestimmungsrechte durch den Arbeitskampf grundsätzlich unberührt.[524] Es sind keine Gründe ersichtlich, dem Betriebsrat automatisch während eines Arbeitskampfes die betriebsverfassungsrechtlichen Mitbestimmungsrechte in Gänze abzusprechen.[525]

---

521 Siehe für zusammenfassende Darstellung m.w.N. GK-BetrVG/*Jacobs*, BetrVG, § 74 Rn. 71 ff.; *Fitting*, BetrVG, § 74 Rn. 19 ff.

522 Siehe hierzu die Ausführungen unter 2. Kap. A. I.

523 BAG, Urt. v. 25.10.1988 – 1 AZR 368/87, AP GG Art. 9 Arbeitskampf Nr. 110.

524 BAG, Urt. v. 26.10.1971 – 1 AZR 113/68, AP GG Art. 9 Arbeitskampf Nr. 44.

525 BAG, Urt. v. 26.10.1971 – 1 AZR 113/68, AP GG Art. 9 Arbeitskampf Nr. 44.

## B. Einschränkung der Mitbestimmungsrechte

Die vorliegende Arbeit wird sich im Folgenden ausführlich mit der Einschränkungsmöglichkeit der Beteiligungs- und Mitbestimmungsrechte des Betriebsrats während eines Arbeitskampfes auseinandersetzen und die dogmatische Begründung aus Sicht der Rechtsprechung und der Literatur untersuchen. Die Einschränkungsmöglichkeit wird von Stimmen in der Literatur und der Rechtsprechung unterschiedlich beurteilt.

### I. Keine pauschale Suspendierung von Mitbestimmungsrechten

Da der Arbeitskampf keinerlei Auswirkungen auf das Betriebsratsamt und die Funktionsfähigkeit des Betriebsrats hat, bleiben zunächst auch die Mitbestimmungsrechte während eines Arbeitskampfes bestehen.

Da allerdings der Betriebsrat durch die Wahrnehmung seiner Mitbestimmungsrechte zulasten des Arbeitgebers in das Kampfgeschehen eingreifen könnte, könnten seine Mitbestimmungsrechte in bestimmten Fällen aus arbeitskampfrechtlichen Gründen suspendiert sein. Jedenfalls ist eine pauschale Suspendierung mit der Befürchtung einer möglichen nachteiligen Wirkung für den Arbeitgeber keinesfalls anzunehmen. Wie bereits festgestellt, hat das Bestehen des Betriebsratsamts und der Mitbestimmungsrechte an sich weder Einfluss auf den Arbeitskampf noch auf die Kampfparität. Vielmehr ist bei jeder einzelnen Maßnahme des Arbeitgebers zu untersuchen, ob ein Mitbestimmungstatbestand in der Lage ist, in die Möglichkeiten des Arbeitgebers während des Arbeitskampfes und damit in die Kampfparität einzugreifen.

Die Spannungslage zwischen den betriebsverfassungsrechtlichen Mitbestimmungsrechten und dem Arbeitskampf ist auf einfachgesetzlicher Grundlage mangels einer Bestimmung im BetrVG nicht lösbar. Das BetrVG sieht gerade nicht vor, ob und inwieweit betriebsverfassungsrechtliche Mitbestimmungsrechte im Rahmen eines Arbeitskampfes suspendiert werden.[526] Der Gesetzgeber hat im Hinblick auf diesen Konflikt keine Regelungen geschaffen, obwohl ihm das Problem bereits bekannt war.[527] In Bezug auf den Arbeitskampf wird in § 74 Abs. 2 S. 1 Hs. 1 BetrVG lediglich geregelt, dass Maßnahmen des Arbeitskampfes zwischen Arbeitgeber und Betriebsrat unzulässig sind und nach Hs. 2 Arbeitskämpfe tariffähiger Parteien hierdurch nicht berührt werden. Ferner sieht § 2 Abs. 3 BetrVG vor, dass die Aufgaben der Gewerkschaften und der

526 *Blanke*, AiB 1993, 220.

527 DKW/*Berg*, BetrVG, § 74 Rn. 31.

Vereinigungen der Arbeitgeber, insbesondere die Wahrnehmung der Interessen ihrer Mitglieder, durch das BetrVG nicht berührt werden. Aus diesen Normen kann man den Schluss ziehen, dass das BetrVG selbst während eines Arbeitskampfes grundsätzlich anzuwenden ist.[528]

## II. Suspendierung nur aus arbeitskampfrechtlichen Gründen

Zu untersuchen ist, inwieweit Beteiligungs- und Mitbestimmungsrechte aus arbeitskampfrechtlichen Gründen suspendiert werden können.

Vor dem Hintergrund des bestehenden Spannungsfeldes kann es angezeigt sein, die Beteiligungsrechte des Betriebsrats einzuschränken, wenn der Arbeitgeber eine beteiligungspflichtige Arbeitskampfmaßnahme ergreifen oder der Betriebsrat von einem etwaigen Initiativrecht Gebrauch machen möchte. Als Arbeitskampfmaßnahme kommen beispielsweise arbeitskampfbedingte personelle Maßnahmen in Betracht, insbesondere Einstellungen von Ersatzkräften für streikende Arbeitnehmer oder Versetzungen von arbeitswilligen Arbeitnehmern[529], der Ausspruch von Kündigungen[530] sowie die Anordnung von Überstunden[531], um auf den gewerkschaftlich geführten Arbeitskampf zu reagieren.[532]

### *1. Rechtsprechung des BAG*

Im Wesentlichen löst das BAG die Spannungslage dahingehend, dass es bei arbeitskampfbedingten und beteiligungspflichtigen Maßnahmen des Arbeitgebers, bei denen eine nachteilige Wirkung durch die Mitbestimmung des Betriebsrats für den Arbeitgeber im Verhältnis zu seinem tarifrechtlichen Gegenspieler – in der Regel die kampfführende Gewerkschaft – zu befürchten ist, im Wege einer arbeitskampfkonformen Auslegung[533] eine Einschränkung der Mitbestimmungsrechte vornimmt.[534] Nach Auffassung des BAG können so

---

528 BAG, Beschl. v. 20.03.2018 – 1 ABR 70/16, NZA 2018, 1081.

529 BAG, Urt. v. 26.10.1971 – 1 AZR 113/68, AP GG Art. 9 Arbeitskampf Nr. 44; Beschl. v. 13.12.2011 – 1 ABR 2/10, AP GG Art. 9 Arbeitskampf Nr. 176.

530 BAG, Urt. v. 14.02.1978 – 1 AZR 76/76, AP GG Art. 9 Arbeitskampf Nr. 58.

531 BAG, Beschl. v. 24.04.1979 – 1 ABR 43/77, AP GG Art. 9 Arbeitskampf Nr. 63.

532 BAG, Urt. v. 26.10.1971 – 1 AZR 113/68, AP GG Art. 9 Arbeitskampf Nr. 44; *Wiese*, NZA 1984, 378, 381.

533 Das BVerfG billigte die Rechtsprechung des BAG als verfassungskonforme Auslegung in Form der teleologischen Reduktion, BVerfG, Beschl. v. 07.04.1997 – 1 BvL 11/96, NZA 1997, 773.

534 BAG, Beschl. v. 20.03.2018 – 1 ABR 70/16, NZA 2018, 1081; Urt. v. 14.08.2018 – 1 AZR 287/17, NZA 2019, 100.

annähernd gleiche Verhandlungschancen gewährleistet werden, sodass nicht eine der Tarifvertragsparteien der anderen von vornherein ihren Willen aufzwingen könne.[535]

Da im BetrVG das Verhältnis von Arbeitskämpfen zur betrieblichen Mitbestimmung des Betriebsrats nicht abschließend geregelt ist und das BetrVG selbst während eines Arbeitskampfes grundsätzlich anzuwenden ist, bedürfen mögliche Einschränkungen von betriebsverfassungsrechtlichen Mitbestimmungsrechten einer arbeitskampfrechtlichen Rechtfertigung.[536]

### *a) Arbeitskampfkonforme Auslegung*

Das BAG begründet die arbeitskampfrechtliche Rechtfertigung entsprechend den nachfolgenden Ausführungen.

Die betriebsverfassungsrechtlichen Mitbestimmungsrechte des Betriebsrats bedürfen nach der ständigen Rechtsprechung des BAG während eines Arbeitskampfes bei einer unmittelbaren[537] Kampfbetroffenheit eines Betriebes einer Einschränkung, *„wenn bei deren vollständiger Aufrechterhaltung die ernsthafte Gefahr besteht, dass der Betriebsrat eine dem Arbeitgeber sonst mögliche Arbeitskampfmaßnahme verhindert und dadurch zwangsläufig zu dessen Nachteil in das Kampfgeschehen eingreift“*.[538] Bei einer solchen nachteiligen Wirkung auf das Kampfgeschehen und die Arbeitskampffreiheit erfolgt die Einschränkung durch die nach Art. 9 Abs. 3 GG geschützte verfassungsrechtliche Tarifautonomie und dem aus ihr abzuleitenden Grundsatz der Chancengleichheit – dem Grundsatz der Kampfparität – im Wege einer arbeitskampfkonformen Auslegung.[539] Die

---

535 BAG, Beschl. v. 13.12.2011 – 1 ABR 2/10, NZA 2012, 571.

536 BAG, Beschl. v. 13.12.2011 – 1 ABR 2/10, NZA 2012, 571; Beschl. v. 20.03.2018 – 1 ABR 70/16, NZA 2018, 1081; Urt. v. 14.08.2018 – 1 AZR 287/17, NZA 2019, 100.

537 BAG, Urt. v. 14.02.1978 – 1 AZR 76/76, AP GG Art. 9 Arbeitskampf Nr. 58; Beschl. v. 10.12.2002 – 1 ABR 7/02, NZA 2004, 223; Grundsätze lassen sich mangels arbeitskampftypischer Konfrontation und Störung der Parität nicht ohne weiteres auf mittelbar betroffene Betriebe übertragen, vgl. hierzu BAG, Beschl. v. 22.12.1980 – 1 ABR 2/79, AP GG Art. 9 Arbeitskampf Nr. 70 und Beschl. v. 22.12.1980 – 1 ABR 76/79, AP GG Art. 9 Arbeitskampf Nr. 71; keine unmittelbare Betroffenheit, wenn nicht ein anderer Betrieb desselben Unternehmens vom Arbeitskampf betroffen, sondern ein anderes Unternehmen bestreikt wird, vgl. BAG, Beschl. v. 19.02.1991 – 1 ABR 36/90, NZA 1991, 565.

538 BAG, Beschl. v. 22.12.1980 – 1 ABR 76/79, AP GG Art. 9 Arbeitskampf Nr. 71; Beschl. v. 20.03.2018 – 1 ABR 70/16, NZA 2018, 1081.

539 BAG, Beschl. v. 20.03.2018 – 1 ABR 70/16, NZA 2018, 1081.

Mitbestimmungsrechte des Betriebsrats haben allerdings im Rahmen der Grenzen des Art. 9 Abs. 3 GG nur insoweit zurückzustehen, als deren Ausübung die Kampffähigkeit des Arbeitgebers ernsthaft gefährdet.[540]

Eine solche ernsthafte Gefahr ist nach der höchstrichterlichen Rechtsprechung dann anzunehmen, „*wenn die Wahrung von Mitbestimmungsrechten des Betriebsrats dazu führt, dass der Arbeitgeber an der Durchführung einer beabsichtigten kampfbedingten Maßnahme zumindest vorübergehend gehindert ist und auf diese Weise zusätzlich Druck auf ihn ausgeübt wird*".[541] Diese Anforderungen sind nach der Rechtsprechung des BAG erfüllt, „*wenn der Arbeitgeber für eine rechtmäßige Arbeitskampfmaßnahme während eines Streikgeschehens im Zusammenhang mit den Mitbestimmungsrechten an die Einhaltung einer Frist oder ein positives Votum des Betriebsrats und ggf. dessen Ersetzung durch die Einigungsstelle*" gebunden ist.[542] Eine geringfügige tatsächliche Beschwernis ist hingegen weder geeignet, die Arbeitskampffreiheit des Arbeitgebers zu beeinträchtigen, noch die Kampfparität zu verschieben.[543] Nicht jede Berührung einer kampfbedingten Maßnahme während eines Arbeitskampfes mit Mitbestimmungsrechten, wie z.B. die bloße Erschwerung der Strategie im Arbeitskampf, führt zu der Verdrängung betriebsverfassungsrechtlicher Mitbestimmungsrechte.[544]

### *b) Arbeitskampfmaßnahme des Arbeitgebers*

Nach der ständigen Rechtsprechung des BAG[545] finden die Grundsätze der arbeitskampfkonformen Auslegung Anwendung, wenn die Ausübung der Mitbestimmungsrechte eine Arbeitskampfmaßnahme des Arbeitgebers zumindest vorübergehend verhindert. Nach dem weiten Verständnis sind Arbeitskampfmaßnahmen jegliche zielgerichteten Maßnahmen zur kollektiven Druckausübung oder Druckvermeidung gegenüber dem Kampfgegner.[546] Das BAG stellt ausdrücklich klar, dass es unter einer Arbeitskampfmaßnahme auch kampfbedingte Gegenmaßnahmen versteht, die der Arbeitgeber als Reaktion auf eine

540 BAG, Beschl. v. 20.03.2018 – 1 ABR 70/16, NZA 2018, 1081.

541 BAG, Beschl. v. 10.12.2002 – 1 ABR 7/02, NZA 2004, 223; Beschl. v. 13.12.2011 – 1 ABR 2/10, NZA 2012, 571.

542 BAG, Beschl. v. 10.12.2002 – 1 ABR 7/02, NZA 2004, 223; Beschl. v. 20.03.2018 – 1 ABR 70/16, NZA 2018, 1081.

543 BAG, Beschl. v. 10.12.2002 – 1 ABR 7/02, NZA 2004, 223.

544 BAG, Beschl. v. 10.12.2002 – 1 ABR 7/02, NZA 2004, 223.

545 BAG, Beschl. v. 20.03.2018 – 1 ABR 70/16, NZA 2018, 1081.

546 Brox/Rüthers/*Brox*, Arbeitskampfrecht, § 2 Rn. 21; ErfK/*Linsenmaier*, GG, Art. 9 Rn. 94; *Holthusen*, RdA 2019, 216, 218.

Arbeitsniederlegung ergreift.[547] Darunter sind Maßnahmen zu verstehen, um den Auswirkungen streikbedingter Arbeitsniederlegungen vorzubeugen.[548] Das BAG[549] verlangt dafür allerdings einen Bezug zu einer laufenden oder unmittelbar bevorstehenden Arbeitsniederlegung. Erst in einem solchen Fall seien die Maßnahmen als Arbeitskampfmaßnahme im Sinne des Art. 9 Abs. 3 GG einzuordnen. Die arbeitskampfkonforme Auslegung greift daher auch bei betriebsorganisatorischen Gegenmaßnahmen, die dazu dienen, *„die Folgen der streikbedingten Betriebsstörung zu begrenzen"*.[550] Diese Maßnahmen seien durch die Arbeitsniederlegung bedingt und Teil des Systems von Druck und Gegendruck.[551] Im Hinblick auf die arbeitskampfkonforme Auslegung sind Arbeitskampfmaßnahmen daher weit zu verstehen. Insofern sind die Mitbestimmungsrechte immer dann einzuschränken, wenn sie Arbeitskampfmaßnahmen bzw. Streikabwehrmaßnahmen, die als Reaktion auf eine streikbedingte Arbeitsniederlegung getroffen werden, zumindest vorübergehend verhindern. Bei den Streikabwehrmaßnahmen muss es sich nicht um reine Arbeitskampfmaßnahmen handeln.

Das BAG spricht zwar im Zusammenhang mit der arbeitskampfkonformen Auslegung ausdrücklich von „Arbeitskampfmaßnahmen", es bleibt allerdings unklar, ob der Ansatz auch bei echten Arbeitskampfmaßnahmen Anwendung findet. Der erste Senat des BAG verneinte dies in seiner Entscheidung vom 16.12.1986[552] und begründete seine Auffassung ebenfalls mit dem Argument der Kampfparität und der Arbeitskampffreiheit des Arbeitgebers. Andernfalls könne der Betriebsrat die Arbeitskampfmaßnahme selbst verhindern oder wenigstens verzögern. Der Arbeitgeber sei dann nicht mehr frei, allein darüber zu entscheiden, ob und wie die Arbeitskampfmaßnahme durchgeführt werden soll. Demnach habe der Betriebsrat bei echten Arbeitskampfmaßnahmen nie ein Mitbestimmungsrecht.

Da der arbeitskampfkonformen Auslegung auch der Grundsatz der Kampfparität zugrunde liegt, steht der Anwendung des Ansatzes bei echten Arbeitskampfmaßnahmen nichts entgegen.[553] Wenn reine Arbeitskampfmaßnahmen

---

547 BAG, Beschl. v. 20.03.2018 – 1 ABR 70/16, NZA 2018, 1081.

548 BAG, Beschl. v. 20.03.2018 – 1 ABR 70/16, NZA 2018, 1081.

549 BAG, Beschl. v. 20.03.2018 – 1 ABR 70/16, NZA 2018, 1081.

550 BAG, Beschl. v. 20.03.2018 – 1 ABR 70/16, NZA 2018, 1081.

551 BAG, Beschl. v. 20.03.2018 – 1 ABR 70/16, NZA 2018, 1081.

552 BAG, Beschl. v. 16.12.1986 – 1 ABR 35/85, AP BetrVG 1972 § 87 Ordnung des Betriebes Nr. 13.

553 *Jansen*, Mitbestimmung, S. 204 f.; im Ergebnis auch Richardi BetrVG/*Maschmann*, BetrVG, § 74 Rn. 36.

beeinträchtigt werden, entfällt das Mitbestimmungsrecht mit Blick auf Art. 9 Abs. 3 GG indes bereits aufgrund verfassungskonformer Auslegung. In diesen Fällen kommt es immer zu einer unmittelbaren Beeinträchtigung der Kampfparität und der Gefährdung der Funktionsfähigkeit der Tarifautonomie.[554] Ein Mitbestimmungsrecht würde zu einem Ungleichgewicht zwischen den Tarifparteien insoweit führen, als die Gewerkschaften frei über Streikmaßnahmen entscheiden könnten, der Arbeitgeber indes auf die Zustimmung des Betriebsrats angewiesen wäre.[555] Der Arbeitgeber muss jedoch in der Lage sein, auf kampfbedingte Arbeitsniederlegungen jederzeit mit echten Arbeitskampfmaßnahmen zu reagieren. Es bedarf daher bei echten Arbeitskampfmaßnahmen keiner größeren Rechtfertigung und Begründung, die das BAG nach dem vorliegenden Ansatz bei der Beeinträchtigung von kampfbedingten Gegenmaßnahmen des Arbeitgebers verlangt.

### *c) Kampfbetroffenheit des Arbeitgebers*

Für die Einschränkung der Mitbestimmungsrechte ist von entscheidender Bedeutung, ob der Arbeitgeber von einem Streik unmittelbar betroffen ist. Dazu wird zwischen der unmittelbaren Betroffenheit des Betriebes, der Betroffenheit eines anderen Betriebes des Unternehmens sowie der Betroffenheit eines anderen Unternehmens des Konzerns differenziert.

#### *aa) Unmittelbare Betroffenheit des jeweiligen Betriebes des Arbeitgebers*

Grundsätzlich bedarf es für die Anwendung der arbeitskampfkonformen Auslegung einer unmittelbaren Kampfbetroffenheit des Betriebes des Arbeitgebers, d.h. der Arbeitskampf der Gewerkschaft muss sich unmittelbar[556] gegen den betroffenen Arbeitgeber richten. Die Rechtsprechung[557] begründet dies mit dem Konfrontationsargument. In unmittelbar von einem Streik betroffenen Betrieben entstehe regelmäßig eine Konfrontation zwischen Belegschaft und Arbeitgeber. In einer solchen Konfliktsituation bestehe die Gefahr, dass der

554 BetrVG/*Maschmann*, BetrVG, § 74 Rn. 36 hinsichtlich Aussperrungen des Arbeitgebers.

555 *Jansen*, Mitbestimmung, S. 204 f.

556 BAG, Urt. v. 14.02.1978 – 1 AZR 76/76, AP GG Art. 9 Arbeitskampf Nr. 58; Beschl. v. 10.12.2002 – 1 ABR 7/02, NZA 2004, 223.

557 BAG, Beschl. v. 22.12.1980 – 1 ABR 2/79, AP GG Art. 9 Arbeitskampf Nr. 70; Beschl. v. 10.12.2002 – 1 ABR 7/02, NZA 2004, 223.

Betriebsrat durch Ausübung seiner Mitbestimmungsrechte in das Kampfgeschehen eingreife. Eine solche Konfliktsituation könne der Betriebsrat kaum oder nur schwer bewältigen.

Wenn der Betrieb unmittelbar von einem Streik betroffen ist, muss es dem Arbeitgeber möglich sein, zur Streikabwehr Gegenmaßnahmen vorzunehmen. In einer solchen Konstellation dienen Gegenmaßnahmen der unmittelbaren Streikabwehr.[558] Der Arbeitgeber darf aufgrund seiner Arbeitskampffreiheit die Auswirkungen des unmittelbaren Streiks durch Abwehrmaßnahmen abmildern. Bei den vom BAG entschiedenen Fällen zur arbeitskampfkonformen Auslegung handelte es sich bisher überwiegend um Betriebe, die selbst von einer streikbedingten Arbeitsniederlegung unmittelbar betroffen waren.[559]

Eine unmittelbare Kampfbetroffenheit des Betriebes ist auch dann anzunehmen, wenn nur ein Teil der Belegschaft unmittelbar gegen den Arbeitgeber streikt.[560] Da es bei einem Teilstreik auch zu einer unmittelbaren Konfrontation zwischen dem Arbeitgeber und den streikenden Arbeitnehmern kommt, ist die arbeitskampfkonforme Auslegung anzuwenden.[561]

### *bb) Unmittelbare Betroffenheit eines anderen Betriebes des Arbeitgebers*

Die für unmittelbar betroffene Betriebe geltenden Grundsätze lassen sich mangels arbeitskampftypischer Konfrontation und Störung der Parität nicht ohne weiteres auf mittelbar betroffene Betriebe übertragen.[562] Bei mittelbar von einem Streik betroffenen Betrieben fehlt es bereits an einer unmittelbaren Konfrontation zwischen Belegschaft und Arbeitgeber. In dieser Konstellation betrifft der Streik, um dessen Fernwirkungen es geht, einen anderen Arbeitgeber bzw. ein anderes Unternehmen. Eine nur mittelbare Betroffenheit ist indes nicht immer anzunehmen, wenn ein anderer Betrieb bestreikt wird.[563] Vielmehr können die Wirkungen einer unmittelbaren Betroffenheit und damit die Paritätsbeeinträchtigung auch dann eintreten, wenn zwar ein anderer Betrieb als derjenige, der Streikabwehrmaßnahmen ergreifen möchte, betroffen ist, der Arbeitskampf an

---

558 BAG, Beschl. v. 20.03.2018 – 1 ABR 70/16, NZA 2018, 1081.

559 BAG, Beschl. v. 13.12.2011 – 1 ABR 2/10, NZA 2012, 571.

560 *Seiter*, DB 1981, 578, 584.

561 BAG, Beschl. v. 10.12.2002 – 1 ABR 7/02, NZA 2004, 223.

562 BAG, Beschl. v. 22.12.1980 – 1 ABR 2/79, AP GG Art. 9 Arbeitskampf Nr. 70; Beschl. v. 22.12.1980 – 1 ABR 76/79, AP GG Art. 9 Arbeitskampf Nr. 71; kritisch hierzu *Seiter*, DB 1981, 578, 583 f.

563 BAG, Beschl. v. 13.12.2011 – 1 ABR 2/10, NZA 2012, 571.

sich allerdings denselben Arbeitgeber betrifft. Ohne eine Reaktionsmöglichkeit wäre dieser in seiner Arbeitskampffreiheit betroffen.

Die Beteiligungsrechte können daher auch dann eingeschränkt werden, wenn der Arbeitskampf in einem anderen Betrieb desselben Unternehmens geführt wird.[564] Für diese Fälle ist der Betrieb nicht selbst unmittelbar vom Arbeitskampf betroffen, steht aber insoweit in Beziehung mit dem bestreikten Betrieb, als sie auch dem Arbeitgeber als Gegner des Streiks gehört. In dieser Konstellation verbleibt dem Arbeitgeber das Recht, z.B. durch eine Versetzung arbeitswilliger Arbeitnehmer in seinen bestreikten Betrieb, eine mitbestimmungsfreie Streikabwehrmaßnahme zu ergreifen. Die beiden Betriebe stehen während des Arbeitskampfes nicht beziehungslos nebeneinander.[565] Die Verpflichtung zur Einhaltung der Mitbestimmung des Betriebsrats im abgebenden Betrieb, um die Versetzungsmaßnahme zu ergreifen, würde die kampfbedingte Maßnahme als geschützte Arbeitskampfmaßnahme zumindest vorübergehend unmöglich machen und die Arbeitskampfparität des Arbeitgebers beeinträchtigen. Nach Auffassung des BAG[566] sei unbeachtlich, ob auch die Arbeitnehmer des abgebenden Betriebes in den Geltungsbereich des umkämpften Tarifabschlusses fallen. Der Geltungsbereich des umkämpften Tarifabschlusses sei nicht das ausschlaggebende Kriterium für die Beurteilung der Paritätsbeeinträchtigung und die Annahme einer Arbeitskampfmaßnahme. Entscheidend für die Annahme einer arbeitskampfbedingten Maßnahme des abgebenden Betriebes bleibe vielmehr nur, ob sich die wirtschaftlichen Folgen des Arbeitskampfes durch die Versetzung – als personelle Kampfmaßnahme – in einen anderen bestreikten Betrieb des Arbeitgebers verringern.[567] Eine kampfbedingte Versetzung von Arbeitnehmern in einen bestreikten Betrieb desselben Arbeitgebers würde gerade dabei helfen, den Produktionsausfall im bestreikten Betrieb durch den Einsatz arbeitswilliger Arbeitnehmer abzumildern und dadurch die wirtschaftlichen Folgen insgesamt zu verringern. Mithin genügt es für eine Einschränkungsmöglichkeit, wenn irgendein Betrieb des Arbeitgebers unmittelbar bestreikt wird und der Arbeitgeber mit dem Streik zusammenhängende personelle Maßnahmen ergreift.[568]

564 BAG, Beschl. v. 13.12.2011 – 1 ABR 2/10, NZA 2012, 571; *Lingemann*, ArbRAktuell 2012, 14.

565 BAG, Beschl. v. 13.12.2011 – 1 ABR 2/10, NZA 2012, 571.

566 BAG, Beschl. v. 13.12.2011 – 1 ABR 2/10, NZA 2012, 571.

567 BAG, Beschl. v. 13.12.2011 – 1 ABR 2/10, NZA 2012, 571; So auch *Grimm*, ArbRB, 2012, 175.

568 So auch MHdB ArbR/*Ricken*, § 276 Rn. 54.

### *cc) Unmittelbare Betroffenheit eines anderen Unternehmens des Konzerns*

Die Einschränkung von Mitbestimmungsrechten kommt hingegen nicht in Betracht, wenn Arbeitnehmer nicht in einen bestreikten Betrieb desselben Unternehmens, sondern in den bestreikten Betrieb eines anderen Unternehmens versetzt werden.[569] In dieser Konstellation ist nicht davon auszugehen, dass sich der Arbeitgeber des abgebenden Betriebes selbst in einem Arbeitskampf befindet, sodass eine Beeinträchtigung der Kampfparität nicht vorliegt. Die verfassungsrechtlich gewährleistete Arbeitskampffreiheit des abgebenden Unternehmens wird nicht in einer Weise beeinträchtigt, die eine Einschränkung des Mitbestimmungsrechts des Betriebsrats nach § 99 BetrVG rechtfertigen könnte.[570] Die Tatsache, dass der Arbeitgeber mit der Versetzungsmaßnahme einem Konzernunternehmen helfen möchte, vermag einen Ausschluss des Mitbestimmungsrechts nicht zu begründen.[571] Demnach muss sich der Arbeitgeber selbst und nicht ein anderes Konzernunternehmen[572] bzw. ein Tochterunternehmen im Arbeitskampf befinden.[573] Ebenso wenig reicht eine mittelbare Betroffenheit dahingehend, dass sich auch der abgebende Arbeitgeber bei den nächsten Tarifverhandlungen erhöhten Forderungen ausgesetzt sehen könnte.[574] Die wirtschaftlichen Folgen betreffen den abgebenden Arbeitgeber nicht selbst, sondern nur das unmittelbar betroffene Konzernunternehmen. Auch die Rechtsprechung zur Zulässigkeit von Unterstützungsstreiks kann kein anderes Ergebnis rechtfertigen.[575] Insofern liegt nach der vorliegenden Konstellation in der personellen Maßnahme in Form des Einsatzes arbeitswilliger Arbeitnehmer auf Arbeitsplätzen streikender Arbeitnehmer im Konzernunternehmen schon keine schützenswerte Arbeitskampfmaßnahme im Sinne des Art. 9 Abs. 3 GG vor.

---

569 BAG, Beschl. v. 19.02.1991 – 1 ABR 36/90, NZA 1991, 565; Beschl. v. 13.12.2011 – 1 ABR 2/10, NZA 2012, 571; LAG Schleswig-Holstein, Beschl. v. 29.05.2013 – 6 TaBV 30/12, BeckRS 2013, 70693.

570 LAG Hamburg, Beschl. v. 25.04.2018 – 2 TaBV 1/18, BeckRS 2018, 16136.

571 LAG Hamburg, Beschl. v. 25.04.2018 – 2 TaBV 1/18, BeckRS 2018, 16136.

572 Lediglich ein Konzernbezug nicht ausreichend, *Vormbaum-Heinemann*, ArbRAktuell 2018, 403.

573 So auch BAG, Beschl. v. 19.02.1991 – 1 ABR 36/90, NZA 1991, 565; LAG Hamburg, Beschl. v. 25.04.2018 – 2 TaBV 1/18, BeckRS 2018, 16136; LAG Schleswig-Holstein, Beschl. v. 29.05.2013 – 6 TaBV 30/12, BeckRS 2013, 70693.

574 LAG Hamburg, Beschl. v. 25.04.2018 – 2 TaBV 1/18, BeckRS 2018, 16136.

575 LAG Hamburg, Beschl. v. 25.04.2018 – 2 TaBV 1/18, BeckRS 2018, 16136.

In der Literatur[576] wird hingegen teilweise vertreten, dass bei einer konzernmäßigen Verbindung der beiden Unternehmen eine Beeinträchtigung der Kampfparität nicht fern liege. Eine hinreichende Betroffenheit könne mit Blick auf die Zulässigkeit von Unterstützungsstreiks bei entsprechender „Nähebeziehung" insbesondere angenommen werden, wenn die gleiche Branche betroffen sei und etwa in der Vergangenheit Tarifabschlüsse inhaltsgleich bei anderen Konzernunternehmen übernommen wurden.[577] Zum Teil wird allerdings auch hier verlangt, dass für eine Einschränkungsmöglichkeit auch der abgebende Arbeitgeber unmittelbar bestreikt werden muss.[578]

### *d) Erforderlicher Bezug zu einer Arbeitskampfmaßnahme der Gegenseite*

Bei den Maßnahmen des Arbeitgebers zur Vorbeugung von Auswirkungen, die durch streikbedingte Arbeitsniederlegungen entstehen, oder zur Kompensation bereits eingetretener Folgen, muss immer ein konkreter Bezug zu einer laufenden oder einer unmittelbar bevorstehenden Arbeitsniederlegung vorliegen.[579] Dabei muss sich die Maßnahme zeitlich und räumlich mit einem Streik decken.[580] Allerdings reicht nicht lediglich die zeitlich-räumliche Komponente, sondern die Maßnahme muss mit dem Arbeitskampf zusammenhängen und sich in Form einer Reaktion auf ihn beziehen.[581] Erst bei Bestehen eines solchen Bezugs können diese Maßnahmen als Arbeitskampfmaßnahmen im Sinne des Art. 9 Abs. 3 GG in Betracht kommen und eine Einschränkung von Mitbestimmungsrechten rechtfertigen.[582] Die von Art. 9 Abs. 3 GG geschützte Chancengleichheit der Tarifvertragsparteien verlangt daher konkrete Arbeitskampfmaßnahmen. Dagegen ist der erforderliche Bezug bei bloßen Verhandlungsphasen der Tarifvertragsparteien, während die Kampfmaßnahmen ruhen, zu verneinen.[583] Sonst könnte der Betriebsrat während der gesamten Dauer der Tarifverhandlungen seine Mitbestimmungsrechte nicht ausüben.[584] Ebenso nicht ausreichend sind

---

576 *Meyer*, BB 2012, 2753, 2756; MHdB ArbR/*Ricken*, § 276 Rn. 54; *Sura*, NZA-RR 2018, 551, 556.

577 *Meyer*, BB 2012, 2753, 2756; So auch *Sura*, NZA-RR 2018, 551, 556.

578 *Vormbaum-Heinemann*, ArbRAktuell 2018, 403; vgl. auch MHdB ArbR/*Ricken*, § 276 Rn. 54.

579 BAG, Beschl. v. 20.03.2018 – 1 ABR 70/16, NZA 2018, 1081.

580 MHdB ArbR/*Ricken*, § 276 Rn. 51a.

581 So auch *Kissel*, Arbeitskampfrecht, § 36 Rn. 45.

582 BAG, Beschl. v. 20.03.2018 – 1 ABR 70/16, NZA 2018, 1081.

583 BAG, Beschl. v. 20.03.2018 – 1 ABR 70/16, NZA 2018, 1081.

584 BAG, Beschl. v. 20.03.2018 – 1 ABR 70/16, NZA 2018, 1081.

Maßnahmen, die lediglich der Vorbereitung einer Arbeitskampfmaßnahme dienen und diese erst möglich machen, ohne dass eine Arbeitskampfmaßnahme bereits konkret droht.[585] Beispielsweise die Ausbildung von Arbeitnehmern durch Lehrgänge, um sie im Falle von Streiks auf anderen Positionen einsetzen zu können, stellt lediglich eine vorgeschaltete Vorbereitungshandlung dar.[586] Wegen eines nur möglichen Bezugs zu einem künftigen Arbeitskampf können Mitbestimmungsrechte mangels Vorliegen einer Kampfmaßnahme keinesfalls entfallen.[587] Der Arbeitgeber muss arbeitskampfrechtlich seine Handlungsfreiheit behalten und darf darin nicht beeinträchtigt werden. Das gilt nur für die Dauer des Arbeitskampfes und nicht mehr nach Beendigung.[588]

Daher können die Mitbestimmungsrechte des Betriebsrats unter diesen Voraussetzungen – soweit die Arbeitskampffreiheit des Arbeitgebers tatsächlich eingeschränkt wird – „*sowohl bei Vorbereitungshandlungen des Arbeitgebers zur Beschränkung drohender Folgen konkret bevorstehender Arbeitsniederlegungen als auch bei Maßnahmen zur Abwehr bereits eingetretener Folgen andauernder Arbeitsniederlegungen suspendiert sein*“.[589]

### e) *Streikfolgenkompensation*

Reine Maßnahmen zur Kompensation von Streikfolgen, indem Arbeitsrückstände nach Beendigung einer streikbedingten Arbeitsniederlegung geleistet werden, stellen keine Arbeitskampfmaßnahme dar und unterscheiden sich von Kampfabwehrmaßnahmen des Arbeitgebers.[590] Der Anwendungsbereich des Art. 9 Abs. 3 GG erstreckt sich lediglich auf Kampfmaßnahmen. Da Streikfolgenkompensationsmaßnahmen zwar im Zusammenhang mit vorausgehenden Streiks erfolgen, aber wegen Beendigung des Streiks nicht den notwendigen Bezug zu einer laufenden oder unmittelbar bevorstehenden Arbeitsniederlegung aufweisen, werden sie nicht von dem Schutz der Tarifautonomie erfasst und begründen daher keine Suspendierung der Mitbestimmungsrechte mit dem Argument der Kampfparität.

---

585 BAG, Beschl. v. 10.02.1988 – 1 ABR 39/86, NZA 1988, 549.

586 BAG, Beschl. v. 10.02.1988 – 1 ABR 39/86, NZA 1988, 549.

587 BAG, Beschl. v. 10.02.1988 – 1 ABR 39/86, NZA 1988, 549.

588 *Bieder*, NZA-RR 2017, 225 227; MHdB ArbR/*Boemke*, § 288 Rn. 19.

589 BAG, Beschl. v. 30.08.1994 – 1 ABR 10/94, NZA 1995, 183; Beschl. v. 20.03.2018 – 1 ABR 70/16, NZA 2018, 1081.

590 BAG, Beschl. v. 20.03.2018 – 1 ABR 70/16, NZA 2018, 1081.

### *f) Konkrete Paritätsrelevanz*

Das Stattfinden eines Arbeitskampfes führt nicht zwingend zu der Einschränkung von Mitbestimmungsrechten des Betriebsrats.[591] Ob eine Einschränkung nötig ist, bestimmt sich vielmehr immer nach dem konkreten Gegenstand des Mitbestimmungsrechts und dessen Auswirkungen auf das Kampfgeschehen.[592] Wenn das Beteiligungsrecht des Betriebsrats das Kampfgeschehen nicht beeinflusst und sich im Hinblick auf das Kampfgleichgewicht der Tarifparteien als neutral erweist, bleibt das Beteiligungsrecht weiterhin erhalten und kann nicht eingeschränkt werden, auch wenn die Arbeitskampfmaßnahme im Zusammenhang mit einem Arbeitskampf erfolgt und der Abwehr dient. Dies ist z.B. mangels arbeitskampfbeeinträchtigender Wirkung und Verhinderung der beabsichtigten kampfbedingten Maßnahme bei Unterrichtungsansprüchen des Betriebsrats im Arbeitskampf der Fall.[593]

Der Arbeitgeber ist nicht verpflichtet, die Folgen einer Arbeitsniederlegung hinzunehmen.[594] Vielmehr steht es ihm frei, durch sog. „betriebsorganisatorische Gegenmaßnahmen" – wie z.B. personelle Einzelmaßnahmen oder die Anordnung von Überstunden – auf die Arbeitsniederlegung zu reagieren und so die Folgen für seinen Betrieb zu begrenzen.[595] Solche Maßnahmen verhelfen dazu, Gegendruck beim Tarifgegner zu erzeugen.[596] Hingegen irrelevant für die Einschränkung von Mitbestimmungsrechten und daher nicht zu berücksichtigen sind *„Maßnahmen des Arbeitgebers, die zwar während des Kampfgeschehens getroffen werden, mit der Kampfabwehr aber in keinem Zusammenhang stehen"*.[597] Diese Maßnahmen wirken sich nicht auf das Kampfgeschehen aus.[598] Arbeitskampfbedingte Maßnahmen wie Streikabwehrmaßnahmen sind streng von solchen nur während des Kampfgeschehens getroffenen Maßnahmen abzugrenzen.[599] Maßnahmen, wie z.B. die Kündigung eines Arbeitnehmers während

---

591 BAG, Beschl. v. 20.03.2018 – 1 ABR 70/16, NZA 2018, 1081.
592 BAG, Beschl. v. 20.03.2018 – 1 ABR 70/16, NZA 2018, 1081.
593 BAG, Beschl. v. 10.12.2002 – 1 ABR 7/02, NZA 2004, 223.
594 BAG, Beschl. v. 20.03.2018 – 1 ABR 70/16, NZA 2018, 1081.
595 BAG, Beschl. v. 20.03.2018 – 1 ABR 70/16, NZA 2018, 1081.
596 BAG, Urt. v. 13.12.2011 – 1 AZR 495/10, NZA 2012, 995.
597 BAG, Beschl. v. 20.03.2018 – 1 ABR 70/16, NZA 2018, 1081.
598 BAG, Beschl. v. 20.03.2018 – 1 ABR 70/16, NZA 2018, 1081.
599 BAG, Beschl. v. 30.08.1994 – 1 ABR 10/94, NZA 1995, 183; Beschl. v. 13.12.2011 – 1 ABR 2/10, NZA 2012, 571.

eines Arbeitskampfes aus nicht kampfbedingten Gründen,[600] berühren die Beteiligungsrechte des Betriebsrats nicht. In der Literatur[601] wird vereinzelt versucht, einen Zusammenhang insoweit anzunehmen, dass bei personellen nicht kampfbedingten Maßnahmen während eines Arbeitskampfes jedenfalls ein mittelbarer Einfluss auf den Arbeitskampf gegeben sei und eine solche Maßnahme daher immer unter Berücksichtigung des Arbeitskampfes getroffen werde. Dem kann wegen fehlenden Zusammenhangs und Einflusses auf das Streikgeschehen nicht gefolgt werden.[602]

### *g) Zwischenergebnis*

Zusammengefasst müssen im Rahmen des arbeitskampfrechtlichen Ansatzes grundsätzlich folgende Voraussetzungen für eine arbeitskampfkonforme Auslegung gegeben sein:

Zunächst muss bei einem unmittelbar vom Arbeitskampf betroffenen Betrieb eine Arbeitskampfmaßnahme des Arbeitgebers vorliegen, also eine kampfbedingte Maßnahme, welche einen konkreten Bezug zum vorliegenden Arbeitskampf aufweist. Bei einer mittelbaren Betroffenheit muss sich der Arbeitskampf gegen denselben Arbeitgeber richten. Zweitens muss eine ernsthafte Gefährdung der Kampfparität vorliegen, also die ernsthafte Gefahr bestehen, dass die kampfbedingte Maßnahme des Arbeitgebers zumindest vorübergehend verhindert wird, was sich nachteilig auf das Kampfgeschehen auswirkt. Drittens muss dadurch zusätzlicher Druck auf den Arbeitgeber ausgeübt werden. Dem Arbeitgeber darf es im Ergebnis nicht mehr möglich sein, mit eigenen Mitteln ohne Einfluss Dritter auf den Arbeitskampf zu reagieren, sodass ihm keine wesentlichen Reaktionsmöglichkeiten auf Arbeitskampfmaßnahmen der Gewerkschaft mehr verbleiben. Schließlich muss den Arbeitnehmern mitgeteilt werden und erkennbar sein, dass es sich um eine kampfbedingte Anordnung des Arbeitgebers als Arbeitskampfmaßnahme handelt, um zu verhindern, dass sich die Anordnung auf nicht arbeitswillige Arbeitnehmer erstreckt.

---

600 BAG, Urt. v. 06.03.1979 – 1 AZR 866/77, AP BetrVG 1972 § 102 Nr. 20, Pflicht zur Anhörung gem. § 102 BetrVG bleibt aufrechterhalten.

601 *Galperin/Löwisch*, BetrVG, 5. Aufl., § 74 Rn. 13; *Meisel*, Die Mitwirkung und Mitbestimmung, Rn. 26 f.

602 BAG, Urt. v. 06.03.1979 – 1 AZR 866/77, NJW 1979, 2635.

### 2. *Entwicklung der rechtsdogmatischen Begründung der Rechtsprechung*

Mit der Konkretisierung der neueren Rechtsprechung hat sich auch die dogmatische Grundlage zur Begründung einer arbeitskampfkonformen Auslegung verändert und entwickelt.[603]

Die arbeitskampfkonforme Auslegung wurde nicht schon immer mit dem Grundsatz der Kampfparität[604] begründet. Das BAG versagte ursprünglich dem Betriebsrat die Mitbestimmung bei kampfbedingten Arbeitgebermaßnahmen wie Einstellungen, Versetzungen und Entlassungen mit der Begründung, dass eine durch den Arbeitskampf geschaffene Konfrontation zwischen Belegschaft und Arbeitgeber auftrete und aufgrund dieser Konfrontationswirkung auf das Kampfgeschehen der Betriebsrat funktionsunfähig werde, unabhängig davon, ob er sich am Streik beteilige oder nicht.[605]

In einer späteren Entscheidung, bei der es um Kampfkündigungen gegenüber Betriebsratsmitgliedern ging, argumentierte das Gericht mit der möglichen Beeinträchtigung des Grundsatzes der Waffengleichheit und der Überforderung des Betriebsrats, um eine Einschränkung der Beteiligungsrechte zu rechtfertigen.[606] Von den Betriebsratsmitgliedern könne während eines Arbeitskampfes nicht erwartet werden und ihnen könne nicht zugemutet werden, dass sie ihre Zustimmung zu Kampfkündigungen - durch Streikgeschehen bedingte personelle Maßnahmen - gegenüber Organmitgliedern beschließen, denn der Betriebsrat sei mit einer solchen Entscheidung überfordert. Bei einer weiteren Entscheidung zu Kampfkündigungen[607] gegenüber normalen Arbeitnehmern urteilte das BAG, der Betriebsrat sei im Hinblick auf die Konfrontation zwischen Belegschaft und Arbeitgeber nicht in der Lage, personelle Beteiligungsrechte bei kampfbedingten Maßnahmen des Arbeitgebers auszuüben und sei überfordert, eine Stellungnahme zu Kündigungen aus Arbeitskampfgründen abzugeben.

Erstmalig in einer Entscheidung des BAG vom 24.04.1979,[608] bei der es um die Verlängerung der betriebsüblichen Arbeitszeit aus streikbedingten Gründen ging, wurde die Terminologie „Chancengleichheit" herangezogen und zwischen rechtmäßigen und rechtswidrigen Streiks differenziert. Bei einem rechtmäßigen

603 So auch Däubler/*Dette*, Arbeitskampfrecht, § 19 Rn. 129.

604 Ständige Rechtsprechung, BAG, Beschl. v. 13.12.2011 – 1 ABR 2/10, NZA 2012, 571.

605 BAG, Urt. v. 26.10.1971 - 1 AZR 113/68, AP GG Art. 9 Arbeitskampf Nr. 44.

606 BAG, Urt. v. 14.02.1978 - 1 AZR 54/76, NJW 1978, 2054.

607 BAG, Urt. v. 14.02.1978 - 1 AZR 76/76, AP GG Art. 9 Arbeitskampf Nr. 58.

608 BAG, Beschl. v. 24.04.1979 - 1 ABR 43/77, AP GG Art. 9 Arbeitskampf Nr. 63.

Streik[609] werde bei der Aufrechterhaltung der Beteiligungsrechte bei kampfbedingten Maßnahmen der Grundsatz der „legitimen Chancengleichheit“ zwischen den Arbeitskampfparteien beeinträchtigt und der Betriebsrat überfordert, wenn er bei Maßnahmen mitwirken müsste, mit denen der Arbeitgeber dem Streik der Belegschaft begegnen will. Dieser Ansatz werde aus der verfassungsrechtlich gewährleisteten Tarifautonomie gefolgert. Das BetrVG diene nicht dem Ziel, die Kampffähigkeit des Arbeitgebers im Rahmen eines Arbeitskampfes zu schwächen, sondern es sichere die betriebsverfassungsrechtliche Ordnung und verwirkliche damit den allgemeinen sozialen Schutzgedanken. Da die Tarifautonomie wegen ihrer überaus hohen Bedeutung für das Arbeits- und Wirtschaftsleben unmittelbar auf einem Verfassungssatz gründe, und das Arbeitskampfrecht die Tarifautonomie für den äußersten Fall sichere, müsse das Mitbestimmungsrecht weichen, soweit es geeignet sei, die Kampffähigkeit des Arbeitgebers zu beeinflussen.

Für einen rechtswidrigen Streik hingegen bediente sich das BAG in derselben Entscheidung zur Begründung der arbeitskampfkonformen Auslegung der Mitbestimmungsrechte im Rahmen eines obiter dictum dem Überforderungsargument. Die Aufrechterhaltung der Mitbestimmungsrechte des Betriebsrats bei Maßnahmen des Arbeitgebers zur Abwehr eines rechtswidrigen Streiks bringe den Betriebsrat in eine von ihm kaum oder nur schwer zu bewältigende Konfliktsituation. Der Betriebsrat müsse sich in der Konfrontation zwischen dem rechtswidrig streikenden Teil der Belegschaft und dem Arbeitgeber für eine der beiden Seiten entscheiden. Bei einer Zustimmung zu einer Abwehrmaßnahme müsse der Betriebsrat mit einem Vertrauensverlust bei den streikenden Arbeitnehmern rechnen. Eine Ablehnung bedeute hingegen eine Unterstützung des Streiks. In einer solchen Konfliktsituation sei der Betriebsrat überfordert, seine Mitbestimmungsrechte sachgerecht wahrzunehmen. Es bestünde zudem die Gefahr, dass der Betriebsrat sich mit rechtswidrig streikenden Arbeitnehmern solidarisiere. Durch die Bezugnahme auf seine eigene Rechtsprechung zu personellen Angelegenheiten bringt das BAG zum Ausdruck, dass die Einschränkung von Mitbestimmungsrechten bei personellen und sozialen Angelegenheiten gleich zu behandeln und nicht zu unterscheiden ist.[610]

---

609 Vgl. hierzu auch *Rüthers/Henssler*, AP BetrVG 1972 § 87 Ordnung des Betriebes Nr. 13.

610 BAG, Beschl. v. 10.12.2002 – 1 ABR 7/02, NZA 2004, 223; vgl. auch *Rüthers/Klosterkemper*, AP GG Art. 9 Arbeitskampf Nr. 63.

Mit seinen Ausführungen zur Waffengleichheit und zur Chancengleichheit richtet das BAG seine Rechtsprechung maßgeblich an dem aus der Tarifautonomie abzuleitenden Grundsatz der Kampfparität aus.[611]

Das BAG war allerdings nicht immer klar und deutlich mit seiner eigenen Rechtsprechung.[612] In seinem Urteil vom 16.12.1986,[613] in dem es um die Mitbestimmung bei der Umgestaltung der Werksausweise der Arbeitnehmer während eines Arbeitskampfes ging, war nicht eindeutig erkennbar, aus welchem Rechtsgedanken es die Beteiligungsrechte ausschließen möchte. Die bloße Aussage, dass der Arbeitgeber anderenfalls nicht mehr frei entscheiden könne, ob und wie eine Kampfmaßnahme durchgeführt werden soll, kann nicht eindeutig zugeordnet werden. Jedoch bedeutet auch dieser Hinweis auf die Handlungsfreiheit in einem Arbeitskampf einen Rückgriff auf den Grundsatz der Kampfparität. Dieser sieht die freie Wahl der Kampfmittel vor.

Diese Ansätze – Konfrontation, Waffengleichheit, Chancengleichheit und Überforderung des Betriebsrats – zur dogmatischen Begründung der arbeitskampfkonformen Einschränkung der Beteiligungsrechte verwendete das BAG in ständiger Rechtsprechung.[614] Später nahm es ausdrücklich den Begriff der Kampfparität für die Chancengleichheit auf,[615] auf die es seine Argumentation bisher mitunter stützte. Insgesamt beruhte die Begründung zwar im Wesentlichen auf dem Grundsatz der Kampfparität, allerdings zeigt die Entwicklung der Rechtsprechung, dass die Begründung sich im Laufe der Zeit im Schwerpunkt ausschließlich darauf konkretisiert hat.[616] Nur die Beeinträchtigung der Verhandlungschancen der Tarifpartner kann danach zu einer Beschränkung der Mitbestimmungsrechte führen. Die

---

611 Vgl. auch *Rüthers/Klosterkemper*, AP GG Art. 9 Arbeitskampf Nr. 63.

612 Siehe hierzu auch die Ausführungen von *Rüthers/Henssler*, AP BetrVG 1972 § 87 Ordnung des Betriebes Nr. 13.

613 BAG, Beschl. v. 16.12.1986 – 1 ABR 35/85, NZA 1987, 355.

614 Ebenso BAG, Urt. v. 06.03.1979 – 1 AZR 866/77, AP BetrVG 1972 § 102 Nr. 20.

615 BAG, Beschl. v. 26.01.1988 – 1 ABR 34/86, AP BetrVG 1972 § 80 Nr. 31; Beschl. v. 30.08.1994 – 1 ABR 10/94, NZA 1995, 183; Beschl. v. 10.12.2002 – 1 ABR 7/02, NZA 2004, 223; Beschl. v. 13.12.2011 – 1 ABR 2/10, NZA 2012, 571; Beschl. v. 20.03.2018 – 1 ABR 70/16, NZA 2018, 1081.

616 BAG, Beschl. v. 26.01.1988 – 1 ABR 34/86, AP BetrVG 1972 § 80 Nr. 31; Beschl. v. 19.02.1991 – 1 ABR 36/90, NZA 1991, 565; Beschl. v. 30.08.1994 – 1 ABR 10/94, NZA 1995, 183; Beschl. v. 10.12.2002 – 1 ABR 7/02, NZA 2004, 223; Beschl. v. 13.12.2011 – 1 ABR 2/10, NZA 2012, 571; Beschl. v. 20.03.2018 – 1 ABR 70/16, NZA 2018, 1081.

Argumente der Konfrontation und Überforderung kommen nur noch als Hilfsargumente zum Einsatz.[617]

In einer Entscheidung vom 10.12.2002[618] führte das BAG neben der Kampfparität erneut das Argument der Konfrontation auf, stützte die Einschränkbarkeit der Mitbestimmungsrechte jedoch ausschließlich auf den Grundsatz der Kampfmittelparität. Es müsse gewährleistet werden, dass zwischen den Tarifvertragsparteien annähernd gleiche Verhandlungschancen bestehen. Niemand solle von vornherein der anderen Partei ihren Willen aufzwingen können. Daher sei die Tarifautonomie gegenüber den Mitbestimmungsrechten des Betriebsrats vorrangig. Diese würden die verfassungsrechtlich gewährleistete Tarifautonomie in einem solchen Fall nur stören. Das Mitbestimmungsrecht müsse weichen, soweit es geeignet sei, die Kampffähigkeit des Arbeitgebers zu beeinflussen. Andernfalls könne sich das Mitbestimmungsrecht durchsetzen, denn das vorbehaltlos gewährleistete Grundrecht der Koalitionsfreiheit könne durch Grundrechte Dritter und andere mit Verfassungsrang ausgestattete Rechte gerechtfertigt sein. Ferner bedürfe die Koalitionsfreiheit der Ausgestaltung durch die Rechtsordnung, soweit das Verhältnis der Tarifvertragsparteien zueinander berührt werde, die beide den Schutz von Art. 9 Abs. 3 GG genießen. Die Betätigungsfreiheit der Koalitionen lasse eine Ausgestaltung durch den Gesetzgeber jedenfalls zu. Da das BetrVG eine Ausprägung des Demokratie- und Sozialstaatsprinzips in einem Teilbereich des Rechts darstelle, könne es sich auch im Arbeitskampf durchsetzen, soweit dadurch nicht höherrangige Rechtspositionen vereitelt werden. Die Rechtsordnung verlange die Herbeiführung einer möglichst weitgehenden praktischen Konkordanz beider Rechtsmaterien – des Arbeitskampfrechts und des BetrVG – und deren wechselseitige Berücksichtigung. Soweit die Arbeitskampffreiheit durch ein Beteiligungsrecht nicht nennenswert behindert werde, habe der Arbeitgeber im Rahmen seiner Arbeitskampfstrategie die gesetzlichen Rechte des Betriebsrats zu berücksichtigen.

Hinsichtlich Kampfkündigungen argumentierte es hingegen ausschließlich mit dem Überforderungsargument. Eine Entscheidung sei dem Betriebsrat unter diesen Umständen nicht zuzumuten und er sei vom Neutralitätsgebot überfordert. Das damit nicht eine subjektive Überforderung gemeint ist, stellt das BAG in seinem Urteil vom 13.12.2011 im Zusammenhang mit einer personellen Maßnahme nach § 99 BetrVG klar.[619] Vielmehr werde zum Ausdruck gebracht, dass dem Betriebsrat in einem solchen Fall eine arbeitskampfneutrale Ausübung seiner

---

617 So auch *Wolter*, AuR 1979, 333, 336.

618 BAG, Beschl. v. 10.12.2002 – 1 ABR 7/02, NZA 2004, 223.

619 BAG, Beschl. v. 13.12.2011 – 1 ABR 2/10, NZA 2012, 571.

Mitbestimmungsrechte nicht möglich sei, da jede Entscheidung einen der Tarifpartner begünstigen würde. Eine zustimmende Entscheidung stärke die Kampfführung des Arbeitgebers und eine Zustimmungsverweigerung die der Gewerkschaft. Deshalb könne für die Frage der Einschränkung von Mitbestimmungsrechten nicht auf die subjektive Regelungsabsicht des einzelnen Betriebsrats abgestellt werden. Insofern korrigierte das BAG in dieser Entscheidung seine Einschätzung, nachdem es ursprünglich zuließ, dass darunter auch eine subjektive Überforderung zu verstehen war. Als Hauptargument diente allerdings in der vorliegenden Entscheidung der Grundsatz der Kampfparität.

In seiner jüngsten Entscheidung vom 20.03.2018[620], in der es um die Mitbestimmung im Zusammenhang mit einer Mehrarbeitsanordnung ging, tauchte als dogmatische Begründung ausschließlich der Grundsatz der Kampfparität auf. Diese Entscheidung verdeutlicht den Schwerpunkt der dogmatischen Grundlage und die Entwicklung hin zur zentralen Bedeutung der Kampfparität. Die übrigen Begründungsansätze der Rechtsprechung bleiben eine Randerscheinung und spielen in den jüngeren Entscheidungen kaum mehr eine Rolle. Dies verdeutlicht umso mehr die schwindende Bedeutung des Überforderungs- und Konfrontationsarguments. Relevant bleibt daher, ob die Mitbestimmungsrechte in die Arbeitskampffähigkeit des Arbeitgebers eingreifen und das Verhandlungsgleichgewicht stören.

### 3. *Konkretisierung der Rechtsprechung*

Im Folgenden soll die Entwicklung der Rechtsprechung veranschaulicht werden.

Das BAG hat seine Rechtsprechung anhand der zahlreichen Entscheidungen kleinschrittig ausgebaut und weiter konkretisiert, in dem es einen Versuch unternommen hat, den Eingriff in die Arbeitskampffreiheit durch die Wahrnehmung der Mitbestimmungsrechte zu definieren. Aus den ursprünglich pauschalen Begründungen hat es einen Ansatz entwickelt, um die Beeinträchtigung der Handlungsfreiheit und die Benachteiligung im Arbeitskampf greifbarer zu machen.

Ursprünglich begnügte sich das BAG[621] mit der pauschalen Feststellung, der Betriebsrat sei im Arbeitskampf nicht in der Lage, bei Maßnahmen des Arbeitgebers mitzuwirken. Dabei nannte es personelle Maßnahmen wie „Einstellungen, Versetzungen und Entlassungen“, formulierte die Aufzählung aber nicht abschließend. Konkrete Anforderungen für die Einschränkung oder differenzierte Angaben zu den erforderlichen Voraussetzungen fehlten. In einer weiteren Entscheidung

620 BAG, Beschl. v. 20.03.2018 – 1 ABR 70/16, NZA 2018, 1081.

621 BAG, Urt. v. 26.10.1971 – 1 AZR 113/68, AP GG Art. 9 Arbeitskampf Nr. 44.

führte das Gericht dann unter Bezugnahme auf das vorherige Urteil aus, dass „*der Betriebsrat einzelne Beteiligungsrechte, insbesondere bei personellen Maßnahmen des Arbeitgebers, die durch das Streikgeschehen bedingt sind, nicht auszuüben vermag*".[622] Zur Wahrung der Waffengleichheit müsse eine „arbeitskampfkonforme Auslegung" vorgenommen werden.

Deutlicher wurde das BAG hinsichtlich der Streikbedingtheit[623] im Zusammenhang mit einer Kampfkündigung, bei der es feststellte, dass der Betriebsrat rechtlich gehindert sei, personelle Beteiligungsrechte bei Maßnahmen auszuüben, die der Arbeitgeber als Gegenmaßnahme gegen eine rechtswidrige Arbeitsniederlegung treffe.[624]

In einer Entscheidung vom 24.04.1979[625] formulierte das BAG eine erste Formel dahingehend, dass das Mitbestimmungsrecht weichen müsse, wenn es geeignet sei, die Kampffähigkeit des Arbeitgebers zu beeinflussen. Dies sei bei der Anordnung einer Maßnahme, „*um dem Streik zu begegnen und dessen Auswirkungen möglichst gering zu halten*", der Fall. Würde man die Zustimmung für erforderlich halten, könne man dem Arbeitgeber die mögliche Abwehrmaßnahme gegenüber seinem Tarifpartner „*verhindern oder zumindest bis zur Erzielung einer Entscheidung der Einigungsstelle erheblich hinauszögern*". An dieser Stelle konkretisierte das BAG die bisherige Rechtsprechung und stellte einen Zusammenhang zwischen der Beeinträchtigung der Kampffähigkeit und der Verhinderung bzw. Verzögerung von Abwehrmaßnahmen wegen des Zustimmungserfordernisses her. Die Anwendbarkeit dieser Grundsätze dehnte das BAG auch auf soziale Angelegenheiten aus.[626]

Später stellte das BAG[627] fest, dass Mitbestimmungsrechte nach dem Arbeitskampfrecht nur bei unmittelbar[628] vom Arbeitskampf betroffenen Betrieben eingeschränkt werden können. Denn dann bestehe die allgemeine Gefahr, dass der Betriebsrat eine sonst mögliche Abwehrmaßnahme vereitele und dadurch zum

622 BAG, Urt. v. 14.02.1978 – 1 AZR 54/76, NJW 1978, 2054.

623 Ebenso BAG, Beschl. v. 24.04.1979 – 1 ABR 43/77, AP GG Art. 9 Arbeitskampf Nr. 63.

624 BAG, Urt. v. 14.02.1978 – 1 AZR 76/76, AP GG Art. 9 Arbeitskampf Nr. 58; so auch Urt. v. 06.03.1979 – 1 AZR 866/77, AP BetrVG 1972 § 102 Nr. 20.

625 BAG, Beschl. v. 24.04.1979 – 1 ABR 43/77, AP GG Art. 9 Arbeitskampf Nr. 63.

626 BAG, Beschl. v. 24.04.1979 – 1 ABR 43/77, AP GG Art. 9 Arbeitskampf Nr. 63; Beschl. v. 22.12.1980 – 1 ABR 2/79, AP GG Art. 9 Arbeitskampf Nr. 70.

627 BAG, Beschl. v. 22.12.1980 – 1 ABR 76/79, AP GG Art. 9 Arbeitskampf Nr. 71; Beschl. v. 10.02.1988 – 1 ABR 39/86, AP BetrVG 1972 § 98 Nr. 5.

628 Bei mittelbar betroffenen Betrieben könne nicht ohne weiteres die Beeinträchtigung der Kampfparität angenommen werden; der Arbeitgeber müsse sich selbst im Arbeitskampf befinden BAG, Beschl. v. 19.02.1991 – 1 ABR 36/90, NZA 1991, 565.

Nachteil des Arbeitgebers in das Kampfgeschehen eingreife.[629] Eine solche Gefahr störe die gegenüber dem BetrVG vorrangige Parität.[630] Dies wirke sich auf die Handlungsfreiheit hinsichtlich Arbeitskampfmaßnahmen aus.[631]

Nach der ursprünglichen Formel reichte es insofern für die Beschränkung der Mitbestimmungsrechte aus, dass die Mitbestimmung des Betriebsrats geeignet war, die Kampffähigkeit des Arbeitgebers zu beeinflussen. Schon dabei handelte es sich um eine – zwar formelhafte – Einzelfallabwägung und keinen festen Ansatz, bei dessen Anwendung man zu objektiv klaren Ergebnissen kommen konnte. Erst mit den Konkretisierungen konnte man zumindest von einem Ansatz sprechen.

In dem Urteil vom 10.02.1988 konkretisierte das BAG[632] die Einschränkung von Mitbestimmungsrechten an Vorbereitungshandlungen für Kampfmaßnahmen oder Abwehrmaßnahmen für Folgen des Arbeitskampfes dahingehend, dass die Mitbestimmung an den Vorbereitungsmaßnahmen unmittelbar und zwangsläufig zur Folge haben müsse, dass die Freiheit des Arbeitgebers, Arbeitskampfmaßnahmen zu ergreifen oder Folgen eines Arbeitskampfes zu begegnen, in ihrem Kernbereich beeinträchtigt werde. Hier wendete das BAG die Kernbereichsrechtsprechung[633] aus der Koalitionsfreiheit gem. Art. 9 Abs. 3 GG an, um die Arbeitskampfwirkung der Beteiligungsrechte einzugrenzen und eine uferlose Ausweitung zu vermeiden. Diese Rechtsprechung wendete das BAG nicht nur auf Vorbereitungshandlungen, sondern auf jegliche Kampf- und Abwehrmaßnahmen des Arbeitgebers an.[634]

Nachdem das Bundesverfassungsgericht die Kernbereichsrechtsprechung im Jahre 1995[635] aufgegeben hatte, stellte auch das BAG in seiner Entscheidung vom 10.12.2002 im Zusammenhang mit dem Unterrichtungsanspruch des Betriebsrats im Arbeitskampf klar – heute ständige Rechtsprechung[636] –, dass der

---

629 So auch BAG, Beschl. v. 22.12.1980 – 1 ABR 2/79, AP GG Art. 9 Arbeitskampf Nr. 70.

630 BAG, Beschl. v. 22.12.1980 – 1 ABR 2/79, AP GG Art. 9 Arbeitskampf Nr. 70.

631 BAG, Beschl. v. 16.12.1986 – 1 ABR 35/85, NZA 1987, 355.

632 BAG, Beschl. v. 10.02.1988 – 1 ABR 39/86, AP BetrVG 1972 § 98 Nr. 5; so auch Beschl. v. 19.02.1991 – 1 ABR 36/90, NZA 1991, 565; Beschl. v. 30.08.1994 – 1 ABR 10/94, NZA 1995, 183.

633 BVerfG, Urt. v. 18.11.1954 – 1 BvR 629/52, NJW 1954, 1881; Sachs/*Höfling*, GG, Art. 9 Rn. 74 ff.

634 BAG, Beschl. v. 30.08.1994 – 1 ABR 10/94, NZA 1995, 183.

635 BVerfG, Beschl. v. 14.11.1995 – 1 BvR 601/92, NZA 1996, 381.

636 BVerfG, Beschl. v. 26.03.2014 – 1 BvR 3185/09, NJW 2014, 1874.

Schutz der Koalitionsfreiheit nicht von vornherein nur auf einen Kernbereich beschränkt sei.[637]

Weiterhin stellte das BAG[638] fest, dass die Arbeitskampffreiheit des Arbeitgebers jedenfalls etwa bei der Anordnung von Überstunden für arbeitswillige Arbeitnehmer während eines Streiks, bei der Veränderung der Werksausweise nicht ausgesperrter Arbeitnehmer und bei arbeitskampfbedingten Einstellungen, Versetzungen und Entlassungen beeinträchtigt werde und daher die Mitbestimmungsrechte für diese Kampfmaßnahmen eingeschränkt werden müssen.

In seiner Entscheidung vom 10.12.2002 brachte das BAG[639] ferner weitere Ergänzungen und konkretisierte die Formel der Rechtsprechung. In unmittelbar vom Streik betroffenen Betrieben bestehe bei Aufrechterhaltung der gesetzlichen Mitbestimmungsrechte die Gefahr, dass der Betriebsrat eine dem Arbeitgeber sonst mögliche Abwehrmaßnahme vereitele und dadurch zum Nachteil des Arbeitgebers in das Kampfgeschehen eingreife.[640] Eine Einschränkung der Mitbestimmungsrechte erfolge bei der Abwehr von Folgen eines Arbeitskampfes nur, wenn die Mitbestimmung des Betriebsrats unmittelbar und zwangsläufig zur Folge habe, dass die Freiheit des Arbeitgebers, Arbeitskampfmaßnahmen zu ergreifen oder Folgen eines Arbeitskampfes zu begegnen, ernsthaft beeinträchtigt wird.[641] Die bestehende Rechtsprechung wurde damit um eine „*ernsthafte*" Gefahr erweitert, sodass die Anforderungen im Vergleich zu einer „*allgemeinen Gefahr*" höher, aber im Hinblick auf die bereits überholte Rechtsprechung – Beeinträchtigung im Kernbereich –, geringer waren.[642] Die Veränderung und Konkretisierung der Rechtsprechung kommt durch diese schrittweisen Ergänzungen und Entwicklungen der bestehenden Rechtsprechung zum Ausdruck. Darüber hinaus sei hinsichtlich der sozialen Angelegenheiten auf die Zustimmung zu verzichten, wenn „*der Betriebsrat eine dem Arbeitgeber sonst mögliche Abwehrmaßnahme verhindern oder zumindest bis zur Herbeiführung einer Entscheidung der Einigungsstelle erheblich hinauszögern*" könnte.

Die Arbeitskampffreiheit müsse aber tatsächlich eingeschränkt werden. Dazu müsse sie „*geeignet sein, den Arbeitgeber an der Durchführung einer beabsichtigten*

637 BAG, Beschl. v. 10.12.2002 – 1 ABR 7/02, NZA 2004, 223.

638 BAG, Beschl. v. 30.08.1994 – 1 ABR 10/94, NZA 1995, 183.

639 BAG, Beschl. v. 10.12.2002 – 1 ABR 7/02, NZA 2004, 223.

640 So auch BAG, Beschl. v. 13.12.2011 – 1 ABR 2/10, NZA 2012, 571; Beschl. v. 20.03.2018 – 1 ABR 70/16, NZA 2018, 1081.

641 So auch BAG, Beschl. v. 13.12.2011 – 1 ABR 2/10, NZA 2012, 571; Beschl. v. 20.03.2018 – 1 ABR 70/16, NZA 2018, 1081.

642 Vgl. auch DKW/*Berg*, BetrVG, § 74 Rn. 35.

*kampfbedingten Maßnahme zumindest vorübergehend zu hindern und auf diese Weise zusätzlichen Druck auf ihn auszuüben*".[643] Dies sei „*nur*" möglich, „*wenn sie die Rechtmäßigkeit des vom Arbeitgeber beabsichtigten Handelns an die Einhaltung einer Frist oder ein positives Votum des Betriebsrats und gegebenenfalls dessen Ersetzung durch die Einigungsstelle knüpfen*".[644] Das BAG erweckt mit dieser Formulierung den Eindruck, dass diese Voraussetzungen die einzige Möglichkeit sind, die Anforderungen zu erfüllen. In den jüngeren Entscheidungen ist allerdings das Wort „nur" in der Formulierung nicht mehr zu finden.[645] Dies könnte darauf hindeuten, dass die Gebundenheit an die Zustimmung oder eine Frist nicht die einzige Rechtfertigung darstellt, sondern die Beeinträchtigung der Arbeitskampffreiheit auch anderweitig begründbar ist.[646] Jedoch kommt es auch hier auf die Verschiebung der Kampfparität an. Demnach hat die Rechtsprechung als weitere Voraussetzung die zusätzliche Druckausübung aufgestellt, welche jedoch im unmittelbaren Zusammenhang mit der vorübergehenden Verhinderung einer Kampfmaßnahme steht und daraus folgt. Anschließend benennt das BAG Fälle, die bei Beteiligungsrechten in Betracht kommen, und zwar die Einhaltung einer Frist oder die positive Zustimmung des Betriebsrats und die Ersetzung durch die Einigungsstelle. Das BAG betont in diesem Urteil insbesondere, dass das BetrVG dem Arbeitskampfrecht nicht schlechthin untergeordnet sei. Maßgeblich sei die Relevanz der Mitbestimmung arbeitskampfbedingten Verhaltens.

Erst später lockerte das BAG[647] das Erfordernis einer unmittelbaren Betroffenheit eines Betriebes und ließ auch eine Einschränkung der Mitbestimmungsrechte in mittelbar betroffenen Betrieben zu, soweit sich der Arbeitskampf auf den gleichen Arbeitgeber richtete und auswirkte.

In seiner jüngsten Entscheidung vom 20.03.2018 stellte das BAG[648] fest, dass es für die streikbedingten Maßnahmen eines Bezugs zu einer laufenden oder einer

---

643 So auch BAG, Beschl. v. 13.12.2011 – 1 ABR 2/10, NZA 2012, 571; Beschl. v. 20.03.2018 – 1 ABR 70/16, NZA 2018, 1081.

644 So auch BAG, Beschl. v. 13.12.2011 – 1 ABR 2/10, NZA 2012, 571; Beschl. v. 20.03.2018 – 1 ABR 70/16, NZA 2018, 1081.

645 BAG, Beschl. v. 13.12.2011 – 1 ABR 2/10, NZA 2012, 571; Beschl. v. 20.03.2018 – 1 ABR 70/16, NZA 2018, 1081.

646 HWGNRH/*Huke*, BetrVG, § 99 Rn. 29 sieht die Anknüpfung an eine Frist oder Zustimmung des Betriebsrats als mögliche Beeinträchtigung der Kampffreiheit „*Dies ist bspw. dann der Fall, wenn…*".

647 BAG, Beschl. v. 13.12.2011 – 1 ABR 2/10, NZA 2012, 571.

648 BAG, Beschl. v. 20.03.2018 – 1 ABR 70/16, NZA 2018, 1081.

unmittelbar bevorstehenden Arbeitsniederlegung bedarf. Erst in einem solchen Fall seien diese Maßnahmen von Art. 9 Abs. 3 GG geschützt und könnten Einschränkungen von Mitbestimmungsrechten rechtfertigen. Letztlich könne ein gewerkschaftlicher Kampfaufruf nicht immer Folge einer Einschränkung sein, sondern es komme vielmehr auf den Gegenstand des Mitbestimmungsrechts und dessen konkrete Auswirkungen auf das Kampfgeschehen an. Die Ausführungen bestätigen, dass es immer eine Einzelfallentscheidung bleibt bzw. die Auswirkungen auf die Kampfparität sich bei Vorliegen bestimmter Umstände ändern können. Zudem müsse sichergestellt werden, dass eine streikbedingte Anordnung, welche sich auf eine Mehrheit von Arbeitnehmern erstreckt, sich nur an die arbeitswilligen Arbeitnehmer richte, die ihre Arbeitsleistung ausdrücklich zur Verfügung stellen.[649] Dazu müssen diese durch eine Erklärung des Arbeitgebers erkennen, dass es sich um eine arbeitgeberseitige Arbeitskampfmaßnahme handle, an der sie durch die Erbringung einer zusätzlichen Arbeitsleistung mitwirken würden.

Das BAG hat durch die neuere Rechtsprechung die Anforderungen für eine Einschränkung erhöht, in dem es ernsthafte Gefahren und Beeinträchtigungen verlangt und nicht bei jeder Berührung mit dem Arbeitskampf dem Arbeitskampfrecht einen Vorrang einräumt. Die ursprünglich sehr vagen Ausführungen hat das BAG im Laufe der Jahre ergänzt und vervollständigt. Es verwendet weiterhin viele unbestimmte Rechtsbegriffe, konkretisiert diese aber. Das betrifft etwa die Erforderlichkeit einer „ernsthaften Beeinträchtigung“ der Arbeitskampffreiheit, wobei das BAG für den Tatbestand einer vorübergehenden Verzögerung die Einhaltung einer Frist oder die Zustimmung des Betriebsrats verlangt.

Die Vorgehensweise des BAG stellt eine Konkretisierung der Interessenabwägung zwischen den Grundrechtspositionen dar. Im Ergebnis geht es um eine Interessenabwägung zwischen den Grundrechtspositionen, dem Demokratie- und Sozialstaatsprinzip und der Koalitionsfreiheit.[650] Die Positionen müssen im Wege einer praktischen Konkordanz in einen schonenden Ausgleich gebracht werden.[651] Danach wird bestimmt, ob die Mitbestimmungsrechte im Arbeitskampf unter Umständen zurücktreten müssen, je nachdem inwieweit in die Arbeitskampffreiheit eingegriffen wird. Die Vorgehensweise des BAG – auch wenn sie zur Vereinfachung der Interessenabwägung sehr

649 BAG, Beschl. v. 20.03.2018 – 1 ABR 70/16, NZA 2018, 1081.
650 BAG, Beschl. v. 10.12.2002 – 1 ABR 7/02, NZA 2004, 223.
651 BAG, Beschl. v. 10.12.2002 – 1 ABR 7/02, NZA 2004, 223.

formelhaft erscheint – ist nicht abschließend, sondern die einzelnen Argumente und die Umstände des Einzelfalls werden weiterhin im Rahmen einer Abwägung berücksichtigt und können sich auf die Kampffähigkeit auswirken. Maßgeblich bleibt die konkrete Verschiebung der Kampfparität, sodass das BetrVG auch im Arbeitskampf Vorrang genießen kann.

### *4. Stellungnahme*

Im Folgenden wird zu der dogmatischen Begründung und der Vorgehensweise der Rechtsprechung des BAG bei der Einschränkung von Mitbestimmungsrechten Stellung genommen.

#### *a) Der Begründungsansatz der Rechtsprechung*

Wie bereits zum Ausdruck gebracht, greift das BAG als zentralen dogmatischen Grundsatz für die Einschränkung der Mitbestimmungsrechte auf ein im Arbeitskampfrecht geltendes Prinzip zurück, den Grundsatz der Arbeitskampfparität, wonach sich die Lösung der Spannungslage im Hinblick auf die gesetzlichen Mitbestimmungsrechte des Betriebsrats nach dem Verhältnis der Tarifvertragsparteien richtet.[652] Im Ausgangspunkt müssen das ursprünglich bestehende Kampfgleichgewicht und gleiche Verhandlungschancen der Tarifvertragsparteien auch im Arbeitskampf aufrechterhalten bleiben, damit durch die Ausübung der Mitbestimmungsrechte der Druck auf der einen oder anderen Seite keine derartige Intensität erreicht, dass die Verhandlungschancen zuungunsten einer Partei verschoben werden.[653]

Die vom BAG zur Einschränkung vorgebrachte dogmatische Begründung der Kampfparität und die Hilfsaspekte überzeugen nur teilweise.

##### *aa) Konfrontation zwischen Arbeitgeber und Arbeitnehmer*

Die ursprüngliche Argumentationslinie des BAG, dass durch einen Arbeitskampf eine Konfrontation zwischen den Arbeitnehmern als Belegschaft und dem Arbeitgeber auftrete und aufgrund dieser Konfrontationswirkung auf das Kampfgeschehen der Betriebsrat seine Mitbestimmungsrechte nicht ausüben

---

652 BAG, Beschl. v. 21.04.1971 – GS 1/68, AP GG Art. 9 Arbeitskampf Nr. 43; Urt. v. 10.06.1980 – 1 AZR 822/79, NJW 1980, 1642; Urt. v. 24.04.2007 – 1 AZR 252/06, NZA 2007, 987; *Wiese*, NZA 1984, 378, 380.

653 BAG, Beschl. v. 22.12.1980 – 1 ABR 2/79, AP GG Art. 9 Arbeitskampf Nr. 70; *Krummel*, BB 2002, 1418.

könne, kann nicht überzeugen. Sie wird von der Mehrheit in der Literatur abgelehnt.[654]

Das Argument der Konfrontationswirkung, insbesondere in den ersten Entscheidungen des BAG zu diesem Themenkomplex[655], erscheint aus der Luft gegriffen und sehr unspezifisch. Das Argument wurde ohne nähere Erläuterungen und eine plausible Bedeutung im Arbeitskampf verwendet.[656] Dem fügte das BAG später noch hinzu, dass in einer solchen Konfliktsituation der Konfrontationswirkung bei Aufrechterhaltung der Mitbestimmungsrechte die Gefahr bestünde, dass der Betriebsrat eine beabsichtigte Kampfmaßnahme des Arbeitgebers vereitele und dadurch zum Nachteil des Arbeitgebers in das Kampfgeschehen eingreife.[657] Eine Konfrontationswirkung hinsichtlich der Belegschaft kann allein nicht ausreichen, um die Mitbestimmungsrechte zu suspendieren, da eine solche Situation mit Konfliktpotential nicht nur im Arbeitskampf, sondern auch bei vielen verschiedenen Maßnahmen des Arbeitgebers außerhalb des Arbeitskampfes zustande kommen kann, z.B. bei Restrukturierungen, Betriebsstilllegungen, Massenkündigungen oder fristlosen Entlassungen von Betriebsratsmitgliedern.[658] Gerade in Konfliktfällen bedarf es einer vertrauensvollen Zusammenarbeit mit dem Betriebsrat und nicht der Entziehung der Befugnisse.[659] Auf der anderen Seite wird der Arbeitgeber in solchen Situationen genauso wenig Rücksicht auf die Belegschaft nehmen.[660] Demnach kann dieses Argument höchstens als Hilfskriterium Beachtung finden.[661]

---

654 *Bieback/Mayer*, AuR 1982, 169, 174; Brox/Rüthers/*Brox*, Arbeitskampfrecht, § 12 Rn. 440; Däubler/*Dette*, Arbeitskampfrecht, § 19 Rn. 138; *Mayer-Maly*, BB 1979, 1305, 1311 f.; a.A.: *Galperin/Löwisch*, BetrVG, § 74 Rn. 13; HWGNRH/*Worzalla*, BetrVG, § 74 Rn. 29; *Kraft*, SAE 1979, 303, 304.

655 BAG, Urt. v. 26.10.1971 – 1 AZR 113/68, AP GG Art. 9 Arbeitskampf Nr. 44; Urt. v. 14.02.1978 – 1 AZR 76/76, NJW 1979, 236; Urt. v. 06.03.1979 – 1 AZR 866/77, NJW 1979, 2635.

656 BAG, Urt. v. 26.10.1971 – 1 AZR 113/68, AP GG Art. 9 Arbeitskampf Nr. 44; Urt. v. 14.02.1978 – 1 AZR 76/76, NJW 1979, 236; Urt. v. 06.03.1979 – 1 AZR 866/77, NJW 1979, 2635.

657 BAG, Beschl. v. 10.12.2002 – 1 ABR 7/02, NZA 2004, 223.

658 Brox/Rüthers/*Brox*, Arbeitskampfrecht, § 12 Rn. 440.

659 Brox/Rüthers/*Brox*, Arbeitskampfrecht, § 12 Rn. 440.

660 Brox/Rüthers/*Brox*, Arbeitskampfrecht, § 12 Rn. 440.

661 So auch *Wolter*, AuR 1979, 333, 336.

### *bb) Überforderung des Betriebsrats und Unzumutbarkeit*

Auch das Überforderungs- und Unzumutbarkeitsargument, das sowohl in der Rechtsprechung als auch vereinzelt in der Literatur[662] vertreten wird, kann nicht vollständig überzeugen und wird von der überwiegenden Meinung im juristischen Schrifttum[663] abgelehnt. Nach Auffassung des BAG sei dem Betriebsrat eine Entscheidung bei Arbeitskampfmaßnahmen des Arbeitgebers in einem Arbeitskampf nicht zuzumuten und er sei vom Neutralitätsgebot überfordert. Da eine Zustimmung bzw. Ablehnung Auswirkungen auf der Arbeitgeber- oder Arbeitnehmerseite habe und von ihnen unterschiedlich bzw. negativ gedeutet werden könne, sei der Betriebsrat in einer solchen Konfliktsituation mit einer sachgerechten Wahrnehmung seiner Mitbestimmungsrechte überfordert.

Auch mit Blick auf den Grundsatz der Kampfparität passen diese Ausführungen nicht, denn üblicherweise wird das Argument der Unzumutbarkeit verwendet, um rechtlichen Schutz für eine Seite zu gewähren oder weitere Rechte – wie z.B. bei der außerordentlichen Kündigung nach § 626 Abs. 1 BGB – einzuräumen. In den vorliegenden Konstellationen geht es allerdings gerade nicht um den Schutz des Betriebsrats,[664] sondern darum, dem Arbeitgeber seine Reaktionsmöglichkeiten nicht zu nehmen.

Darüber hinaus gehört es zu den gesetzlichen Aufgaben des Betriebsrats nach § 80 Abs. 1, 2 BetrVG die Interessen der Belegschaft wahrzunehmen und sich für ihre Rechte und Pflichten einzusetzen. Insbesondere bei Maßnahmen des Arbeitgebers auch außerhalb des Arbeitskampfes, bei denen häufig die Zustimmung des Betriebsrats gem. § 87 Abs. 1 BetrVG erforderlich ist, bestehen Spannungen zwischen den Betriebsparteien, weshalb auch nach § 87 Abs. 2 BetrVG ein Konfliktlösungsmechanismus über die Einigungsstelle vorgesehen ist. In solchen alltäglichen Situationen kann es immer wieder zu schwierigen Situationen kommen, in denen die Zustimmung entweder der Belegschaft – und auch der Gewerkschaft – oder dem Arbeitgeber zugutekommt. Auch Spannungen im Verhältnis zur Belegschaft sind für den Betriebsrat nicht unüblich.[665] Solche

---

662 *Kraft*, FS Müller, S. 265, 272 f.; *Kraft*, SAE 1979, 303, 304; *Hergenröder*, SAE 2003, 343, 349.

663 Brox/Rüthers/*Brox*, Arbeitskampfrecht, § 12 Rn. 440; Däubler/*Colneric*, Arbeitskampfrecht, 2. Aufl., Rn. 667; *Eich*, DB 1979, Beil. 9, 1, 2; *Gamillscheg*, Kollektives Arbeitsrecht, Bd. I, S. 1279; *Klocke*, AuR 2020, 444, 446; *Krause*, EzA BetrVG 2001 § 80 Nr. 1; *Mayer-Maly*, BB 1979, 1305, 1312; *Roß*, Das Arbeitskampfverbot, S. 43 f.; *Wiese*, NZA 1984, 378, 381.

664 Brox/Rüthers/*Brox*, Arbeitskampfrecht, § 12 Rn. 440.

665 *Wiese*, NZA 1984, 378, 381.

Situationen kann der Betriebsrat nicht vermeiden. Seine Rechte und Pflichten werden auch nicht suspendiert. Demnach kann von keiner, wie die ursprüngliche Rechtsprechung verstanden wurde, persönlichen Überforderung ausgegangen werden. Andernfalls wäre nach Ansicht von *Eich „die Frage nach der Existenzberechtigung aufgeworfen“*.[666] Der Betriebsrat muss trotz der vertrauensvollen Zusammenarbeit in der Praxis häufig mit dem Arbeitgeber in Konfrontation[667] treten und seine Rechte ausüben, um sich durchsetzen zu können, ohne den „Stempel der Überforderung“ zu bekommen.[668] Allein die Zuweisung von gesetzlichen Aufgaben und Beteiligungsrechten zeigt die Fähigkeit des Betriebsrats, diese sachgerecht ausüben zu können.[669] Letztlich gebührt es nur dem Betriebsrat selbst, darüber zu befinden, ob er sich von seinen gesetzlichen Funktionen überfordert fühlt.[670] *Mayer-Maly*[671] kritisiert in diesem Zusammenhang, dass das Überforderungsargument, so wie es von der Rechtsprechung verwendet wird, als „metajuristisches Kriterium“ die angeführten sachlichen Gesichtspunkte vollständig unberücksichtigt lässt. Auch *Bieback/Mayer* gehen empirisch betrachtet von einer allgemeinen Vermutung der Überforderung aus, welche im Einzelfall weder differenziert noch belegt wird.[672] Darüber hinaus wird vollständig außer Acht gelassen, dass der Betriebsrat gerade nicht immer aus Solidaritätsgründen kooperationsunwillig ist, sondern die Interessen der Belegschaft und die Vermeidung von Entlassungen im Vordergrund stehen.[673] Zu diesem Zweck wird der Betriebsrat im Einzelfall auch seine Zustimmung erteilen wollen. Letztendlich fehlt für das Argument der Überforderung auch jegliche gesetzliche Grundlage.[674]

*Kraft*[675] führt hingegen hierzu mit der Rechtsprechung übereinstimmend aus, dass die Überforderung im Arbeitskampf die Wirklichkeit beschreibe. Es fehle im Arbeitskampf schon an einer vertrauensvollen Basis zwischen den Betriebspartnern, da der Betriebsrat sich aus Solidaritätsgründen zwingend auf die Seite der Gewerkschaft stellen müsse. Soweit andere mit möglichen Konfliktsituationen

---

666 *Eich*, DB 1979, 1, 2.
667 *Weiss*, AuR 1982, 265, 268.
668 *Bieback/Mayer*, AuR 1982, 169, 173.
669 Däubler/*Dette*, Arbeitskampfrecht, § 19 Rn. 138.
670 *Wolter*, AuR 1979, 333, 335.
671 *Mayer-Maly*, BB 1979, 1305, 1312.
672 *Bieback/Mayer*, AuR 1982, 169, 173.
673 *Farthmann*, RdA 1974, 65, 70.
674 *Klocke*, AuR 2020, 444, 446.
675 *Kraft*, FS Müller, S. 265, 273.

auch außerhalb des Arbeitskampfes und der Existenzberechtigung argumentieren, weist er auf das im Arbeitskampf gesteigerte Maß der Spannungslage hin.[676]

Nachvollziehbarer wurde es erst, als das BAG sich in seinem Urteil vom 13.12.2011[677] im Zusammenhang mit einer personellen Maßnahme nach § 99 BetrVG gegen den ursprünglichen Ansatz wendete und klarstellte, dass damit nicht eine fachliche und subjektive Überforderung gemeint sei. Vielmehr wollte das BAG zum Ausdruck bringen, dass dem Betriebsrat eine neutrale Ausübung seiner Mitbestimmungsrechte nicht möglich sei, da tatsächlich jede Entscheidung, zustimmend oder ablehnend, zwangsläufig einen der Tarifpartner, dem Arbeitgeber oder der Gewerkschaft, zugutekommen würde.[678] Insofern korrigierte das BAG seine Einschätzung, nachdem es ursprünglich zugelassen hatte, dass unter dem Begriff der Überforderung auch eine subjektive Überforderung zu verstehen war. Die Überforderung des Betriebsrats nach einem objektiven Verständnis der Rechtsprechung zur Einhaltung der Neutralitätspflicht bei einem Arbeitskampf der Tarifvertragsparteien erscheint, trotz einer fehlenden Grundlage im Gesetz,[679] überzeugend und kann die Rechtsprechung stützen. Die Betriebsratsmitglieder können aufgrund ihrer betriebsverfassungsrechtlichen Freiheiten gem. § 74 Abs. 3 BetrVG eine Doppelstellung als Amtsträger und Gewerkschaftsmitglied zugleich einnehmen. Da der Betriebsrat allerdings verpflichtet ist, sich in Arbeitskämpfe der Tarifparteien nicht einzumischen und die Betriebsratsmitglieder sich in ihrer Amtsstellung neutral verhalten müssen, kann objektiv keine neutrale Entscheidung getroffen werden, da eine Seite immer profitieren würde.[680] Ob der Betriebsrat auch den Willen hat und beabsichtigt, die Gewerkschaft zu unterstützen, bleibt unerheblich.[681] Auf diesem Weg kann man Interessenkollisionen der Betriebsratsmitglieder verhindern.[682]

*Meyer*[683] führt hierzu zustimmend aus, dass es dem Betriebsrat nicht zuzumuten sei, sich gegen streikende Teile der Belegschaft zu stellen und in einen

676 So auch in *Kraft*, SAE 1979, 303, 304.

677 BAG, Beschl. v. 13.12.2011 – 1 ABR 2/10, NZA 2012, 571; vgl. *Klocke*, AuR 2020, 444, 446.

678 So auch *Reichold*, NZA 2004, 247 ff., der den Betriebsrat als „trojanisches Pferd" bezeichnet; GK-BetrVG/*Raab*, BetrVG, § 102 Rn. 17; *Kempen*, NZA 2005, 185; *Sura*, NZA-RR 2018, 551, 555.

679 APS/*Koch*, BetrVG, § 102 Rn. 15; DKW/*Bachner*, BetrVG, § 102 Rn. 43.

680 *Kleinmann/Fündling*, NZA 2018, 1386, 1388; *Meyer*, ZTR 2013, 8, 12; *Seiter*, Streikrecht und Aussperrungsrecht, S. 371; *Seiter*, RdA 1979, 393, 397.

681 BAG, Beschl. v. 13.12.2011 – 1 ABR 2/10, NZA 2012, 571.

682 *Seiter*, RdA 1979, 393, 397.

683 *Meyer*, RdA 2018, 380, 381; auch schon *Meyer*, BB 2012, 2753, 2754.

Loyalitätskonflikt zwischen dem Arbeitgeber und den betrieblichen Interessen zu geraten.

Der Nachweis einer nachteiligen Regelungsabsicht könnte aber für den Betriebsrat Konsequenzen gem. § 23 BetrVG nach sich ziehen. Trotz der nachträglichen Korrektur erlangt das Überforderungsargument erst im Zusammenhang mit der Gewährleistung der Kampfparität Bedeutung, da die unmögliche Wahrung der Neutralitätspflicht gerade die Chancengleichheit beeinträchtigen würde. Auch die fehlende Erwähnung dieses Überforderungsarguments in der jüngsten Entscheidung des BAG[684] und der Hinweis, eine weitergehende als eine durch Art. 9 Abs. 3 GG vorgegebene Beschränkung sei nicht geboten, verdeutlicht die schwindende Bedeutung.[685] Demzufolge kann dieses Kriterium allein keine Grundlage für die Suspendierung der Mitbestimmungsrechte im Arbeitskampf bieten.

### *cc) Grundsatz der Kampfparität*

Nach der ständigen Rechtsprechung des BAG[686] und der herrschenden Meinung in der Literatur[687] ist der Grundsatz der Kampfparität der maßgebliche dogmatische Anknüpfungspunkt für die Einschränkung der Mitbestimmungsrechte in einem Arbeitskampf. Nach diesem arbeitskampfrechtlichen Ansatz muss zur Wahrung der Parität und der Chancengleichheit dem Arbeitgeber die volle Handlungsfreiheit gewährt werden.[688]

Dieser Grundsatz beruht auf der Parität des Tarifvertragssystems.[689] Er stammt aus dem Arbeitskampfrecht und schreibt vor, dass zur Aufrechterhaltung der Tarifautonomie beide Kampfparteien ein hinreichendes Kampfgleichgewicht aufweisen müssen.[690] Im Rahmen des Grundsatzes der Verhältnismäßigkeit müssen beiden Tarifparteien Arbeitskampfmittel zur Verfügung stehen, um

---

684 BAG, Beschl. v. 20.03.2018 – 1 ABR 70/16, NZA 2018, 1081.

685 *Klocke*, Das BetrVG und der Arbeitskampf, S. 53; *Klocke*, AuR 2020, 444, 446.

686 BAG, Beschl. v. 20.03.2018 – 1 ABR 70/16, NZA 2018, 1081; Urt. v. 14.08.2018 – 1 AZR 287/17, NZA 2019, 100.

687 *Boemke*, jurisPR-ArbR 6/2019 Anm. 2; Brox/Rüthers/*Brox*, Arbeitskampfrecht, § 12 Rn. 441; *Eich*, DB 1979, Beil. 9, 1, 2 ff.; GK-BetrVG/*Jacobs*, BetrVG, § 74 Rn. 72 m.w.N.; *Kalb*, Arbeitskampfrecht, Rn. 332; *Kissel*, Arbeitskampfrecht, § 36 Rn. 51; *Kleinmann/Fündling*, NZA 2018, 1386, 1388; Richardi BetrVG/*Maschmann*, BetrVG, § 74 Rn. 33 ff.

688 *Bieback/Mayer*, AuR 1982, 169.

689 Richardi BetrVG/*Maschmann*, BetrVG, § 74 Rn. 36, 42.

690 MHdB ArbR/*Ricken*, § 272 Rn. 55.

im Rahmen der Tarifautonomie durch Verhandlungen und notfalls durch Ausübung von Druck und Gegendruck zu einer Einigung zu gelangen.[691] Für eine funktionierende Tarifautonomie, die durch Art. 9 Abs. 3 GG gewährleistet wird, muss sichergestellt sein, dass eine Tarifpartei der anderen nicht von vornherein ihren Willen aufzwingen kann, sondern dass annähernd gleiche Verhandlungschancen bestehen.[692] Nur so kann eine wirksame Tarifautonomie bestehen und ein ausgehandelter Vertragsschluss erreicht werden.[693] Es ist daher festzuhalten, dass die grundgesetzlich gewährleistete Tarifautonomie gleichwertige und faire Verhandlungschancen sowie Durchsetzungskraft zwischen den Parteien voraussetzt und das Arbeitskampfrecht für die Herstellung des Gleichgewichts zuständig ist.[694] Im Ergebnis muss der Arbeitgeber jederzeit in der Lage sein, auf Forderungen des Gegenspielers unbeeinflusst zu reagieren.[695]

Der aus Art. 9 Abs. 3 GG abzuleitende Grundsatz der Kampfparität wird von der Rechtsprechung gegenüber dem Betriebsrat als Nicht-Tarifvertragspartei angewandt und verlangt, dass bei einer nachteiligen Einwirkung in das Kampfgeschehen eine Einschränkung der Mitbestimmungsrechte vorzunehmen ist.[696] Diese Grundsätze gelten allerdings nur für den rechtmäßigen Streik zur tariflichen Regelung von Arbeits- und Wirtschaftsbedingungen, da der Schutzbereich der Koalitionsfreiheit und der Tarifautonomie nach Art. 9 Abs. 3 GG nur dann eröffnet ist und die Möglichkeit von Arbeitskämpfen mitumfasst.[697] Das Arbeitskampfrecht räumt dem Arbeitgeber im Rahmen der Kampfmittelfreiheit die Möglichkeit von Kampfmaßnahmen ein. Unter den Begriff der Kampfmaßnahmen fallen auch Gegenmaßnahmen des Arbeitgebers, die als Reaktion auf den Streik erfolgen. Diese Kampfmaßnahmen dürfen, soweit sie die Kampffreiheit tatsächlich beeinträchtigen, nicht von der Beteiligung des Betriebsrats

---

691 BAG, Beschl. v. 21.04.1971 – GS 1/68, AP GG Art. 9 Arbeitskampf Nr. 43.

692 BAG, Beschl. v. 21.04.1971 – GS 1/68, AP GG Art. 9 Arbeitskampf Nr. 43; Urt. v. 10.06.1980 – 1 AZR 822/79, NJW 1980, 1642.

693 BAG, Beschl. v. 21.04.1971 – GS 1/68, AP GG Art. 9 Arbeitskampf Nr. 43.

694 BVerfG, Urt. v. 11.07.2017 – 1 BvR 1571/15, 1 BvR 1588/15, 1 BvR 2883/15, 1 BvR 1043/16, 1 BvR 1477/16, NZA 2017, 915; BAG, Urt. v. 10.06.1980 – 1 AZR 822/79, NJW 1980, 1642; ErfK/*Linsenmaier*, GG, Art. 9 Rn. 112.

695 BVerfG, Beschl. v. 26.06.1991 – 1 BvR 779/85, BVerfGE 84, 212; *Eich*, DB 1979, Beil. 9, 1, 2; *Litschen*, NZA-RR 2015, 57, 60.

696 BAG, Beschl. v. 20.03.2018 – 1 ABR 70/16, NZA 2018, 1081.

697 BAG, Beschl. v. 24.04.1979 – 1 ABR 43/77, AP GG Art. 9 Arbeitskampf Nr. 63; Beschl. v. 10.12.2002 – 1 ABR 7/02, NZA 2004, 223; Brox/Rüthers/*Brox*, Arbeitskampfrecht, § 12 Rn. 441.

abhängen.[698] Die Kontrollfunktion des Betriebsrats bei Mitbestimmungstatbeständen könnte nämlich über den Ausgang des tariflichen Arbeitskampfes entscheiden. Dem Arbeitgeber wären seine tarifvertraglichen Freiheiten und verfassungsrechtlich eingeräumten Kampfmaßnahmen genommen. Dadurch würde das Kampfgleichgewicht irreversibel beeinträchtigt und würde zu erheblichen Nachteilen im Rahmen der Tarifverhandlungen führen. Da Kampfrechte ihre normative Grundlage in der Kampfparität haben, kann auch nur dieser Grundsatz eine Korrektur im Verhältnis zur Mitbestimmungsordnung schaffen. Der Verzicht auf eine arbeitskampfkonforme Auslegung würde hingegen gerade die Wirkung von Kampfmaßnahmen auf die Herstellung des Verhandlungsgleichgewichts konterkarieren.[699]

Bei Beachtung der Mitbestimmungsrechte des Betriebsrats können die Abwehrmaßnahmen des Arbeitgebers als Reaktion auf Kampfmaßnahmen der Gewerkschaft zumindest zeitlich vorübergehend verzögert werden. Da es insbesondere im Arbeitskampf auf die schnelle Reaktion des Arbeitgebers im Hinblick auf Maßnahmen zur Aufrechterhaltung der Produktion, Kostensenkungsmaßnahmen oder andere Anordnungen ankommt, würde eine vorübergehende Verzögerung von einigen Tagen sich erheblich auswirken, sodass die Chancengleichheit beeinträchtigt wäre. Insbesondere ein Arbeitsausfall von mehreren Tagen oder Wochen – wenn um die Zustimmung vor dem Arbeitsgericht oder der Einigungsstelle gestritten wird – kann sich erheblich auf das Kräfteverhältnis auswirken.[700]

Es gibt allerdings in der Literatur auch Stimmen[701], die sich zwar hinsichtlich der Erforderlichkeit einer Einschränkung der Rechtsprechung anschließen, jedoch den Grundsatz der Kampfparität als Ansatz für die Einschränkung von Mitbestimmungsrechten ablehnen. Insbesondere wegen der vagen und unbestimmten Begrifflichkeiten, die das BAG für die Begründung verwendet, und der schwierigen Bestimmbarkeit der Paritätsrelevanz, sei der Ansatz nicht praktikabel genug und führe zu willkürlichen Ergebnissen.[702] Ferner sei der Paritätsgrundsatz zu formelhaft und inhaltsleer[703] und könne nicht stringent zu

698 *Richardi*, FS der deutschen Richterakademie, S. 111, 120.

699 *Richardi*, FS der deutschen Richterakademie, S. 111, 123.

700 So auch *Roß*, Das Arbeitskampfverbot, S. 46.

701 *Fitting*, BetrVG, § 74 Rn. 20; GK-BetrVG/*Jacobs*, BetrVG, § 74 Rn. 76 m.w.N.; Heinze, DB 1982, Beil. 23, 1, 4 ff.; *Heinze*, SAE 1980, 223 224 f.; HWGNRH/*Worzalla*, BetrVG, § 87 Rn. 89; *Jahnke*, ZfA 1984, 69, 90; *Kraft*, SAE 1979, 303, 304.

702 GK-BetrVG/*Jacobs*, BetrVG, § 74 Rn. 76 m.w.N.; *Bieback/Mayer*, AuR 1982, 169, 172.

703 *Büchner*, BlStSozArbR 1985, 145, 147; Däubler/*Dette*, Arbeitskampfrecht, § 19 Rn. 131; *Heinze*, DB 1982, Beil. 23, 1, 4.

nachvollziehbaren und sicheren Ergebnissen führen.[704] Weder der das Arbeitskampfrecht beherrschende Grundsatz der Kampfparität noch die Verhältnismäßigkeit seien als Abgrenzungskriterien geeignet.[705] Die ohne nähere Konkretisierung vorgenommene Annahme einer Einschränkung von Mitbestimmungsrechten zur Wahrung der Chancengleichheit gehe eindeutig zulasten des Betriebsrats und der Arbeitnehmerschutzrechte.[706]

*Wolter*[707] weist kritisch auf die methodische Ungenauigkeit hin, da bereits unklar sei, wie das betriebsverfassungsrechtliche mit dem tarifvertraglichen Kräfteverhältnis vermittelt werde. *Weiss*[708] betrachtet das BetrVG als funktionales Äquivalent zum klassischen Arbeitnehmerschutzrecht und verneint daher die Möglichkeit, aus Paritätsgründen Mitbestimmungsrechte zu suspendieren. Ferner sei der Ansatz nicht überzeugend, da man aus Gründen des Arbeitnehmerschutzes den Grundsatz auch auf den Arbeitgeber anwenden könne, um Maßnahmen zu suspendieren, die Arbeitnehmerrechte berühren. Daher lehnt er einen Eingriff in Betriebsratsbefugnisse ab und verweist bei missbräuchlichen Entscheidungen auf die Verfahrensmöglichkeiten im BetrVG.[709] Die Handlungsfähigkeit des Arbeitgebers liege zum Teil auch in seiner eigenen Hand, denn er könne die zeitliche Verzögerung der von ihm beabsichtigten Maßnahme durch vorausschauende Planung mildern.[710]

*Wiese*[711] kritisiert ausdrücklich, dass der Ansatz des BAG dem Zweck des § 74 Abs. 2 S. 1 BetrVG widerspreche und damit nicht vereinbar sei. Der Zweck der Vorschrift richte sich nicht auf die betriebsverfassungsrechtliche Absicherung der Kampfparität, sondern auf die Wahrung des Friedens zwischen den Betriebsparteien. Insofern sei der Ansatz des BAG im Ergebnis zwar richtig, jedoch im Hinblick auf die Beschränkung von Kampfmitteln zu eng. Er müsse im Sinne einer betriebsverfassungsrechtlichen Interpretation viel weiter gehen.

Auch *Klocke*[712] kritisiert den dogmatischen Ansatz der Rechtsprechung. Das BAG beschränke sich bei der Paritätsprüfung auf die Eingriffsebene, ohne im

---

704 *Büchner*, Die Streikarbeit, S. 94; GK-BetrVG/*Jacobs*, BetrVG, § 74 Rn. 76; *Heinze*, DB 1982, Beil. 23, 1; 4; *Jahn*, Die Beteiligung des Betriebsrats, S. 66 f.; *Wolter*, AuR 1979, 333, 336.

705 HWGNRH/*Worzalla*, BetrVG, § 87 Rn. 89.

706 *Bieback/Mayer*, AuR 1982, 169, 172; *Büchner*, Die Streikarbeit, S. 99.

707 *Wolter*, AuR 1979, 333, 336.

708 *Weiss*, AuR 1982, 265, 267.

709 *Weiss*, AuR 1982, 265, 268.

710 *Bieback/Mayer*, AuR 1982, 169, 175.

711 *Wiese*, NZA 1984, 378, 380; so auch *Jahnke*, ZfA 1984, 69, 89 f.

712 *Klocke*, AuR 2020, 444 447.

Rahmen einer weitergehenden Verhältnismäßigkeitsprüfung eine praktische Konkordanz durchzuführen. Die Vorgehensweise des BAG blende die Arbeitnehmerrechte vollständig aus. Vielmehr müssten statt nur einer abstrakten Prüfung regelmäßig die Arbeitnehmerinteressen durch Abwägung im Einzelfall mitberücksichtigt werden.

Die Kritik in der Literatur hinsichtlich der fehlenden Bestimmtheit des Ansatzes der Rechtsprechung ist nicht länger haltbar. Die Rechtsprechung hat nämlich im Laufe der Zeit ihre Vorgehensweise der arbeitskampfkonformen Auslegung ausgebaut und konkretisiert, sodass ein nachvollziehbarer und überprüfbarer Ansatz vorliegt. Eine konkrete Interessenabwägung findet indes nicht statt. Dass die Rechtsprechung nicht in der Lage ist, anhand des Grundsatzes der Kampfparität konkret die Paritätsstörung zu ermitteln und dass der Grundsatz zu formelhaft bzw. unbestimmt erscheint, kann den Ansatz des BAG nicht erschüttern, denn die mangelnde Konkretisierung[713] ist dem Grundsatz der Kampfparität und dem generellen Vorgehen bei der Ermittlung einer Paritätsstörung durch das BAG immanent.[714] Dies ist keine Besonderheit bei der Einschränkung der Mitbestimmungsrechte.[715] Dieses abstrakte und typisierende Vorgehen ist verfassungsrechtlich unbedenklich. Das BAG ist nicht verpflichtet alle denkbaren Einflussfaktoren, insbesondere situationsbedingte Vorteile, in die Beurteilung der Paritätsfrage einzubeziehen, sondern darf die Einschätzung auf die Auswirkungen der Verhandlungsstärke beim Aushandeln von Tarifverträgen und die Beeinflussung durch Arbeitskampfmittel beschränken.[716] Insofern ist es zulässig, dass sich das BAG bei seiner Beurteilung auf wenige Kriterien beschränkt, die einer typisierenden Betrachtung zugänglich sind, und mit abstrakten Formeln prüft.[717] Nach Auffassung des BAG diene diese vereinfachende Sicht dem Zweck der Klarheit und Berechenbarkeit des Arbeitskampfrechts und solle die Funktionsfähigkeit der Tarifautonomie bei Arbeitskämpfen gewährleisten.[718] Trotz der Abstraktionshöhe schafft die Kampfparität damit eine Grenze, die nicht überschritten werden darf.[719] Zentraler und angemessener Maßstab

713 *Litschen*, NZA-RR 2015, 57, 60.
714 BVerfG, Beschl. v. 26.06.1991 – 1 BvR 779/85, BVerfGE 84, 212.
715 BVerfG, Beschl. v. 26.06.1991 – 1 BvR 779/85, BVerfGE 84, 212.
716 BVerfG, Beschl. v. 26.06.1991 – 1 BvR 779/85, BVerfGE 84, 212; BAG, Urt. v. 10.06.1980 – 1 AZR 822/79, NJW 1980, 1642.
717 BVerfG, Beschl. v. 26.06.1991 – 1 BvR 779/85, BVerfGE 84, 212; BAG, Urt. v. 10.06.1980 – 1 AZR 822/79, NJW 1980, 1642; MHdB ArbR/*Ricken*, § 272 Rn. 55 ff.
718 BVerfG, Beschl. v. 26.06.1991 – 1 BvR 779/85, BVerfGE 84, 212.
719 BAG, Urt. v. 19.06.2007 – 1 AZR 396/06, AP GG Art. 9 Arbeitskampf Nr. 173.

für die konkrete Beurteilung der Maßnahme bleibt hingegen der Grundsatz der Verhältnismäßigkeit.[720]

Nichts anderes muss im Verhältnis zum Betriebsrat gelten. Maßgeblich ist, ob der Arbeitgeber bei der gebotenen typisierenden Betrachtungsweise die Möglichkeit hat, auch bei Bestehen eines Mitbestimmungsrechts des Betriebsrats ohne erhebliche Nachteile die Folgen des Streiks abzuwenden.[721] Der Betriebsrat führt mit der Wahrnehmung seiner Mitbestimmungsrechte zwar keine Kampfmaßnahme durch, jedoch darf er mit seiner Zustimmungsentscheidung weder den Streik als Kampfmaßnahme der Gewerkschaft stärken noch die Kampfmaßnahme des Arbeitgebers als Reaktion auf den Streik behindern. Da der Schutzbereich der Koalitionsfreiheit alle koalitionsspezifischen Verhaltensweisen abdeckt, sind neben der Aussperrung auch alle typisierbaren Kampfformen des Arbeitgebers in Form von kampbedingten Anordnungen von Art. 9 Abs. 3 GG mitumfasst.[722] Der Grundsatz der Verhältnismäßigkeit findet zwar im Rahmen der arbeitskampfkonformen Prüfung des BAG wörtlich keine Erwähnung, er wird aber in der konkreten Prüfung der Intensität des Mitbestimmungsrechts und dessen Auswirkungen auf die Kampffähigkeit des Arbeitgebers mitberücksichtigt. So hat auch das BVerfG in seiner Entscheidung vom 07.04.1997[723] bereits die arbeitskampfkonforme Einschränkungsmöglichkeit von Mitbestimmungsrechten – im vorliegenden Fall die Einschränkung des § 99 BetrVG – als verfassungskonforme Auslegung[724] gebilligt.

Daher ist auch die Kritik von *Klocke* unberechtigt, soweit er anführt, dass die Paritätsprüfung lediglich auf der Eingriffsebene stattfinde und eine weitergehende Verhältnismäßigkeitsprüfung in Form einer praktischen Konkordanz nicht stattfinde. Die Mitbestimmungs- und Arbeitnehmerrechte finden gerade dergestalt Berücksichtigung, dass das BAG auf die Intensität der jeweiligen Mitbestimmungs- und Beteiligungsrechte abstellt. Bei einer gebotenen typisierenden Betrachtungsweise prüft das BAG – falls nötig – im Einzelfall, ob das jeweilige Beteiligungsrecht die beabsichtigten Arbeitskampfmaßnahmen des Arbeitgebers nennenswert und spürbar zu behindern vermag.[725] Hierbei setzt

720 BAG, Urt. v. 19.06.2007 – 1 AZR 396/06, AP GG Art. 9 Arbeitskampf Nr. 173.

721 BAG, Beschl. v. 10.12.2002 – 1 ABR 7/02, NZA 2004, 223.

722 *Krause*, EzA BetrVG 2001 § 80 Nr. 1.

723 BVerfG, Beschl. v. 07.04.1997 – 1 BvL 11/96, NZA 1997, 773; BAG, Beschl. v. 10.12.2002 – 1 ABR 7/02, NZA 2004, 223.

724 So auch *Otto*, NZA 1992, 97, 104.

725 BAG, Beschl. v. 10.12.2002 – 1 ABR 7/02, NZA 2004, 223.

sich das Gericht auch mit dem Vortrag und einzelnen Argumenten gegen eine Kampfwirkung auseinander. Dieses Vorgehen kommt insbesondere in einer Entscheidung des BAG zum Informationsanspruch des Betriebsrats in einem Arbeitskampf zum Ausdruck.[726] Diese Entscheidung zeigt ferner, dass sich das BetrVG im Rahmen eines schonenden Ausgleichs gegen das Arbeitskampfrecht durchsetzen kann. Für die Fälle, in denen der Arbeitgeber für die Durchführung einer rechtmäßigen Kampfmaßnahme während eines Streikgeschehens an die Einhaltung einer Frist oder ein positives Votum des Betriebsrats gebunden ist, fällt die Abwägung zulasten der Rechte des Betriebsrats aus. Der konkretisierte Ansatz des BAG ist gerade Ausfluss einer Interessenabwägung. Bei Hinzukommen weiterer erheblicher Umstände, können diese in die Prüfung einbezogen werden.

Nach dem Ansatz der Rechtsprechung[727] reicht es für eine Paritätsbeeinträchtigung aus, dass eine Arbeitskampfmaßnahme des Arbeitgebers zumindest vorübergehend verhindert und dadurch zusätzlicher Druck auf ihn ausgeübt wird. Die vorübergehende Verhinderung der Arbeitskampfmaßnahme und die Druckausübung sind für die Begründung der Einschränkung des Mitbestimmungsrechts von besonderer Bedeutung. Ferner werden aus dogmatischer Sicht das Verhältnis zwischen Arbeitskampfrecht und Betriebsverfassungsrecht sowie die Einschränkungsmöglichkeit bei rechtswidrigen Streiks in der Literatur kontrovers diskutiert. Daher soll im Folgenden noch auf diese Punkte eingegangen werden.

#### *(1) Zumindest vorübergehende Verhinderung der Arbeitskampfmaßnahme*

Die ständige Rechtsprechung lässt die vorübergehende Verhinderung der beabsichtigten Kampfmaßnahme durch die Ausübung der Mitbestimmungsrechte für einen Eingriff in die Arbeitskampffreiheit des Arbeitgebers ausreichen. Um die Reaktionsfähigkeit des Arbeitgebers in einer Ausnahmesituation wie dem Streik zu gewährleisten, dürfen seine Abwehrmaßnahmen in zeitlicher Hinsicht keinerlei Verzögerungen unterworfen sein. Eine verzögerte Entscheidung kann große Auswirkungen z.B. auf die Produktion haben und den vom Streik beabsichtigten Effekt zum Erfolg verhelfen. Das Kriterium der vorübergehenden Verhinderung ist zwar auf den ersten Blick nicht vollständig greifbar, da keine konkreten Zeitangaben für die Erfüllung dieser Voraussetzung vorliegen. Die

726 BAG, Beschl. v. 10.12.2002 – 1 ABR 7/02, NZA 2004, 223.

727 BAG, Beschl. v. 20.03.2018 – 1 ABR 70/16, NZA 2018, 1081.

Rechtsprechung gibt allerdings zur Vermeidung von Rechtsunsicherheit Hilfestellung und macht die vorübergehende Verhinderung von der Einhaltung einer Frist oder eines positiven Votums des Betriebsrats und ggf. dessen Ersetzung durch die Einigungsstelle abhängig. Geringfügige Beschwernisse, wie z.B. Informationspflichten, die zwar einen gewissen Aufwand auch in zeitlicher Hinsicht erfordern, aber nicht an eine Frist oder Zustimmung gebunden sind, stellen keine erhebliche Beeinträchtigung dar.[728]

### *(2) Ausübung zusätzlichen Drucks auf Arbeitgeber*

Die Frage der konkreten Ermittlung des zusätzlichen Drucks stellt sich nicht, da die Rechtsprechung bei der Geeignetheit einer vorübergehenden Verhinderung einer beabsichtigten Kampfmaßnahme des Arbeitgebers grundsätzlich die zusätzliche Druckausübung annimmt. Insofern verknüpft sie diese beiden Voraussetzungen. Maßgeblich bleibt lediglich die Prüfung der vorübergehenden Verhinderung. Diese Voraussetzung wird auch in der die arbeitskampfkonforme Auslegung ablehnenden Literatur[729] gefordert, ohne jedoch genaue Kriterien zur Feststellung des zusätzlichen Drucks zu nennen. Die Arbeitskampfbedingtheit oder die Bezogenheit könne zwar ein Indiz darstellen, es solle jedoch im Einzelfall auf die Intensität des jeweiligen Beteiligungsrechts ankommen.

### *(3) Arbeitskampfrecht vs. Betriebsverfassungsrecht*

Stimmen in der Literatur[730] halten den Paritätsgrundsatz dogmatisch auch deshalb für nicht tragbar, weil das richterrechtlich entwickelte Arbeitskampfrecht das Betriebsverfassungsrecht als formelles Gesetz nicht durchbrechen könne. Ebenso wie die Kampfparität gem. Art. 9 Abs. 3 GG genieße das Betriebsverfassungsrecht Verfassungsrang nach dem Sozialstaatsprinzip gem. Art. 20 GG und dürfe sich daher nicht pauschal dem Arbeitskampfrecht unterordnen.[731]

Das BetrVG muss sich nicht immer pauschal unterordnen. Da auch im Arbeitskampf betriebsverfassungsrechtliche Mitbestimmungsrechte mangels konkreter Regelung im BetrVG berücksichtigt werden müssen, muss zwangsweise einer der Bereiche sich im Einzelfall unterordnen.[732] Nach Auffassung des

---

728 BAG, Beschl. v. 10.12.2002 – 1 ABR 7/02, NZA 2004, 223.

729 GK-BetrVG/*Jacobs*, BetrVG, § 74 Rn. 78.

730 GK-BetrVG/*Jacobs*, BetrVG, § 74 Rn. 74 m.w.N.; *Patett*, Arbeitskampffernwirkungen, S. 474 f.; *Wolter*, AuR 1979, 333, 336.

731 *Mayer*, AuR 1980, 65, 71 f.

732 Gagel/*Klein*, SGB II/III, § 160 Rn. 96.

BAG habe die Tarifautonomie aufgrund ihres Verfassungsrangs Vorrang gegenüber den Mitbestimmungsrechten des Betriebsrats nach dem BetrVG, sodass das BetrVG weichen müsse.[733] Das BAG nahm allerdings keinen pauschalen Vorrang für jeden Fall der Kollision an, sondern stellte klar, dass das BetrVG nur weichen müsse, soweit die Mitbestimmungsrechte geeignet seien, die Kampffähigkeit des Arbeitgebers zu beeinflussen.[734] Es komme für die Beschränkungsmöglichkeiten auf den konkreten Gegenstand des jeweiligen Mitbestimmungsrechts und dessen Auswirkungen an.[735] In einer späteren Entscheidung[736] stellte die Rechtsprechung ausdrücklich klar, dass das BetrVG dem Arbeitskampfrecht nicht schlechthin untergeordnet sei und nicht bei jeder Berührung mit Arbeitskampfmaßnahmen zurücktreten müsse. Vielmehr müssten beide Rechte in einen schonenden Ausgleich gebracht werden.[737] Der Vorrang der Tarifautonomie gelte nur gegenüber sie einschränkenden Mitbestimmungsrechten des Betriebsrats. Somit besteht kein Anlass für eine arbeitskampfkonforme Einschränkung, soweit der Arbeitgeber nicht daran gehindert ist, unabhängig von der Entscheidung und dem Willen des Betriebsrats auf den Arbeitskampf zu reagieren.[738] Der Eingriff in das BetrVG muss arbeitskampfrechtlich gerechtfertigt sein.[739]

#### *(4) Einschränkung von Mitbestimmungsrechten während rechtswidriger Streiks*

Das BAG wendet den Grundsatz der Kampfparität aufgrund der möglichen Verschiebung der Chancengleichheit zugunsten der Gewerkschaft ausdrücklich nur bei rechtmäßigen Arbeitskämpfen an, denn nur diese werden von der verfassungsrechtlich gewährleisteten Tarifautonomie geschützt.[740]

Zur Suspendierung von Mitbestimmungsrechten bei rechtswidrigen bzw. wilden Streiks greift das BAG ebenso auf die arbeitskampfkonforme Auslegung

---

733 BAG, Beschl. v. 24.04.1979 – 1 ABR 43/77, AP GG Art. 9 Arbeitskampf Nr. 63; Beschl. v. 10.12.2002 – 1 ABR 7/02, NZA 2004, 223.

734 BAG, Beschl. v. 10.12.2002 – 1 ABR 7/02, NZA 2004, 223.

735 BAG, Beschl. v. 20.03.2018 – 1 ABR 70/16, NZA 2018, 1081.

736 BAG, Beschl. v. 10.12.2002 – 1 ABR 7/02, NZA 2004, 223; Beschl. v. 20.03.2018 – 1 ABR 70/16, NZA 2018, 1081.

737 BAG, Beschl. v. 10.12.2002 – 1 ABR 7/02, NZA 2004, 223.

738 BAG, Beschl. v. 10.12.2002 – 1 ABR 7/02, NZA 2004, 223; ErfK/*Kania*, BetrVG, § 74 Rn. 14; Richardi, BetrVG/*Maschmann*, BetrVG, § 74 Rn. 35.

739 BAG, Urt. v. 14.08.2018 – 1 AZR 287/17, NZA 2019, 100.

740 BAG, Beschl. v. 24.04.1979 – 1 ABR 43/77, AP GG Art. 9 Arbeitskampf Nr. 63; Beschl. v. 10.12.2002 – 1 ABR 7/02, NZA 2004, 223.

zurück und argumentierte in der Vergangenheit mit dem Grundsatz der Waffengleichheit.[741] In seiner Entscheidung vom 24.04.1979 differenzierte das BAG sodann im Wege eines obiter dictum zu rechtswidrigen Streiks und führte lediglich das Argument der Konfrontation und der Überforderung an, ohne auf den Paritätsgrundsatz zurückzugreifen.[742] Eine Entscheidung bringe den Betriebsrat in jedem Fall in eine Konfliktsituation, in der er keine neutrale Entscheidung treffen könne und aus Solidaritätserwägungen gezwungen sein könne, zugunsten der rechtswidrig Streikenden zu entscheiden. Damit greift das BAG sowohl für rechtmäßige als auch für rechtswidrige Streiks auf die arbeitskampfkonforme Auslegung zurück, begründet dies allerdings bei rechtswidrigen Streiks nicht mehr mit dem Grundsatz der Waffengleichheit bzw. Kampfparität, sondern mit den aus meiner Sicht neben der Kampfparität verwendeten Hilfsargumenten. Da der vom ursprünglichen Begründungsansatz der Waffengleichheit abweichende Ansatz der Überforderung und Konfrontation vom BAG ohne Veranlassung in der Entscheidung durch ein obiter dictum angeführt wurde, spricht dies für eine Änderung des Ansatzes für künftige Entscheidungen bei rechtswidrigen bzw. wilden Streiks.[743] Allerdings bleibt abzuwarten, ob auf den Paritätsgrundsatz in diesem Zusammenhang gänzlich verzichtet werden wird.

Einige Stimmen im Schrifttum[744] nehmen den Ansatz der Rechtsprechung bei rechtswidrigen Streiks allerdings zum Anlass, um ihre Auffassung gegen den Grundsatz der Kampfparität zu untermauern, denn der tragende Gesichtspunkt der Rechtsprechung passe gerade nicht auf rechtswidrige bzw. wilde Streiks und könne keine umfassende Lösung bieten. Die Gewährleistung einer Chancengleichheit zwischen den Tarifparteien zur Schaffung einer funktionierenden Tarifautonomie sei nach Art. 9 Abs. 3 GG nur auf rechtmäßige Streiks bezogen.[745] Vorrangig seien bei rechtswidrigen Streiks, also außerhalb ordnungsgemäßer Arbeitskämpfe, die gesetzlichen Regelungen im BetrVG zu beachten

---

741 BAG, Urt. v. 14.02.1978 - 1 AZR 76/76, NJW 1979, 236; Urt. v. 14.02.1978 - 1 AZR 54/76, NJW 1978, 2054; Beschl. v. 24.04.1979 - 1 ABR 43/77, NJW 1980, 140; vgl. auch *Patett*, Arbeitskampffernwirkungen, S. 466.

742 BAG, Beschl. v. 24.04.1979 - 1 ABR 43/77, AP GG Art. 9 Arbeitskampf Nr. 63.

743 So auch *Jahn*, Die Beteiligung des Betriebsrats, S. 77 f.

744 *Bieback/Mayer*, AuR 1982, 169, 176; Brox/Rüthers/*Brox*, Arbeitskampfrecht, § 12 Rn. 442; *Kalb*, Arbeitskampfrecht, Rn. 332; *Konzen*, AP GG Art. 9 Arbeitskampf Nr. 57–59; *Kraft*, FS Müller, S. 265, 270; *Kraft*, SAE 1979, 303, 304; *Wiese*, NZA 1984, 378, 380.

745 Brox/Rüthers/*Brox*, Arbeitskampfrecht, § 12 Rn. 442; *Kalb*, Arbeitskampfrecht, Rn. 332.

und die danach zuständigen Stellen in Anspruch zu nehmen, da der Arbeitgeber nicht mit einem Abwehrkampf reagieren müsse.[746] *Brox* führt ferner an, dass in der Praxis die Frage der Rechtmäßigkeit oder Rechtswidrigkeit eines Streiks für den Arbeitgeber Unsicherheiten und Beurteilungsschwierigkeiten hervorbringe, die gravierende Rechtsfolgen haben können. Abhilfe könne man mit einer Vermutungswirkung[747] für die Rechtmäßigkeit gewerkschaftlich geführter Streiks schaffen.[748] Danach könne der Arbeitgeber darauf vertrauen und die Mitbestimmungsrechte einschränken. Anders soll es bei eindeutig und für den Arbeitgeber erkennbar nicht tariflichen Arbeitskämpfen sein.

Weiter wird angeführt, dass spontane, nicht von Gewerkschaften geführte Arbeitsniederlegungen als Individualmaßnahmen angesehen werden und wegen Vertragsbruchs rechtswidrig seien.[749] Entsprechend müssten die Gegenreaktionen des Arbeitgebers ebenso als Individualhandeln gewertet werden, anstatt als kollektive Kampfmaßnahme. Im Ergebnis seien Einschränkungen von Mitbestimmungsrechten nur bei rechtmäßigen Arbeitskämpfen zulässig, wohingegen bei rechtswidrigen Arbeitskämpfen die Verfahren nach dem BetrVG eingehalten werden müssten.

Diese Auffassung, die Mitbestimmungsrechte bei rechtswidrigen Streiks nicht einzuschränken, erscheint allerdings aufgrund der sich für den Arbeitgeber – und insgesamt für die Rechtslage – ergebenden Unsicherheiten nicht überzeugend. Dem Arbeitgeber darf nicht das Risiko aufgebürdet werden, in einer Ausnahmesituation unter Zeitdruck über die Rechtmäßigkeit eines Streiks zu entscheiden, um Abwehranordnungen zu treffen. Auch wenn der Paritätsgrundsatz dogmatisch nicht geeignet ist, die Mitbestimmungsrechte zu suspendieren, bietet der Lösungsansatz der Rechtsprechung dennoch den besseren Ansatz und räumt Beurteilungsschwierigkeiten aus. Denn auch bei rechtswidrigen Streiks bleibt die ungünstige Situation für den Betriebsrat, aus Solidaritätserwägungen keine objektiv neutrale Entscheidung treffen zu können, weiterhin bestehen. Der Arbeitgeber wird auch in diesen Situationen ein Interesse daran haben, schnell und effektiv im Wege einer Abwehrmaßnahme reagieren zu können, zumal für ihn die arbeitskampfbedingte Situation in rechtmäßigen sowie rechtswidrigen Streiks identisch bleibt.[750] Insofern kann zulässigerweise auf die dogmatisch

---

746 Brox/Rüthers/*Brox*, Arbeitskampfrecht, § 12 Rn. 442.

747 In Anlehnung an BAG, Urt. v. 19.06.1973 – 1 AZR 521/72, AP GG Art. 9 Arbeitskampf Nr. 47.

748 So auch Richardi BetrVG/*Maschmann*, BetrVG, § 74 Rn. 29.

749 *Bieback/Mayer*, AuR 1982, 169, 176.

750 MHdB ArbR/*Lunk*, § 340 Rn. 92.

„saubereren" Hilfsargumente der Konfrontation und der Überforderung zurückgegriffen werden. Dass der Grundsatz der Kampfparität nur rechtmäßige Arbeitskämpfe erfasst und keinen Lösungsansatz für alle denkbaren Fälle abbildet, spricht keinesfalls gegen die Anwendbarkeit des Paritätsgrundsatzes für die Einschränkung von Mitbestimmungsrechten.[751] Sonst würde der Arbeitgeber bei einem rechtmäßigen Streik eine noch schlechtere Ausgangsposition haben als bei einem rechtswidrigen Streik. Insbesondere bei auf den ersten Blick nicht offensichtlich rechtswidrigen Streiks würden die Entscheidungen des Betriebsrats die Position der Gewerkschaft stärken.

### *b) Zwischenergebnis*

Die Untersuchung zeigt, dass das Überforderungsargument im Hinblick auf den Neutralitätsgrundsatz höchstens als Hilfskriterium in Betracht kommt. Auch der Grundsatz der Kampfparität ist zwar in der Literatur auf starke Kritik gestoßen und kann dogmatisch nicht vollständig überzeugen, insbesondere weil die Ermittlung der Paritätswirkung zu formelhaft wirkt und keine konkrete Abwägung im Wege einer Verhältnismäßigkeitsprüfung im Einzelfall stattfindet. Darüber hinaus kann der Grundsatz keine umfassende Lösung dahingehend bieten, dass auch rechtswidrige bzw. wilde Streiks vom Anwendungsbereich erfasst werden. Der Paritätsgrundsatz als Hauptkriterium stellt jedoch trotz allem den plausibelsten Ansatz dar, um eine Einschränkung der Mitbestimmungsrechte dogmatisch begründbar vornehmen zu können. Das Risiko einer Falschbeurteilung der Rechtslage hat der Arbeitgeber nach dem BAG, das auch bei rechtswidrigen Streiks eine arbeitskampfkonforme Auslegung, gestützt auf das Konfrontations- und Überforderungsargument vornimmt, nicht zu befürchten.

## III. Literatur

Die Frage der Einschränkbarkeit von Mitwirkungs- und Mitbestimmungsrechten während eines Arbeitskampfes und der Ansatz der Rechtsprechung in Form der arbeitskampfkonformen Auslegung auf Grundlage des Grundsatzes der Kampfparität sind weiterhin in der Literatur stark umstritten.[752] Hierzu haben sich im Laufe der Zeit und der Rechtsprechungsentwicklung verschiedene Ansichten gebildet.

---

751 So aber *Roß*, Das Arbeitskampfverbot, S. 54.
752 GK-BetrVG/*Jacobs*, BetrVG, § 74 Rn. 71 ff. m.w.N.

### *1. Meinungsstand*

Nachfolgend soll der Meinungsstand dargestellt werden.

#### *a) Ruhen aller Mitwirkungs- und Mitbestimmungsrechte*

In der Literatur wurde vereinzelt die Auffassung[753] vertreten, dass sich der Arbeitskampf auf die gesetzlichen Befugnisse des Betriebsrats auswirkt und während eines Arbeitskampfes in kampfbezogenen Fragen alle Mitwirkungs- und Mitbestimmungsrechte ruhen.

Die Vertreter dieser Auffassung argumentieren zum einen mit der fehlenden Kooperationsbereitschaft[754] des Betriebsrats in einem Arbeitskampf und zum anderen mit der fehlenden Grundlage zur vertrauensvollen Zusammenarbeit.[755] In einem Arbeitskampf könne gerade aufgrund der ausschlaggebenden Wirkung der Mitbestimmungsrechte für die Abwehrmaßnahmen des Arbeitgebers die vom Gesetz intendierte vertrauensvolle Zusammenarbeit nicht erfüllt werden, da es aufgrund des hohen Organisationsgrades des Betriebsrats diesem faktisch unmöglich sei, sich bei der Wahrnehmung seiner Rechte neutral zu verhalten.[756] Der Betriebsrat könne sich in einer solchen Situation nicht objektiv verhalten und würde zwangsläufig die Gewerkschaft unterstützen.[757] Das Kampfgeschehen überlagere das Verhältnis der Betriebsparteien.[758] Dass der Betriebsrat sich in der Theorie nicht in den Arbeitskampf einmischen dürfe und daher beide Bereiche auseinanderhalten müsse, sei lediglich eine Förmelei und mangels Realisierbarkeit unbeachtlich.[759] Mangels dieser essentiellen Basis der Zusammenarbeit müssten auch die Mitwirkungs- und Mitbestimmungsrechte entfallen.

Diese Auffassung kann nicht überzeugen. Nach der ständigen Rechtsprechung des BAG sind das BetrVG und damit die Mitwirkungs- und Mitbestimmungsrechte selbst während eines Arbeitskampfes grundsätzlich weiterhin anzuwenden und mögliche Einschränkungen bedürfen einer arbeitskampfrechtlichen Rechtfertigung.[760] Insbesondere in kritischen Situationen im Betrieb muss der

---

753 Frühe *Kraft*, ZfA 1979, 243, 259 ff.; *Meisel*, AP BetrVG 1972 § 102 Nr. 20; siehe hierzu auch die Ausführungen unter 2. Kap. A. I.; a.A. heute *Kraft*, FS Müller, S. 265, 273.

754 *Kraft*, FS Müller, S. 265, 267.

755 *Kraft*, ZfA 1979, 243, 259 ff.

756 *Kraft*, ZfA 1979, 243, 259 ff.

757 *Meisel*, AP BetrVG 1972 § 102 Nr. 20.

758 *Meisel*, AP BetrVG 1972 § 102 Nr. 20.

759 *Meisel*, AP BetrVG 1972 § 102 Nr. 20.

760 BAG, Beschl. v. 20.03.2018 – 1 ABR 70/16, NZA 2018, 1081; Urt. v. 14.08.2018 – 1 AZR 287/17, NZA 2019, 100.

Betriebsrat als Kontrollorgan seine Tätigkeit weiterhin wahrnehmen[761] und z.B. auf die Einhaltung der Arbeitsschutzgesetze gem. § 80 BetrVG achten.[762] Der Betriebsrat ist ein betriebsverfassungsrechtliches Organ und zuständig für die gesamte Belegschaft des Betriebes und nicht nur für die Gewerkschaftsmitglieder.[763] Dem steht auch nicht der Organisationsgrad der Betriebsratsmitglieder entgegen, denn das BetrVG billigt gem. § 74 Abs. 3 BetrVG die Betätigung für ihre Gewerkschaften. Die bloße Wahrnehmung ihres Amtes bedeutet nicht die Wahrnehmung der Gewerkschaftsaufgaben. Es handelt sich dabei um zwei unterschiedliche Aufgabenbereiche und Zuständigkeiten, die es nicht zu vermischen gilt.[764] Zudem stellt das Arbeitskampfverbot nach § 74 Abs. 2 S. 1 BetrVG eine Konkretisierung der vertrauensvollen Zusammenarbeit dar und verpflichtet zur Neutralität im Rahmen von tarifvertraglichen Arbeitskämpfen,[765] sodass zur Gewährleistung der vertrauensvollen Zusammenarbeit eine Regelung im Gesetz enthalten ist. Andernfalls würden die Vorschrift und die möglichen Konsequenzen nach § 23 BetrVG ihren Sinn und Zweck verlieren, wenn von vornherein klar wäre, dass der Betriebsrat nicht in der Lage ist, sich neutral zu verhalten und seine Aufgaben wahrzunehmen. Ein solches Verhalten ist zwar nicht ausgeschlossen, dem Arbeitgeber stehen aber die Möglichkeiten nach § 23 BetrVG zur Verfügung.

Auch *Kraft*[766] korrigierte seine Auffassung dahingehend, dass er ein vollständiges Ruhen der Mitbestimmungsrechte als Lösung gegen die Missbrauchsmöglichkeit des Arbeitgebers hinsichtlich nicht kampfbedingter Maßnahmen während eines Arbeitskampfes als nicht sachgerecht einstufte. Dem kann nur zugestimmt werden.

### *b) Keine Einschränkung der Mitwirkungs- und Mitbestimmungsrechte*

Andere Stimmen in der Literatur[767] lehnen eine Einschränkung vollständig ab und möchten betriebsverfassungsrechtliche Mitwirkungs- und Mitbestimm-

---

761 BAG, Beschl. v. 21.04.1971 – GS 1/68, AP GG Art. 9 Arbeitskampf Nr. 43.

762 *Meyer*, RdA 2018, 380, 381.

763 *Kempen*, NZA 2005, 185, 188.

764 *Jahnke*, ZfA 1984, 69, 88; *Richardi*, FS der deutschen Richterakademie, S. 111, 115.

765 *Wiese*, NZA 1984, 378.

766 *Kraft*, FS Müller, S. 265, 273.

767 *Bieback*, RdA 1978, 82, 94; *Blanke*, AiB 1993, 220, 221; Däubler/*Dette*, Arbeitskampfrecht, § 19 Rn. 141; DKW/*Berg*, BetrVG, § 74 Rn. 31 ff.; Düwell/*Lorenz*, BetrVG, § 74 Rn. 11 f.; *Farthmann*, RdA 1974, 65, 70; *Herbst*, AiB 1987, 4, 7; *Trittin*, DB 1990, 322, 324; *Weiss*, AuR 1982, 265, 266 ff.

ungsrechte im Arbeitskampf bedingungslos aufrechterhalten. Es bestehe kein Grund die Mitbestimmungsrechte zu suspendieren, da die betriebsverfassungsrechtlichen Konfliktlösungsmechanismen völlig ausreichend seien, um Nachteile hinsichtlich der Reaktionsfähigkeit während eines Arbeitskampfes abzuwenden.[768]

Die Vertreter dieser Ansicht argumentieren primär mit dem Wortlaut des Arbeitskampfverbots und dem Willen des Gesetzgebers. Die Aufrechterhaltung wird daraus abgeleitet, dass das Betriebsratsamt mit seinen Rechten und Pflichten bestehen bleibe und weder der Wortlaut des Arbeitskampfverbots noch eine andere Vorschrift des BetrVG eine Einschränkung bei Arbeitskämpfen vorsehe, obwohl dem Gesetzgeber die Problematik bewusst war. Ihrer Auffassung nach hat sich der Gesetzgeber zur Problemlösung auf § 74 BetrVG beschränkt.[769] Die Vertreter dieser Ansicht gehen von einer bewusst getroffenen Entscheidung des Gesetzgebers aus. Zudem sei auch kein *„spezifisches Neutralitätsgebot für die Betriebsparteien“* ersichtlich, aus dem die Einschränkung abgeleitet werden könne.[770] Da das Spannungsfeld in § 74 Abs. 2 S. 1 BetrVG bereits berücksichtigt worden sei, stelle nicht das Arbeitskampfrecht die Ausgangsposition dar, sondern das BetrVG selbst.[771]

Es stelle sich die Frage, warum das Alleinentscheidungsrecht des Arbeitgebers im Arbeitskampf in Betracht kommen solle, wenn es nicht einmal in Eil- und Notfällen in Betracht komme.[772] Vor missbräuchlicher Ausübung der Mitbestimmungsrechte könne sich der Arbeitgeber durch Anrufung der Einigungsstelle oder der Gerichten für Arbeitssachen schützen[773] und von den im BetrVG vorgesehenen Möglichkeiten wie dem Amtsenthebungsverfahren nach § 23 BetrVG Gebrauch machen.[774] Es bestünde ferner die Gefahr, dass der Arbeitgeber betrieblich bedingte Maßnahmen kampftaktisch durchsetze.[775] Das würde zu Unrecht zu einer Verschiebung der Machtverhältnisse zwischen den Betriebspartnern führen.[776]

---

768 *Weiss*, AuR 1982, 265, 267.

769 *Bieback*, RdA 1978, 82, 94; Däubler/*Dette*, Arbeitskampfrecht, § 19 Rn. 137; Düwell/*Lorenz*, BetrVG, § 74 Rn. 11 f.; *Mayer*, AuR 1980, 65, 72.

770 DKW/*Berg*, BetrVG, § 74 Rn. 31 ff.

771 Düwell/*Lorenz*, BetrVG, § 74 Rn.11 f.; *Bieback*, RdA 1978, 82, 94.

772 *Herbst*, AiB 1987, 4, 7; *Blanke*, AiB 1993, 220, 225; *Simitis/Weiss*, DB 1973, 1240, 1244.

773 *Herbst*, AiB 1987, 4, 7.

774 *Mayer*, AuR 1980, 65, 72.

775 Däubler/*Dette*, Arbeitskampfrecht, § 19 Rn. 135.

776 *Herbst*, AiB 1987, 4, 7.

Insbesondere in kritischen Phasen sei die Aufgabe des Betriebsrats als Kontrollorgan sehr wichtig, worauf nicht zugunsten des Arbeitgebers verzichtet werden könne.[777] *Herbst*[778] spricht in diesem Zusammenhang von einer „Entrechtung" des Betriebsrats.

Die Argumentation ist nachvollziehbar, kann allerdings bezogen auf das Arbeitskampfrecht nicht überzeugen. Zunächst steht sie im Widerspruch zur langjährigen und ständigen Rechtsprechung des BAG.[779] Aus auslegungsmethodischer Sicht erscheint es unzutreffend, nur anhand des Wortlauts und einer fehlenden Regelung zur Einschränkung von Mitbestimmungsrechten eine einschränkende Auslegung abzulehnen.[780] Das BVerfG hat in seiner Entscheidung vom 07.04.1997[781] bereits die Möglichkeit der arbeitskampfkonformen Auslegung in Form der teleologischen Reduktion bestätigt und gebilligt. Der Wortlaut und der Telos sind zwar insoweit entscheidend, als sie die Grenze für eine verfassungskonforme Auslegung bilden können. Lassen jedoch die Auslegungsmethoden mehrere Deutungen zu, kann dem eine reine Wortlautauslegung nicht entgegenstehen.[782] Die „Auslegungsmethode" der teleologischen Reduktion von Vorschriften entgegen ihrem Wortlaut ist anerkannt und unstreitig zulässig sowie verfassungsrechtlich nicht zu beanstanden.[783] So kann eine Vorschrift *„entgegen ihrem Wortlaut hinsichtlich eines Teils der von ihr erfassten Fälle für unanwendbar erklärt werden, weil ihr Sinn und Zweck, ihre Entstehungsgeschichte und der Gesamtzusammenhang gegen eine uneingeschränkte Anwendung sprechen"*.[784]

Auch der Hinweis in der Literatur, der Gesetzgeber habe von der Spannung zwischen dem Betriebsverfassungsrecht und dem Arbeitskampfrecht gewusst und es bewusst unterlassen, eine Regelung aufzunehmen, erscheint nicht schlüssig.[785] Denn aus dem Schweigen des Gesetzes lässt sich nicht zwingend auf

---

777 *Weiss*, AuR 1982, 265, 267.

778 *Herbst*, AiB 1987, 4, 6.

779 BAG, Beschl. v. 20.03.2018 – 1 ABR 70/16, NZA 2018, 1081; Urt. v. 14.08.2018 – 1 AZR 287/17, NZA 2019, 100.

780 BVerfG, Beschl. v. 07.04.1997 – 1 BvL 11/96, NZA 1997, 773; BAG, Beschl. v. 10.12.2002 – 1 ABR 7/02, NZA 2004, 223.

781 BVerfG, Beschl. v. 07.04.1997 – 1 BvL 11/96, NZA 1997, 773; so auch *Jansen*, Mitbestimmung, S. 123 ff.

782 BVerfG, Beschl. v. 07.04.1997 – 1 BvL 11/96, NZA 1997, 773.

783 BVerfG, Beschl. v. 07.04.1997 – 1 BvL 11/96, NZA 1997, 773.

784 BVerfG, Beschl. v. 07.04.1997 – 1 BvL 11/96, NZA 1997, 773.

785 So auch *Kissel*, Arbeitskampfrecht, § 36 Rn. 43.

einen derartigen gesetzgeberischen Willen schließen.[786] Der Gesetzgeber hat sich gegenüber dem Arbeitskampfrecht generell zurückgehalten[787] und dessen Entwicklung der Rechtsprechung überlassen, sodass auch die Probleme bei der „Normsetzung" der höchstrichterlichen Rechtsprechung überlassen wurden.[788] So konnte man dem Arbeitskampf als „entwicklungsoffenem Phänomen"[789] gerecht werden. Das Fehlen einer gesetzgeberischen Festlegung arbeitskampfrechtlicher Grundsätze sei Ausdruck einer sehr bewussten Zurückhaltung der Legislative.[790] Für die uneingeschränkte Anwendbarkeit der Mitbestimmungsrechte müsste dies positiv anhand der Entstehungsgeschichte des BetrVG belegt werden.[791] Einen solchen Nachweis erbringen die Literaturstimmen allerdings nicht.[792] Im Rahmen der historischen Auslegung ergeben sich für eine uneingeschränkte Anwendbarkeit der Mitbestimmungsrechte während eines Arbeitskampfes keinerlei Anhaltspunkte aus den Gesetzgebungsmaterialien zum BetrVG.[793] Weder der Gesetzgeber hat eine bewusste Entscheidung getroffen noch war ihm die Problematik bei Erlass bewusst.[794] Ganz im Gegenteil, die Passivität des Gesetzgebers trotz der nun seit Jahrzehnten kontrovers diskutierten und bewussten Problematik spricht gerade gegen einen solchen Willen zur uneingeschränkten Aufrechterhaltung der Mitbestimmungsrechte.[795] Schließlich muss das Arbeitskampfrecht zwar in erster Linie, aber nicht zwingend durch gesetzliche Regelungen des Gesetzgebers ausgestaltet werden, sondern kann bei unzureichenden gesetzlichen Vorgaben zur Gewährleistung eines effektiven Rechtsschutzes durch Gerichte erfolgen.[796]

---

786 BVerfG, Beschl. v. 07.04.1997 – 1 BvL 11/96, NZA 1997, 773; BAG, Beschl. v. 10.12.2002 – 1 ABR 7/02, NZA 2004, 223.

787 Brox/Rüthers/*Rüthers*, Arbeitskampfrecht, § 1 Rn. 7.

788 Brox/Rüthers/*Rüthers*, Arbeitskampfrecht, § 1 Rn. 7.

789 MHdB ArbR/*Ricken*, § 265 Rn. 3; so auch Brox/Rüthers/*Rüthers*, Arbeitskampfrecht, § 1 Rn. 7.

790 BVerfG, Beschl. v. 07.04.1997 – 1 BvL 11/96, NZA 1997, 773; *Mayer-Maly*, BB 1979, 1305, 1306; BAG, Beschl. v. 10.12.2002 – 1 ABR 7/02, NZA 2004, 223.

791 BVerfG, Beschl. v. 07.04.1997 – 1 BvL 11/96, NZA 1997, 773; *Krause*, EzA BetrVG 2001 § 80 Nr. 1.

792 So auch *Kissel*, Arbeitskampfrecht, § 36 Rn. 43; *Krause*, EzA BetrVG 2001 § 80 Nr. 1.

793 *Krause*, EzA BetrVG 2001 § 80 Nr. 1; siehe hierzu auch die Ausführungen unter 1. Kap. A. II.

794 *Hässler*, Beteiligungsrechte, S. 57 ff.

795 *Krause*, EzA BetrVG 2001 § 80 Nr. 1.

796 BAG, Urt. v. 22.09.2009 – 1 AZR 972/08, NZA 2009, 1347; BVerfG, Beschl. v. 26.03.2014 – 1 BvR 3185/09, NZA 2014, 493.

### c) *Differenzierender Ansatz*

Der überwiegende Teil in der Literatur wendet einen differenzierenden Ansatz an, ohne sich für eine pauschale Einschränkung oder Aufrechterhaltung im Arbeitskampf zu entscheiden. Die Stimmen bestätigen das Bedürfnis zur Einschränkung von Mitbestimmungsrechten allein bei kampfbezogenen Maßnahmen, unterscheiden sich jedoch in der dogmatischen Begründung.[797]

#### aa) *Arbeitskampfkonformer Ansatz*

Die herrschende Meinung[798] in der Literatur schließt sich der ständigen Rechtsprechung des BAG an und verlangt eine Einschränkung der Mitbestimmungsrechte bei Beeinträchtigung von arbeitskampfbedingten Kampfmaßnahmen des Arbeitgebers im Wege der arbeitskampfkonformen Auslegung[799] der Mitbestimmungsrechte. Dabei berufen sich die Vertreter dieser Ansicht zur Begründung der arbeitskampfkonformen Auslegung wie die Rechtsprechung teilweise auf das Argument der Konfrontation und der Überforderung, im Wesentlichen jedoch auf den Grundsatz der Kampfparität.[800]

Danach ist für eine Einschränkung entscheidend, ob die Mitbestimmung des Betriebsrats geeignet ist, die Kampffähigkeit des Arbeitgebers zu beeinflussen.[801] Nach der ständigen Rechtsprechung ist eine Beeinflussung zu bejahen, wenn bei Aufrechterhaltung der Mitbestimmungsrechte die Arbeitskampfmaßnahme des Arbeitgebers zumindest vorübergehend verhindert wird.[802] Auch die neuere Literatur wendet unter Bezugnahme der Entscheidungen des BAG die aktuelle

797 GK-BetrVG/*Jacobs*, BetrVG, § 74 Rn. 73 m.w.N.

798 Vgl. GK-BetrVG/*Jacobs*, BetrVG, § 74 Rn. 72 ff. m.w.N.; Brox/Rüthers/*Brox*, Arbeitskampfrecht, § 12 Rn. 441; *Buchner*, SAE 1973, 33, 44; *Jansen*, Mitbestimmung, S. 298.; *Otto*, Arbeitskampf- und Schlichtungsrecht, § 8 Rn. 38, § 12 Rn. 33, § 16 Rn. 75 f.; Richardi BetrVG/*Maschmann*, BetrVG, § 74 Rn. 33; *Reuter*, AuR 1973, 1, 5; *Schwarze*, JA 2012, 630, 632.

799 *Reuter*, AuR 1973, 1, 6 verwendete zuerst die Formulierung der „arbeitskampfkonformen" Interpretation der Beteiligungsrechte.

800 Siehe hierzu die Ausführungen unter 3. Kap. B. II. 4. a), cc).

801 *Reuter*, AuR 1973, 1, 5 f.; Brox/Rüthers/*Brox*, Arbeitskampfrecht, § 12 Rn. 441; ErfK/*Kania*, BetrVG, § 74 Rn. 13; Richardi BetrVG/*Maschmann*, BetrVG, § 74 Rn. 33; *Seiter*, Streikrecht und Aussperrungsrecht, S. 371.

802 BAG, Beschl. v. 20.03.2018 – 1 ABR 70/16, NZA 2018, 1081.

und ständige Rechtsprechung an, sodass die konkretisierten Ansätze mitberücksichtigt werden.[803]

*Bieback/Mayer*[804] gehen im Rahmen der herrschenden Meinung einen Mittelweg und differenzieren zwischen den Kampfmaßnahmen. Eine Einschränkung der Mitbestimmungsrechte nehmen sie nur bei „reinen Kampfmaßnahmen" – wie der suspendierenden Aussperrung – an. In Anlehnung an § 25 KSchG sei eine Einschränkung hingegen bei „gemischten Kampfmaßnahmen", die zugleich noch andere Zwecke verfolgen – das sei der Fall bei individuellen und betriebsbezogenen Abwehrmaßnahmen des Arbeitgebers – nicht zulässig. Für letzteren Fall müsse der Arbeitgeber von seinen rechtlichen Möglichkeiten im Rahmen des BetrVG Gebrauch machen.

Als weitere dogmatische Gesichtspunkte werden in der Literatur die Gegnerfreiheit[805] und die Neutralitätspflicht[806] angeführt.[807]

*Reuter*[808] nimmt auf die Gegnerfreiheit eines Verbandes für seine Tariffähigkeit Bezug und verweist mit Blick auf die Gewerkschaftsmitgliedschaft vieler Betriebsratsmitglieder auf die Gefahr, dass der Tarifgegner durch die Mitbestimmungsrechte des Betriebsrats bei arbeitskampfbedingten Maßnahmen so Einfluss auf die Entscheidungsfähigkeit des Arbeitgebers nehmen und der Arbeitgeber dadurch seine Gegnerfreiheit verlieren könnte. Ein gerechter Interessenausgleich zwischen den Tarifparteien sei daher nicht möglich, wenn der Arbeitgeber von innen zugunsten des Tarifgegners geschwächt werden könne.

Die Betrachtung anhand der Gegnerfreiheit geht eindeutig zu weit und kann nicht als Begründungsgrundlage überzeugen. Die Reaktionsfähigkeit des Arbeitgebers auf betrieblicher Ebene kann zwar eventuell durch missbräuchliche Entscheidungen des Betriebsrats beeinträchtigt werden. Das heißt jedoch nicht, dass der Arbeitgeber oder die Arbeitgeberkoalition so von der Gewerkschaft abhängig werden. Vielmehr wird die eigenverantwortliche Entscheidungskompetenz

---

803 *Beckerle*, NJW 2017, 439, 443; *Bieder*, NZA-RR 2017, 225; 227; ErfK/*Kania*, BetrVG, § 74 Rn. 14; HWGNRH/*Worzalla*, BetrVG, § 74 Rn. 30 f.; *Kleinmann/Fündling*, NZA 2018, 1386, 1389; *Meyer*, RdA 2018, 380, 381; NK-ArbR/*Bodem*, BetrVG, § 74 Rn. 4; *Reichold*, NZA 2004, 247, 249 f.; Richardi BetrVG/*Maschmann*, BetrVG, § 74 Rn. 33; *Schwarze*, JA 2012, 630, 632.

804 *Bieback/Mayer*, AuR 1982, 169, 175.

805 *Gamillscheg*, Kollektives Arbeitsrecht, Bd. I, S. 1278; *Reuter*, AuR 1973, 1, 2; *Seiter*, Streikrecht und Aussperrungsrecht, S. 371.

806 *Eich*, DB 1979, Beil. 9, 1, 3.

807 Brox/Rüthers/*Brox*, Arbeitskampfrecht, § 12 Rn. 439.

808 *Reuter*, AuR 1973, 1, 2.

nicht angetastet.[809] Der Arbeitgeberverband und der Arbeitgeber können autonom entscheiden – ohne Rücksicht auf die Interessen der Gewerkschaft –, welche Anordnungen sie treffen wollen. Die Anordnungen können höchstens verhindert oder verzögert werden.

*Eich*[810] hingegen führt die Neutralitätspflicht des Staates an. Der Staat sei dafür verantwortlich paritätsneutrale Rahmenbedingungen zu schaffen, weil er die Vereinbarung von Arbeits- und Wirtschaftsbedingungen den Tarifparteien überlasse. Diese Verantwortung und Verpflichtung könne der Staat nicht einhalten, wenn die Mitwirkungs- und Mitbestimmungsrechte des Betriebsrats uneingeschränkt aufrechterhalten werden.

Dieser Ansatz bringt keine Neuerung und entspricht inhaltlich dem Grundsatz der Kampfparität.[811] Der Staat darf bei der Regelung des Arbeitskampfrechts die Tarifparteien nicht ungleich behandeln. Er greift bereits regulierend durch einfachgesetzliche Vorschriften ein. Er kann die Rahmenbedingungen jedoch nicht bis ins kleinste Detail umfassend regeln, zumal der Gesetzgeber sich insbesondere im Arbeitskampfrecht bewusst zurückgehalten und die Entwicklung der Rechtsprechung der Gerichte überlassen hat.

### *bb) Betriebsverfassungsrechtlicher Ansatz*

Neben dem von der herrschenden Meinung vertretenen arbeitskampfrechtlichen Ansatz gibt es immer mehr Stimmen in der Literatur[812], die unter Kritik an dem Grundsatz der Kampfparität – insbesondere wegen der schwammigen und ungenauen Feststellbarkeit der Paritätsrelevanz – einen betriebsverfassungsrechtlichen Ansatz bevorzugen und eine Einschränkung aus § 74 Abs. 2 S. 1 BetrVG ableiten. Sie knüpfen als dogmatische Grundlage an das Arbeitskampfverbot an und vertreten die Ansicht, dass bei Einfluss auf das Kampfgeschehen

---

809 Brox/Rüthers/*Brox*, Arbeitskampfrecht, § 12 Rn. 440; *Eich*, DB 1979, Beil. 9, 1, 2; *Patett*, Arbeitskampffernwirkungen, S. 476.

810 *Eich*, DB 1979, Beil. 9, 1, 3; vgl. auch Brox/Rüthers/*Brox*, Arbeitskampfrecht, § 12 Rn. 439.

811 Brox/Rüthers/*Brox*, Arbeitskampfrecht, § 12 Rn. 440; *Seiter*, Streikrecht und Aussperrungsrecht, S. 175, 179.

812 So auch insbesondere GK-BetrVG/*Jacobs*, BetrVG, § 74 Rn. 73 m.w.N.; *Gloistein*, Der Betriebsrat im Arbeitskampf, S. 69 f.; *Fitting*, BetrVG, § 74 Rn. 20; *Hässler*, Beteiligungsrechte, S. 53 ff.; *Heinze*, DB 1982, Beil. 23, 1, 4 ff.; HWGNRH/*Worzalla*, BetrVG, § 87 Rn. 89; *Dietz*, Friedenspflicht, S. 139 ff.; *Jahnke*, ZfA 1984, 69, 88; *Kraft*, FS Müller, S. 265, 271 f.; *Roß*, Das Arbeitskampfverbot, S. 74 ff., 98 ff.; *Wiese*, NZA 1984, 378, 380; *Schulin*, Mitbestimmung im Arbeitskampf, S. 191, 201.

durch Ausübung der Mitbestimmungsrechte diese eingeschränkt werden müssen. Während die einen lediglich auf gesetzliche Wertungen dieser Vorschrift Bezug nehmen, wie z.B. die betriebsverfassungsrechtliche Neutralitätspflicht[813] oder die absolute Friedenspflicht[814], berufen sich andere auf das absolute Arbeitskampfverbot selbst[815].

Der Betriebsrat müsse sich in einem Arbeitskampf regelmäßig neutral verhalten.[816] Der Betriebsrat handle bei der Ausübung von Mitbestimmungsrechten in seiner Organfunktion und auch die Betriebsratsmitglieder seien bei der Beschlussfassung zweifelsfrei in ihrer Amtsfunktion tätig.[817] § 74 Abs. 2 S. 1 Hs. 1 BetrVG verbiete ihnen jedoch ausdrücklich selbst Kampfmaßnahmen durchzuführen oder durch Teilnahme am Arbeitskampf zwischen den Tarifvertragsparteien in den Arbeitskampf einzugreifen. Daraus folge, dass sie auch nicht durch die Ausübung von Mitbestimmungsrechten in den Arbeitskampf eingreifen dürfen.[818] Insofern dürfe nach dem Neutralitätsgebot des Arbeitskampfverbots und der absoluten Friedenspflicht das Mitbestimmungsrecht nicht ausgeübt werden, wenn es geeignet sei, auf das Arbeitskampfgeschehen einzuwirken.[819] Nach *Kraft*[820] kommt eine Reduktion der Mitbestimmungsrechte nur aus dem Betriebsverfassungsrecht selbst in Betracht. Eine Kooperation zwischen den Betriebspartnern sei im Arbeitskampf nicht möglich. Wenn die vertrauensvolle Zusammenarbeit als Basis nicht mehr vorhanden sei, könnten auch die Mitbestimmungsrechte nicht aufrechterhalten werden,[821] welche aufgrund dieser Basis eingeführt worden seien.

Nach *Jacobs*[822] stellt die Neutralitätspflicht des Betriebsrats gem. § 74 Abs. 2 S. 1 BetrVG eine Schranke für die Ausübung von Mitbestimmungsrechten dar,

---

813 *Fitting*, BetrVG, § 74 Rn. 19 f.; GK-BetrVG/*Jacobs*, BetrVG, § 74 Rn. 73 ff.; *Wiese*, NZA 1984, 378, 380.

814 *Kraft*, FS Müller, S. 265, 271 f.; ähnlich *Mayer-Maly*, BB 1979, 1305, 1312, der aber auch auf den Grundsatz der Kampfparität abstellt; so auch teilweise BeckOK ArbR/*Werner*, BetrVG, § 87 Rn. 73.

815 *Heinze*, DB 1982, Beil. 23, 1, 4 ff.

816 So *Krummel*, BB 2002, 1418.

817 *Kraft*, FS Müller, S. 265, 271.

818 *Kraft*, FS Müller, S. 265, 271.

819 *Kraft*, FS Müller, S. 265, 271 f.; *Wiese*, NZA 1984, 378, 381.

820 *Kraft*, FS Müller, S. 265, 272 f.

821 Ähnlich *Konzen*, AP GG Art. 9 Arbeitskampf Nr. 57–59.

822 GK-BetrVG/*Jacobs*, BetrVG, § 74 Rn. 70, 73 m.w.N.; So auch *Fitting*, BetrVG, § 74 Rn. 19 f.

wenn es sich bei dem vorliegenden Mitbestimmungstatbestand um eine betriebsverfassungsrechtliche Kampfmaßnahme gegenüber dem Arbeitgeber handelt, also diesem gegenüber arbeitskampfrelevant ist. Welche Anforderungen dafür im Einzelnen zu erfüllen sind wird im Schrifttum nicht einheitlich beantwortet.

Einige Stimmen stellen für eine Einschränkung lediglich darauf ab, dass das Mitbestimmungsrecht sich auf kampfbezogene Maßnahmen beziehen muss.[823] Andere verlangen für eine „Kampfmaßnahme“ im Sinne des § 74 Abs. 2 S. 1 BetrVG noch einen zusätzlichen Druck, der durch den konkreten Mitbestimmungstatbestand auf den Arbeitgeber ausgeübt werden muss und über den normalen von Mitbestimmungsrechten ausgehenden Druck hinausgeht.[824] Widersprüchlich wird es allerdings, wenn das betriebsverfassungsrechtliche Arbeitskampfverbot, das den Arbeitskampf frei von Einflüssen des Betriebsrats halten soll, zur Herleitung des Grundsatzes der Kampfparität genutzt wird.[825] Auch wenn dies der Kampfparität zugute kommt, geht es zu weit, diesem Grundsatz einen betriebsverfassungsrechtlichen Hintergrund zu geben.[826]

Zur Begründung der betriebsverfassungsrechtlichen Lösung mit dem Arbeitskampfverbot wird ferner angeführt, dass dieser Ansatz eine eindeutigere Abgrenzung ermögliche und auch die Historie des BetrVG für diesen Ansatz spreche. Die Spannungslage zwischen Arbeitskampf und betriebsverfassungsrechtlichen Mitbestimmungsrechten sei dem Gesetzgeber bei Erlass des BetrVG bekannt gewesen.[827] Gleichwohl habe er es unterlassen, eine Regelung diesbezüglich zu treffen, wie z.B. ein Zurücktreten oder eine Einschränkung der Mitbestimmungsrechte. Es könne eine Einschränkung im Wege der arbeitskampfkonformen Auslegung entgegen dem Schweigen des Gesetzes nicht vorgenommen werden.[828] Das richterrechtliche Arbeitskampfrecht und das gesetzlich geregelte Betriebsverfassungsrecht seien gleichrangig, ohne dass das BetrVG sich automatisch unterordnen müsse.[829]

Demzufolge wird hauptsächlich darauf abgestellt, dass das Arbeitskampfverbot des § 74 Abs. 2 S. 1 BetrVG eine für die Problematik und den Arbeitskampf abschließende Regelung darstelle, sodass sich die Frage der Ausübungsschranke

823 So *Jahnke*, ZfA 1984, 69, 90.

824 GK-BetrVG/*Jacobs*, BetrVG, § 74 Rn. 78; *Fitting*, BetrVG, § 74 Rn. 21; so auch *Hässler*, Beteiligungsrechte, S. 53 ff., 65.

825 So aber *Kraft*, FS Müller, S. 265, 270.

826 *Wiese*, NZA 1984, 378, 380.

827 *Fitting*, BetrVG, § 74 Rn. 20.

828 *Fitting*, BetrVG, § 74 Rn. 20.

829 GK-BetrVG/*Jacobs*, BetrVG, § 74 Rn. 74.

nur nach dieser Vorschrift beantworten lasse.[830] Auch die Auslegung dieser Vorschrift nach Wortlaut, Sinn und Zweck, Systematik und Historie – insbesondere wegen der abstrakt-generellen Schutzrichtung, den Arbeitsablauf und den Betriebsfrieden aufrechtzuerhalten –, spreche nicht gegen eine Einschränkung der Mitbestimmungsrechte auf Grundlage des Arbeitskampfverbots.[831]

Viele dieser Stimmen berufen sich zwar auf die betriebsverfassungsrechtliche Neutralitätspflicht aus dem Arbeitskampfverbot, bedienen sich jedoch der konkretisierten Rechtsprechung des BAG. Insofern wenden sie die Grundsätze der Rechtsprechung an, ohne jedoch auf den Grundsatz der Kampfparität zurückzugreifen.[832] *Jacobs*[833] führt hierzu aus, dass es vielmehr maßgeblich auf die Arbeitskampfrelevanz der Beteiligungsrechte gegenüber dem Arbeitgeber ankomme. Dazu müsse ein über den von Beteiligungsrechten allgemein ausgehenden Druck hinausgehender zusätzlicher Druck gegeben sein und das Kampfziel der Gewerkschaft unterstützt werden.[834] Die Auswirkung eines zusätzlichen Drucks stellt allerdings keine Neuigkeit dar und wird bereits von der Rechtsprechung[835] verlangt.

Auch *Wiese*[836] ist der Auffassung, der Grundsatz der Kampfparität sei schon mit dem Zweck der einzigen im BetrVG vorhandenen Vorschrift des Arbeitskampfverbots nicht vereinbar, da sie keine arbeitskampfrechtlichen Ziele verfolge, sondern die ungestörte Aufrechterhaltung des Betriebsfriedens bezwecke. Sie habe eine ausschließlich betriebsverfassungsrechtliche Funktion.[837] Er geht ferner weiter und weitet die Mitbestimmungsfreiheit auch auf Maßnahmen aus, die arbeitskampfbedingt und unmittelbar auf das Kampfgeschehen bezogen sind, ohne dass eine Paritätsrelevanz erforderlich ist.

Auch *Jahnke*[838] ist der Überzeugung, die Vorschrift diene nicht dazu, die Chancengleichheit zwischen den Tarifparteien zu gewährleisten.

---

830 *Fitting*, BetrVG, § 74 Rn. 20.

831 So *Hässler*, Beteiligungsrechte, S. 50 ff.; *Roß*, Das Arbeitskampfverbot, S. 62 ff., 74 ff.

832 So auch *Fitting*, BetrVG, § 74 Rn. 21; *Wiese*, NZA 1984, 378, 381; kritisch dazu GK-BetrVG/*Jacobs*, BetrVG, § 74 Rn. 78.

833 GK-BetrVG/*Jacobs*, BetrVG, § 74 Rn. 78; *Richardi*, FS der deutschen Richterakademie, S. 111, 114.

834 So auch *Hässler*, Beteiligungsrechte, S. 56.

835 BAG, Beschl. v. 10.12.2002 – 1 ABR 7/02, NZA 2004, 223; Beschl. v. 20.03.2018 – 1 ABR 70/16, NZA 2018, 1081.

836 *Wiese*, NZA 1984, 378, 380.

837 So auch *Jahnke*, ZfA 1984, 69, 90.

838 *Jahnke*, ZfA 1984, 69, 90.

Für die betriebsverfassungsrechtliche Lösung spricht insbesondere, dass sie bei rechtmäßigen und gewerkschaftlich geführten rechtswidrigen Streiks sowie nicht gewerkschaftlich geführten wilden Streiks zu dogmatisch sauberen Lösungen führt, und nicht wie der Grundsatz der Kampfparität nur auf rechtmäßige Streiks Anwendung findet.[839]

*Heinze*[840] wendet die Tatbestandsvoraussetzungen des betriebsverfassungsrechtlichen Arbeitskampfverbots unmittelbar an, definiert die „Maßnahme des Arbeitskampfes“ im Sinne der Vorschrift jedoch rein betriebsverfassungsrechtlich für das Verhältnis der Betriebsparteien, ohne sich am Arbeitskampfrecht zu orientieren. Insofern sei entscheidend, dass die Maßnahme – also die Ausübung von Mitbestimmungsrechten – abstrakt zur Erzielung von Arbeitskampfwirkung[841] im Verhältnis des Betriebsrats zum Arbeitgeber geeignet sei. Das Erfordernis einer reinen Arbeitskampfwirkung, statt einer Kampfmaßnahme im Sinne des Arbeitskampfrechts, begründet er mit dem Sinn und Zweck der Vorschrift und der abstrakten Gefährdung des Betriebsfriedens. Nach seinem Verständnis sei ein Arbeitskampf im Sinne der Vorschrift *„die vom Arbeitgeber oder dem Betriebsrat zur Erreichung bestimmter Ziele durch kollektive Maßnahme mit abstrakter Gefährdung des Betriebsablaufs oder des Betriebsfriedens bewirkte Druckausübung“*[842], wobei die bewirkte Druckausübung entscheidend sei. Die Druckausübung müsse in jedem Fall zu einer abstrakten Gefährdung des Betriebsablaufs und des Betriebsfriedens führen. Dabei stellt er auf die rein objektive Eignung zur Druckausübung ab und lässt subjektive Elemente des Betriebsrats außen vor. Insofern würde die Ausübung des Mitbestimmungsrechts in Form der Zustimmungsverweigerung in einem Arbeitskampf im Einzelfall unter den Anwendungsbereich des Arbeitskampfverbots fallen. Das Erfordernis einer „kollektiven Maßnahme“, das insbesondere bei personellen Angelegenheiten hinsichtlich einzelner Arbeitnehmer relevant wird, überwindet er dadurch, dass er jedem Beteiligungsrecht des Betriebsrats wegen der Interessenwahrnehmung für die Belegschaft kollektiven Charakter kraft Gesetzes zuspricht.[843] Für

---

839 *Kraft*, FS Müller, S. 265, 272.

840 *Heinze*, DB 1982, Beil. 23, 1, 6 ff.; so auch *Hässler*, Beteiligungsrechte, S. 53 ff., 65; *Roß*, Das Arbeitskampfverbot, S. 74 ff., 98 ff.

841 So auch *Dietz*, Friedenspflicht, S. 139 ff.; auch *Richardi*, FS der deutschen Richterakademie, S. 111, 114 untersagt alle Maßnahmen mit Arbeitskampfwirkung, ohne allerdings dadurch Auswirkungen auf die Mitbestimmungs- und Mitwirkungsrechte anzunehmen.

842 *Heinze*, DB 1982, Beil. 23, 1, 6 ff.

843 *Heinze*, DB 1982, Beil. 23, 1, 8 f.

den Ansatz von *Heinze* würde die einfache Handhabung sprechen. Da allein die Arbeitskampfwirkung relevant wäre, würde weder die Rechtmäßigkeit eines Streiks noch die unmittelbare oder mittelbare Betroffenheit des Betriebes des Arbeitgebers eine Rolle spielen.[844] Es müsste nicht einmal ein Zusammenhang mit einem tariflichen Arbeitskampf gegeben sein.[845] Das Verhältnis zwischen Arbeitgeber und Betriebsrat, und nicht der Belegschaft, stünde im Vordergrund. Für die Bestimmung der Rechtsfolge bei einem Verstoß gegen das betriebsverfassungsrechtliche Arbeitskampfverbot bedient sich *Heinze* dem Konstrukt des gesetzlichen Verbots gem. § 134 BGB, indem er die Vorschrift des Arbeitskampfverbots als Verbotsgesetz qualifiziert.[846] Mithilfe dieser Vorschriften möchte er die Nichtigkeit aller Maßnahmen des Betriebsrats – somit auch der Mitbestimmungsrechte – annehmen, die gegen das „gesetzliche Verbot" des § 74 Abs. 2 S. 1 BetrVG verstoßen. Für die Anwendbarkeit des § 134 BGB erforderliche Rechtsgeschäft knüpft er an die Fassung des Betriebsratsbeschlusses an.[847] Insofern dürfen Mitbestimmungsrechte des Betriebsrats insoweit nicht ausgeübt werden, als der Betriebsratsbeschluss mit einer ablehnenden Entscheidung aufgrund des inhaltlichen Verstoßes gegen das Arbeitskampfverbot – wegen objektiver Arbeitskampfwirkung – gem. § 134 BGB nichtig ist und eine zustimmende Entscheidung des Betriebsrats fingiert wird.[848] So könnte der Arbeitgeber die beabsichtigte Kampfmaßnahme ohne Beachtung der Mitbestimmungsrechte durchführen.

#### *cc) Stellungnahme*

Der Auffassung des BAG, der sich die herrschende Meinung in der Literatur angeschlossen hat, ist zu folgen. Trotz aller berechtigter Kritik hat sich die Vorgehensweise der Rechtsprechung im Laufe der Zeit unter Anwendung des konkretisierten Ansatzes für die Einschränkung von Mitbestimmungsrechten bewährt. Die Rechtsprechung kann so zu soliden und rechtlich nachvollziehbaren Ergebnissen gelangen, auch wenn ein Rest von Rechtsunsicherheit bleibt. Darüber hinaus ist zu beobachten, dass sich das Schrifttum und die Rechtsprechung in ihrer Vorgehensweise sehr genähert haben. Dies wird insbesondere in dem zuletzt hinzugekommenen Erfordernis der „zusätzlichen Druckausübung"

844 *Heinze*, DB 1982, Beil. 23, 1, 6 f.
845 *Heinze*, DB 1982, Beil. 23, 1, 6 f.
846 *Heinze*, DB 1982, Beil. 23, 1, 9 ff.; *Heinze*, SAE 1980, 221, 225.
847 *Heinze*, DB 1982, Beil. 23, 1, 9 ff.
848 *Heinze*, DB 1982, Beil. 23, 1, 9 ff.

auf den Arbeitgeber deutlich. Auch wenn der Grundsatz der Kampfparität nur auf den rechtmäßigen Arbeitskampf Anwendung findet, erscheint die arbeitskampfrechtliche und richterrechtliche Vorgehensweise aus methodischer Sicht am plausibelsten.[849]

Der betriebsverfassungsrechtliche Ansatz im Schrifttum, wonach zur Einschränkung von Mitbestimmungsrechten § 74 Abs. 2 S. 1 BetrVG unmittelbar herangezogen werden soll, kann weder in der Rechtsprechung[850] noch in der Literatur[851] überzeugen. Er wäre zwar in dogmatischer Hinsicht praktisch handhabbarer, da der Ansatz in seinem Anwendungsbereich gleichzeitig auch rechtswidrige und wilde Streiks umfassen würde. Dazu müsste jedoch der Anwendungsbereich eröffnet sein. Für die Begründung einer Einschränkung anhand des BetrVG selbst fehlen jedoch jegliche Anhaltspunkte. Es ist zwar richtig, dass zunächst das BetrVG selbst zur Problemlösung herangezogen werden muss,[852] bevor arbeitskampfrechtliche Grundsätze Anwendung finden. Das BetrVG bietet jedoch gerade keine diesbezügliche Lösung. Das Gesetz schweigt zu der Frage der Einschränkbarkeit während Arbeitskämpfen. Weder § 87 BetrVG noch § 74 BetrVG sehen eine Regelung vor. Mangels hinreichender Anhaltspunkte kann bezüglich § 74 Abs. 2 S. 1 BetrVG nicht von einer abschließenden Funktion hinsichtlich des Verhältnisses zwischen dem Betriebsverfassungsrecht und dem Arbeitskampfrecht ausgegangen werden.[853] Weder der Wortlaut der Vorschrift oder historische Gesichtspunkte noch andere Argumente sprechen dafür.[854] Das Schweigen des Gesetzes zu Beteiligungsrechten allein ist nicht ausreichend.[855] Im Gegenteil, der Gesetzgeber hätte in Anbetracht der kontroversen Stimmen in der Literatur bereits des Öfteren die Gelegenheit gehabt, eine Klarstellung im Wortlaut des Arbeitskampfverbots zu schaffen. Dass er bis heute nicht aktiv geworden

---

849 So auch *Lieb*, NZA 1990, 377, 383; Siehe hierzu auch die Ausführungen unter 3. Kap. B. II. 4. a).

850 BAG, Beschl. v. 10.12.2002 – 1 ABR 7/02, NZA 2004, 223.

851 Däubler/*Dette*, Arbeitskampfrecht, § 19 Rn. 137; *Eich*, DB 1979, Beil. 9, 5; *Jahn*, Die Beteiligung des Betriebsrats, S. 196; *Jansen*, Mitbestimmung, S. 61 ff.; *Kissel*, Arbeitskampfrecht, § 36 Rn. 56; *Kissel*, NZA 1989, 81, 81; *Lieb*, NZA 1990, 377, 383; *Patett*, Arbeitskampffernwirkungen, S. 477 ff.

852 *Roß*, Das Arbeitskampfverbot, S. 63, kritisiert die fehlende Prüfung betriebsverfassungsrechtlicher Regelungen.

853 BAG, Beschl. v. 10.12.2002 – 1 ABR 7/02, NZA 2004, 223; *Krause*, EzA BetrVG 2001 § 80 Nr. 1.

854 So auch *Jansen*, Mitbestimmung, S. 66 ff.

855 BAG, Beschl. v. 10.12.2002 – 1 ABR 7/02, NZA 2004, 223.

ist, bestätigt und spricht für den arbeitskampfrechtlichen Ansatz. Zudem sprechen auch die präsenten Sanktionsmöglichkeiten im BetrVG, die ausdrücklich Rechtsfolgen bei der Verletzung des Arbeitskampfverbots zwischen Arbeitgeber und Betriebsrat vorsehen, gegen einen Rückgriff auf § 74 BetrVG für die Einschränkung von Mitbestimmungsrechten.

Das Arbeitskampfverbot regelt lediglich das betriebsverfassungsrechtliche Verhältnis zwischen Arbeitgeber und Betriebsrat. Es stellt einen wesentlichen Grundsatz für die Zusammenarbeit der Betriebsparteien dar und ist Bestandteil der betriebsverfassungsrechtlichen Friedensordnung.[856] Sie gewährleistet die Neutralitätspflicht und konkretisiert die betriebliche Friedenspflicht sowie die vertrauensvolle Zusammenarbeit während des Arbeitskampfes.[857] Zur Vermeidung von „Unruhen" und Störungen des Betriebsfriedens im Wege von betrieblichen Arbeitskämpfen verweist das BetrVG auf andere Konfliktlösungsmechanismen wie die Einigungsstelle und das Arbeitsgericht. Die Betriebsparteien sollen bei Meinungsverschiedenheiten von diesen Möglichkeiten Gebrauch machen. Das Arbeitskampfverbot gem. § 74 Abs. 2 S. 1 Hs. 1 BetrVG bezweckt gerade diese Vorgehensweise, um innerbetriebliche Spannungen durch Arbeitskämpfe zu vermeiden, nicht aber um gesetzlich normierte Mitbestimmungsrechte auch bei ordnungsgemäßer Ausübung außer Kraft zu setzen. Zur Durchsetzung von Mitbestimmungsrechten z.B. nach § 87 BetrVG sind entweder die Einigungsstelle nach § 87 Abs. 2 BetrVG oder das arbeitsgerichtliche Beschlussverfahren[858] als Konfliktlösungsmechanismen vorgesehen. Dementsprechend leuchtet nicht ein, warum trotz vorhandener Möglichkeiten und Sanktionen das Arbeitskampfverbot über den Wortlaut hinaus die Mitbestimmungsrechte als sog. Kampfmaßnahmen suspendieren können sollte, insbesondere weil durch die Interessenvertretung und die Befugnisse des Betriebsrats der gleiche Zweck verfolgt wird und Interessenkonflikte auf diesem Weg ausgetragen werden. Der Begriff der „Maßnahmen im Arbeitskampf" wird zwar sehr weit verstanden, sodass auch Vorbereitungsmaßnahmen oder nicht paritätsrelevante Maßnahmen erfasst werden, jedoch handelt es sich bei der Ausübung von gesetzlichen Mitbestimmungsrechten gerade nicht um betriebsverfassungsrechtliche Kampfmaßnahmen im Sinne der Vorschrift.[859]

---

856 GK-BetrVG/*Jacobs*, BetrVG, § 74 Rn. 31; MHdB ArbR/*Boemke*, § 288 Rn. 9.

857 *Gamillscheg*, Kollektives Arbeitsrecht, Bd. I, S. 1124; *Krummel*, BB 2002, 1418; *Priebe*, AiB 2012, 667, 669.

858 *Fitting* BetrVG, § 87 Rn. 615.

859 *Krause*, EzA BetrVG 2001 § 80 Nr. 1

Der Begriff orientiert sich an dem arbeitskampfrechtlichen Begriff, wird aber weiter verstanden. Die Erfassung von Mitbestimmungsrechten während eines Arbeitskampfes würde aber bei einer ordnungsgemäßen Ausübung der Mitbestimmungsrechte den Anwendungsbereich sprengen. Das Arbeitskampfverbot soll vielmehr auch dafür sorgen, dass der Betriebsrat bei Arbeitskämpfen seine neutrale Stellung als Repräsentant aller Arbeitnehmer wahrt und die von seiner Legitimation umfassten Aufgaben nicht überschreitet.[860] Insofern geht der betriebsverfassungsrechtliche Ansatz insgesamt zu weit.[861] Mit dem Argument des Schutzes des Arbeits- und Betriebsfriedens könnte jegliches Verhalten des Betriebsrats erfasst und seine Funktion beeinträchtigt werden, was wiederum das betriebsverfassungsrechtliche Gleichgewicht konterkarieren würde.[862] Denn nach der Auffassung von *Heinze* müsste nicht einmal der Arbeitskampfbezug gegeben sein, den andere Vertreter[863] verlangen. In der Praxis kommt es häufig zur Konfrontation zwischen den Betriebspartnern, sodass die Gefährdung des Betriebsfriedens theoretisch kein Einzelfall bleibt und sie unberechtigterweise Auswirkungen auf die Mitbestimmung haben könnte. Die Einschränkung von Mitbestimmungsrechten soll indes eine Ausnahme bleiben. Wenn tatsächlich Anhaltspunkte für eine missbräuchliche Ausübung[864] des Betriebsrats vorlägen, müsste der Arbeitgeber von seinen Möglichkeiten nach § 23 BetrVG – die Beantragung der Auflösung des Betriebsrats wegen grober Verletzung seiner gesetzlichen Pflichten – Gebrauch machen.[865] Die Gefährdung des Arbeitsablaufs und des Betriebsfriedens sind zwar von dem Zweck der Vorschrift erfasst, können jedoch eine Einschränkung nicht rechtfertigen, zumal dafür ein konkreter Tatbestand in § 74 Abs. 2 S. 2 BetrVG existiert. Nach der zutreffenden Auffassung von *Jansen*[866] ergibt auch eine methodische Auslegung des § 74 BetrVG nicht, dass Rückschlüsse auf das Schicksal der Mitbestimmungsrechte gezogen werden können.

---

860 *Schulin*, Mitbestimmung im Arbeitskampf, S. 191, 201.

861 So auch *Jahn*, Die Beteiligung des Betriebsrats, S. 197.

862 So auch *Jahn*, Die Beteiligung des Betriebsrats, S. 197.

863 GK-BetrVG/*Jacobs*, BetrVG, § 74 Rn. 78; *Wiese*, NZA 1984, 378, 381.

864 *Bengelsdorf*, BB 1991, 613 plädiert nach anderer Ansicht dafür, bei rechtsmissbräuchlicher Wahrnehmung der Mitbestimmungsrechte die Ausübung vorübergehend einzuschränken und die Zustimmung zu fingieren.

865 BAG, Beschl. v. 22.12.1980 – 1 ABR 2/79, NJW 1981, 937; ErfK/*Linsenmaier*, GG, Art. 9 Rn. 160.

866 *Jansen*, Mitbestimmung, S. 64 ff.; a.A. *Hässler*, Beteiligungsrechte, S. 50 ff.; *Roß*, Das Arbeitskampfverbot, S. 62 ff., 74 ff.

Auch § 74 Abs. 2 S. 1 Hs. 2 BetrVG, wonach Arbeitskämpfe tariffähiger Parteien durch das Verbot nicht berührt werden, zeigt, dass das Verbot nicht im Zusammenhang mit dem Kampfgleichgewicht der Tarifvertragsparteien stehen und keinen Einfluss darauf haben soll.

Der Ansatz von *Heinze*, maßgeblich auf die Arbeitskampfwirkung abzustellen, kann ebenso nicht überzeugen. Die Vorschrift verlangt ausdrücklich eine Maßnahme des Arbeitskampfes und nicht nur eine Maßnahme, welche die gleiche Wirkung erzielt. Er modifiziert den Arbeitskampfbegriff hierzu dahingehend, dass er eine mit abstrakter Gefährdung des Betriebsablaufs oder des Betriebsfriedens bewirkte Druckausübung ausreichen lässt. Auch wenn man alle Maßnahmen mit Arbeitskampfwirkung untersagen wollte, kann man dadurch keine Einschränkung der Mitbestimmungsrechte herleiten.[867] Dieses Verständnis stellt eine uferlose Ausweitung dar und verstößt gegen den Sinn und Zweck sowie den Wortlaut der Regelung. Die Vorschrift bezweckt die Wahrung des Betriebsfriedens durch Vermeidung von Arbeitskämpfen durch Störung der Arbeitsbeziehungen. Durch die Ausübung von Mitbestimmungsrechten muss der Betriebsrat allerdings die Störung der Arbeitsbeziehungen nicht beabsichtigen oder fördern wollen. Die der Vorschrift immanente Friedenspflicht und das Arbeitskampfverbot untersagen nur im Rahmen von Mitbestimmungs- und Mitwirkungsrechten, dass der Betriebsrat z.B. durch kampftaktisches Zustimmungsverhalten Einfluss auf den Arbeitskampf nimmt.[868] Eine Aussage über das Schicksal der Mitbestimmungsordnung wird hingegen nicht getroffen.[869] Hinsichtlich der Rechtsfolge kann auch nicht auf § 134 BGB zurückgegriffen werden, denn das BetrVG enthält gerade Sanktionsmöglichkeiten für den Arbeitgeber, zumal keine Unterlassungsansprüche und andere Sanktionen erforderlich wären, wenn ohnehin alle Maßnahmen unter Verstoß gegen das Arbeitskampfverbot nichtig wären. Das Arbeitskampfverbot sieht lediglich eine Unterlassungspflicht vor, welche bei einem Verstoß betriebsverfassungsrechtliche oder individualrechtliche Rechtsfolgen nach sich ziehen kann, gibt jedoch als Rechtsfolge keinen Spielraum für eine Suspendierung von Mitbestimmungsrechten.[870]

Darüber hinaus gilt die Vorschrift für Arbeitgeber und Betriebsrat gleichermaßen, sodass die mitbestimmungsfreie Durchführung von mitbestimmungsbedürftigen und kampfbedingten Arbeitgebermaßnahmen gleichzeitig – mit Blick

---

867 So auch *Krause*, EzA BetrVG 2001 § 80 Nr. 1.

868 *Richardi*, FS der deutschen Richterakademie, S. 111, 114.

869 *Richardi*, FS der deutschen Richterakademie, S. 111, 114.

870 *Jansen*, Mitbestimmung, S. 79.

auf die Belegschaftsinteressen – eine Arbeitskampfwirkung und eine Druckausübung gegenüber dem Betriebsrat auslösen und damit als Verstoß gegen das Arbeitskampfverbot als unzulässig erachtet werden könnten.[871] Ein solches Verständnis widerspricht nicht nur dem Sinn und Zweck der Vorschrift, sondern auch dem System des Arbeitskampfrechts. Zur Feststellung des „zusätzlichen Drucks“ – dessen Ermittlung ohnehin Schwierigkeiten bereitet – kommt es ferner auch hier auf die Intensität des jeweiligen Beteiligungsrechts an,[872] sodass auch dieser Ansatz vor dem Hintergrund der Kritik an der Kampfparität nicht zu einheitlichen und sicheren Ergebnisse zu führen vermag, sondern das Ergebnis von Umständen des Einzelfalls abhängig macht. Gegen eine eigene Definition und ein eigenes Verständnis von Kampfmaßnahmen im Sinne der Vorschrift, welche sich nicht an dem arbeitskampfrechtlichen Begriff der Kampfmaßnahme orientieren sollen und auch Mitbestimmungsrechte erfassen würden, spricht auch die Bezugnahme auf Arbeitskämpfe tariffähiger Parteien in § 74 Abs. 2 S. 1 Hs. 2 BetrVG. Daraus ergibt sich, dass zumindest im Grundverständnis eine kampfbezogene Maßnahme vorliegen muss, welche zwar weitergehen und weitere Maßnahmen erfassen kann, allerdings keine davon gelöste völlig andere Bedeutung bekommt. Die Ausübung von Mitbestimmungsrechten stellt keine kampfbezogene Maßnahme dar.

Die Vorschrift kann mithin nicht als dogmatische Grundlage dienen. Sie berücksichtigt nur das Verhältnis zwischen Arbeitgeber und Betriebsrat und soll das Betriebsverhältnis arbeitskampffrei halten. Folglich kann eine Einschränkung der Mitbestimmungsrechte nicht nach § 74 Abs. 2 S. 1 BetrVG erfolgen.

Soweit zusätzlich ein subjektives Element verlangt wird, lässt es sich kaum nachweisen, ob der Betriebsrat zur Unterstützung des Arbeitskampfes die Zustimmung verweigert hat. Die Zustimmungsverweigerung wird sich in der Regel auf andere, neutrale Gründe stützen. Daher wäre die Handhabung hier genauso wenig praktisch. Der subjektive Wille kann nicht für den Fall fingiert werden, dass sich der Betriebsrat über die Folgen für den Arbeitgeber bewusst ist.

Des Weiteren wird nicht automatisch ein Vorrang des Arbeitskampfrechts gegenüber dem Betriebsverfassungsrecht angenommen.[873] Das BetrVG kann sich als Ausprägung des Demokratie- und Sozialstaatsprinzips im Arbeitskampf

---

871 *Jahn*, Die Beteiligung des Betriebsrats, S. 198.

872 GK-BetrVG/*Jacobs*, BetrVG, § 74 Rn. 78.

873 BAG, Beschl. v. 10.12.2002 – 1 ABR 7/02, NZA 2004, 223; vgl. für das Verhältnis des richterrechtlichen Arbeitskampfrechts und dem BetrVG als einfaches Gesetzesrecht auch *Bieback/Mayer*, AuR 1982, 169 ff.; *Wolter*, AuR 1979, 333 ff.

durchsetzen, soweit dadurch nicht andere höherrangige Rechtspositionen vereitelt werden.[874] Art. 9 Abs. 3 GG dient hierbei im Falle eines erheblichen Eingriffs als Schranke für die Rechte und Legitimation des Betriebsrats.[875] Im Ergebnis darf keines der Rechte vollständig zurücktreten, sondern es muss im Rahmen einer praktischen Konkordanz ein schonender Ausgleich erfolgen.[876] Insofern verhindert die Gleichrangigkeit der Rechte nicht die Einschränkung des BetrVG wegen Beeinträchtigung der Arbeitskampffreiheit. Bei weniger intensiven Eingriffen würden sich hingegen die betriebsverfassungsrechtlichen Mitbestimmungsrechte durchsetzen.[877]

### *2. Zwischenergebnis*

Die Darstellung der Ansichten hat gezeigt, dass das Thema der Einschränkung von Mitbestimmungsrechten in der Literatur stark umstritten ist und viele Ansichten hierzu herrschen. Weder das vollständige Ruhen noch die vollständige Aufrechterhaltung der Mitbestimmungsrechte in einem Arbeitskampf können argumentativ überzeugen. Diese Ansichten konnten sich im Schrifttum nicht durchsetzen und konnten daher als Mindermeinung nur wenige Anhänger gewinnen.

Der Ansatz der arbeitskampfkonformen Auslegung, welchen das BAG anwendet, hat hingegen den Großteil im Schrifttum überzeugt und ist daher als herrschende Meinung auch in der Literatur anerkannt. Die Einschränkung von Mitbestimmungsrechten wegen Beeinträchtigung der Arbeitskampffreiheit des Arbeitgebers stellt sich als richtiger Ansatz dar. Dogmatisch wird zurecht auf den Grundsatz der Kampfparität abgestellt. Die Auffassung, welche ebenso eine Einschränkung im Arbeitskampf befürwortet, allerdings die Einschränkung dogmatisch auf das betriebsverfassungsrechtliche Arbeitskampfverbot nach § 74 Abs. 2 S. 1 Hs. 1 BetrVG zurückführen möchte, stößt im Schrifttum und in der Literatur auf Ablehnung und erscheint, trotz der teilweise berechtigten Kritik an dem Grundsatz der Kampfparität, nicht überzeugend.

---

874 BAG, Beschl. v. 10.12.2002 – 1 ABR 7/02, NZA 2004, 223.

875 *Hergenröder*, SAE 2003, 343, 349.

876 BAG, Beschl. v. 10.12.2002 – 1 ABR 7/02, NZA 2004, 223.

877 An dieser Stelle sollte lediglich ein kurzer Überblick über den Meinungsstand in der Literatur aufgezeigt werden, ohne sich intensiv mit den Ansätzen nach dem BetrVG in auslegungsmethodischer Sicht auseinanderzusetzen, vgl. für den betriebsverfassungsrechtlichen Ansatz die Untersuchung von *Hässler*, Beteiligungsrechte, S. 50 ff.; *Roß*, Das Arbeitskampfverbot, S. 62 ff., 74 ff.

## C. Auswirkungen des Arbeitskampfes auf die einzelnen Mitwirkungs- und Mitbestimmungsrechte

Im Folgenden sollen die Auswirkungen des Arbeitskampfes auf einzelne ausgewählte Mitwirkungs- und Mitbestimmungstatbestände im Wesentlichen nach dem aktuellen und konkretisierten Ansatz der Rechtsprechung, welcher auch von der herrschenden Meinung in der Literatur vertreten wird, untersucht werden. Dazu wird beleuchtet, ob die Ausübung der Mitbestimmungsrechte die Arbeitskampfparität des Arbeitgebers derart beeinträchtigt, dass die Mitbestimmungsrechte im Wege der arbeitskampfkonformen Auslegung eingeschränkt werden müssen.

### I. Unterrichtungsanspruch, § 80 Abs. 2 S. 1 BetrVG

Dem Betriebsrat steht gem. § 80 Abs. 2 S. 1 BetrVG gegenüber dem Arbeitgeber ein Unterrichtungsanspruch zu.[878] Der Arbeitgeber ist verpflichtet, den Betriebsrat zur Durchführung seiner Aufgaben nach dem BetrVG rechtzeitig und umfassend zu unterrichten. Diese Informationspflicht soll dem Betriebsrat die wirksame Wahrnehmung seiner gesetzlichen Aufgaben, worunter sämtliche Mitbestimmungs- und Beteiligungsrechte sowie die Aufgaben aus Abs. 1 der Vorschrift fallen, ermöglichen.[879]

#### *1. Auswirkungen auf die Kampfparität*

Auch im Arbeitskampf hat der Auskunftsanspruch eine erhebliche Bedeutung, denn der Betriebsrat hat weiterhin seine betriebsverfassungsrechtlichen Aufgaben wahrzunehmen. Insbesondere um streikbedingten Personalausfällen in einem Arbeitskampf entgegenzutreten, ist der Arbeitgeber im Rahmen seiner Tarifautonomie und seiner Kampfmittelparität und unter Achtung der individualarbeitsrechtlichen Voraussetzungen frei, Überstunden, Schichtverschiebungen und kurzfristige Versetzungen gegenüber nicht streikenden Arbeitnehmern anzuordnen und Einstellungen sowie Beschäftigung von Mitarbeitern fremder Firmen vorzunehmen. Diese kampfbedingten Maßnahmen lösen Beteiligungsrechte des Betriebsrats gem. §§ 99, 87 Abs. 1 Nr. 2, 3 BetrVG aus.[880] Fraglich ist, ob der Betriebsrat für den Zeitraum des Arbeitskampfes zu diesen Maßnahmen

878 BAG, Beschl. v. 19.02.2008 – 1 ABR 84/06, NZA 2008, 1078; Beschl. v. 10.12.2002 – 1 ABR 7/02, NZA 2004, 223.
879 ErfK/*Kania*, BetrVG, § 80 Rn. 17; *Fitting*, BetrVG, § 80 Rn. 48.
880 Vgl. BAG, Beschl. v. 10.12.2002 – 1 ABR 7/02, NZA 2004, 223.

seinen Unterrichtungsanspruch geltend machen kann, um Informationen zu den betroffenen Beschäftigten und z.B. den konkreten Überstunden oder Versetzungen zu erlangen. In seiner Entscheidung vom 10.12.2002[881] spricht sich das BAG erstmals für eine uneingeschränkte Aufrechterhaltung des Unterrichtungsrechts aus.[882] Nach dem Ansatz der Rechtsprechung bleibt der Unterrichtungsanspruch uneingeschränkt bestehen, wenn die Kampfparität des Arbeitgebers dadurch nicht beeinträchtigt wird.

Nach dem konkretisierten Ansatz[883] bedarf es erst dann einer arbeitskampfkonformen Auslegung der Beteiligungsrechte, wenn bei unmittelbarer Kampfbetroffenheit bei der vollständigen Aufrechterhaltung die ernsthafte Gefahr besteht, dass dem Arbeitgeber eine sonst mögliche Arbeitskampfmaßnahme verhindert und dadurch zwangsläufig zu dessen Nachteil in das Kampfgeschehen eingegriffen wird. Für eine tatsächliche Beeinträchtigung und ernsthafte Gefährdung muss die Aufrechterhaltung des Unterrichtungsanspruchs dazu führen, dass der Arbeitgeber an der Durchführung einer beabsichtigten Kampfmaßnahme zumindest vorübergehend gehindert ist und auf diese Weise zusätzlich Druck auf ihn ausgeübt wird.[884] Dazu müsste der Unterrichtungsanspruch die Rechtmäßigkeit der beabsichtigten kampfbedingten Anordnung des Arbeitgebers an die Einhaltung einer Frist oder ein positives Votum des Betriebsrats und ggf. dessen Ersetzung durch die Einigungsstelle knüpfen.[885] Der Unterrichtungsanspruch knüpft allerdings weder an eine Frist noch an ein positives Votum des Betriebsrats an, sodass der Arbeitgeber nicht zur Einhaltung der Mitwirkung zur Durchführung eines gerichtlichen Verfahrens gezwungen ist. Der Arbeitgeber wird in zeitlicher Hinsicht nicht vorübergehend gehindert, seine beabsichtigte Kampfmaßnahme durchzuführen. Er muss lediglich den Betriebsrat zuvor – spätestens bei Beginn der Maßnahme – informieren und kann unabhängig von der Reaktion des Betriebsrats arbeitskampfbezogene Anordnungen treffen. Insofern

---

881 BAG, Beschl. v. 10.12.2002 – 1 ABR 7/02, NZA 2004, 223.

882 So auch BAG, Beschl. v. 13.12.2011 – 1 ABR 2/10, NZA 2012, 571; LAG Köln, Beschl. v. 22.06.1992 – 14 Ta BV 17/92, DB 1993, 838 f.; LAG Hessen, Beschl. v. 10.03.2011 – 9 TaBV 173/10, BeckRS 2011, 78201; LAG Rheinland-Pfalz, Beschl. v. 21.03.2013 – 10 TaBV 41/12, NZA-RR 2013, 291.

883 BAG, Beschl. v. 20.03.2018 – 1 ABR 70/16, NZA 2018, 1081.

884 BAG, Beschl. v. 10.12.2002 – 1 ABR 7/02, NZA 2004, 223; Beschl. v. 13.12.2011 – 1 ABR 2/10, NZA 2012, 571.

885 BAG, Beschl. v. 10.12.2002 – 1 ABR 7/02, NZA 2004, 223; Beschl. v. 20.03.2018 – 1 ABR 70/16, NZA 2018, 1081.

kann der Arbeitgeber sofort und autonom reagieren. Ein Verstoß bliebe auch individualrechtlich folgenlos.[886] Der mit dieser Informationspflicht verbundene Aufwand - z.B. kurzes Schreiben, E-Mail oder telefonische Auskunft - kann als lediglich geringfügige Beeinträchtigung die Handlungsfreiheit und die Kampfparität im Ergebnis nicht tangieren.[887]

Die herrschende Auffassung in der Literatur[888] schließt sich diesem Ergebnis an. Nur vereinzelt wird vertreten[889], dass zum Schutze der Kampfparität auch hier eine Einschränkung erforderlich sei. Durch das Informationsrecht komme es u.a. wegen der Benennung der betroffenen arbeitswilligen Arbeit nehmer und auch sonst zur Offenbarung der Abwehrstrategie und Kampftaktik des Arbeitgebers, woraus wiederum die Gewerkschaft aufgrund ihrer Verflechtung[890] mit dem Betriebsrat kampftaktische Konsequenzen ziehen und die Kampfabwehr erschweren könne.[891] Die Gefahr der massiven und gezielten Einflussnahme auf die bekannt gewordenen arbeitswilligen Arbeitnehmer, welche die organisierten Betriebsratsmitglieder aus Solidaritätsgründen[892] der Gewerkschaft mitteilen würden, könne die gesamte Abwehrstrategie konterkarieren. Der Arbeitskampftaktik wird sehr große Bedeutung zugemessen. Sie wird teilweise als Kernelement des Arbeitskampfes angesehen.[893] *Kissel*[894] betont, dass insbesondere die Kurzzeitigkeit arbeitskampfrechtlicher

---

886 LAG Köln, Beschl. v. 22.06.1992 - 14 Ta BV 17/92, DB 1993, 838 f.

887 BAG, Beschl. v. 10.12.2002 - 1 ABR 7/02, NZA 2004, 223; BAG, Beschl. v. 13.12.2011 - 1 ABR 2/10, NZA 2012, 571; LAG Köln, Beschl. v. 22.06.1992 - 14 Ta BV 17/92, DB 1993, 838 f.

888 Däubler/*Dette*, Arbeitskampfrecht, § 19 Rn. 164; DKW/*Buschmann*, BetrVG, § 80 Rn. 110; *Fitting*, BetrVG, § 74 Rn. 21a, § 80 Rn. 50; Frieling/Jacobs/Krois/*Husemann*, Arbeitskampfrecht, § 8 Rn. 104; *Gamillscheg*, Kollektives Arbeitsrecht, Bd. I, S. 1284; GK-BetrVG/*Weber*, BetrVG, § 80 Rn. 98; *Heinze*, DB 1982, Beil. 23, 1, 15 das Informationsrecht sei als „Minus" zwangsläufig mitenthalten; Küttner/*Kania*, Personalbuch, Arbeitskampf/Streik, Rn. 31; Richardi BetrVG/*Thüsing*, BetrVG, § 80 Rn. 68; HWGNRH/*Worzalla*, BetrVG, § 74 Rn. 31 nur wenn Arbeitskampftaktik offenbart werde.

889 *Meisel*, AP BetrVG 1972 § 102 Nr. 20; *Kissel*, Arbeitskampfrecht, § 36 Rn. 66, 85, 86; *Reichold*, NZA 2004, 247, 250; *Krummel*, BB 2002, 1418, 1419 ff. im Zusammenhang mit Fernwirkungen.

890 Siehe für bestehenden Informationsaustausch auch *Kempen*, NZA 2005, 185 189 ff.

891 Insoweit zustimmend *Hergenröder*, SAE 2003, 343, 350 ff., ablehnend hinsichtlich Paritätsstörung.

892 *Eich*, DB 1979, Beil. 9, 1, 3.

893 HWGNRH/*Worzalla*, BetrVG, § 74 Rn. 31.

894 *Kissel*, Arbeitskampfrecht, § 36 Rn. 66, 85.

Maßnahmen und Gegenmaßnahmen auch wenig nennenswerte und geringfügige Verzögerungen für die Kampfparität relevant erscheinen lassen. Er stellt insbesondere auf die Relevanz von Informationen im Zusammenhang mit wirtschaftlichen Angelegenheiten[895] ab. *Reichold*[896] kritisiert hierbei die verfehlte Einschätzung der verbliebenen Arbeitskampffreiheit und unterstellt dem Betriebsrat eine Ausforschungsabsicht zum Nachteil des Arbeitgebers. Aufgrund der im Arbeitskampf bestehenden Identität der Betriebsrats- und Gewerkschaftsinteressen könne nicht von der Einhaltung der Verschwiegenheitspflicht ausgegangen werden.[897] Die Arbeitskampffreiheit umfasse auch das Informationsmonopol über die eigene Taktik sowie die Verhandlungs- und Kampfstärke.[898] Letztlich diene das Informationsrecht der Mitbestimmungsausübung, sodass es miteingeschränkt werden müsse.[899]

Nach Auffassung der Rechtsprechung vermag auch die dadurch verursachte Offenbarung der Arbeitskampftaktik am Ergebnis nichts zu ändern.[900] Nicht jedwede Beeinträchtigung der Arbeitskampffreiheit sei ausgeschlossen. Es müsse eine tatsächlich erhebliche Beeinträchtigung vorliegen. Das Arbeitskampfrecht könne im Rahmen einer praktischen Konkordanz durch das BetrVG als Ausprägung des Demokratie- und Sozialstaatsprinzips eingeschränkt werden. Die Offenbarung der Strategie könne gerade nicht zu einem nennenswerten Beschwer der Arbeitskampffreiheit führen.[901] Vielmehr habe der Arbeitgeber seine Strategie an den zu beachtenden Informationsrechten des Betriebsrats auszurichten, ohne dass sie eingeschränkt werden oder wegfallen müssen, weil sie die Strategie des Arbeitgebers erschweren. Daran ändere auch die Kurzzeitigkeit arbeitskampfrechtlicher Vorgänge nichts. Darüber hinaus hätten die Unterrichtungsrechte generell keine große Auswirkung auf das Kampfgeschehen. Auch die Befürchtung einer Einflussnahme auf die arbeitswilligen Arbeitnehmer sei unbegründet, da der Betriebsrat gem. § 74 Abs. 2 BetrVG gerade zur Neutralität verpflichtet sei und nicht der Tarifgegner sei. Bei einer Weitergabe von Informationen an die kampfführende Gewerkschaft würde er gegen seine Neutralitätspflicht und Geheimhaltungspflicht aus § 79 Abs. 1 BetrVG verstoßen, was

895 A.A.: *Galperin/Löwisch*, BetrVG, § 74 Rn. 13c.
896 *Reichold*, NZA 2004, 247, 250.
897 *Meisel*, AP BetrVG 1972 § 102 Nr. 20.
898 *Krause*, EzA BetrVG 2001 § 80 Nr. 1, S. 25.
899 *Eich*, DB 1979, Beil. 9, 1, 3.
900 BAG, Beschl. v. 10.12.2002 – 1 ABR 7/02, NZA 2004, 223.
901 So auch *Ilbertz*, ZBVR 2004, 5 f.

Konsequenzen zur Folge hätte. Im Übrigen könne der Betriebsrat auch unabhängig davon durch die Präsenz im Betrieb den Versuch unternehmen, Arbeitnehmer zu beeinflussen. Die personelle Verflechtung auf betrieblicher und gewerkschaftlicher Ebene bleibe unschädlich.[902] Schließlich diene der Anspruch dazu, die Einhaltung des Arbeitsschutzes im Arbeitskampf zu gewährleisten und die Arbeitskampfbedingtheit zu überprüfen. Der Arbeitgeber könne bei der gebotenen typisierenden Betrachtungsweise die Streikfolgen abwenden, ohne durch die Unterrichtungspflicht spürbar in seiner Arbeitskampffreiheit beeinträchtigt zu sein.

Die Auffassung des BAG ist überzeugend. Zur Beurteilung der Frage muss auf die Intensität der Auswirkungen auf das Kampfgeschehen abgestellt werden. Eine bloße Unterrichtung über die beabsichtigten Kampfmaßnahmen, ohne an eine Frist oder Zustimmung gebunden zu sein, beeinträchtigt den Arbeitgeber bei typisierender Betrachtung nicht in seiner Arbeitskampffreiheit. Im Gegenteil, er kann unmittelbar nachdem er die Auskunft mündlich oder schriftlich erteilt hat, die Anordnungen für die Aufrechterhaltung der betrieblichen Abläufe, welche eine Kampfmaßnahme darstellen[903], treffen. Die Maßnahmen können insofern weder verhindert werden noch wird ein zusätzlicher nicht hinnehmbarer Druck auf den Arbeitgeber ausgeübt.[904] Auch in zeitlicher Hinsicht wird er in seiner Kampfreaktion nicht, auch nicht vorübergehend, behindert. Die vorherige Information kann parallel vorbereitet und erteilt werden, ohne mehrere Stunden oder Tage zu warten. Es besteht zwar die Möglichkeit, dass der Kampfgegner die Kampfstrategie erfährt, allerdings wird ihm das im Zweifel nicht viel bringen. Da die Unterrichtung zeitlich nur kurz vor der Anordnung erfolgen muss, verbleibt dem Gegner kein Vorteil durch die Vorabinformation, um unmittelbar eine Gegenstrategie entwickeln zu können.[905] Der Arbeitgeber kann insofern seine Maßnahme und Strategie ohne Verhinderung und Verzögerung durchsetzen.

Bei einem länger andauernden Streik könnte eine Gegenstrategie hingegen schon entwickelt werden und sich bei einer späten Unterrichtung auch später auswirken. Ungeachtet dessen wird es auch bei einer zeitlich früheren

---

902 So auch LAG Rheinland-Pfalz, Beschl. v. 21.03.2013 – 10 TaBV 41/12, NZA-RR 2013, 291.

903 *Krause*, EzA BetrVG 2001 § 80 Nr. 1, S. 22.

904 So auch Löwisch/Kaiser/Klumpp/*Klumpp*, BetrVG, § 74 Rn. 19.

905 *Hergenröder*, SAE 2003, 343, 352; ähnlich *Sura*, NZA-RR 2018, 551, 556 bei kurzfristiger Unterrichtung.

Information zu keiner Paritätsstörung kommen, da nicht von vornherein unterstellt werden darf, der Betriebsrat werde die Informationen übermitteln. Der Weitergabe der Informationen an die kampfführende Gewerkschaft stünde unter den Voraussetzungen des § 79 Abs. 1 BetrVG die Geheimhaltungspflicht entgegen. Der Betriebsrat ist verpflichtet, diese Informationen nicht zu offenbaren und zu verwerten. Es darf nicht unterstellt werden, dass Betriebsratsmitglieder - auch wenn sie am Streik teilnehmen - die erhaltenen Informationen in rechtswidriger Weise der kampfführenden Gewerkschaft offenbaren werden.[906] Der Betriebsrat ist als unabhängiger Repräsentant aller Arbeitnehmer verpflichtet, sich gegenüber dem Arbeitgeber und der Belegschaft neutral zu verhalten.[907] Da er eigene Aufgaben und eine Funktion im Arbeitskampf hat und nicht Kampfgegner ist, kann er nicht der Gewerkschaft zugerechnet werden.[908] Erst tatsächliche Anhaltspunkte im Einzelfall können im Falle einer relevanten Paritätsstörung ein anderes Ergebnis rechtfertigen. Eine Paritätsstörung könnte ggf. anzunehmen sein, wenn bei Aufrechterhaltung der betrieblichen Abläufe durch externe Mitarbeiter der ernsthafte Verdacht einer Weitergabe von Informationen bestünde und die Gewerkschaft in der Lage wäre als Reaktion auf die Kampfstrategie den Betrieb des Verleihers mit einem Unterstützungsstreik zu überziehen und der Arbeitgeber sich deshalb anderweitig orientieren müsste.[909] Die Möglichkeit des Einsatzes betrifft wegen des Einsatzverbotes gem. § 11 Abs. 5 AÜG nicht mehr Leiharbeitnehmer.

Das Ergebnis könnte auch dann anders ausfallen, wenn Anhaltspunkte bestünden, dass der Betriebsrat durch die Information tatsächlich auf die arbeitswilligen Arbeitnehmer einwirken und die Arbeit verhindern würde.[910] In der Regel sind die Gewerkschaften jedoch vorbereitet und kennen die typischen Reaktionsmöglichkeiten des Arbeitgebers auf einen Streik. Auch die Einwirkung auf arbeitswillige Arbeitnehmer kann schon vorsorglich erfolgen. Im Ergebnis sind die Informationspflichten grundsätzlich nicht suspendiert, solange sie nicht die Kampfparität beeinträchtigen.[911] Dies betrifft ebenso die wirtschaftlichen Unterrichtungspflichten.[912] Auch dieser Anspruch dient dem Betriebsrat

---

906 BAG, Beschl. v. 10.12.2002 - 1 ABR 7/02, NZA 2004, 223.

907 *Schönhöft/Weyhing*, BB 2014, 762, 763.

908 *Richardi*, FS der deutschen Richterakademie, S. 111, 115.

909 *Meyer*, ZTR 2013, 8–15; *Meyer*, BB 2012, 2753, 2755.

910 *Otto*, Arbeitskampf- und Schlichtungsrecht, § 16 Rn. 76.

911 So auch Löwisch/Kaiser/Klumpp/*Klump*, BetrVG, § 80 Rn. 30.

912 Däubler/*Dette*, Arbeitskampfrecht, § 19 Rn. 164.

zur Überprüfung, ob Mitbestimmungsrechte berührt sind. Der Anspruch kann gem. § 106 Abs. 2 S. 1 BetrVG verweigert werden, sofern Betriebs- und Geschäftsgeheimnisse des Unternehmens gefährdet werden. Darüber hinaus gilt die Verschwiegenheitspflicht ebenso für Ausschussmitglieder, § 107 Abs. 3 S. 4 BetrVG. Insofern ist die Argumentation trotz der Relevanz von wirtschaftlichen Informationen übertragbar.[913]

Das BAG berief sich in dem konkreten Fall auch auf den fehlenden weitergehenden Vortrag des Arbeitgebers zur Rechtfertigung der Paritätsbeeinträchtigung durch den Unterrichtungsanspruch. Dies verdeutlicht, dass der Grundansatz der Rechtsprechung, zur Feststellung einer vorübergehenden Verhinderung sowie einer Druckausübung auf die Einhaltung einer Frist oder die Zustimmung des Betriebsrats abzustellen, nicht das Endergebnis bestimmt. Vielmehr setzt sich das BAG mit weiteren Argumenten auseinander, die ein entgegenstehendes Ergebnis zu rechtfertigen vermögen. Zur Einschätzung der Intensität gibt das BAG zwar Hilfestellungen, die Umstände des Einzelfalls können die Intensität jedoch verstärken. Demnach könnte das Endergebnis in einem anderen Rechtsstreit von den Einzelfallumständen und den vorgetragenen Argumenten abhängen, mit denen sich das BAG auseinandersetzen würde und eventuell zu einer anderen Beurteilung kommen könnte.[914]

### 2. *Zwischenergebnis*

Insgesamt wirkt sich das Informationsrecht des Betriebsrats grundsätzlich nicht auf die Kampfparität des Arbeitgebers aus. Der Betriebsrat ist nicht in der Lage, durch Ausübung seines Unterrichtungsrechts eine Kampfmaßnahme des Arbeitgebers zu verhindern und zusätzlichen Druck auf ihn auszuüben, insbesondere mangels Erfordernis der Einhaltung einer Frist oder der Zustimmung des Betriebsrats. Aus diesem Grund bleibt es grundsätzlich bei der einschränkungslosen Anwendbarkeit des Informationsrechts. Der Ansatz des BAG führt hier zu einer plausiblen Paritätsprüfung. Gleichwohl können weitere Umstände und Anhaltspunkte dazu führen, dass im Einzelfall die Arbeitskampffreiheit beeinträchtigt und der Unterrichtungsanspruch suspendiert wird. Das zeigt die Vorgehensweise des BAG. Dementsprechend kann im Einzelfall ein anderes Ergebnis vorliegen.

---

913 Däubler/*Dette*, Arbeitskampfrecht, § 19 Rn. 164.

914 So auch LAG Rheinland-Pfalz, Beschl. v. 21.03.2013 – 10 TaBV 41/12, NZA-RR 2013, 291, mit notwendiger Einzelfallbetrachtung.

## II. Mitbestimmung in sozialen Angelegenheiten, § 87 BetrVG

Weiterhin sollen die Mitbestimmungstatbestände in sozialen Angelegenheiten untersucht werden.

### *1. § 87 Abs. 1 Nr. 3 BetrVG*

Grundsätzlich steht dem Betriebsrat im Rahmen der sozialen Angelegenheiten gem. § 87 Abs. 1 Nr. 3 BetrVG bei einer vorübergehenden Verkürzung oder Verlängerung der betriebsüblichen Arbeitszeit, soweit eine gesetzliche oder tarifliche Regelung nicht besteht, ein obligatorisches Mitbestimmungsrecht zu. Die betriebsübliche Arbeitszeit, worunter die im Betrieb regelmäßig geleistete Arbeitszeit zu verstehen ist,[915] darf nicht ohne die Zustimmung des Betriebsrats geändert werden. Fraglich ist, wie sich ein Arbeitskampf bei einer streikbedingten Verlängerung oder Verkürzung der Arbeitszeit auf die Einhaltung dieses Mitbestimmungstatbestandes auswirkt.

#### *a) Arbeitszeitverlängerung*

Der Arbeitgeber ist nicht verpflichtet die Folgen eines Streiks hinzunehmen. Er kann Gegenmaßnahmen ergreifen, um die Folgen der Betriebsstörung zu begrenzen. Er ist nicht verpflichtet auf die Arbeitsniederlegung mit einer suspendierenden Abwehraussperrung zu reagieren.[916] Er könnte zur Abwehr der Folgen eines rechtmäßigen Voll- oder Teilstreiks der Gewerkschaft arbeitskampfrechtliche Anordnungen treffen, um die Produktion bzw. die betrieblichen Abläufe trotz des Streiks aufrechtzuerhalten. Dabei steht es ihm frei, arbeitswillige Arbeitnehmer, die dem gewerkschaftlichen Kampfaufruf nicht folgen, während einer Arbeitsniederlegung aus streikbedingten Gründen Überstunden leisten zu lassen, um dem Streik zu begegnen und dessen Auswirkungen so gering wie möglich zu halten. Fraglich ist, ob auch hier der konkretisierte Ansatz der Rechtsprechung bei einer arbeitskampfbedingten Mehrarbeitsanordnung zu einer Einschränkung des Mitbestimmungsrechts nach § 87 Abs. 1 Nr. 3 BetrVG führt.

Nach dem aktuellen Ansatz[917] werden die Mitwirkungs- und Mitbestimmungsrechte des Betriebsrats im Wege der arbeitskampfkonformen Auslegung eingeschränkt, wenn „*der Arbeitgeber an der Durchführung einer beabsichtigten*

---

915 BAG, Beschl. v. 24.04.2007 – 1 ABR 47/06, NZA 2007, 818.

916 *Richardi*, FS der deutschen Richterakademie, S. 111, 118.

917 BAG, Beschl. v. 20.03.2018 – 1 ABR 70/16, NZA 2018, 1081.

*kampfbedingten Maßnahme zumindest vorübergehend gehindert ist und auf diese Weise zusätzlich Druck auf ihn ausgeübt wird*". Diese Voraussetzungen wären erfüllt, wenn die Mitwirkungs- und Mitbestimmungsrechte „*die Rechtmäßigkeit des vom Arbeitgeber während eines Streikgeschehens beabsichtigten Handelns an die Einhaltung einer Frist oder ein positives Votum des Betriebsrats und ggf. dessen Ersetzung durch die Einigungsstelle knüpfen*". Nach den vorstehenden Anforderungen müsste zur Gewährleistung der Kampfparität eine Einschränkung erfolgen. Begründet wird dies in der jüngsten Entscheidung des BAG[918] nur noch mit dem Grundsatz der Kampfparität[919]. Das in früheren Entscheidungen[920] erwähnte Argument der „Überforderung" taucht nicht mehr auf.

Für eine rechtmäßige Anordnung streikbedingter Mehrarbeit, also der vorübergehenden Verlängerung der Arbeitszeit während eines Arbeitskampfes, um auf die streikbedingte Arbeitsniederlegung zu reagieren, ist der Arbeitgeber auf die obligatorische positive Zustimmung des Betriebsrats gem. § 87 Abs. 1 Nr. 3 BetrVG und ggf. deren Ersetzung durch die Einigungsstelle gem. § 87 Abs. 2, 76 BetrVG angewiesen. Ohne die Zustimmung kann die Maßnahme nicht getroffen werden. Erst wenn eine Einigung zwischen den Betriebspartnern über die mitbestimmungspflichtige Angelegenheit nicht in Betracht kommt, entscheidet die Einigungsstelle als Konfliktregelungsmechanismus. Nicht nur der obligatorische Versuch, sich zu einigen, sondern auch die Anrufung der Einigungsstelle zur Herbeiführung einer Entscheidung würde die Kampfmaßnahme nicht nur unerheblich verzögern. Sofern nicht bereits eine ständige Einigungsstelle vorhanden ist, würde auch die Bildung der Einigungsstelle eine nicht unerhebliche Zeit in Anspruch nehmen.[921] Die Betriebsparteien müssten sich über die Person eines unparteiischen Vorsitzenden gem. § 76 Abs. 2 S. 1 BetrVG einigen. Auch die Beisitzer müssten vom Arbeitgeber und vom Betriebsrat bestellt werden. Falls keine Einigung über den Vorsitzenden der Einigungsstelle zustande käme, was in der Ausnahmesituation des Arbeitskampfes und wegen der Solidarität mit der Gewerkschaft der Regelfall sein wird, müsste das Arbeitsgericht angerufen werden, damit es den Vorsitzende bestellt, § 76 Abs. 2 S. 2 BetrVG i.V.m. § 100 Abs. 1 ArbGG.[922] Gegen diese Entscheidung ist nach § 100 Abs. 2 BetrVG innerhalb

918 BAG, Beschl. v. 20.03.2018 – 1 ABR 70/16, NZA 2018, 1081.

919 So auch schon zu einer früheren Entscheidung *Rüthers/Klosterkemper*, AP GG Art. 9 Arbeitskampf Nr. 63.

920 BAG, Beschl. v. 24.04.1979 – 1 ABR 43/77, AP GG Art. 9 Arbeitskampf Nr. 63, zur Verlängerung der betriebsüblichen Arbeitszeit; *Kraft*, SAE 1979, 300, 303 f.

921 *Bengelsdorf*, BB 1991, 613, 614.

922 *Woitaschek*, NZA 2021, 324 f.

von zwei Wochen die Beschwerde statthaft, welche wiederum gem. § 100 Abs. 2 S. 3 BetrVG i.V.m. § 87 Abs. 4 ArbGG aufschiebende Wirkung entfaltet. Diese zeitaufwendigen Vorgänge würden die Errichtung einer funktionsfähigen Einigungsstelle und die Mehrarbeitsanordnung um mehrere Wochen verzögern, sodass bereits für den Zeitraum des Arbeitskampfes für den Arbeitgeber keine angemessene Reaktion mehr möglich wäre.[923] Selbst bei Vorhandensein einer ständigen Einigungsstelle ist eine nicht unerhebliche zeitliche Verzögerung anzuerkennen.[924] Die beabsichtigte Anordnung von Überstunden als kampfbedingte Maßnahme des Arbeitgebers, welche eine Arbeitskampfmaßnahme darstellt und sich räumlich und zeitlich mit einer Arbeitsniederlegung deckt, würde vorübergehend verhindert und auf diese Weise zusätzlicher Druck auf den Arbeitgeber ausgeübt, sodass das vorliegende Mitbestimmungsrecht sich nachteilig auf die Arbeitskampffreiheit des Arbeitgebers auswirken würde. Die Konfliktlösungsmechanismen des BetrVG vermögen insofern keine schnelle und verzögerungsfreie Entscheidung zur Umsetzung der gewünschten Maßnahme zu erlangen.[925] Infolge einer arbeitskampfkonformen Auslegung müsste das streitgegenständliche Mitbestimmungsrecht daher – zur Vermeidung einer Verschiebung des Verhandlungsgleichgewichts zulasten des Arbeitgebers – eingeschränkt werden und der Arbeitgeber könnte die Mehrarbeit aus streikbedingten Gründen ohne die Zustimmung des Betriebsrats anordnen.[926] Der Gegenstand dieses Mitbestimmungstatbestandes und die damit zusammenhängende Entscheidungsmacht des Betriebsrats hätte aus Sicht der Rechtsprechung nachteilige Auswirkungen auf das Kampfgeschehen und auf die unmittelbare Kampfabwehr des Arbeitgebers. Durch die Verweigerung der Zustimmung könnten ein Arbeitsausfall und wirtschaftliche Nachteile für den Arbeitgeber herbeigeführt werden.[927] Dem Arbeitgeber wäre seine schnelle Reaktionsfähigkeit genommen. Dieses Ergebnis scheint auch vor dem Hintergrund angemessen und vertretbar, dass der Arbeitgeber auch in der Lage wäre, ohne Mitbestimmung des Betriebsrats die gesamte Belegschaft zu ihrem Nachteil zur Abwehr auszusperren.[928] Im Verhältnis zur Abwehraussperrung wäre die Mehrarbeitsanordnung als Kampfmaßnahme ein

---

923 *Bengelsdorf*, BB 1991, 613, 614.

924 *Hässler*, Beteiligungsrechte, S. 121.

925 A.A.: *Blanke*, AiB 1993, 220, 227.

926 BAG, Beschl. v. 24.04.1979 – 1 ABR 43/77, AP GG Art. 9 Arbeitskampf Nr. 63; Beschl. v. 20.03.2018 – 1 ABR 70/16, NZA 2018, 1081; MHdB ArbR/*Ricken*, § 265 Rn. 51a.

927 *Roß*, Das Arbeitskampfverbot, S. 134.

928 *Jansen*, Mitbestimmung, S. 209.

milderes Mittel, da die Arbeitnehmer ihre Lohnansprüche behalten würden.[929] Unberührt bleibt, wie bereits ausgeführt, das Unterrichts- und Informationsrecht zur Mehrarbeitsanordnung, im vorliegenden Fall beispielsweise die Information über die konkret angeordneten Überstunden und die betroffenen Arbeitnehmer.[930]

In der Literatur ist diese Frage indes umstritten. Die herrschende Meinung[931] geht allerdings im Rahmen der sozialen Angelegenheiten unter Bezugnahme auf die höchstrichterliche Rechtsprechung davon aus, dass in unmittelbar vom Arbeitskampf betroffenen Betrieben, der Betriebsrat im Wege einer arbeitskampfkonformen Auslegung des § 87 Abs. 1 Nr. 3 BetrVG bei kampfbedingter Verlängerung der Arbeitszeit zur Aufrechterhaltung der Produktion nicht zu beteiligen ist. Neben den gängigen Argumenten und zur Stützung der Unverletzlichkeit der Chancengleichheit wird ferner der Tarifvorbehalt des § 87 Abs. 1 BetrVG vorgebracht.[932] Eine Tarifforderung könne nicht Gegenstand eines betriebsverfassungsrechtlichen Einigungsstellenverfahrens sein. Auch wird angeführt, die Zustimmungsverweigerung zur Mehrarbeitsregelung wäre mit der gewerkschaftsneutralen Amtsführung des Betriebsrats nicht vereinbar.[933] Auf der anderen Seite könne der Betriebsrat aus gewerkschaftlichen Solidaritätsgründen geneigt sein, sich gegen eine Zustimmung zu entscheiden.[934] Es sei nicht zu verkennen, dass die Zustimmungsverweigerung bei der Mehrarbeitsanordnung zu einem Arbeitsausfall führe, was wiederum das Ergebnis der Tarifverhandlungen beeinflussen würde.[935] Auch viele der Stimmen, die den dogmatischen Grundsatz nicht überzeugend finden, folgen dem Ansatz der Einschränkung bei der Mehrarbeitsanordnung.[936] Andere

---

929 *Jansen*, Mitbestimmung, S. 209.

930 BAG, Beschl. v. 10.12.2002 – 1 ABR 7/02, NZA 2004, 223.

931 H.M.: Brox/Rüthers/*Brox*, Arbeitskampfrecht, § 12 Rn. 451; *Fitting*, BetrVG, § 87 Rn. 169; *Gamillscheg*, Kollektives Arbeitsrecht, Bd. I, S. 1280; GK-BetrVG/*Gutzeit*, BetrVG, § 87 Rn. 435 f., m.w.N.; HWK/*Clemenz*, BetrVG, § 87 Rn. 89; *Kleinmann/Fündling*, NZA 2018, 1386, 1389; *Küttner/Schmidt*, DB 1988, 704, 705; *Lambrich/Woidy*, DB 2018, 2645; Richardi BetrVG/*Richardi/Maschmann*, BetrVG, § 87 Rn. 384, 390; *Reinhard*, ArbRB 2014, 218, 220; *Weller*, BB 2018, 3008; *Weller/Bessing*, BB 2019, 564; a.A.: *Brill*, DB 1979, 403, 405 sieht in sozialen Angelegenheiten keinen Anlass.

932 Richardi BetrVG/*Maschmann*, BetrVG, § 74 Rn. 42; *Preis/Greiner*, Kollektivarbeitsrecht, § 125 Rn. 1415.

933 *Eich*, DB 1979, Beil. 9, 1, 5.

934 *Meyer*, Rda 2018, 380, 381.

935 *Küttner/Schmidt*, DB 1988, 704, 705.

936 *Heinze*, DB 1982, Beil. 23, 1, 15; *Kraft*, SAE 1979, 300, 303 f.

Stimmen[937] kritisieren die Vorgehensweise und sehen durch die einseitige Anordnung von Mehrarbeit die betriebsverfassungsrechtliche Friedenspflicht verletzt. Sie betrachten das Einigungsstellenverfahren – auch bei streikbedingter Mehrarbeit – zur Konfliktregelung als das einzige rechtmäßige Verfahren, um den Konflikt der Zustimmungsverweigerung lösen zu können,[938] zumal dem Arbeitgeber immer noch die Möglichkeit bleibe, den Spruch der Einigungsstelle gerichtlich anzufechten. Auch diejenigen, die bei der Arbeitszeitverlängerung im Falle einer Verweigerung teilweise eine Auswirkung auf die Tarifauseinandersetzung anerkennen, möchten eine Einschränkung als Ausnahmetatbestand – solange es nicht eine missbräuchliche Ausübung sei – nicht zulassen.[939] Ferner könne die betriebsverfassungsrechtliche Regelung als formelles Gesetz und mangels ausdrücklicher Vorschriften nicht durch Richterrecht außer Kraft gesetzt werden.[940] *Klebe* lehnt jegliche Überforderung- und Paritätsüberlegungen ab und spricht sich gegen eine Einschränkung des Mitbestimmungsrechts bei streikbedingten Überstunden aus.[941] Dafür spreche insbesondere, dass der Gesetzgeber für andere Fälle ausdrücklich Sonderregelungen für eilbedürftige Maßnahmen geschaffen habe, nicht hingegen bei Mitbestimmungsrechten nach § 87 BetrVG. Darüber hinaus müsse bei der im Rahmen einer praktischen Konkordanz durchzuführenden Verhältnismäßigkeitsprüfung positiv festgestellt werden, dass die Kampfmaßnahme den konkreten Mitbestimmungstatbestand überwiege.[942] Aus den bereits genannten Gründen ist indes eine Paritätsrelevanz bei der Überstundenanordnung zu bejahen, sodass eine Einschränkung nötig ist.

#### *aa) Konkreter Bezug zu einer laufenden oder unmittelbar bevorstehenden Arbeitsniederlegung*

Die Rechtsprechung verlangt für die Qualifizierung als Maßnahme des Arbeitskampfes einen konkreten Bezug der beabsichtigten Maßnahme zu einer

---

937 Einige von vielen: *Herbst*, AiB 1987, 4, 8; *Büchner*, Die Streikarbeit, S. 110 f.

938 So auch *Bieback/Mayer*, AuR 1982, 169, 175; *Blanke*, AiB 1993, 220, 227; *Büchner*, BlStSozArbR 1985, 145, 149; *Büchner*, Die Streikarbeit, S. 110 f.; DKW/*Klebe*, BetrVG, § 87 Rn. 116; *Hauer*, jurisPR-ArbR 49/2016 Anm. 4; *Weiss*, AuR 1982, 265, 268.

939 *Küttner/Schmidt*, DB 1988, 704, 705.

940 *Wolter*, AuR 1979, 333, 337.

941 DKW/*Klebe*, BetrVG, § 87 Rn. 116.

942 DKW/*Klebe*, BetrVG, § 87 Rn. 116, unter Verweis auf die Ausführungen von *Klocke*, Das BetrVG und der Arbeitskampf, S. 53 ff., 67 ff.

laufenden oder unmittelbar bevorstehenden Arbeitsniederlegung.[943] Insofern muss ein enger Zusammenhang zu einem Arbeitskampf bestehen. Nicht ausreichend sind Vorbereitungshandlungen für nur mögliche Arbeitskämpfe, die nicht einmal angekündigt sind oder nicht unmittelbar bevorstehen.[944] Dieser enge Zusammenhang ist notwendig, um die Kampfparität zu gewährleisten und einen Missbrauch dahin zu verhindern, das BetrVG so schon während der Verhandlungsphasen außer Kraft setzen zu wollen.[945] Die Kontrollfrage lautet wiederum, ob die Mitbestimmung an der Vorbereitungshandlung unmittelbar und zwangsläufig die Arbeitskampffreiheit des Arbeitgebers beeinträchtigen würde. Wenn bereits kein Arbeitskampf bevorsteht oder läuft, wird man diese Frage verneinen können, jedenfalls dann, wenn genügend Zeit vorhanden ist, bis zum tatsächlichen Streikbeginn über diese Fragestellung zu streiten. Eine Arbeitskampfmaßnahme bzw. kampfbedingte Gegenmaßnahme ist ebenso zu verneinen, wenn zwar gegenwärtig ein Arbeitskampf geführt wird, die angeordnete Maßnahme allerdings in keinem Zusammenhang mit dem Streik steht und daher keine Paritätsrelevanz hat.[946] Die Einstufung als taugliches Arbeitskampfmittel und der enge Zusammenhang für die Annahme einer Streikabwehrmaßnahme dienen der Sicherstellung, dass es sich dabei nicht um eine Streikfolgenkompensation handelt.[947]

### *bb) Streikfolgenkompensation*

Streikabwehrmaßnahmen sind hingegen ausdrücklich abzugrenzen von sog. Maßnahmen zur Streikfolgenkompensation. Dabei handelt es sich um nach dem Streik angeordnete Mehrarbeit, um die durch den Streik verursachten Arbeitsausfälle auszugleichen oder vorbeugend angeordnete Mehrarbeit zur Abwehr eines erwarteten Streiks.[948] Mit dem Ende der Arbeitsniederlegung wirken alle Arbeitnehmer, auch die, die an dem Streik teilgenommen haben, zwangsläufig an den durch den Streik verursachten Arbeitsrückständen mit.[949] Wenn aus Sicht des Arbeitgebers Überstunden notwendig werden, um die Streikfolgen zu

943 BAG, Beschl. v. 10.02.1988 – 1 ABR 39/86, AP BetrVG 1972 § 98 Nr. 5; Beschl. v. 20.03.2018 – 1 ABR 70/16, NZA 2018, 1081.
944 BAG, Beschl. v. 10.02.1988 – 1 ABR 39/86, AP BetrVG 1972 § 98 Nr. 5.
945 BAG, Beschl. v. 10.02.1988 – 1 ABR 39/86, AP BetrVG 1972 § 98 Nr. 5.
946 *Schulin*, Mitbestimmung im Arbeitskampf, S. 191, 197.
947 *Nothelfer/Schlotthauer*, SAE 2019, 63, 64; *Markowski*, ArbRB 2018, 265.
948 MHdB ArbR/*Ricken*, § 265 Rn. 51a.
949 BAG, Beschl. v. 20.03.2018 – 1 ABR 70/16, NZA 2018, 1081.

kompensieren, wird er die betriebliche Arbeitszeit vorübergehend verlängern wollen. In einem solchen Fall sind die Mitbestimmungsrechte wieder uneingeschränkt zu berücksichtigen. Eine Einschränkung ist nur bei einer Kampfmaßnahme mit Blick auf eine konkrete und zeitlich beschränkte Arbeitsniederlegung der streikenden Arbeitnehmer gerechtfertigt.

Nicht unter den Schutz des Art. 9 Abs. 3 GG fallen daher Maßnahmen zur Streikfolgenkompensation, die den wirtschaftlichen Folgen drohender künftiger warnstreikbedingter Betriebsunterbrechungen vorbeugen sollen.[950] Die in Frage kommenden Maßnahmen müssen zur Suspendierung eines Mitbestimmungsrechts einen konkreten Bezug zu einer laufenden oder unmittelbar bevorstehenden Arbeitsniederlegung – einen Arbeitskampfbezug – haben. Maßnahmen zur Streikfolgenbeseitigung werden zwar auch während des Kampfgeschehens getroffen, wirken sich jedoch nicht mehr auf das Kampfgeschehen aus.[951] Es fehlt der nötige Zusammenhang zum Arbeitskampf. Außerhalb des Streiks hat eine Überstundenmaßnahme nicht viel mit der Streikabwehr zutun. Das Mitbestimmungsrecht bei Aufarbeitung von Rückständen tangiert nicht das Kampfgeschehen. Die Anordnung Überstunden zu leisten, um Arbeitsrückstände und Folgen des Streiks nach Beendigung oder während einer Unterbrechung der Arbeitsniederlegung aufzuarbeiten und zu kompensieren, führt nicht zur Einschränkung des Mitbestimmungsrechts.[952] Eine derartige Maßnahme bedarf der vorherigen Zustimmung des Betriebsrats und rechtfertigt es nicht, die mitbestimmungsrechtliche Stellung des Betriebsrats einzuschränken.[953] Es kommt weder zu einer Beeinträchtigung der Arbeitskampffreiheit noch wird das Verhandlungsgleichgewicht gestört. Maßgeblich bleibt das tatsächliche Ende oder die Unterbrechung der Arbeitsniederlegung. Ausnahmsweise kann auch eine vorbeugende Anordnung von Mehrarbeit zu einer Suspendierung des § 87 Abs. 1 Nr. 3 BetrVG führen, sofern der notwendige Arbeitskampfbezug vorliegt und sie im Rahmen von „Druck und Gegendruck“ als Reaktion auf einen laufenden oder unmittelbar bevorstehenden Streik erfolgt.[954]

---

950 BAG, Beschl. v. 20.03.2018 – 1 ABR 70/16, NZA 2018, 1081; *Boemke*, jurisPR-ArbR 6/2019 Anm. 2; *Lambrich/Woidy*, DB 2018, 2645.

951 *Fitting*, BetrVG, § 74 Rn. 22b.

952 BAG, Beschl. v. 20.03.2018 – 1 ABR 70/16, NZA 2018, 1081; *Bieder*, NZA-RR 2017, 225, 228.

953 LAG Hessen, Beschl. v. 21.04.2016 – 5 TaBV 196/15, BeckRS 2016, 74599.

954 BAG, Beschl. v. 20.03.2018 – 1 ABR 70/16, NZA 2018, 1081; MHdB ArbR/*Ricken*, § 265 Rn. 51a.

Es ist richtig, dass die Rechtsprechung der Gewerkschaft wegen der obligatorischen Mitbestimmung bei Streikfolgen einen taktischen Vorteil verschafft.[955] Sie könnten nämlich die Warnstreiks immer so kurzfristig ausrufen, dass der Arbeitgeber kaum mit Gegenmaßnahmen darauf reagieren könnte, ihm aber erhebliche Schäden entstünden. Bei mehreren aufeinander folgenden Warnstreiks würde sich der Schaden potenzieren, weil auch die Streikfolgenkompensation nach den einzelnen Warnstreiks durch die Mitbestimmung des Betriebsrats verzögert würde, bis der Arbeitgeber dann wieder mit einem Warnstreik konfrontiert ist. Der Arbeitgeber könnte indes versuchen schneller zu reagieren, ohne mit der Mitbestimmung zu kollidieren. Lediglich wenn der Arbeitgeber von vornherein den zeitlichen Einsatz arbeitswilliger Arbeitnehmer auf die Dauer der tatsächlichen warnstreikbedingten Betriebsunterbrechung beschränkt, kommt es zu einer sicheren Suspendierung des Mitbestimmungsrechts zur Arbeitszeitverlängerung,[956] ohne dass vor jeder weiteren Anordnung der Zusammenhang zum Arbeitskampf geprüft werden muss. Daher muss der Arbeitgeber rechtssichere Anordnungen für das gesamte Kampfgeschehen aussprechen. Dennoch kann die Grenzziehung im Einzelfall erhebliche Schwierigkeiten bereiten, wenn keine zeitliche Begrenzung vorgenommen wird oder bei Warnstreikmaßnahmen, bei denen es Unsicherheiten gibt.

### *cc) Taugliche Erklärung und Adressatenkreis der Anordnung*

Zur Einschränkung des Mitbestimmungsrechts bei einer Mehrarbeitsanordnung reicht es allerdings nicht aus, dass sie arbeitskampfbedingt und infolge einer von der Gewerkschaft veranlassten Arbeitsniederlegung, als Kampfmaßnahme, erfolgt. Die Anordnung muss auch an die richtigen Adressaten gerichtet sein. Der Arbeitgeber muss die Anordnung ausdrücklich an die arbeitswilligen „Streikbrecher“ richten, da das Streikrecht der Streikteilnehmer und Kampfwilligen von der Koalitionsfreiheit gedeckt ist.[957] Arbeitswilligen muss es freistehen, sich an Abwehrmaßnahmen zu beteiligen. Daher darf die Anordnung sich nicht an Arbeitnehmer richten, die dem gewerkschaftlichen Kampfaufruf folgen möchten.[958] Die Arbeitnehmer müssen objektiv erkennen können, dass es sich bei der beabsichtigten

---

955 *Weller*, BB 2018, 3008.

956 BAG, Beschl. v. 20.03.2018 – 1 ABR 70/16, NZA 2018, 1081; *Boemke*, jurisPR-ArbR 6/2019 Anm. 2.

957 BAG, Beschl. v. 20.03.2018 – 1 ABR 70/16, NZA 2018, 1081.

958 BAG, Beschl. v. 20.03.2018 – 1 ABR 70/16, NZA 2018, 1081; Schaub/*Treber*, Arbeitsrechts-Handbuch, § 194 Rn. 41; *Lambrich/Woidy*, DB 2018, 2645.

Anordnung des Arbeitgebers um eine Kampfmaßnahme handelt.[959] So bekommen sie die Gelegenheit selbst zu beurteilen, ob sie daran mitwirken möchten, und sind sich über den Umfang und den Zweck ihrer während des Streiks erbrachten Arbeit bewusst. Schließlich muss berücksichtigt werden, dass für die einseitige Anordnung von Mehrarbeit gegenüber arbeitswilligen Arbeitnehmern eine individualvertragliche Rechtsgrundlage vorliegen muss.[960]

Nur wenn infolge eines dem Arbeitgeber bekannten Kampfaufrufs Arbeitnehmer während des in Frage stehenden Zeitraums zur Arbeit erscheinen, kann er davon ausgehen, dass es sich bei diesen Arbeitnehmern um Arbeitswillige handelt, mit denen er Mehrarbeit vereinbaren kann.[961] Wenn der Arbeitgeber hingegen ohne eine Vorabinformation und die konkrete Dauer erst mit Arbeitsniederlegung von dem Kampfaufruf Kenntnis erlangt, kann er nicht erkennen, dass es sich bei den die Arbeit Aufnehmenden um Arbeitswillige handelt.[962] Nach Ansicht des BAG könne der Arbeitgeber nicht zuverlässig prognostizieren, ob die Arbeitsaufnahme auf einer bewussten Nichtbefolgung des Kampfaufrufs oder auf einem Kampfende beruhe.[963] Teilt ihm die Gewerkschaft das Kampfende nicht mit, muss der Arbeitgeber sicherstellen, dass die kampfwilligen Arbeitnehmer von der Mehrarbeitsanordnung nicht betroffen werden.[964] Wenn er die Anordnung nicht auf die Arbeitswilligen beschränkt, würde bereits im Voraus ein Kampfende angenommen. Bei Einbeziehung der Kampfwilligen könnte er den von der Gewerkschaft getragenen Arbeitskampf sonst mit den eigenen Unterstützern schwächen. Für den Fall, dass diese zusätzlichen Voraussetzungen nicht eingehalten werden, ist eine arbeitskampfrechtliche Einschränkung nicht möglich.[965] Auch die fehlende Kenntnis von der konkreten Dauer des Streiks kann kein anderes Ergebnis rechtfertigen.[966]

Trotz der arbeitsvertraglichen Befugnis zur einseitigen Anordnung müssen die vorstehenden arbeitskampfrechtlichen Voraussetzungen eingehalten werden.[967]

---

959 BAG, Beschl. v. 20.03.2018 – 1 ABR 70/16, NZA 2018, 1081.
960 BAG, Beschl. v. 20.03.2018 – 1 ABR 70/16, NZA 2018, 1081.
961 BAG, Beschl. v. 20.03.2018 – 1 ABR 70/16, NZA 2018, 1081.
962 BAG, Beschl. v. 20.03.2018 – 1 ABR 70/16, NZA 2018, 1081.
963 BAG, Beschl. v. 20.03.2018 – 1 ABR 70/16, NZA 2018, 1081.
964 BAG, Beschl. v. 20.03.2018 – 1 ABR 70/16, NZA 2018, 1081.
965 BAG, Beschl. v. 20.03.2018 – 1 ABR 70/16, NZA 2018, 1081.
966 BAG, Beschl. v. 20.03.2018 – 1 ABR 70/16, NZA 2018, 1081.
967 BAG, Beschl. v. 20.03.2018 – 1 ABR 70/16, NZA 2018, 1081.

### b) Arbeitszeitverkürzung

Fraglich ist, ob der konkretisierte Ansatz der Rechtsprechung bei einer einseitigen arbeitskampfbedingten Verkürzung der Arbeitszeit seitens des Arbeitgebers für die Dauer des Arbeitskampfes und der anschließenden Rückkehr zur betriebsüblichen Arbeitszeit auch zu einer Einschränkung des Mitbestimmungsrechts nach § 87 Abs. 1 Nr. 3 BetrVG führt. Dem Arbeitgeber steht es frei, die Folgen eines Streiks durch Anordnung der Arbeitszeitverkürzung insofern abzumildern, als damit eine Reduzierung der Lohnkosten einhergeht.[968] Als Rechtsgrundlage für die Anordnung von arbeitskampfbedingter Kurzarbeit während der Dauer des Streiks wird die Betriebsrisikolehre betrachtet.[969] Grund für die Arbeitszeitverkürzung ist in der Regel, dass die Anzahl der nichtstreikenden Arbeitnehmer für eine Aufrechterhaltung der Betriebstätigkeit zu gering ist oder Zulieferungen aus anderen Betriebsteilen ausbleiben.[970] Der Arbeitgeber ist auch befugt den Betrieb teilweise[971] oder auch ganz stillzulegen[972]. Denn die vorübergehende Verkürzung der Arbeitszeit auf „Null" stellt gerade eine vorübergehende Stilllegung des Betriebes dar.[973] Genauso muss der Arbeitgeber für die Einstellung der Betriebstätigkeit für den Zeitraum des Streiks die betriebsübliche Arbeitszeit vorübergehend reduzieren.[974] Wenn der Arbeitgeber den Betrieb ganz oder teilweise stilllegen darf, kann er erst recht die Arbeitszeit verkürzen.[975]

Eine höchstrichterliche Entscheidung zu dieser Konstellation bei unmittelbar kampfbetroffenen Unternehmen wie bei der Mehrarbeitsanordnung ist bisher nicht ersichtlich. Das BAG[976] hat jedoch bei einem mittelbar von einem Arbeitskampf betroffenen Betrieb im Falle einer Arbeitszeitverkürzung als Erfordernis für eine Einschränkung des Mitbestimmungsrechts nach § 87 Abs. 1 Nr. 3 BetrVG ausgeführt, dass dafür Teile der Belegschaft selbst streiken oder ausgesperrt

968 *Meyer*, BB 2012, 2754.

969 *Eich*, DB 1979, Beil. 9, S. 4; *Seiter*, Streikrecht und Aussperrungsrecht, S. 305; *Kittner*, AuR 1981, 289, 296.

970 *Eich*, DB 1979, Beil. 9, S. 4; *Jahn*, Die Beteiligung des Betriebsrats, S. 96.

971 ErfK/*Kania*, BetrVG, § 87 Rn. 38; *Meyer*, RdA 2018, 380.

972 BAG, Urt. v. 22.03.1994 - 1 AZR 622/93, AP GG Art. 9 Arbeitskampf Nr. 130; Däubler/*Dette*, Arbeitskampfrecht, § 19 Rn. 145; *Willemsen/Stamer*, NZA 2007, 413, 417.

973 *Kraft*, FS Müller, S. 265, 277; *Seiter*, RdA 1979, 393, 394.

974 Löwisch/Kaiser/Klumpp/*Klumpp*, BetrVG, § 74 Rn. 20.

975 *Jansen*, Mitbestimmung, S. 207.

976 BAG, Beschl. v. 22.12.1980 - 1 ABR 76/79, AP GG Art. 9 Arbeitskampf Nr. 71; vgl. auch Beschl. v. 22.12.1980 - 1 ABR 2/79, AP GG Art. 9 Arbeitskampf Nr. 70.

werden müssen und eine unmittelbare Konfrontation zwischen der Belegschaft und dem Arbeitgeber bestehen muss. Erst dann könne eine Abwehrmaßnahme des Arbeitgebers durch das Bestehen eines Mitbestimmungsrechts vereitelt werden. Daraus kann abgeleitet werden, dass in einem unmittelbar von einem Streik betroffenen Betrieb die allgemeinen Grundsätze hierzu gelten und daher bei einer kampfbedingten vorübergehenden Verkürzung der betriebsüblichen Arbeitszeit – so wie auch bei einer Mehrarbeitsanordnung – das Mitbestimmungsrecht nach § 87 Abs. 1 Nr. 3 BetrVG arbeitskampfkonform eingeschränkt werden muss.[977] Dies gilt sowohl für rechtmäßige als auch für rechtswidrige Streiks.[978]

Unter Anwendung des aktuellen Ansatzes der Rechtsprechung zur Ermittlung einer Paritätsrelevanz ist hier kein Unterschied zur Mehrarbeitsanordnung erkennbar,[979] da auch im vorliegenden Fall der Arbeitszeitverkürzung die Mechanismen des § 87 Abs. 1 und 2 BetrVG berücksichtigt werden müssen. Insofern müsste der Arbeitgeber für eine rechtmäßige Kampfmaßnahme, hier die Arbeitszeitverkürzung, welche einen Mitbestimmungstatbestand auslöst, die Zustimmung des Betriebsrats einholen und im Falle der Zustimmungsverweigerung ggf. die Ersetzung bei der Einigungsstelle beantragen. Wie bereits ausführlich dargestellt, kostet das gesamte Einigungsverfahren erheblichen Zeitaufwand bis zu mehreren Wochen.[980] Die Dauer eines solchen Verfahrens verhindert die angemessene Kampfabwehr aufgrund der erheblichen zeitlichen Verzögerung der beabsichtigten Kampfmaßnahme und es garantiert nicht einmal einen sicheren Erfolg. *Otto*[981] weist dabei zu Recht darauf hin, dass selbst bei einer arbeitsgerichtlichen Eilentscheidung die Kampfabwehr insbesondere bei den Streikformen des Warn- und Wechselstreiks in zeitlicher Hinsicht vereitelt würde. Daher wird entsprechend dem aktuellen Ansatz der Rechtsprechung die Kampfmaßnahme vorübergehend verhindert und infolgedessen zusätzlicher Druck auf den Arbeitgeber ausgeübt, sodass der Arbeitgeber aufgrund einer arbeitskampfkonformen Einschränkung mitbestimmungsfrei entscheiden dürfte.[982]

977 So auch BAG, Beschl. v. 13.12.2011 – 1 ABR 2/10, NZA 2012, 571; *Bieback/Mayer*, AuR 1982, 169, 178; MüKoHGB/*Thüsing*, HGB, § 59 Rn. 221; vgl. auch Däubler/*Dette*, Arbeitskampfrecht, § 19 Rn. 145; *Kissel*, Arbeitskampfrecht, § 36 Rn. 81; Tschöpe/*Marquardt*, Arbeitsrecht Handbuch, § 87 Rn. 606.

978 GK-BetrVG/*Gutzeit*, BetrVG, § 87 Rn. 435 f.

979 *Fitting*, BetrVG, § 87 Rn. 171.

980 So auch *Otto*, Arbeitskampf- und Schlichtungsrecht, § 16 Rn. 74.

981 *Otto*, Arbeitskampf- und Schlichtungsrecht, § 16 Rn. 74.

982 So auch die h.M. in der Literatur, BeckOK ArbR/*Werner*, BetrVG, § 87 Rn. 73, ErfK/*Kania*, BetrVG, § 87 Rn. 38; *Fitting*, BetrVG, § 87 Rn. 171; Hahn/Pfeiffer/Schubert/*Meinhardt*, BetrVG, § 87 Rn. 99.

Soweit über das Einigungsstellenverfahren hinaus dem Arbeitgeber aus Zeitgründen die Möglichkeit einer einstweiligen Verfügung zugebilligt wird,[983] würde auch dies den zeitlichen Nachteil nicht ausgleichen.[984]

Ebenso wird vertreten, dass es sich bei der Verkürzung der Arbeitszeit um eine Aussperrungsmaßnahme handelt, welche als reine Kampfmaßnahme aufgrund der Arbeitskampffreiheit gem. Art. 9 Abs. 3 GG[985] ohnehin nicht der Mitbestimmung unterliegt.[986] Das würde allerdings dazu führen, dass im Rahmen der Grenzen der Abwehraussperrung nur eine bestimmte Prozentzahl der Arbeitnehmer ausgesperrt werden darf, was sich ebenso auf die Chancengleichheit auswirken würde. Die Begrenzung des Umfangs der Aussperrung müsste dann bei der Arbeitszeitverkürzung auch Anwendung finden. Der Nachteil, dass die Aussperrung aufgrund dieser Begrenzung bei Überschreiten der erlaubten Aussperrungsquote zu einer rechtswidrigen Kampfmaßnahme werden würde, lässt sich bei einer kampfbedingten Anordnung der Arbeitszeitverkürzung nicht rechtfertigen.[987]

Aufgrund der vorstehenden Ausführungen und der Beeinträchtigung der Kampfparität des Arbeitgebers müsste in unmittelbar kampfbetroffenen Betrieben das Mitbestimmungsrecht insgesamt, also neben dem „Ob" auch hinsichtlich der Modalitäten des „Wie"[988] der Arbeitszeitverkürzung – Beginn und Ende, Umfang, betroffene Abteilungen und Arbeitnehmer etc. –, eingeschränkt werden.[989]

---

983 *Küttner/Schmidt*, DB 1988, 704, 706; *Otto*, Arbeitskampf- und Schlichtungsrecht, § 16 Rn. 85; *Weiss*, AuR 1982, 265, 267; a.A.: nach h.M. in Regelungsstreitigkeiten unzulässig, vgl. *Rüthers/Henssler*, AP BetrVG 1972 § 87 Ordnung des Betriebes Nr. 13; Däubler/*Bertzbach/Kloppenburg*, Arbeitskampfrecht, § 19 Rn. 186.

984 *Bengelsdorf*, BB 1991, 613, 618; *Otto*, Arbeitskampf- und Schlichtungsrecht, § 16 Rn. 74.

985 BVerfG, Beschl. v. 26.06.1991 – 1 BvR 779/85, DB 1991, 1678 ff.

986 *Bieback/Mayer*, AuR 1982, 169, 178; *Fitting*, BetrVG, § 87 Rn. 173; *Jahnke*, ZfA 1984, 69, 88; *Jahn*, Die Beteiligung des Betriebsrats, S. 95; *Rüthers/Henssler*, AP BetrVG 1972 § 87 Ordnung des Betriebes Nr. 13.

987 *Hässler*, Beteiligungsrechte, S. 119.

988 Keine Einschränkung hinsichtlich der Modalitäten in mittelbar kampfbetroffenen Betrieben, BAG, Beschl. v. 22.12.1980 – 1 ABR 76/79, AP GG Art. 9 Arbeitskampf Nr. 71; Beschl. v. 22.12.1980 – 1 ABR 2/79, AP GG Art. 9 Arbeitskampf Nr. 70; gegen jegliche Einschränkung *Farthmann*, RdA 1974, 65, 70.

989 So auch Brox/Rüthers/*Brox*, Arbeitskampfrecht, § 12 Rn. 453; *Eich*, DB 1979, Beil. 9, S. 5; *Roß*, Das Arbeitskampfverbot, S. 132.

### 2. *§ 87 Abs. 1 Nr. 2 BetrVG*

Nach § 87 Abs. 1 Nr. 2 BetrVG hat der Betriebsrat ein Mitbestimmungsrecht über Beginn und Ende der täglichen Arbeitszeit einschließlich der Pausen sowie Verteilung der Arbeitszeit auf die einzelnen Wochentage. Er wird also neben der vorübergehenden Veränderung der betriebsüblichen Arbeitszeit an der Bestimmung der Lage der Arbeitszeit beteiligt. Dies kann insbesondere relevant werden, wenn nicht am Arbeitskampf beteiligte Arbeitnehmer gar nicht oder in geringerem Umfang beschäftigt werden sollen.[990] Bei der vorstehend geprüften Verlängerung und Verkürzung der Arbeitszeit besteht ebenso ein Mitbestimmungsrecht des Betriebsrats nach § 87 Abs. 1 Nr. 2 BetrVG, soweit es um die Frage geht, wie sich das auf die Verteilung der Arbeitszeit auswirkt, weil durch sie Beginn und Ende der täglichen Arbeitszeit geändert werden.[991] Darüber hinaus könnte der Arbeitgeber ein Interesse daran haben, in einem Arbeitskampf im Rahmen der Dienstplangestaltung nur die Lage der Arbeitszeit zu ändern, um die Betriebstätigkeit aufrechtzuerhalten.[992]

Wie bereits unter § 87 Abs. 1 Nr. 3 BetrVG ausgeführt, wäre die Kampffähigkeit ernsthaft gefährdet, wenn der Arbeitgeber an der „*kampfbedingten Maßnahme zumindest vorübergehend gehindert ist und auf diese Weise zusätzlich Druck auf ihn ausgeübt wird*".[993] Diese Voraussetzungen sind erfüllt, wenn die Mitwirkungs- und Mitbestimmungsrechte „*die Rechtmäßigkeit der Kampfmaßnahme an die Einhaltung einer Frist oder ein positives Votum des Betriebsrats und ggf. dessen Ersetzung durch die Einigungsstelle knüpfen*".[994] Da es sich hierbei auch um einen Mitbestimmungstatbestand des § 87 Abs. 1 BetrVG handelt, wäre der Arbeitgeber bezüglich der Änderungen hinsichtlich der Lage der Arbeitszeit an die positive Zustimmung des Arbeitgebers gebunden. Insofern würde die Arbeitskampffreiheit nicht nur unerheblich beeinträchtigt, wenn er diesen Weg beschreiten müsste.

Ebenso wie bei der kampfbedingten Änderung der Arbeitszeit, erfordert die Änderung der Lage der Arbeitszeit die gleichen Konfliktregelungsmechanismen. Die notwendige Inanspruchnahme dieser Mechanismen würde die Abwehrmaßnahme allerdings verhindern, denn allein die Herbeiführung einer Entscheidung

990 *Otto*, NZA 1992, 97, 104.
991 Richardi BetrVG/*Richardi*, BetrVG, § 87 Rn. 314–315; *Richardi*, FS der deutschen Richterakademie, S. 111, 125; *Bobke/Grimberg*, AiB 1984, 20, 22.
992 Richardi BetrVG/*Richardi/Maschmann*, BetrVG § 87 Rn. 326.
993 BAG, Beschl. v. 20.03.2018 – 1 ABR 70/16, NZA 2018, 1081.
994 BAG, Beschl. v. 20.03.2018 – 1 ABR 70/16, NZA 2018, 1081.

durch Anrufung der Einigungsstelle nach einem obligatorischen erfolglosen Versuch der Einigung nach § 87 Abs. 2 BetrVG macht die Abwehrbemühungen obsolet und greift in das Kräfteverhältnis der Tarifvertragsparteien ein.

Verlängert oder verkürzt der Arbeitgeber mithin in einem unmittelbar von einem Arbeitskampf betroffenen Betrieb die Arbeitszeit, womit eine Änderung der Lage einhergeht, oder ändert er im Rahmen der Dienstplangestaltung nur die Lage der Arbeitszeit, um auf den Streik zu reagieren, indem er z.B. durch Schichtverschiebungen[995] Beginn und Ende der täglichen Arbeitszeit verschiebt oder ihre Verteilung auf die einzelnen Wochentage ändert, so hat der Betriebsrat auch nicht über die Lage der neuen Arbeitszeit mitzubestimmen.[996] Das betroffene Mitbestimmungsrecht des § 87 Abs. 1 Nr. 2 BetrVG wird in diesem Fall arbeitskampfkonform eingeschränkt.[997]

### 3. *§ 87 Abs. 1 Nr. 1 BetrVG*

Auch das Mitbestimmungsrecht des Betriebsrats in Fragen der Ordnung des Betriebs und des Verhaltens der Arbeitnehmer im Betrieb kann im Arbeitskampf von Bedeutung sein. In der Vergangenheit wurde der Mitbestimmungstatbestand insbesondere bei der Gestaltung von Werksausweisen und Torkontrollen während eines Arbeitskampfes diskutiert. Zu untersuchen ist, inwieweit der Betriebsrat durch die Ausübung dieses Mitbestimmungsrechts in der Lage ist, in das Kampfgeschehen einzugreifen und die Arbeitskampffreiheit des Arbeitgebers tatsächlich und nicht unerheblich zu beeinträchtigen. Dazu müsste die kampfbedingte Maßnahme zumindest vorübergehend verhindert und dadurch zusätzlicher Druck aufgebaut werden, insbesondere wenn sie an die Einhaltung einer Frist oder ein positives Votum des Betriebsrats und ggf. dessen Ersetzung durch die Einigungsstelle knüpft.[998] Eine nur geringfügige tatsächliche Beschwernis wäre nicht ausreichend.[999]

---

995 BAG, Beschl. v. 10.12.2002 – 1 ABR 7/02, NZA 2004, 223; ErfK/*Linsenmaier*, GG, Art. 9 Rn. 158.

996 BAG, Beschl. v. 20.03.2018 – 1 ABR 70/16, NZA 2018, 1081; *Fitting*, BetrVG, § 87 Rn. 167, 166; GK-BetrVG/*Gutzeit*, BetrVG, § 87 Rn. 363; *Otto*, NZA 1992, 97, 104; *Sura*, NZA-RR 2018, 551.

997 BAG, Beschl. v. 20.03.2018 – 1 ABR 70/16, NZA 2018, 1081; Beschl. v. 10.12.2002 – 1 ABR 7/02, NZA 2004, 223.

998 BAG, Beschl. v. 20.03.2018 – 1 ABR 70/16, NZA 2018, 1081.

999 BAG, Beschl. v. 10.12.2002 – 1 ABR 7/02, NZA 2004, 223.

### a) *Werksausweis und Torkontrollen zur Durchführung einer Teil-Aussperrung*

Das BAG hat in einer Entscheidung vom 16.12.1986[1000] zu der Frage der Suspendierung des Mitbestimmungsrechts des Betriebsrats bei der Anordnung der Anbringung von Aufklebern auf den Werksausweisen der nicht ausgesperrten Arbeitnehmer während eines Arbeitskampfes geurteilt. Die Aufkleber sollten dazu dienen, die arbeitswilligen und nicht ausgesperrten Arbeitnehmer von den ausgesperrten Arbeitnehmern zu unterscheiden. Dadurch sollte die Feststellung, welche Arbeitnehmer weiterhin Zutritt in den Betrieb haben dürfen, erleichtert werden, um Staus an den Werkseingängen durch den zeitlich aufwändigeren Abgleich der Personalnummern zu verhindern.

Das BAG ist in seiner Begründung allerdings nicht auf den Ansatz der ständigen Rechtsprechung zur Einschränkung von Mitbestimmungsrechten im Arbeitskampf eingegangen, sondern hat zwischen Maßnahmen des Arbeitskampfes und Maßnahmen während eines Arbeitskampfes differenziert.[1001] Die anderweitige Gestaltung der Werksausweise zur Unterscheidung der ausgesperrten von den nicht ausgesperrten Arbeitnehmern diene unmittelbar der praktischen Durchführung der Aussperrung selbst und sei daher wie die Aussperrung selbst eine Arbeitskampfmaßnahme.[1002] Bei einer Teil-Aussperrung müsse der Arbeitgeber das Recht haben, insbesondere bei größeren Unternehmen eine Unterscheidung vorzunehmen. Die Kennzeichnung diene damit unmittelbar der Aussperrung und müsse aufgrund des untrennbaren Zusammenhangs den gleichen Rechtsregeln unterliegen. Der Betriebsrat habe an einer Entscheidung über eine Arbeitskampfmaßnahme wie der Aussperrung und an deren Durchführung kein Mitbestimmungsrecht.[1003] Andernfalls könne der Betriebsrat eine Arbeitskampfmaßnahme verhindern oder wenigstens verzögern. Ebenso sei nicht ersichtlich, dass die Interessen der Arbeitnehmer durch eine solche Maßnahme berührt werden.

Fest steht, dass die Einführung, Ausgestaltung und Nutzung eines Werksausweises nach § 87 Abs. 1 Nr. 1 BetrVG der Mitbestimmung des Betriebsrats

---

1000 BAG, Beschl. v. 16.12.1986 – 1 ABR 35/85, AP BetrVG 1972 § 87 Ordnung des Betriebes Nr. 13.

1001 *Natzel*, SAE 1989, 243, 247.

1002 So auch *Natzel*, SAE 1989, 243, 247.

1003 So auch GK-BetrVG/*Jacobs*, BetrVG, § 74 Rn. 83.

unterliegen.[1004] Der Werksausweis zeigt, wer zum Zutritt in den Betrieb und zum Arbeiten berechtigt ist und betrifft daher die betriebliche Ordnung.[1005] Da die äußere Gestaltung indes vorliegend der Sicherung der Wirksamkeit der kampfbedingten Abwehraussperrung diente[1006] und damit selbst eine Arbeitskampfmaßnahme war, durfte der Betriebsrat schon nicht mitbestimmen, um die Kampfparität nicht zu beeinträchtigen.[1007] Zwar führt der Senat nicht ausdrücklich den Grundsatz der Kampfparität als Begründungsansatz an, jedoch ist den Entscheidungsgründen zu entnehmen, dass es um die Sicherstellung der Entscheidungsfreiheit des Arbeitgebers geht, die durch die Kampfmaßnahme nicht verhindert oder verzögert werden soll. Diese Argumentation basiert gerade auf der verfassungsrechtlichen Tarifautonomie und dem Paritätsgrundsatz.[1008] Da von § 87 Abs. 1 Nr. 1 BetrVG alle Kontrollregelungen, mit deren Hilfe die Ordnung im Betrieb durchgesetzt werden soll, erfasst werden,[1009] gilt für Torkontrollen das oben Gesagte entsprechend.[1010]

Andere Stimmen lehnen die Beeinträchtigung der Kampffähigkeit im vorliegenden Fall ab, da die Unterscheidung der nicht ausgesperrten Arbeitnehmer mit alternativen und beeinträchtigungslosen Wegen verwirklicht werden könnte, z.B. durch Einziehung der Werksausweise der ausgesperrten Arbeitnehmer oder durch Ausgabe zusätzlicher Passierscheine.[1011] Diese Auffassung lässt jedoch unberücksichtigt, dass auch diese alternativen Maßnahmen Mitbestimmungsrechte auslösen können. Wiederum für andere reicht bereits für die Verneinung eines Mitbestimmungsrechts aus, dass eine Ordnungsregel der Durchführung eines Arbeitskampfes dient.[1012]

---

1004 BAG, Beschl. v. 16.12.1986 – 1 ABR 35/85, AP BetrVG 1972 § 87 Ordnung des Betriebes Nr. 13; *Reuter*, JuS 1987, 583; a.A.: hinsichtlich der äußeren Gestaltung *Rüthers/Henssler*, AP BetrVG 1972 § 87 Ordnung des Betriebes Nr. 13.

1005 *Gaumann*, NZA 2001, 245.

1006 *Reuter*, JuS 1987, 583.

1007 BAG, Beschl. v. 16.12.1986 – 1 ABR 35/85, AP BetrVG 1972 § 87 Ordnung des Betriebes Nr. 13; *Fitting*, BetrVG, § 74 Rn. 22e; Richardi BetrVG/*Richardi/Maschmann*, BetrVG, § 87 Rn. 207; *Wank*, ZfA 1987, 355, 382; a.A.: *Herbst*, AiB 1987, 4, 9.

1008 So auch *Rüthers/Henssler*, AP BetrVG 1972 § 87 Ordnung des Betriebes Nr. 13.

1009 ErfK/*Kania*, BetrVG, § 87 Rn. 20; Richardi BetrVG/*Richardi/Maschmann*, BetrVG, § 87 Rn. 186a.

1010 So auch *Jansen*, Mitbestimmung, S. 206.

1011 *Rüthers/Henssler*, AP BetrVG 1972 § 87 Ordnung des Betriebes Nr. 13.

1012 Richardi BetrVG/*Richardi/Maschmann*, BetrVG, § 87 Rn. 207.

Aufgrund der hohen Bedeutung des BetrVG und der Arbeitnehmerinteressen kann nicht jede Ordnungsregelung, welche der Durchführung eines Arbeitskampfes dient, die Mitbestimmungsrechte suspendieren. Im Gegenteil, es sind im Rahmen einer typisierenden Betrachtung die konkreten Auswirkungen auf die Kampffähigkeit zu beobachten. Der Arbeitgeber hat auch ein berechtigtes Interesse daran, durch die Kennzeichnung des Werksausweises zu verhindern, dass die Aussperrung nicht dahingehend behindert wird, dass die ausgesperrten Arbeitnehmer weiterhin freien Zutritt zum Betrieb haben und eventuell auf die nicht ausgesperrten Arbeitnehmer Einfluss nehmen oder den Betriebsablauf stören.[1013] Soweit die Aussperrungsmaßnahme durch den Betriebsrat verzögert würde, könnte man eine Suspendierung der Mitbestimmungsrechte im konkreten Fall annehmen. Es ist jedoch nicht mit Sicherheit ersichtlich, inwieweit die verzögerte Überprüfungsmöglichkeit der Werksausweise anhand der Personalnummern zu Verzögerungen führen würde. Dem Arbeitgeber wäre es genauso möglich, für den Zeitraum des Streiks mehr Personal am Eingang einzusetzen, um den Überprüfungsvorgang zu beschleunigen. Anders wäre die Situation, wenn es sich um eine sehr hohe Anzahl an Arbeitnehmern handeln würde und die Eingangskontrolle anders nicht zu bewältigen wäre. Die Aussperrung an sich wird hingegen nicht tangiert, da die Lohnzahlungspflicht suspendiert ist und den ausgesperrten Arbeitnehmern der Zutritt in den Betrieb nicht gewährt wird. Dies kann auch ohne Veränderung der Werksausweise sichergestellt werden.[1014] Nach Auffassung von *Jahn*[1015] kann die unberechtigte Zutrittsmöglichkeit und Leistungserbringung wegen der suspendierten Lohnzahlungspflicht die Verhandlungsparität nicht stören. Er stellt für die Beurteilung entscheidend auf die Lohnzahlungspflicht ab. Die tatsächliche Beschwernis bleibe insofern geringfügig. Er lässt jedoch unberücksichtigt, dass auch die Behinderung des Arbeitsablaufs oder der Einfluss auf Arbeitswillige die Position des Arbeitgebers schwächen können. Nur weil gegen das rechtswidrige Vorgehen und die Störung des Betriebsablaufs die Mittel der Rechtsordnung zur Verfügung stehen, kann das eine mögliche Verzögerung der Aufrechterhaltung der Produktion und eine Schwächung des Verhandlungsgleichgewichts des Arbeitgebers nicht

---

1013 *Kissel*, Arbeitskampfrecht, § 36 Rn. 82.

1014 Ähnlich auch *Hässler*, Beteiligungsrechte, S. 76, der auf das Zutrittsverweigerungsrecht zum Betrieb abstellt, welches eine Frage des Hausrechts sei und nicht der Mitbestimmung unterliege; anders Jansen, Mitbestimmung, S. 206, der die Beeinträchtigung der Arbeitgeberinteressen mit dem Hausrecht begründet.

1015 *Jahn*, Die Beteiligung des Betriebsrats, S. 99 f.

verhindern.[1016] Die Inanspruchnahme dieser Mittel kostet ebenso Zeit und Aufwand und führt zu einer erheblichen Verzögerung der Abwehr.

### *b) Werksausweis und Torkontrollen als kampfbedingte Maßnahmen*

Wenn hingegen eine Abwehraussperrung seitens des Arbeitgebers nicht als Antwort auf einen gewerkschaftlichen Streik erfolgt, könnte eine Einschränkung nicht wegen der Beeinträchtigung der Aussperrung als Kampfmaßnahme, sondern nach der klassischen arbeitskampfkonformen Auslegung bei kampfbedingten Maßnahmen vorgenommen werden.[1017] Der Arbeitgeber hat, auch ohne Aussperrung, ein arbeitskampfrechtliches Interesse daran, die Erhaltungsarbeiter und die arbeitswilligen Arbeitnehmer ohne Verzögerung zu erkennen.[1018] Der Ausfall dieser Arbeitnehmer kann für den Arbeitgeber eine wirtschaftliche Schädigung und damit eine Schwächung seiner Kampfkraft bedeuten.[1019] Durch die Kennzeichnung besteht auch eine bessere Überwachungsmöglichkeit durch den Arbeitgeber, damit diese Arbeitnehmer ihren Verpflichtungen tatsächlich nachkommen. Zumindest wird er dadurch schneller Ausfälle erkennen und Ersatzkräfte früher bereitstellen können.[1020] So wird er auch schneller Streikteilnehmer erkennen können, die sich nur den Zutritt in den Betrieb verschaffen wollen, um den Arbeitsablauf zu stören und Einfluss zu nehmen. Unter Anwendung des konkretisierten Ansatzes der Rechtsprechung im Lichte der Arbeitskampfparität könnte ebenso eine arbeitskampfkonforme Einschränkung bejaht werden.

Soweit man in der Kennzeichnung der Werksausweise eine zusätzliche – und von der Abwehraussperrung unabhängige – kampfbedingte Abwehrmaßnahme sieht, die durch das Zustimmungserfordernis zumindest vorübergehend verhindert würde, wodurch zusätzlicher Druck auf den Arbeitgeber aufgebaut werden könnte, wäre die Beeinträchtigung der Arbeitskampfparität möglich. Denn § 87 Abs. 1 Nr. 1 und Abs. 2 BetrVG sehen die positive Zustimmung und ggf. deren Ersetzung durch die Einigungsstelle vor. Wenn die Maßnahme für die Abwehr von entscheidender Bedeutung wäre, würde die fehlende Zustimmung und die zeitliche Verzögerung die Abwehr unmöglich machen. Im Ergebnis würde die Mitbestimmung des Betriebsrats die Verzögerung der Ausgabe der

---

1016 So aber *Jahn*, Die Beteiligung des Betriebsrats, S. 100.

1017 *Natzel*, SAE 1989, 243, 247.

1018 *Gaumann*, NZA 2001, 245, 246.

1019 *Gaumann*, NZA 2001, 245, 246.

1020 *Gaumann*, NZA 2001, 245, 246.

gekennzeichneten Werksausweise und damit die Beeinträchtigung der Kampfparität bedeuten.[1021] Auch hier würde eine tatsächliche Beeinträchtigung nur vorliegen, wenn die Kontrolle für den Zutritt nicht anderweitig gleich effektiv ohne erhebliche Verzögerungen vorgenommen werden kann. Schwierigkeiten bereitet hier allerdings die Vorstufe zur Qualifizierung einer relevanten kampfbedingten Maßnahme, deren Verhinderung den Arbeitgeber unter Druck setzen und seine Arbeitskampffreiheit beeinträchtigen könnte. Der Arbeitgeber ist gerade befugt, Gegenmaßnahmen zu ergreifen, um die Folgen der streikbedingten Betriebsstörung zu begrenzen.[1022] Die Gestaltung der Werksausweise dient gerade zur Milderung der Folgen, insbesondere um weitere innere Störungen zu vermeiden, und ist als Teil des Systems von Druck und Gegendruck durch den Streik bedingt. Dafür spricht zumindest, dass andernfalls durch die Zutrittsmöglichkeit auf die arbeitswilligen Arbeitnehmer zugunsten der Gewerkschaften Einfluss genommen werden und die Folgen erheblicher ausfallen könnten. Mithin kann dieser Tatbestand im Einzelfall Auswirkungen auf den Arbeitskampf haben und einer arbeitskampfkonformen Einschränkung unterliegen.

### *4. § 87 Abs. 1 Nr. 10 BetrVG*

Zur effektiven und aktiven Streikabwehr kann der Arbeitgeber den Versuch unternehmen, statt den Betrieb vollständig oder teilweise stillzulegen, den Arbeitnehmern freiwillig eine Streikbruchprämie zu gewähren, um sie zur Aufrechterhaltung des Betriebes – ähnlich wie bei der Mehrarbeitsanordnung oder dem Einsatz von Ersatzkräften – zur Weiterarbeit zu bewegen.[1023] Nach der Rechtsprechung des BAG ist der Arbeitgeber grundsätzlich berechtigt, den Arbeitnehmern vor oder während des Arbeitskampfes eine Streikbruchprämie zu zahlen bzw. zuzusichern, um sie von der Streikteilnahme abzuhalten.[1024] Für die Rechtmäßigkeit muss sie allerdings unterschiedslos allen Arbeitnehmern und nicht nur Gewerkschaftsmitgliedern angeboten werden.[1025] Insofern handelt es sich bei der Streikbruchprämie um ein zulässiges Kampfmittel der Arbeitgeberseite zur Minderung der Auswirkungen des Streiks,[1026] das in der Lage

1021 *Gaumann*, NZA 2001, 245, 247.

1022 BAG, Beschl. v. 20.03.2018 – 1 ABR 70/16, NZA 2018, 1081.

1023 MHdB ArbR/*Ricken*, § 275 Rn. 13.

1024 BAG, Urt. v. 13.07.1993 – 1 AZR 676/92, AP GG Art. 9 Arbeitskampf Nr. 127; Urt. v. 14.08.2018 – 1 AZR 287/17, NZA 2019, 100.

1025 BAG, Urt. v. 13.07.1993 – 1 AZR 676/92, AP GG Art. 9 Arbeitskampf Nr. 127.

1026 BAG, Urt. v. 14.08.2018 – 1 AZR 287/17, NZA 2019, 100; LAG Berlin-Brandenburg, Urt. v. 29.07.2016 – 2 Sa 787/16, NZA-RR 2017, 29; *Belling*, NZA 1990, 214, 219;

ist als milderes Mittel[1027] eine Abwehraussperrung zu ersetzen und dabei die Weiterarbeit der eigenen Arbeitnehmer honoriert.[1028] Der konkrete Einsatz ist allerdings dennoch am Grundsatz der Verhältnismäßigkeit zu messen, denn der Einsatz darf nicht dazu führen, dass dem Kampfgegner eine Reaktion unmöglich wird und die Kampfparität gestört wird.[1029] Da damit kein Zwang ausgelöst wird, sondern die Inanspruchnahme freiwillig bleibt, führt die bloße Erschwerung der Streikteilnahme nicht zur Unverhältnismäßigkeit.[1030] Auch die Höhe der Zahlung steht der Verhältnismäßigkeit nicht entgegen, da sie gleichzeitig den Arbeitgeber selbst finanziell belastet.[1031] Die Gewerkschaften sind ebenso in der Lage mit ähnlichen Leistungen und intensiven Mitteln zu reagieren sowie zur Solidarität aufzurufen, um die Arbeitnehmer zum Streik anzuhalten.[1032] Eine Prämiengewährung nach Beendigung des Streiks an Arbeitnehmer, die nicht an dem Streik teilgenommen haben, stellt hingegen eine unzulässige Maßregelung gem. § 612a BGB dar und ist keine Arbeitskampfmaßnahme.[1033] Eine Prämiengewährung nach Ende des Streiks ist ausnahmsweise zulässig, wenn ein sachlicher Grund dahingehend vorliegt, dass *„alle Begünstigten während des Streiks Belastungen ausgesetzt waren, die erheblich über das normale Maß der mit jeder Streikarbeit verbundenen Erschwerungen hinausgehen"*.[1034]

Die Gewährung freiwilliger Prämien wie die Streikbruchprämie unterliegt grundsätzlich dem Mitbestimmungstatbestand nach § 87 Abs. 1 Nr. 10 BetrVG, der Fragen der betrieblichen Lohngestaltung, insbesondere die Aufstellung von Entlohnungsgrundsätzen und die Einführung und Anwendung von neuen

---

*v. Hoyningen-Huene*, DB 1989, 1466; a.A.: *Fischer*, jurisPR-ArbR 6/2019 Anm. 1; *Grimm/Vitt*, ArbRB 2020, 21, 23.

1027 *Von Hoyningen-Huene*, AP GG Art. 9 Arbeitskampf Nr. 127; a.A.: hinsichtlich der Zulässigkeit *Schwarze*, RdA 1993, 264 ff.

1028 BAG, Urt. v. 28.07.1992 – 1 AZR 87/92, AP GG Art. 9 Arbeitskampf Nr. 123; MHdB ArbR/*Ricken*, § 275 Rn. 13.

1029 BAG, Urt. v. 14.08.2018 – 1 AZR 287/17, NZA 2019, 100.

1030 BAG, Urt. v. 13.07.1993 – 1 AZR 676/92, AP GG Art. 9 Arbeitskampf Nr. 127; MHdB ArbR/*Ricken*, § 275 Rn. 14; *Sura*, NJW 2019, 538, 543.

1031 BAG, Urt. v. 14.08.2018 – 1 AZR 287/17, NZA 2019, 100.

1032 BAG, Urt. v. 13.07.1993 – 1 AZR 676/92, AP GG Art. 9 Arbeitskampf Nr. 127; LAG Berlin-Brandenburg, Urt. v. 29.07.2016 – 2 Sa 787/16, NZA-RR 2017, 29; MHdB ArbR/*Ricken*, § 275 Rn. 14.

1033 BAG, Urt. v. 11.08.1992 – 1 AZR 103/92, AP GG Art. 9 Arbeitskampf Nr. 124; *Adam*, DZWIR 2019, 263, 265.

1034 BAG, Urt. v. 28.07.1992 – 1 AZR 87/92, AP GG Art. 9 Arbeitskampf Nr. 123.

Entlohnungsmethoden sowie deren Änderung, regelt.[1035] Im Konkreten stellt die Leistung einer Streikbruchprämie eine Lohngestaltung dar und löst damit das Mitbestimmungsrecht aus.[1036]

Fraglich ist, ob der vorliegende Mitbestimmungstatbestand Auswirkungen auf das Arbeitskampfgeschehen hat, mit der Konsequenz einer arbeitskampfkonformen Auslegung. Für die Beantwortung dieser Frage ist zu unterscheiden zwischen Streikbruchprämien, die vor oder während eines Streiks zugesagt bzw. ausgezahlt werden und solchen, die nach Ende des Streiks zugesagt und ausgezahlt werden.[1037] Die Gewährung von sog. echten Streikbruchprämien, die vor oder während eines Arbeitskampfes zugesagt oder ausgezahlt werden, stellen wie die Aussperrungsmaßnahme ein zulässiges Arbeitskampfmittel dar und können dazu dienen, dem Streikdruck zu begegnen.[1038] Da reine Arbeitskampfmittel zur Wahrung der Chancengleichheit zwischen den Tarifpartnern dem Schutze des Art. 9 Abs. 3 GG und der Tarifautonomie unterliegen, würde die Mitbestimmung im vorliegenden Fall einen unmittelbaren Eingriff in die Kampfmittelparität bedeuten.[1039] Dem Arbeitgeber würde seine Kampfabwehr unmöglich gemacht, obwohl er sich für das mildere Mittel entschieden hätte, statt den Betrieb stillzulegen oder die Arbeitnehmer unter Suspendierung ihrer Hauptleistungspflichten auszusperren. Die Arbeitskampffreiheit des Arbeitgebers muss indes unangetastet bleiben, sodass er sich jederzeit im Rahmen einer freien Wahl mit den von ihm gewünschten Kampfmitteln verteidigen können muss.[1040] Dem steht auch nicht entgegen, dass dem Arbeitgeber weiterhin die Abwehraussperrung zur Verfügung stünde.[1041] Dementsprechend kann der Arbeitgeber mitbestimmungsfrei Streikbruchprämien vor oder während des Arbeitskampfes zusagen oder auszahlen, um sie von der Teilnahme am Streik

---

1035 Däubler/*Dette*, Arbeitskampfrecht, § 19 Rn. 151.

1036 LAG Hamm, Beschl. v. 16.09.1997 – 13 TaBV 33/97, AiB 1998, 588; MHdB ArbR/*Ricken*, § 276 Rn. 53.

1037 LAG Hamm, Beschl. v. 16.09.1997 – 13 TaBV 33/97, AiB 1998, 588.

1038 BAG, Urt. v. 13.07.1993 – 1 AZR 676/92, AP GG Art. 9 Arbeitskampf Nr. 127; Urt. v. 14.08.2018 – 1 AZR 287/17, NZA 2019, 100; *Kissel*, Arbeitskampfrecht, § 36 Rn. 68; *Ring*, RdA 2019, 239, 242; *Spielberger*, NZA-RR 2019, 126; *Sura*, NJW 2019, 538, 543; *Walenta*, NZA 2021, 1762.

1039 So auch *v. Hoyningen-Huene*, DB 1989, 1466–1470; a.A.: *Jahn*, Die Beteiligung, S. 104.

1040 BVerfG, Beschl. v. 26.06.1991 – 1 BvR 779/85, AP GG Art. 9 Arbeitskampf Nr. 117; BAG, Urt. v. 13.07.1993 – 1 AZR 676/92, AP GG Art. 9 Arbeitskampf Nr. 127; *v. Hoyningen-Huene*, DB 1989, 1466.

1041 So auch *Jahn*, Die Beteiligung, S. 104.

abzuhalten und seinen Betrieb fortzuführen.[1042] Da es sich bei der Streikbruchprämie um ein reines Arbeitskampfmittel handelt, bedarf es keiner größeren Rechtfertigung und Begründung nach dem Ansatz der Rechtsprechung zur Einschränkung von Mitbestimmungsrechten. Die Beeinträchtigung von reinen Arbeitskampfmaßnahmen führt immer zu einer Einschränkung von Mitbestimmungsrechten. Die Ausübung von Mitbestimmungsrechten würde unmittelbar die Kampfparität verletzen, sodass diese mit Blick auf Art. 9 Abs. 3 GG verfassungskonform auszulegen sind. Gleichwohl beinhaltet sie in dogmatischer Hinsicht die gleiche Begründung. *V. Hoyningen-Huene* argumentiert sogar mit einem Erst-Recht-Schluss und führt aus, dass eine Einschränkung über arbeitskampfbedingte Abwehrmaßnahmen hinaus ebenso für reine Arbeitskampfmaßnahmen als solche gelten müsse.[1043] Arbeitskampfrechtlich könnte jedenfalls eine arbeitskampfkonforme Auslegung insofern gerechtfertigt werden, als das Mitbestimmungserfordernis die Streikbruchprämie – mit Blick auf das Zustimmungsprozedere nach § 87 Abs. 1 und Abs. 2 BetrVG – zumindest vorübergehend verzögern und zusätzlichen Druck auf den Arbeitgeber ausüben würde mit der Folge der Beeinträchtigung der Kampfabwehr.[1044] Die Tatsache, dass sich die Prämie nur auf die Ausgestaltung erstreckt und daher die Arbeitskampfmaßnahme nicht verhindern, sondern nur zeitlich die Auszahlung verzögern kann,[1045] steht der Paritätsrelevanz des Mitbestimmungsrechts nicht entgegen. Wie bereits die Grundsätze der arbeitskampfkonformen Auslegung zeigen, reicht für die Paritätsstörung die Verzögerung einer Arbeitskampfmaßnahme aus. Das gilt erst recht für ein reines Arbeitskampfmittel. Im Übrigen kommt es in einer solchen Arbeitskampfsituation für eine effektive Abwehr gerade auf eine schnelle Zusage und Auszahlung an, um die Arbeitnehmer zur Weiterarbeit zu bewegen.[1046] Das Arbeitskampfmittel muss in jeglicher Hinsicht unangetastet

---

1042 LAG Hamm, Beschl. v. 16.09.1997 – 13 TaBV 33/97, AiB 1988, 588; Däubler/*Dette*, Arbeitskampfrecht, § 19 Rn. 151; ErfK/*Kania*, BetrVG, § 74 Rn. 14; *Fitting*, BetrVG, § 74 Rn. 22a; Frieling/Jacobs/Krois/*Husemann*, Arbeitskampfrecht, § 8 Rn. 98; *v. Hoyningen-Huene*, DB 1989, 1466–1470; *Jansen*, Mitbestimmung, S. 213; *Kissel*, Arbeitskampfrecht, § 36 Rn. 70; MHdB ArbR/*Ricken*, § 276 Rn. 53; *Sura*, NZA-RR 2018, 551, 556; *Walenta*, NZA 2021, 1762; a.A.: ArbG Frankfurt a.M., ArbG Frankfurt, Beschl. v. 14.09.1999 – 15 BV 92/99, AiB 1999, 705; *Hässler*, Beteiligungsrechte, S. 128; *Jahn*, Die Beteiligung, S. 104.

1043 *V. Hoyningen-Huene*, DB 1989, 1466–1470.

1044 *Hässler*, Beteiligungsrechte, S. 128; *Walenta*, NZA 2021, 1762.

1045 So *Jahn*, Die Beteiligung, S. 104.

1046 A.A.: *Hässler*, Beteiligungsrechte, S. 128.

bleiben. Ein nachträglich vereinbartes tarifliches Maßregelungsverbot[1047] für die Zeit nach dem Streik und ein sich daraus ergebender Anspruch der restlichen Arbeitnehmer[1048] auf die Prämie wirken sich nicht auf die Paritätsrelevanz und die Mitbestimmungssituation aus.[1049] Der Arbeitgeber wird bei Vereinbarung einer solchen tariflichen Klausel nur einen Ausgleich für die nicht begünstigten Arbeitnehmer schaffen müssen.

Die Zahlung freiwilliger Prämien an Arbeitnehmer, die während eines Streiks gearbeitet haben, unterliegt hingegen weiterhin der Mitbestimmung, wenn diese erst nach dem Ende des Streiks zugesagt und gewährt werden.[1050] Solche Prämien sind keine unmittelbaren Arbeitskampfmaßnahmen. Der Arbeitgeber entscheidet sich hier erst nach dem Streik zur Zahlung einer Prämie und die Arbeitnehmer arbeiten als „Streikbrecher" ohne eine zusätzliche Leistung zu erwarten.[1051] Darüber hinaus kann auch der Ansatz der Rechtsprechung bei Einschränkung von Mitbestimmungsrechten an dieser Stelle zu keiner arbeitskampfkonformen Auslegung verhelfen, da der Arbeitskampf nicht mehr andauert, sondern bereits beendet ist. Die Ausübung der Mitbestimmung kann nach dem Streik die Arbeitskampffreiheit nicht mehr beeinträchtigen.

### 5. *Zwischenergebnis*

Die untersuchten Mitbestimmungstatbestände in sozialen Angelegenheiten sind aufgrund ihrer paritätsrelevanten Auswirkungen auf die kampfrechtlichen Abwehrmaßnahmen und reinen Arbeitskampfmaßnahmen des Arbeitgebers arbeitskampfkonform einzuschränken. Sie sind nicht arbeitskampfneutral, vielmehr sind sie in der Lage durch die Mitbestimmungsausübung eine vorübergehende Verhinderung der Arbeitskampfmaßnahmen herbeizuführen und zusätzlichen Druck zu bewirken. Der obligatorische Streitregelungsmechanismus gem. § 87 Abs. 1 und 2 BetrVG würde die schnelle Reaktionsmöglichkeit des Arbeitgebers konterkarieren. Die vorstehend geprüften Maßnahmen stehen dem Arbeitgeber im Rahmen der Kampfmittelparität zu. Sie dürfen weder als kampfbedingte Abwehrmaßnahme wie die Mehrarbeitsanordnung, die durch die arbeitskampfkonforme Auslegung gewährleistet wird, noch als

---

1047 BAG, Urt. v. 13.07.1993 – 1 AZR 676/92, AP GG Art. 9 Arbeitskampf Nr. 127.

1048 BAG, Urt. v. 14.08.2018 – 1 AZR 287/17, NZA 2019, 100; *Merath*, GWR 2018, 476.

1049 So *Jahn*, Die Beteiligung, S. 104

1050 LAG Hamm, Beschl. v. 16.09.1997 – 13 TaBV 33/97, AiB 1988, 588; Däubler/*Dette*, Arbeitskampfrecht, § 19 Rn. 151; MHdB ArbR/*Ricken*, § 276 Rn. 53.

1051 LAG Hamm, Beschl. v. 16.09.1997 – 13 TaBV 33/97, AiB 1988, 588.

reine Arbeitskampfmaßnahme wie die Streikbruchprämie, welche originär dem Schutz des Art. 9 Abs. 3 GG unterliegt, beeinträchtigt werden. Maßnahmen, die hingegen zwar die Mitbestimmung in sozialen Angelegenheiten auslösen, aber nicht als reine Arbeitskampfmaßnahmen oder kampfbedingte Abwehrmaßnahmen in Betracht kommen, führen zu keiner arbeitskampfkonformen Auslegung.

## III. Mitbestimmung in personellen Angelegenheiten, § 98 ff. BetrVG

Des Weiteren ist im Folgenden die Mitbestimmung in personellen Angelegenheiten zu betrachten.

### *1. Durchführung betrieblicher Bildungsmaßnahmen, § 98 BetrVG*

Der Betriebsrat hat gem. § 98 Abs. 1 BetrVG bei der Durchführung von betrieblichen Berufsbildungsmaßnahmen mitzubestimmen und nach § 98 Abs. 3 BetrVG ein Vorschlagsrecht hinsichtlich der teilnehmenden Arbeitnehmer. Der Begriff der Berufsbildung umfasst nach einer weiten Auslegung alle Maßnahmen der Berufsbildung im Sinne des § 1 Abs. 1 BBiG.[1052] Darunter fallen alle Maßnahmen der Berufsausbildung, der beruflichen Fortbildung und der beruflichen Umschulung.[1053] Die Maßnahmen müssen dem Arbeitnehmer gezielt Kenntnisse und Erfahrungen vermitteln, die ihn zur Ausübung einer bestimmten Tätigkeit erst befähigen.[1054] Wenn eine Einigung mit dem Arbeitgeber nicht erzielt werden kann, muss gem. § 98 Abs. 4 BetrVG die Einigungsstelle verbindlich entscheiden.[1055] Der Arbeitgeber darf in Vorbereitung auf einen zu erwartenden oder in Zukunft möglichen Streik Arbeitnehmer fortbilden lassen, damit diese bestreikte Positionen übernehmen können, um den Betrieb so weit wie möglich aufrechtzuerhalten und den Auswirkungen eines Streiks zu begegnen, ohne auf Fremdpersonal angewiesen zu sein. Fraglich erscheint allerdings, ob schon die Entsendung von Arbeitnehmern in entsprechend notwendige Berufsbildungslehrgänge in Vorbereitung auf einen Streik das Mitbestimmungsrecht wegen Paritätsrelevanz entfallen lässt.

Das BAG hat dazu bereits in einem Fall[1056] entschieden, in dem Arbeitnehmer des Landbetriebes einer Fluggesellschaft zu Lehrgängen über Sicherheits- und

1052 BAG, Beschl. v. 05.03.2013 – 1 ABR 11/12, AP BetrVG 1972 § 98 Nr. 15.
1053 BAG, Beschl. v. 05.03.2013 – 1 ABR 11/12, AP BetrVG 1972 § 98 Nr. 15.
1054 BAG, Beschl. v. 05.03.2013 – 1 ABR 11/12, AP BetrVG 1972 § 98 Nr. 15.
1055 Richardi BetrVG/*Thüsing*, BetrVG, § 98 Rn. 4.
1056 BAG, Beschl. v. 10.02.1988 – 1 ABR 39/86, AP BetrVG 1972 § 98 Nr. 5.

Notfallmaßregeln entsandt werden sollten, damit sie im Falle eines Streiks der Flugbegleiter aushilfsweise als Ersatz-Flugbegleiter eingesetzt werden können. Dem Betriebsrat wurde hierbei ein Mitbestimmungsrecht bei der Auswahl der Teilnehmer gem. § 98 Abs. 3 und 4 BetrVG zugesprochen. Das BAG lehnte eine Einschränkung dieses Mitbestimmungsrechts ab und begründete seine Entscheidung unter Bezugnahme auf die ständige Rechtsprechung mit der fehlenden unmittelbaren Betroffenheit des Betriebes sowie mit einer fehlenden Arbeitskampfmaßnahme. Die Lehrgänge seien nämlich keine Maßnahmen des Arbeitskampfes. Vielmehr sei der tatsächliche Einsatz von Arbeitnehmern für die bestreikten Positionen eine Arbeitskampfmaßnahme oder eine solche zur Abwendung von Arbeitskampffolgen. Die Entsendung zu Lehrgängen solle gerade diesen Einsatz vorbereiten und ermöglichen. Ein hinreichender Bezug zu einem unmittelbar bevorstehenden oder laufenden Streik zur Suspendierung bei Vorbereitungsmaßnahmen liege nicht vor. Ein nur möglicher Bezug zu einem künftigen Arbeitskampf reiche nicht aus und würde der weitgehenden Suspendierung des BetrVG gleichstehen. Eine relevante Arbeitskampfmaßnahme oder Maßnahmen zur Abwehr von Folgen eines Arbeitskampfes könne allenfalls dann in Betracht kommen, wenn die Mitbestimmung des Betriebsrats an der Vorbereitungsmaßnahme unmittelbar und zwangsläufig zur Folge hätte, dass die Arbeitskampffreiheit zur Abwehr beeinträchtigt wäre. Als weit vorgelagerte Maßnahme war dies abzulehnen. Auch eine Verzögerung wegen des Mitbestimmungsrechts und eines Einigungsstellenverfahrens nach § 98 Abs. 4 BetrVG könne bis zum Stattfinden eines Streiks vermieden werden. Denn der Arbeitgeber könne die Auswahl der Teilnehmer für eventuell durchzuführende Lehrgänge rechtzeitig schon vor dem Ausbruch von Arbeitskämpfen vornehmen, den Betriebsrat unterrichten und bei Gegenvorschlägen des Betriebsrats die Einigung über die Teilnehmer herbeiführen. Insbesondere vor dem Hintergrund, dass die Berechtigung der Flugbegleiter ein Jahr lang gelte. Eine bewusste Entscheidung des Arbeitgebers, diese Auswahl der Teilnehmer erst vorzunehmen, wenn schon Warnstreiks stattfinden, sei als selbst herbeigeführte Eilbedürftigkeit zu betrachten, was das Mitbestimmungsrecht nicht entfallen lassen könne. Auch die Befürchtung, dass die vom Betriebsrat vorgeschlagenen Teilnehmer eher geneigt sein könnten, die Streikbrecher-Arbeit zu verweigern, ändere nichts an der Entscheidung. Diese Sichtweise hat in der Literatur Zuspruch gefunden.[1057] Auch mit Blick auf die konkrete Abwehrmaßnahme

---

1057 *Blanke*, AiB 1993, 220, 229; Däubler/*Dette*, Arbeitskampfrecht, § 19 Rn. 163; *Jahn*, Die Beteiligung, S. 118 f.; Löwisch/Kaiser/Klumpp/*Klumpp*, BetrVG, § 74 Rn. 21;

durch Einsatz der Arbeitnehmer wäre die Auswahl und die Entsendung erst bei Ausbruch eines Streiks ineffektiv und zwecklos, sofern die Fortbildung mehrere Tage in Anspruch nähme[1058] und daher die Streikbrecher nicht zum Einsatz kämen. Insgesamt stellt eine zur Vorbereitung einer Streikabwehr durchgeführte Berufsbildungsmaßnahme in Form eines Fortbildungslehrgangs keine Arbeitskampfmaßnahme dar, sondern eine Vorbereitungsmaßnahme, bei der ein engerer Zusammenhang erforderlich wäre.[1059] Zudem steht in der Regel ebenso nicht mit Sicherheit fest, ob die vom Arbeitgeber gewünschten und ausgebildeten Arbeitnehmer später auch als Streikbrecher aushelfen werden, denn das Streikrecht bleibt für sie weiterhin unangetastet. Mit Blick auf einen künftigen Streik ohne konkreten Bezug müsste die Einigungsstelle zuvor zur Konfliktregelung berücksichtigt werden. Insofern besteht das Mitbestimmungsrecht bei streikbedingten Berufsbildungsmaßnahmen im Sinne von § 98 BetrVG fort und beeinträchtigt nicht die Kampfparität.[1060]

Ein anderes Ergebnis hinsichtlich der Paritätsrelevanz wäre nur ausnahmsweise zu rechtfertigen, wenn dem Arbeitgeber die rasche Durchführung von Lehrgängen und der schnelle Einsatz zur Aufrechterhaltung der betrieblichen Abläufe noch während eines schon begonnenen und laufenden Streiks möglich wären.[1061] Dann würde nämlich durch das Einigungsstellenverfahren die Fortbildung verzögert und mittelbar auch die Einstellung und Versetzung gem. § 99 BetrVG als finale Abwehrmaßnahme unmöglich gemacht, was gleichzeitig zu einer Einschränkung der Arbeitskampffreiheit führen würde. Dem Arbeitgeber kann nicht zugemutet werden, alle möglichen Konstellationen im Vorfeld eines Streiks zu berücksichtigten und alle seine Arbeitnehmer weit im Voraus auch für den Einsatz in anderen Bereichen auszubilden. Eine solche Konstellation erscheint indes höchst unwahrscheinlich.

---

NK-ArbR/*Eylert/Waskow*, BetrVG, § 98 Rn. 6; Tschöpe/*Marquardt*, Arbeitsrecht Handbuch, § 87 Rn. 728.

1058 So bei BAG, Beschl. v. 10.02.1988 - 1 ABR 39/86, AP BetrVG 1972 § 98 Nr. 5.

1059 Bestätigt durch BAG, Beschl. v. 13.12.2011 - 1 ABR 2/10, NZA 2012, 571.

1060 So auch *Brill*, DB 1979, 403, 405; *Heinze*, DB 1982, Beil. 23, 1, 17; *Heinze*, Personalplanung, Rn. 162; *Herbst*, AiB 1987, 4, 9.

1061 So auch *Jansen*, Mitbestimmung, S. 214.

### 2. *Mitbestimmungsrecht bei personellen Einzelmaßnahmen, § 99 BetrVG*

Im Hinblick auf eine der effektivsten Gegenmaßnahmen des Arbeitgebers verdient das Mitbestimmungsrecht des Betriebsrats bei personellen Einzelmaßnahmen besondere Beachtung. Der Arbeitgeber kann nämlich im Rahmen seiner Kampftaktik durch Einsatz arbeitswilliger Arbeitnehmer auf Arbeitsplätzen streikender Arbeitnehmer versuchen, den betrieblichen Ablauf und die Produktion fortzuführen, die wirtschaftlichen Folgen des Streiks für seinen Betrieb zu verringern und dadurch seine Position im Tarifkampf zu verbessern.[1062] Dadurch ist er in der Lage, die Auswirkungen eines Produktionsausfalls durch Streikbrecher aufzufangen und so gering wie möglich zu halten. Der Einsatz arbeitswilliger Arbeitnehmer auf Arbeitsplätzen streikender Arbeitnehmer stellt aufgrund der effektiven Streikabwehr im Rahmen der Kampfmittelparität eine Arbeitskampfmaßnahme dar.[1063]

Der Betriebsrat hat für gewöhnlich ein Mitbestimmungsrecht bei personellen Maßnahmen des Arbeitgebers gem. § 99 Abs. 1 BetrVG. Danach ist der Arbeitgeber verpflichtet, in einem Unternehmen mit in der Regel mehr als zwanzig wahlberechtigten Arbeitnehmern vor jeder Einstellung, Eingruppierung, Umgruppierung und Versetzung den Betriebsrat zu unterrichten, ihm die erforderlichen Bewerbungsunterlagen vorzulegen und Auskunft über die Person der Beteiligten zu geben. Darüber hinaus hat er die Zustimmung des Betriebsrats zu der geplanten Maßnahme einzuholen.

Fraglich ist, wie sich dieses Mitbestimmungsrecht unter besonderer Berücksichtigung des Grundsatzes der Kampfparität im Verhältnis zum Arbeitskampfgeschehen und der Arbeitskampffreiheit des Arbeitgebers verhält.

#### *a) Arbeitskampfbedingte Einstellung und Versetzung*

Das BAG hatte bereits mehrfach die Gelegenheit zu arbeitskampfbedingten Einstellungen und Versetzungen während eines Arbeitskampfes zu entscheiden.[1064] Die arbeitskampfbedingte Einstellung von Aushilfskräften und Versetzung von Arbeitnehmern während eines Arbeitskampfes als Streikbrecher innerhalb

---

1062 BAG, Beschl. v. 13.12.2011 – 1 ABR 2/10, NZA 2012, 571.

1063 BAG, Beschl. v. 13.12.2011 – 1 ABR 2/10, NZA 2012, 571.

1064 BAG, Urt. v. 26.10.1971 – 1 AZR 113/68, AP GG Art. 9 Arbeitskampf Nr. 44; Beschl. v. 19.02.1991 – 1 ABR 36/90, NZA 1991, 565; Beschl. v. 13.12.2011 – 1 ABR 2/10, NZA 2012, 571.

eines Betriebes oder bei verschiedenen Betrieben eines Unternehmens in einen bestreikten Betrieb kann sich als effektive Abwehrmaßnahme erweisen.[1065] Der Einsatz arbeitswilliger Arbeitnehmer auf Arbeitsplätzen streikender Arbeitnehmer für die Zeit des Arbeitskampfes durch arbeitskampfbedingte Einstellungen oder Versetzungen löst den Mitbestimmungstatbestand bei personellen Einzelmaßnahmen aus. Denn unter einer Versetzung im Sinne des § 99 Abs. 1 BetrVG ist nach der Legaldefinition in § 95 Abs. 3 S. 1 BetrVG die Zuweisung eines anderen Arbeitsbereichs, die voraussichtlich die Dauer von einem Monat überschreitet, oder die mit einer erheblichen Änderung der Umstände verbunden ist, unter denen die Arbeit zu leisten ist, zu verstehen. Die Zuweisung eines anderen Arbeitsbereichs liegt vor, wenn dem Arbeitnehmer ein neuer Tätigkeitsbereich zugewiesen wird, sodass der Gegenstand der Arbeitsleistung und der Arbeitsaufgabe ein anderer wird und sich das Gesamtbild der Tätigkeit verändert.[1066] Im Arbeitskampf handelt es sich in der Regel um arbeitsbereichsfremde Arbeitnehmer, die kurzfristig in anderen Bereichen und Betrieben aushelfen sollen. Andere Fälle, in denen der Arbeitsbereich sich nicht verändert, stellen schon begrifflich keine Zuweisung dar.[1067] Aufgrund von üblicherweise kurzzeitigen Streiks werden Streikbrecher zwar nicht für die Dauer von einem Monat oder länger einem anderen Arbeitsbereich zugewiesen.[1068] Die vorübergehende kurzzeitige Zuweisung einer neuen Tätigkeit bzw. eines neuen Aufgabenbereichs im Rahmen der Streikarbeit ist indes in der Regel mit einer erheblichen Änderung der Umstände verbunden,[1069] unter denen die Arbeit zu leisten ist, und stellt mithin eine Versetzung dar.[1070] Für eine erhebliche Änderung der Umstände reicht schon die Versetzung an einen anderen Arbeitsort aus, die mit einer erheblich längeren An- und Rückfahrt verbunden ist.[1071] Dem Mitbestimmungsrecht steht auch nicht entgegen, dass von vornherein feststeht, dass der Arbeitnehmer nach Beendigung seines externen Einsatzes auf seinen bisherigen

1065 *Busch*, DB 1997, 1974; *Büchner*, BlStSozArbR 1985, 145.
1066 BAG, Beschl. v. 19.02.1991 – 1 ABR 36/90, NZA 1991, 565.
1067 BAG, Beschl. v. 19.02.1991 – 1 ABR 36/90, NZA 1991, 565.
1068 *Busch*, DB 1997, 1979–1977.
1069 *Büchner*, BlStSozArbR 1985, 145, 148; *Büchner*, Die Streikarbeit, S. 103; *Jahn*, Die Beteiligung des Betriebsrats, S. 115.
1070 BAG, Beschl. v. 13.12.2011 – 1 ABR 2/10, NZA 2012, 571; *Büchner*, BlStSozArbR 1985, 145, 148.
1071 BAG, Beschl. v. 18.10.1988 – 1 ABR 26/87, AP BetrVG 1972 § 99 Nr. 56; Richardi BetrVG/*Thüsing*, BetrVG, § 99 Rn. 133.

Arbeitsplatz zurückkehren wird.[1072] Bei einer arbeitskampfbedingten Versetzung von Arbeitnehmern in einen anderen bestreikten Betrieb des Arbeitgebers hätte auch der Betriebsrat des abgebenden Betriebes mitzubestimmen.[1073] Die Einstellung von Arbeitnehmern ist zwar im BetrVG nicht legal definiert, bedeutet aber die Zuweisung eines Arbeitsbereichs, durch die ein Arbeitnehmer in den Betrieb eingegliedert wird und deckt sich insofern mit der Zuweisung bei dem Versetzungsbegriff.[1074]

Nach dem konkretisierten Ansatz der Rechtsprechung[1075] müsste hingegen das Mitbestimmungsrecht bei einer arbeitskampfbedingten Einstellung und Versetzung nach dem Grundsatz der Kampfparität arbeitskampfkonform eingeschränkt werden, sofern dadurch die Arbeitskampffreiheit des Arbeitgebers ernsthaft beeinträchtigt würde. Eine ernsthafte Beeinträchtigung der Kampffähigkeit ist anzunehmen, wenn die Mitbestimmungsausübung dazu führt, „*dass der Arbeitgeber an der Durchführung einer beabsichtigten kampfbedingten Maßnahme zumindest vorübergehend gehindert ist und auf diese Weise zusätzlich Druck auf ihn ausgeübt wird*". Diese Anforderungen sind erfüllt, wenn das Mitbestimmungsrecht „*die Rechtmäßigkeit des vom Arbeitgeber beabsichtigten Handelns an die Einhaltung einer Frist oder ein positives Votum des Betriebsrats und ggf. dessen Ersetzung durch die Einigungsstelle knüpft*". Bei einer kampfbedingten Einstellung und Versetzung handelt es sich um eine Arbeitskampfmaßnahme. Für die Rechtmäßigkeit von kampfbedingten Einstellungen und Versetzungen bedarf es gem. § 99 Abs. 1 S. 1 Hs. 2 BetrVG der Zustimmung des Betriebsrats. Der Betriebsrat hat für die Entscheidung über die Zustimmung zu der personellen Maßnahme gem. § 99 Abs. 3 BetrVG eine Woche Zeit. Wenn der Betriebsrat dem Arbeitgeber die Verweigerung seiner Zustimmung nicht innerhalb der Frist schriftlich mitteilt, gilt gem. § 99 Abs. 3 S. 2 BetrVG eine Zustimmungsfiktion. Insofern ist der Arbeitgeber für die rechtmäßige Durchführung der Maßnahme an das positive Votum des Betriebsrats und jedenfalls an eine Frist von einer Woche gebunden. Dadurch wird ihm die Arbeitskampfmaßnahme zur Abwehr des Streiks, womit er versucht zur Aufrechterhaltung seines Betriebes die wirtschaftlichen Folgen zu mildern, unmöglich gemacht und

---

1072 BAG, Beschl. v. 13.12.2011 – 1 ABR 2/10, NZA 2012, 571; LAG Hamburg, Beschl. v. 25.04.2018 – 2 TaBV 1/18, BeckRS 2018, 16136.

1073 BAG, Beschl. v. 13.12.2011 – 1 ABR 2/10, NZA 2012, 571.

1074 Richardi BetrVG/*Thüsing*, BetrVG, § 99 Rn. 23, 32.

1075 BAG, Beschl. v. 13.12.2011 – 1 ABR 2/10, NZA 2012, 571; Beschl. v. 20.03.2018 – 1 ABR 70/16, NZA 2018, 1081.

seine Kampfführung verhindert.[1076] Für den Fall der Verweigerung der Zustimmung muss der Arbeitgeber darüber hinaus zur Konfliktlösung gem. § 99 Abs. 4 BetrVG beim Arbeitsgericht die Ersetzung der Zustimmung beantragen. Auch dieses Verfahren nimmt mehrere Wochen in Anspruch, was mit Sicherheit den gegenständlichen Arbeitskampf überdauern und die Durchführung der Maßnahme verspäten würde. Der Arbeitgeber wird damit wegen der zeitlich erheblichen Verzögerung in seiner Arbeitskampffreiheit beschnitten. Aus diesem Grund wäre es dem Arbeitgeber nicht möglich, eigenständig innerhalb seines Betriebes Arbeitnehmer einzustellen oder zu versetzen oder Arbeitnehmer aus seinen nicht bestreikten Betrieben nach Belieben in seine bestreikten Betriebe zu versetzen. Für eine angemessene Reaktionsfähigkeit wäre er auf eine umgehende Zustimmung des Betriebsrats angewiesen.[1077] Der Betriebsrat könnte durch eine sachlich unberechtigte Zustimmungsverweigerung, die in der konkreten Streiksituation möglich wäre,[1078] die Arbeitskampfmaßnahme vereiteln.[1079] Denn der Arbeitgeber müsste entweder eine vorläufige Maßnahme nach § 100 BetrVG vornehmen, welche wiederum mit Hindernissen verbunden wäre, oder das Arbeitsgericht nach § 99 Abs. 4 BetrVG anrufen. Wegen der realistischen Gefahr der Verhinderung durch eine sachlich unberechtigte Zustimmungsverweigerung, welche aufgrund der Loyalität zur Belegschaft und Gewerkschaft nicht ausgeschlossen werden kann und den Betriebsrat in einen objektiv nicht lösbaren Konflikt bringt, erübrigt sich bereits die Prüfung der Arbeitskampfrelevanz der einzelnen Zustimmungsverweigerungsgründe nach § 99 Abs. 2 BetrVG. Folglich kann nach der Auffassung des BAG[1080], die personelle Maßnahme mitbestimmungsfrei vorgenommen werden.

Personelle Maßnahmen, die zwar während des Arbeitskampfes angeordnet werden, allerdings mit dem Arbeitskampf und der Abwehr nichts zu tun haben, schränken mangels Beeinträchtigung der Chancengleichheit der Tarifparteien das Mitbestimmungsrecht nicht ein.[1081] Zu beachten ist auch, dass für

1076 BAG, Beschl. v. 13.12.2011 – 1 ABR 2/10, NZA 2012, 571; *Busch*, DB 1997, 1974 ff.

1077 BAG, Beschl. v. 13.12.2011 – 1 ABR 2/10, NZA 2012, 571; *Richardi*, FS der deutschen Richterakademie, S. 111, 123.

1078 *Hässler*, Beteiligungsrechte, S. 143.

1079 Brox/Rüthers/*Brox*, Arbeitskampfrecht, § 12 Rn. 449.

1080 BAG, Beschl. v. 13.12.2011 – 1 ABR 2/10, NZA 2012, 571; so auch ArbG Osnabrück, Beschl. v. 21.02.2012 – 3 BV 7/11, BeckRS 2012, 213653; a.A.: ArbG Hamburg, Beschl. v. 20.05.1996 – 6 BV 21/95, BB 1996, 1717; DKW/*Bachner*, BetrVG, § 99 Rn. 24; so auch *Heinze*, Personalplanung, Rn. 437 ff.

1081 BAG, Beschl. v. 13.12.2011 – 1 ABR 2/10, NZA 2012, 571.

eine arbeitskampfkonforme Auslegung der Arbeitgeber sich selbst in einem Arbeitskampf befinden und von Arbeitnehmern unmittelbar bestreikt werden muss.[1082] Diese Voraussetzung ist erfüllt, wenn Arbeitnehmer in einen anderen Betrieb des Arbeitgebers bzw. Unternehmens versetzt werden sollen. Eine Versetzung aus dem abgebenden Betrieb in einen anderen bestreikten Betrieb des Arbeitgebers stellt eine arbeitskampfbezogene personelle Maßnahme dar, wenn hierdurch die wirtschaftlichen Folgen des Arbeitskampfes verringert werden sollen.[1083] In diesen Fällen handelt sich um den gleichen Arbeitgeber, sodass wegen des vorhandenen Zusammenhangs dessen Kampfparität durch das Mitbestimmungsrecht beeinträchtigt wird.[1084]

Bei einer Versetzung von Arbeitnehmern in den Betrieb eines anderen Unternehmens handelt es sich indes nicht um den gleichen Arbeitgeber. Eine Einschränkung kommt hier nicht in Betracht.[1085] Auch lediglich die konzernmäßige Verbundenheit – z.B. die Versetzung in den Betrieb eines Tochterunternehmens – berührt die Kampfparität nicht.[1086] Eine mittelbare Betroffenheit insoweit, als auch das abgebende Unternehmen bei den nächsten Tarifverhandlungen sich erhöhten Forderungen ausgesetzt sehen könnte, kann eine Einschränkung ebenso wenig begründen wie eine nur wirtschaftliche Verbundenheit.[1087] Vielmehr müsste der abgebende Betrieb dann selbst unmittelbar in den Arbeitskampf einbezogen und vom Tarifgegner unter Druck gesetzt worden sein.[1088]

---

1082 BAG, Beschl. v. 13.12.2011 – 1 ABR 2/10, NZA 2012, 571; Beschl. v. 22.12.1980 – 1 ABR 76/79, NJW 1981, 942; LAG Hamburg, Beschl. v. 25.04.2018 – 2 TaBV 1/18, BeckRS 2018, 16136; LAG Schleswig-Holstein, Beschl. v. 29.05.2013 – 6 TaBV 30/12, BeckRS 2013, 70693; *De Beauregard/Baur*, NZA-RR 2016, 617, 621.

1083 BAG, Beschl. v. 13.12.2011 – 1 ABR 2/10, NZA 2012, 571; LAG Schleswig-Holstein, Beschl. v. 29.05.2013 – 6 TaBV 30/12, BeckRS 2013, 70693.

1084 BAG, Beschl. v. 13.12.2011 – 1 ABR 2/10, NZA 2012, 571; LAG Hamburg, Beschl. v. 25.04.2018 – 2 TaBV 1/18, BeckRS 2018, 16136.

1085 BAG, Beschl. v. 19.02.1991 – 1 ABR 36/90, NZA 1991, 565; LAG Hamburg, Beschl. v. 25.04.2018 – 2 TaBV 1/18, BeckRS 2018, 16136; LAG Schleswig-Holstein, Beschl. v. 29.05.2013 – 6 TaBV 30/12, BeckRS 2013, 70693.

1086 BAG, Beschl. v. 13.12.2011 – 1 ABR 2/10, NZA 2012, 571; LAG Hamburg, Beschl. v. 25.04.2018 – 2 TaBV 1/18, BeckRS 2018, 16136; nach MHdB ArbR/*Ricken*, § 276 Rn. 54 liegt bei konzernmäßiger Verbundenheit eine Paritätsbeeinträchtigung nicht fern.

1087 LAG Hamburg, Beschl. v. 25.04.2018 – 2 TaBV 1/18, BeckRS 2018, 16136.

1088 LAG Schleswig-Holstein, Beschl. v. 29.05.2013 – 6 TaBV 30/12, BeckRS 2013, 70693.

Die arbeitskampfkonforme Auslegung der Mitbestimmung bei Einstellungen und Versetzungen hat auch in der Literatur breiten Zuspruch gefunden.[1089] Es gibt allerdings auch Stimmen, die das kritisch betrachten.[1090] Sie befürchten, dass die Differenzierung zwischen kampfbedingten und kampfunabhängigen personellen Maßnahmen in einem Arbeitskampf zu schwierigen Abgrenzungsproblemen führen und der Arbeitgeber diese Gelegenheit missbrauchen könnte.[1091] Das Arbeitsgericht sei die einzig zuständige Instanz für die Konfliktlösung.[1092] Darüber hinaus wird damit argumentiert, dass im Einzelfall nicht arbeitskampfbezogene Zustimmungsverweigerungsgründe wie § 99 Abs. 2 Nr. 2 und Nr. 5 BetrVG umgangen werden könnten, was die Kampfparität zulasten der Arbeitnehmer beeinträchtigen könnte.[1093] Die Beeinträchtigung der Kampfmittelparität führe gerade zu einem kollektiven Nachteil für die Belegschaft nach § 99 Abs. 2 Nr. 3 BetrVG und der Verletzung des Art. 9 Abs. 3 GG im Sinne des § 99 Abs. 2 Nr. 1 BetrVG.[1094] Der Betriebsrat müsse mit Blick auf die strukturelle Unterlegenheit der Arbeitnehmer in der Lage sein, seiner Überwachungspflicht nachzukommen, um den Schutz vor Benachteiligungen und die Einhaltung von individuellen Leistungsverweigerungsrechten zu gewährleisten.[1095] Insofern löst nach dieser Auffassung die Beeinträchtigung der Kampfparität gerade die Zustimmungsverweigerungsgründe des Betriebsrats zum Schutz der Belegschaft aus. Als Lösung wird unter Bezug auf die Nachteile für die Belegschaft teilweise eine restriktive Auslegung der Zustimmungsverweigerungsgründe nach § 99

---

1089 *Beckerle*, NJW 2017, 439, 443; *Busch*, DB 1997, 1974 ff.; *De Beauregard/Baur*, NZA-RR 2016, 617, 621; DKL/*Kolbe*, BetrVG, § 99 Rn. 4; Düwell/*Kreuder/Matthiessen-Kreuder*, BetrVG, § 99 Rn. 7; ErfK/*Kania*, BetrVG, § 99 Rn. 3; *Fitting*, BetrVG, § 99 Rn. 25; GK-BetrVG/*Raab*, BetrVG, § 99 Rn. 21 ff.; *Jansen*, Mitbestimmung, S. 217; *Lingemann*, ArbRAktuell 2012, 14; *Meyer*, BB 2012, 2753, 2754; MHdB ArbR/*Ricken*, § 276 Rn. 54; Richardi BetrVG/*Thüsing*, BetrVG, § 99 Rn. 24; *Schwarze*, JA 2012, 630, 632; a.A.: DKW/*Bachner*, BetrVG, § 99 Rn. 24; Düwell/*Lorenz*, BetrVG, § 74 Rn. 12.

1090 *Bieback*, RdA 1978, 82, 95; *Büchner*, BlStSozArbR 1985, 145, 149; *Büchner*, Die Streikarbeit, S. 104 ff., 113; Däubler/*Dette*, Arbeitskampfrecht § 19 Rn. 153; DKW/*Bachner*, BetrVG, § 99 Rn. 24; GK-BetrVG/*Raab*, BetrVG, § 99 Rn. 20.

1091 Däubler/*Dette*, Arbeitskampfrecht § 19 Rn. 153; GK-BetrVG/*Raab*, BetrVG, § 99 Rn. 20.

1092 *Bieback*, RdA 1978, 82, 95; *Büchner*, BlStSozArbR 1985, 145, 149.

1093 Däubler/*Dette*, Arbeitskampfrecht § 19 Rn. 153.

1094 Däubler/*Dette*, Arbeitskampfrecht § 19 Rn. 154; *Büchner*, BlStSozArbR 1985, 145, 148.

1095 *Berg*, AiB 2012, 73; *Büchner*, Die Streikarbeit, S. 104 ff., 113.

Abs. 2 BetrVG vorgeschlagen, wonach nur arbeitskampfbedingte Nachteile von den Widerspruchsgründen nicht erfasst würden.[1096]

Die Einwände können allerdings nicht überzeugen. Bei der Argumentation handelt es sich um einen Zirkelschluss, denn die Suspendierung der Zustimmungsverweigerungsgründe wird gerade mit der aus der Tarifautonomie abzuleitenden Kampfparität begründet. Daher wäre es nicht sinnvoll wiederum wegen einer Paritätsbeeinträchtigung zulasten der Arbeitnehmer die Aufrechterhaltung der Zustimmungsverweigerungsgründe zu diskutieren. Darüber hinaus schützt die Kampfparität nicht die Belegschaft, sondern die Chancengleichheit zwischen den Tarifvertragsparteien. Für die Einhaltung der Kampfparität ist nicht der Betriebsrat zuständig. Zugunsten der Kampfparität, welche Verfassungsrang hat, werden Nachteile der Belegschaft im gewissen Umfang in Kauf genommen und gehören im Arbeitskampf zum Kampfrisiko.[1097] Letztlich kann auch das Argument der Missbrauchsabsicht nicht überzeugen, denn die Versetzung erfolgt gerade für den Zeitraum des Streiks und nicht über die Zeit hinaus, was die Kampfbedingtheit indiziert.[1098] Für die Einstellung von Streikbrechern werden ebenso in der Regel auf die Zeit des Arbeitskampfes befristete Arbeitsverträge abgeschlossen. Bei auf die Dauer des Arbeitskampfes befristeten Einstellungen greift außerdem ohnehin kein Verweigerungsgrund des Betriebsrats, z.B. weil gerade keine Nachteile für die streikenden Arbeitnehmer drohen.[1099] Es ist auch nachprüfbar, ob zur Aufrechterhaltung der Produktion bzw. der betrieblichen Abläufe Einstellungen und Versetzungen erfolgt sind. Grundlage für die Nachprüfung ist die weiterhin nicht angetastete Unterrichtungspflicht bezüglich der personellen Maßnahmen.[1100] Auch unbefristete Einstellungen können kein anderes Ergebnis rechtfertigen. Es können zwar wegen eines wieder abzubauenden Überhangs an Arbeitnehmern theoretisch Nachteile für die streikenden Arbeitnehmer entstehen, indem sie nach dem Streik Kündigungen und Versetzungen auf schlechtere Arbeitsplätze ausgesetzt sein könnten.[1101] Sie wären allerdings möglichen Folgemaßnahmen nicht schutzlos ausgeliefert. Der Betriebsrat könnte im Rahmen seines uneingeschränkten Mitbestimmungs- und Mitwirkungsrechts nach dem Streik jederzeit intervenieren und diese nachteiligen Maßnahmen verhindern. Außerdem wäre eine Kündigung ohnehin nicht leicht durchsetzbar,

1096 *Jansen*, Mitbestimmung, S. 216.

1097 Brox/Rüthers/*Brox*, Arbeitskampfrecht, § 12 Rn. 449.

1098 *Kraft*, FS Müller, S. 265, 277.

1099 *Hässler*, Beteiligungsrechte, S. 157; *Jahn*, Die Beteiligung des Betriebsrats, S. 113.

1100 ArbG Osnabrück, Beschl. v. 21.02.2012 – 3 BV 7/11, BeckRS 2012, 213653.

1101 *Roß*, Das Arbeitskampfverbot, S. 114, 120 f.

zumal Gesichtspunkte der Sozialauswahl für die Stammbelegschaft sprechen würden. Die Möglichkeit der restriktiven Auslegung von Widerspruchsgründen hilft auch nicht weiter, da der Betriebsrat weiterhin sein Zustimmungsverweigerungsrecht behält.[1102]

Die Ausführungen zur Paritätsrelevanz und zur Einschränkung des Mitbestimmungsrechts in personellen Einzelmaßnahmen gelten auch bei rechtswidrigen Streiks.[1103] Die Befugnis des Betriebsrats zur freiwilligen Streitschlichtung und die Beratungspflicht mit dem Arbeitgeber hinsichtlich der Beendigung des rechtswidrigen Streiks, bleiben hiervon unberührt.[1104]

### *b) Vorläufige Maßnahme nach § 100 BetrVG*

Fraglich ist, ob die Möglichkeit des Arbeitgebers, eine vorläufige Maßnahme durchzuführen, die Beeinträchtigung der Chancengleichheit beseitigt und die schnelle Streikabwehr ermöglicht. Der Arbeitgeber kann gem. § 100 Abs. 1 S. 1 BetrVG, wenn dies aus sachlichen Gründen dringend erforderlich ist, die personelle Maßnahme im Sinne des § 99 Abs. 1 S. 1 BetrVG vorläufig durchführen, bevor der Betriebsrat sich geäußert oder wenn er die Zustimmung verweigert hat. In der Literatur[1105] und in der Instanzrechtsprechung[1106] wird teilweise die Auffassung vertreten, dass mit Blick auf die Möglichkeit einer vorläufigen Maßnahme eine Einschränkung des Mitbestimmungsrechts aus paritätsgründen de facto nicht erforderlich sei. Das Gesetz gestatte dem Arbeitgeber bei Vorliegen eines sachlichen Grundes die schnelle Reaktion.[1107] Die arbeitskampfbedingte schnelle Abwehrfähigkeit aus Paritätsgesichtspunkten mittels einer Arbeitskampfmaßnahme erfülle die Voraussetzung für einen sachlichen Grund.[1108] Dementsprechend könne der Arbeitgeber die vorläufige Maßnahme durchführen, ohne auf das Verfahren zur Ersetzung der Zustimmung durch das Arbeitsgericht

---

1102 *Jansen*, Mitbestimmung, S. 216.

1103 BAG, Urt. v. 14.02.1978 – 1 AZR 76/76, NJW 1979, 236; Beschl. v. 24.04.1979 – 1 ABR 43/77, NJW 1980, 140; MHdB ArbR/*Ricken*, § 276 Rn. 55; Richardi BetrVG/*Thüsing*, BetrVG § 99 Rn. 22; a.A.: HWGNRH/*Huke*, BetrVG, § 99 Rn. 30.

1104 GK-BetrVG/*Raab*, BetrVG, § 99 Rn. 25.

1105 *Bieback*, RdA 1978, 82, 95; *Bieback/Mayer*, AuR 1982, 169, 175; *Blanke*, AiB 1993, 220, 225; Brox/Rüthers/*Brox*, Arbeitskampfrecht, § 12 Rn. 449; *Büchner*, BlStSozArbR 1985, 145, 149; DKW/*Bachner*, BetrVG, § 99 Rn. 4; *Hässler*, Beteiligungsrechte, S. 157.; *Herbst*, AiB1987, 4, 7; *Jahn*, Die Beteiligung des Betriebsrats, S. 115 f.; *Reuter*, AuR 1973, 1, 7; *Weiss*, AuR 1982, 265, 267.

1106 ArbG Hamburg, Beschl. v. 20.05.1996 – 6 BV 21/95, BB 1996, 1717.

1107 Däubler/*Colneric*, Arbeitskampfrecht, 2. Aufl., Rn. 676.

1108 Brox/Rüthers/*Brox*, Arbeitskampfrecht, § 12 Rn. 449; *Reuter*, AuR 1973, 1, 7.

nach § 99 Abs. 4 BetrVG gezwungen zu sein. Seine beabsichtigte Kampfmaßnahme könne so durch eine unberechtigte Zustimmungsverweigerung nicht vereitelt werden. Bestreite der Betriebsrat, dass die Maßnahme aus sachlichen Gründen dringend erforderlich sei, müsse der Arbeitgeber lediglich innerhalb von drei Tagen beim Arbeitsgericht die Ersetzung der Zustimmung des Betriebsrats und die Feststellung beantragen, dass die Maßnahme aus sachlichen Gründen dringend erforderlich war, § 100 Abs. 2 BetrVG.[1109] Seine schnelle Reaktionsmöglichkeit könne so unter Wahrung seiner Kampfparität gewährleistet werden und aufgrund der vorgesehenen Prozedur zur Konfliktbeilegung während des Arbeitskampfes aufrechterhalten bleiben. Denn lehnt das Gericht durch rechtskräftige Entscheidung die Ersetzung der Zustimmung des Betriebsrats ab oder stellt es rechtskräftig fest, dass offensichtlich die Maßnahme aus sachlichen Gründen nicht dringend erforderlich war, endet gem. § 100 Abs. 3 BetrVG die vorläufige personelle Maßnahme mit Ablauf von zwei Wochen nach Rechtskraft der Entscheidung. Erst von diesem Zeitpunkt an darf die personelle Maßnahme nicht mehr aufrechterhalten werden, das heißt, der Arbeitgeber kann die personelle Maßnahme ohne die Zustimmung um mehrere Wochen aufrechterhalten.[1110] Nach der Auffassung von *Hässler*[1111] reiche diese Zeit für beabsichtigte Kampfmaßnahmen aus, zumal sich ein solches Verfahren während eines Arbeitskampfes ohnehin schon erledigt haben werde. Nach *Jahn*[1112] könne die Zeit sogar verlängert werden, indem gegen den ablehnenden Beschluss innerhalb der Monatsfrist Beschwerde eingelegt werde. Mit dieser Taktik könne im Falle einer unberechtigten Zustimmungsverweigerung die Maßnahme sogar für den Fall eines längeren Streiks aufrechterhalten werden. Mithin sei die Mitbestimmung in personellen Einzelmaßnahmen wegen der vorläufigen Handlungsmöglichkeit paritätsneutral.[1113]

Die herrschende Meinung in der Literatur[1114] und die Rechtsprechung[1115] vertreten diesbezüglich eine gegenteilige Auffassung. Trotz der Möglichkeit einer

---

1109 Brox/Rüthers/*Brox*, Arbeitskampfrecht, § 12 Rn. 449.

1110 *Jansen*, Mitbestimmung, S. 216 f.

1111 *Hässler*, Beteiligungsrechte, S. 157.

1112 *Jahn*, Die Beteiligung des Betriebsrats, S. 116.

1113 So auch *Hässler*, Beteiligungsrechte, S. 157.

1114 *Busch*, DB 1997, 1974 ff.; *Eich*, DB 1979, Beil. 9, 1, 3; *Jansen*, Mitbestimmung, S. 217; *Kleinmann/Fündling*, NZA 2018, 1386, 1388; *Kraft*, ZfA 1973, 243, 261; MHdB ArbR/*Lunk*, § 340 Rn. 92; *Sura*, NZA-RR 2018, 551, 556; GK-BetrVG/*Raab*, BetrVG, § 99 Rn. 20; *Ricken*, ZfA 2012, 615, 732 f.

1115 BAG, Beschl. v. 13.12.2011 – 1 ABR 2/10, NZA 2012, 571; Beschl. v. 20.03.2018 – 1 ABR 70/16, NZA 2018, 1081; ArbG Osnabrück, Beschl. v. 21.02.2012 – 3 BV 7/11, BeckRS 2012, 213653.

vorläufigen Maßnahme sei der Arbeitgeber vor dem Hintergrund des Zustimmungserfordernisses in seiner Arbeitskampfführung eingeschränkt.[1116] Der Verweis auf § 100 BetrVG sei nicht geeignet, die durch die Zustimmungsverweigerungsrechte des Betriebsrats gem. § 99 Abs. 2 BetrVG verursachte Störung der Kampfparität zu beseitigen.[1117] Das Verfahren nach § 100 BetrVG sei mit dem Zustimmungsersetzungsverfahren als ein Gesamtverfahren zu betrachten. Die Verfahren seien miteinander verbunden und das vorläufige Verfahren ergänze das normale Verfahren nach § 99 BetrVG. Nach dem BAG sei es „*mitbestimmungsrechtlich nicht ein „Weniger“, sondern eine Ergänzung zum Zustimmungsverfahren nach § 99 BetrVG und bietet dem Arbeitgeber eine Art vorläufigen Rechtsschutz, der die Anwendung des einstweiligen Verfügungsverfahrens nach § 85 Abs. 2 ArbGG ausschließt*“.[1118] Diese Verbundenheit und der Charakter eines vorläufigen Rechtsschutzes ergebe sich dadurch, dass der Arbeitgeber im Falle eines Bestreitens des dringenden Erfordernisses der Einstellung oder Versetzung durch den Betriebsrat die entsprechende Feststellung beim Arbeitsgericht zusammen mit einem Zustimmungsersetzungsantrag nach § 99 Abs. 4 BetrVG anhängig machen müsse, § 100 Abs. 2 S. 3 BetrVG. Insofern sei er nicht vollkommen losgelöst vom Zustimmungsersetzungsverfahren.

Der Auffassung der Rechtsprechung ist zu folgen. Auch wenn die Möglichkeit einer vorläufigen Maßnahme auf den ersten Blick die vorübergehende Verzögerung ausräumt, ist der Arbeitgeber weiterhin an das Zustimmungsersetzungsverfahren gebunden und kann nicht unabhängig davon den Streik abwehren.[1119] Deshalb muss er Nachteile befürchten, insbesondere auch wegen der Gefahr, dass am Ende des Verfahrens die Maßnahme aufgehoben werden könnte.[1120] Der Arbeitgeber könnte dazu sogar durch Zwangsgeld angehalten werden, § 101 S. 2 BetrVG. Generell schränkt die Tatsache, dass er Rechtsbehelfe erheben, sich mit dem gerichtlichen Prozess auseinandersetzen sowie die Kosten dafür tragen muss, seine Position ein und führt zu einem zusätzlichen Druck. Der Betriebsrat kann durch Widerspruch zu der vorläufigen Maßnahme die gerichtliche Überprüfung des sachlichen Grundes erzwingen und so die einseitige Maßnahme unterbinden.[1121] Die Einhaltung des Verfahrens nach §§ 99, 100 BetrVG behindert die Arbeitskampfmaßnahme erheblich.[1122] Bei der mitbestimmungsfreien

1116 BAG, Beschl. v. 13.12.2011 – 1 ABR 2/10, NZA 2012, 571.

1117 BAG, Beschl. v. 13.12.2011 – 1 ABR 2/10, NZA 2012, 571.

1118 BAG, Beschl. v. 13.12.2011 – 1 ABR 2/10, NZA 2012, 571.

1119 So auch *Busch*, DB 1997, 1974 ff.

1120 GK-BetrVG/*Raab*, BetrVG, § 99 Rn. 22.

1121 *Schwarze*, JA 2012, 630, 632.

1122 BAG, Beschl. v. 13.12.2011 – 1 ABR 2/10, NZA 2012, 571; *Grimm*, ArbRB 2012, 175 f.; a.A.: LAG Köln, Beschl. v. 13.08.2009 – 7 TaBV 116/08, NZA-RR 2010, 470; *Herbst*, AiB 1987, 4, 7.

Durchführung der personellen Maßnahme handelt es sich auch nicht um eine vorläufige Maßnahme i.S.v. § 100 BetrVG.[1123] Über den Weg des § 100 BetrVG könnte der Arbeitgeber ohnehin keine Einsatzkräfte gewinnen, wenn diese wegen des Widerspruchs des Betriebsrats mit der jederzeitigen Aufhebung ihres Arbeitsverhältnisses rechnen müssten.[1124] Die Rechte der Streikbrecher dürfen nicht außer Acht bleiben. Da vorliegend im Fall der Verweigerung des Betriebsrats das Zustimmungsersetzungsverfahren durchgeführt werden muss und die Möglichkeit einer vorläufigen Maßnahme in Anbetracht der Ausführungen kein milderes Mittel darstellt,[1125] führt der Ansatz der Rechtsprechung insofern zu einem eindeutigen Ergebnis, als dass die Kampfparität beeinträchtigt würde. Die erforderliche Einschränkung des Mitbestimmungsrechts nach § 99 Abs. 1 BetrVG aus Arbeitskampfgesichtspunkten hat auch das BVerfG[1126] trotz des Hinweises des vorlegenden Gerichts auf § 100 BetrVG bestätigt und sie mit Blick auf Art. 9 Abs. 3 GG als verfassungskonforme Auslegung in Form der teleologischen Reduktion entgegen dem Wortlaut des § 99 BetrVG gebilligt.

### *c) Eingruppierung oder Umgruppierung*

So wie das Informationsrecht schränkt auch das Mitbestimmungsrecht bei Eingruppierungen oder Umgruppierungen im Rahmen von § 99 Abs. 1 BetrVG, anders als bei Einstellungen und Versetzungen, mangels Kampfrelevanz die Arbeitskampfparität nicht ein.[1127] Unter einer Eingruppierung versteht man die erstmalige Zuordnung eines Arbeitnehmers zu einer bestimmten Vergütungsgruppe des Entgeltschemas nach bestimmten Kriterien.[1128] Eine Umgruppierung ist jede Änderung der Zuordnung des Arbeitnehmers bzw. die erneute Einreihung zu einer Vergütungsgruppenordnung.[1129] Bei der streikbedingten

---

1123 ArbG Lübeck, Beschl. v. 13.06.1989 – 3 BVGa 52/89, BB 1989, 2041; a.A.: Brox/Rüthers/*Brox*, Arbeitskampfrecht, § 12 Rn. 449; *Kissel*, Arbeitskampfrecht, § 36 Rn. 66.

1124 *Kraft*, ZfA 1973, 243, 261.

1125 So auch *Ricken*, ZfA 2012, 615, 733.

1126 BVerfG, Beschl. v. 07.04.1997 – 1 BvL 11/96, NZA 1997, 773.

1127 *Fitting*, BetrVG, § 99 Rn. 26; GK-BetrVG/*Raab*, BetrVG, § 99 Rn. 22; *Heinze*, Personalplanung, Rn. 438; *Kalb*, Arbeitskampfrecht, Rn. 333; *Kissel*, Arbeitskampfrecht, § 36 Rn. 69; NK-ArbR/*Preuss*, BetrVG, § 99 Rn. 17; MHdB ArbR/*Ricken*, § 276 Rn. 54; Schaub/*Treber*, Arbeitsrechts-Handbuch, § 194 Rn. 40; *Wulff*, AiB 2013, 156 f.

1128 BAG, Beschl. v. 16.03.2016 – 4 ABR 32/14, NZA 2016, 1286; ErfK/*Kania*, BetrVG, § 99 Rn. 10.

1129 BAG, Beschl. v. 16.03.2016 – 4 ABR 32/14, NZA 2016, 1286; ErfK/*Kania*, BetrVG, § 99 Rn. 12; Richardi BetrVG/*Thüsing*, BetrVG, § 99 Rn. 95.

Einstellung von Streikbrechern erfolgt die erstmalige Eingruppierung. Bei der Versetzung eines Streikbrechers ist eine vorübergehende Umgruppierung wegen des kurzzeitigen Aushilfseinsatzes zwar nicht zwingend, aber möglich.[1130] Bei diesem Mitbestimmungsrecht handelt es sich um ein gerichtlich überprüfbares Mitbeurteilungsrecht des Betriebsrats, das dazu beitragen soll, dass bezüglich Ein- und Umgruppierung zutreffende Ergebnisse erzielt werden.[1131] Der Betriebsrat hat in Bezug auf die Entgeltgruppe weder ein Initiativrecht noch Regelungskompetenzen im Rahmen einer Einigungsstelle.[1132] Es dient der Kontrolle und Mitbeurteilung der einheitlichen und gleichmäßigen Anwendung des Vergütungsschemas.[1133] Die Aufrechterhaltung der Mitbestimmungsrechte während eines Arbeitskampfes zu diesen Maßnahmen ist nicht in der Lage, eine beabsichtigte Kampfmaßnahme des Arbeitgebers vorübergehend zu verhindern und auf diesen zusätzlichen Druck auszuüben. Dies gilt insbesondere vor dem Hintergrund, dass es sich bei diesen Maßnahmen nur um bloßen Normenvollzug handelt.[1134] Die fehlerhafte Eingruppierung oder Umgruppierung eines Streikbrechers beeinflusst den Arbeitskampf nicht zulasten oder zugunsten einer der Tarifparteien.[1135] Der Betriebsrat ist nur in der Lage, die richtige Anwendung des kollektiven Entgeltschemas zu überprüfen.[1136]

Der Ansatz der Rechtsprechung führt hier zu keiner Einschränkung des Mitbestimmungsrechts des Betriebsrats.[1137] Es liegen schon die Grundvoraussetzungen nicht vor. Eingruppierungen und Umgruppierungen stellen keine Streikabwehrmaßnahme dar. Der Arbeitgeber kann mit diesen Maßnahmen weder zusätzliche Streikbrecher einsetzen noch anderweitig die Produktion bzw. den betrieblichen Ablauf aufrechterhalten. Daher behält der Betriebsrat trotz Arbeitskampf weiterhin sein Zustimmungsverweigerungsrecht nach § 99 Abs. 2 BetrVG. Auch das BAG nennt in ständiger Rechtsprechung als personelle Maßnahmen, die einer Suspendierung im Arbeitskampf unterliegen, nur

---

1130 *Hässler*, Beteiligungsrechte, S. 140.

1131 BAG, Beschl. v. 28.04.2009 – 1 ABR 97/07, NZA 2009, 1102; *Wulff*, AiB 2013, 156.

1132 *Wulff*, AiB 2013, 156.

1133 BAG, Beschl. v. 28.04.2009 – 1 ABR 97/07, NZA 2009, 1102; *Wulff*, AiB 2013, 156.

1134 GK-BetrVG/*Raab*, BetrVG, § 99 Rn. 22; *Fitting*, BetrVG, § 99 Rn. 26.

1135 *Wulff*, AiB 2013, 156 f.

1136 *Wulff*, AiB 2013, 156 f.

1137 So auch GK-BetrVG/*Raab*, BetrVG, § 99 Rn. 22; HWK/*Ricken*, BetrVG, § 99 Rn. 11.

Einstellungen, Versetzungen und Kündigungen, ohne sich bezüglich Eingruppierungen und Umgruppierungen zu äußern.[1138]

Wenn der Arbeitgeber indes, unabhängig von der Versetzung, den nicht am Streik teilnehmenden Arbeitnehmern zur Motivation eine Höhergruppierung mit entsprechend höherem Lohn versprechen würde, wäre die Maßnahme wie bei der Streikbruchprämie eine reine Arbeitskampfmaßnahme und von der Mitbestimmung befreit, auch wenn sich die Mitbestimmung wegen der bloßen Mitbeurteilungskompetenz nicht unmittelbar auf das Streikgeschehen auswirken würde. Ein solches Versprechen wäre jedoch in der Praxis unrealistisch. Aufgrund der finanziell höheren Belastung könnte der Arbeitgeber stattdessen dem Streik nachgeben.

### *d) Unterrichtungs- und Auskunftspflicht*

Die Unterrichtungs- und Auskunftspflicht des Arbeitgebers nach § 80 Abs. 2 S. 1 BetrVG im Zusammenhang mit personellen Einzelmaßnahmen nach § 99 Abs. 1 BetrVG unterliegt im Gegensatz zum Zustimmungsrecht des Betriebsrats keiner arbeitskampfkonformen Einschränkung.[1139] Der Arbeitgeber muss auch im Arbeitskampf dem Betriebsrat rechtzeitig vor Durchführung der kampfbedingten personellen Maßnahme mitteilen, welche Arbeitnehmer er vorübergehend zur Streikabwehr einsetzen will und ihm alle nötigen Informationen zukommen lassen.[1140] Diese Verpflichtung tangiert nicht seine Kampfabwehr, denn er kann die Einstellung oder Versetzung arbeitswilliger Arbeitnehmer unabhängig vom positiven Votum des Betriebsrats vornehmen, ohne das gerichtliche Ersetzungsverfahren zu beantragen.[1141] Der mit der Informationspflicht verbundene Aufwand bleibt geringfügig und ist nicht geeignet, die Kampfparität zu beeinträchtigen.[1142]

---

1138 Vgl. BAG, Beschl. v. 10.12.2002 – 1 ABR 7/02, NZA 2004, 223; Beschl. v. 13.12.2011 – 1 ABR 2/10, NZA 2012, 571.

1139 BAG, Beschl. v. 10.12.2002 – 1 ABR 7/02, NZA 2004, 223; Beschl. v. 13.12.2011 – 1 ABR 2/10, NZA 2012, 571; LAG Köln, Beschl. v. 22.06.1992 – 14 Ta BV 17/92, DB 1993, 838 f.; LAG Hessen, Beschl. v. 10.03.2011 – 9 TaBV 173/10, BeckRS 2011, 78201; LAG Rheinland-Pfalz, Beschl. v. 21.03.2013 – 10 TaBV 41/12, NZA-RR 2013, 291; GK-BetrVG/*Raab*, BetrVG, § 99 Rn. 22; a.A.: *Kissel*, Arbeitskampfrecht, § 36 Rn. 66.

1140 BAG, Beschl. v. 13.12.2011 – 1 ABR 2/10, NZA 2012, 571.

1141 BAG, Beschl. v. 13.12.2011 – 1 ABR 2/10, NZA 2012, 571.

1142 Vgl. hierzu auch die Ausführungen zum allgemeinen Unterrichtungsrecht während eines Arbeitskampfes unter 3. Kap. C. I.

### *e) Auswirkungen des Einsatzes von Leiharbeitnehmern*

Fraglich ist, ob das Mitbestimmungsrecht nach § 99 Abs. 1 BetrVG beim streikbedingten Einsatz von Leiharbeitnehmern als Streikbrecher, um den Produktionsausfall zu verringern, ebenso paritätsrelevant erscheint wie beim Einsatz eigener Mitarbeitern. Der Arbeitgeber konnte lange Zeit versuchen, den Betrieb durch den Einsatz von Leiharbeitnehmern fortzuführen und die Streikfolgen zu verringern.[1143] Dabei kam für ihn entweder in Betracht neue Leiharbeitnehmer während des Streiks einzustellen oder bereits im Betrieb bzw. einem Betrieb des Unternehmens arbeitende Leiharbeitnehmer zu versetzen. Dem Arbeitgeber kam bei der Entscheidung, ob er eigene Mitarbeiter oder fremde Leiharbeitnehmer einsetzen möchte, ein unantastbarer Entscheidungsspielraum zu.[1144] Er hatte ein legitimes Interesse daran, sich für eigene Arbeitnehmer zu entscheiden, deren Zuverlässigkeit er für den Streikeinsatz besser beurteilen konnte.[1145] Dem hat der Gesetzgeber einen Riegel vorgeschoben. Seit der Gesetzesänderung im Jahre 2017[1146] ist nach § 11 Abs. 5 S. 1 AÜG ausdrücklich der Einsatz von Leiharbeitnehmern zu Streikzwecken verboten und wird gem. § 16 AÜG mit einer Geldbuße geahndet.[1147] Danach ist der Entleiher nicht mehr befugt, Leiharbeitnehmer einzusetzen, wenn sein Betrieb unmittelbar durch einen Arbeitskampf betroffen ist. Ausgenommen sind Leiharbeitnehmer, die keine Tätigkeiten von Streikenden übernehmen oder bereits im Betrieb tätig waren und ihre Arbeit während des Streiks fortsetzen.[1148] Darüber hinaus steht den Leiharbeitnehmern ein persönliches Leistungsverweigerungsrecht dahingehend zu, dass sie nicht verpflichtet sind, bei einem unmittelbar von einem Arbeitskampf betroffenen Arbeitgeber überhaupt tätig zu werden, § 11 Abs. 5 S. 3 AÜG. Sie können also auch eine Tätigkeit, welche nicht kampfbedingt ausgefallen ist, verweigern. Diese gesetzliche Bestimmung ist im Schrifttum mit Blick auf das Kräfteverhältnis[1149] der Tarifvertragsparteien, der Koalitionsfreiheit nach Art. 9 Abs. 3 GG und der unternehmerischen Freiheit nach Art. 14, 12 GG hinsichtlich der Verfassungsmäßigkeit auf erhebliche Kritik gestoßen.[1150] Auch angesichts der großzügigen

---

1143 BAG, Beschl. v. 13.12.2011 – 1 ABR 2/10, NZA 2012, 571.

1144 BAG, Beschl. v. 13.12.2011 – 1 ABR 2/10, NZA 2012, 571.

1145 BAG, Beschl. v. 13.12.2011 – 1 ABR 2/10, NZA 2012, 571.

1146 BT-Drucks. 18/9232.

1147 MHdB ArbR/*Schüren*, § 145 Rn. 164; *Meyer*, RdA 2018, 380.

1148 BT-Drucks. 18/9232, S. 28; MHdB ArbR/*Ricken*, § 275 Rn. 7.

1149 *Bauer/Haußmann*, NZA 2016, 803, 805.

1150 MHdB ArbR/*Ricken*, § 275 Rn. 7 m.w.N.; *Bauer/Haußmann*, NZA 2016, 803, 805; ErfK/*Wank*, AÜG, 21. Aufl., § 11 Rn. 21; *Franzen*, RdA 2015, 141, 150; *Lembke*, NZA

Rechtsprechung des BAG zu Unterstützungsstreik und Flashmob werden auf der einen Seite die Kampfmittel für die Gewerkschaften erweitert, hingegen auf der Arbeitgeberseite diesem essenzielle Abwehrmöglichkeiten genommen.[1151] Das BVerfG stellte allerdings in einem Nichtannahmebeschluss vom 19.06.2020[1152] klar, dass die Einwände nicht begründet sind. Die Vorschrift verstoße nicht gegen Art. 9 Abs. 3 GG und sei verhältnismäßig im engeren Sinne. Sie beeinträchtige auch nicht die Kampfmittelparität des Arbeitgebers. Im Gegenteil, sie diene dazu, die Kampfmittelparität wiederherzustellen, da ohne das Verbot der „Streik an Durchsetzungskraft verliere", denn der Arbeitgeber könne die Folgen des Streiks durch Fremdpersonaleinsatz „nahezu folgenlos" abfangen. Insofern führe der Einsatz von Leiharbeitnehmern zu erheblichen Kräfteverschiebungen zulasten der Gewerkschaft.

In diesem Zusammenhang stellt sich die Frage, wie sich der gesetzeswidrige Einsatz von Leiharbeitnehmern im Arbeitskampf auf das Mitbestimmungsrecht nach § 99 Abs. 1 BetrVG auswirkt. Der Einsatz von Leiharbeitnehmern unterliegt grundsätzlich nach § 14 Abs. 3 S. 1 AÜG der Mitbestimmung. Dabei ist dem Betriebsrat nach § 14 Abs. 3 S. 2 AÜG auch die schriftliche Erklärung des Verleihers bezüglich der Erlaubnis vorzulegen. Darüber hinaus ist der Arbeitgeber weiterhin zur Information nach §§ 80 Abs. 2 i.V.m. 99 Abs. 1 BetrVG verpflichtet. Ein Verstoß gegen das Leiharbeitsverbot begründet zwar grundsätzlich ein Zustimmungsverweigerungsrecht nach § 99 Abs. 2 Nr. 1 BetrVG.[1153] Dieses kann aber aufgrund der arbeitskampfkonformen Auslegung auch hier nicht uneingeschränkt bestehen bleiben.[1154] Ungeachtet des Leiharbeitsverbots entfällt nämlich das Mitbestimmungsrecht, wenn es sonst die vom Arbeitgeber streikbedingt vorgenommenen Arbeitskampfmaßnahmen zumindest vorübergehend verhindern würde. An dieser Stelle kann es keinen Unterschied machen, ob ein Zustimmungsverweigerungsgrund aufgrund von Nachteilen für die Belegschaft besteht oder aufgrund eines Verstoßes gegen das AÜG, das dem Schutz der Leiharbeiter dient. Im Vordergrund stehen hierbei die Kampfparität der Tarifvertragsparteien und die arbeitskampfrechtliche Argumentation. Es darf auch nicht

---

2017, 1, 11; *Thüsing*, NZA 2014, 10, 11; *Ubber/Löw*, BB 2015, 3125 ff.; *Wank*, RdA 2017, 100, 114; a.A.: *Deinert*, RdA 2017, 65, 78 f.

1151 ErfK/*Wank*, AÜG, 21. Aufl., § 11 Rn. 21; MHdB ArbR/*Ricken*, § 275 Rn. 8.

1152 BVerfG, Beschl. v. 19.06.2020 – 1 BvR 842/17, NZA 2020, 1186.

1153 BeckOK ArbR/*Motz*, AÜG, § 14 Rn. 41; *Lembke*, NZA 2017, 1, 11.

1154 GK-BetrVG/*Raab*, BetrVG, § 99 Rn. 23; Richardi BetrVG/*Maschmann*, BetrVG, § 74 Rn. 42; Schüren/Hamann/*Schüren*, AÜG, § 11 Rn. 168.

unberücksichtigt bleiben, dass das Leiharbeitsverbot nicht folgenlos umgangen werden kann. Denn der Verstoß wird unabhängig von der Überwachungsaufgabe des Betriebsrats mit einer sehr hohen Geldbuße von bis zu 500.000 Euro geahndet. Der Arbeitgeber wird dieses Risiko nicht eingehen wollen. Insofern würde der Verstoß nicht folgenlos bleiben. Die Konsequenz für die Durchführung einer personellen Maßnahme während eines Arbeitskampfes ohne Zustimmung des Betriebsrats wäre gem. § 101 BetrVG mit einem Höchstmaß des Zwangsgeldes von 250 Euro für jeden Tag der Zuwiderhandlung sogar viel milder als bei einem Verstoß gegen das AÜG. Daher wird ein Arbeitgeber einen Verstoß gegen das AÜG nicht riskieren wollen, auch wenn er dadurch zugleich die wirtschaftlichen Folgen durch den Streik abmildert. Zudem ist der Einsatz von Leiharbeitnehmern in Arbeitskämpfen nicht gänzlich verboten, sondern nur nach Maßgabe des § 11 Abs. 5 AÜG und im Rahmen erlaubnispflichtiger Arbeitnehmerüberlassung.[1155] Daher würde auch bei nicht offensichtlichen Fällen und bei der unberechtigten Annahme eines Zustimmungsverweigerungsrechts seitens des Betriebsrats die beabsichtigte Maßnahme des Arbeitgebers aufgrund des einzuhaltenden Zustimmungsersetzungsverfahrens verhindert. Dies würde in allen Angelegenheiten von Leiharbeitnehmern die Kampfparität des Arbeitgebers beeinträchtigen bzw. ein ganz erhebliches Risiko schaffen, da für die Ausübung der Zustimmungsverweigerung bereits die Möglichkeit des Vorliegens des Verweigerungsrundes ausreichen würde.[1156] Daher bleibt es auch bei Fragen, in denen es um einen Verstoß gegen das Leiharbeitsverbot nach § 11 Abs. 5 S. 1 BetrVG geht, während eines Arbeitskampfes – um jegliches Risiko der Paritätsbeeinträchtigung zu vermeiden – bei der Mitbestimmungsfreiheit.[1157]

Den wenigen Stimmen in der Literatur[1158], die eine andere Ansicht hierzu vertreten, ist zu widersprechen. Sie führen nämlich weder stichhaltige Argumente an, noch setzen sie sich mit der arbeitskampfkonformen Einschränkung auseinander. Lediglich mit der Kompetenz des Betriebsrats zur Einhaltung des gesetzlichen Verbots zu argumentieren, genügt nicht. *Berg*[1159] führt hierzu aus,

---

1155 GK-BetrVG/*Raab*, BetrVG, § 99 Rn. 23; *Meyer*, RdA 2018, 380; vgl. hierzu auch *Boemke*, ZfA 2017, 1, 14.

1156 BAG, Urt. v. 26.01.1988 – 1 AZR 531/86, NZA 1988, 476; Beschl. v. 13.05.2014 – 1 ABR 9/12, NZA-RR 2015, 23; GK-BetrVG/*Raab*, BetrVG, § 99 Rn. 23.

1157 GK-BetrVG/*Raab*, BetrVG, § 99 Rn. 23; Schüren/Hamann/*Schüren*, AÜG, § 11 Rn. 168.

1158 *Berg*, ArbuR 2020, 450, 456; *Fitting*, BetrVG, § 99 Rn. 189m; *Lembke*, NZA 2017, 1, 11; *Wank*, RdA 2017, 100, 114.

1159 *Berg*, AiB 2019, 41, 43; *Berg*, ArbuR 2020, 450, 456; DKW/*Berg*, BetrVG, § 74 Rn. 38.

dass die Einstellung gerade wegen ihrer Arbeitskampfbedingtheit rechtswidrig sei und daher nicht die ernsthafte Gefahr bestehen könne, dass der Betriebsrat eine dem Arbeitgeber sonst mögliche Arbeitskampfmaßnahme verhindern werde. Ferner dürfe die Kontrolle durch den Betriebsrat nicht ausgeschaltet werden, da auch mit dem Leistungsverweigerungsrecht für die Leiharbeitnehmer viele Nachteile und Risiken verbunden seien.[1160] Angeführt wird auch, dass die Zustimmungsverweigerung in diesem Fall bereits keine Paritätsrelevanz habe, da der Einsatz gerade gesetzlich verboten sei.[1161]

Da in der Praxis die Fälle nicht immer eindeutig erscheinen, könnte dadurch allerdings das Zustimmungsverweigerungsrecht durch den Betriebsrat missbraucht werden. Dieser soll sich aber gar nicht in das Kampfgeschehen einmischen. Den Verstoß könnte stattdessen die Gewerkschaft als Tarifvertragspartei selbst bei der Aufsichtsbehörde melden. Alternativ könnte sie gerichtlich einen Unterlassungsanspruch analog §§ 1004 Abs. 1, 823 Abs. 1 BGB i.V.m. Art. 9 Abs. 3 GG geltend machen.[1162] Insofern wird die Gewerkschaft nichts unversucht lassen, um dagegen vorzugehen. Das Mitbestimmungsrecht muss auch an dieser Stelle zugunsten der Gewährleistung der Kampfparität zwischen den Tarifvertragsparteien weichen. Die ständige Rechtsprechung hierzu zeigt, dass der Betriebsrat während eines Arbeitskampfes nur bei nicht kampfbedingten Maßnahmen mitzubestimmen hat. Daraus kann abgeleitet werden, dass bei streikbedingten Anordnungen, die möglicherweise nachteilig für die Arbeitnehmer sein können, der Betriebsrat insgesamt nicht intervenieren soll.

### *f) Nachholen der Mitbestimmungsrechte*

Nach der vorstehenden Untersuchung kommt eine arbeitskampfkonforme Einschränkung der Mitbestimmungsrechte nur während des Arbeitskampfes in Betracht. Wenn der Arbeitskampf beendet ist, bestehen die arbeitskampfrechtliche Situation und die Beeinträchtigung der Chancengleichheit nicht mehr fort. In der Rechtsprechung ungeklärt ist jedoch die Frage, ob die während des Arbeitskampfes eingeschränkten Mitbestimmungsrechte nach dem Ende des Arbeitskampfes nachgeholt werden müssen, wenn sie über die Dauer des Arbeitskampfes hinauswirken.

1160 *Berg*, ArbuR 2020, 450, 456.

1161 GK-BetrVG/*Raab*, BetrVG, § 99 Rn. 23.

1162 *Hamann*, jurisPR-ArbR 14/2019 Anm. 1; *Klein/Leist*, AuR 2017, 100, 105; Schüren/Hamann/*Schüren*, AÜG, § 11 Rn. 168.

In der Literatur haben sich hierzu verschiedene Ansichten gebildet. Einige Stimmen vertreten die Meinung[1163], die Mitbestimmungsrechte seien nur für die Dauer des Arbeitskampfes eingeschränkt und generell nachträglich durchzuführen, wenn die angeordneten Kampfmaßnahmen über den Arbeitskampf hinauswirken bzw. nach der Beendigung weitergeführt werden sollen. Soweit sich die Maßnahme immer wieder aktualisiere und der Zweck der Beteiligung nicht weggefallen sei, bedürfe es einer Mitbestimmung.[1164] Dies gelte auch, wenn während der Tarifauseinandersetzung der Streik nur ausgesetzt werde.[1165] Die Einschränkung einer aufrechterhaltenen Maßnahme könne nicht durch Art. 9 Abs. 3 GG legitimiert werden.[1166] Würden beispielsweise eine arbeitskampfbedingt angeordnete personelle Maßnahme oder Mehrarbeit über das Ende des Arbeitskampfes hinaus aufrechterhalten, müsse die Beteiligung unverzüglich nachgeholt werden.[1167] Anders sei es, wenn die Maßnahme sich weiterhin arbeitskampfrelevant auswirke.[1168] Insbesondere *Herbst*[1169] kritisiert, dass dem Arbeitgeber so ermöglicht werde unter dem Deckmantel des Arbeitskampfes Entscheidungen mit Dauerwirkung ohne Rücksicht auf den Arbeitnehmerschutz zu treffen. Dieser Auffassung nach müssten die Kampfmaßnahmen auf die Dauer des Arbeitskampfes beschränkt werden, damit die Mitbestimmung an diesen Maßnahmen nicht nachgeholt werden muss.

Überdies hat sich speziell für den Bereich der Mitbestimmung bei personellen Einzelmaßnahmen gem. § 99 BetrVG hierzu eine Diskussion gebildet. Die Mehrheit im Schrifttum[1170] spricht sich auch hier für eine Nachholung der

---

1163 DKW/*Berg*, BetrVG, § 74 Rn. 38b in personellen und sozialen Angelegenheiten; DKW/*Bachner*, BetrVG, § 99 Rn. 26; *Fitting*, BetrVG, § 74 Rn. 23; *Herbst*, AiB 1987, 4, 9; *Löwisch*, JuS 1973, 571, 573; *Mayer-Maly*, BB 1979, 1305, 1312, unter Bezugnahme auf *Galperin/Löwisch*, BetrVG, § 74 Rn. 13a im Bereich der personellen Einzelmaßnahmen; MHdB ArbR/*Boemke*, § 288 Rn. 19; MAH ArbR/*Ludwig/Kemna*, § 60 Rn. 16; Richardi BetrVG/*Maschmann*, BetrVG, § 74 Rn. 38; *Sura*, NZA-RR 2018, 551, 555; *Galperin/Löwisch*, BetrVG, § 74 Rn. 13c bezüglich Beteiligung in wirtschaftlichen Angelegenheiten und bei Betriebsänderungen.

1164 *Klocke*, AuR 2020, 444, 448.

1165 *Berg*, AiB 2019, 41, 43.

1166 *Klocke*, AuR 2020, 444, 448.

1167 DKW/*Berg*, BetrVG, § 74 Rn. 38b.

1168 *Mayer-Maly*, BB 1979, 1305, 1312.

1169 *Herbst*, AiB 1987, 4, 9.

1170 *Bieback/Mayer*, AuR 1982, 169, 177; *Blanke*, AiB 1993, 220, 221; Däubler/*Dette*, Arbeitskampfrecht, § 19 Rn. 154; DKW/*Bachner*, BetrVG, § 99 Rn. 26; *Fitting*, BetrVG, § 99 Rn. 28; *Galperin/Löwisch*, BetrVG, § 74 Rn. 13a; *Herbst*, AiB 1987, 4,

Mitbestimmungsrechte bei Aufrechterhaltung der Kampfmaßnahme aus. Der Grundsatz der Kampfparität könne für die Zeit nach Beendigung nicht herangezogen werden. Arbeitskampfbedingte Einstellungen und Versetzungen, die für die Dauer des Arbeitskampfes mitbestimmungsfrei waren, müssten bei Aufrechterhaltung nach Beendigung nachgeholt werden. Mögliche Widerspruchsgründe könnten sich bei einer Nachholung indes nur auf die Zeit nach dem Ende des Arbeitskampfes beziehen.[1171] Dies könnte einen Weg darstellen, um die Kampffähigkeit während der Zeit des Arbeitskampfes nicht zu tangieren. Um Nachteile daraus für Arbeitnehmer zu vermeiden, führt *Thüsing*[1172] korrigierend aus, dem Betriebsrat stehe bei Einstellungen oder Versetzungen kein Zustimmungsverweigerungsrecht nach § 99 Abs. 2 Nr. 3 BetrVG zu, soweit es sich um den Arbeitsplatzverlust oder sonstige Nachteile handle, die für streikende oder ausgesperrte Arbeitnehmer durch den Arbeitskampf eingetreten sind. Ähnlich argumentiert *Lunk*[1173] , nach dessen Ansicht zwar die tatbestandlichen Voraussetzungen für eine nachträgliche Beteiligung nicht vorliegen, nach dem Sinn und Zweck der Beteiligung die Zustimmung aber insofern nachträglich eingeholt werden müsse, als dass Verweigerungsgründe sich nur auf die Zeit nach dem Arbeitskampf beziehen dürfen. Nach Auffassung von *Kissel*[1174] bestehe bei der Einstellung von Arbeitnehmern die Gefahr, dass der Arbeitgeber durch längerfristige Personalplanung während des Arbeitskampfes die Mitbestimmungsrechte missbräuchlich umgehen könnte.

Andere Stimmen im Schrifttum[1175] lehnen wiederum ein solches Aufleben von während des Arbeitskampfes eingeschränkten Mitbestimmungsrechten ab. *Ricken*[1176] ist der Auffassung, die Ansicht gefährde die Kampfparität. Der Arbeitgeber sei gezwungen arbeitskampfbezogene personelle Einzelmaßnahmen genau auf die Dauer des Arbeitskampfes zu terminieren, wenn er nicht nach

---

7; *Kissel*, Arbeitskampfrecht, § 36 Rn. 67, 71; Richardi BetrVG/*Thüsing*, BetrVG, § 99 Rn. 25; *Richardi*, FS der deutschen Richterakademie, S. 111, 124, Fn. 49.

1171 DKW/*Bachner*, BetrVG, § 99 Rn. 26.

1172 Richardi BetrVG/*Thüsing*, BetrVG, § 99 Rn. 25.

1173 MHdB ArbR/*Lunk*, § 340 Rn. 92.

1174 *Kissel*, Arbeitskampfrecht, § 36 Rn. 67; so auch *Fitting*, BetrVG, § 99 Rn. 28.

1175 *Gamillscheg*, Kollektives Arbeitsrecht, Bd. I, S. 1279, verlangt aber Nachholung der Unterrichtung bei wirtschaftlicher Mitbestimmung; GK-BetrVG/*Raab*, BetrVG, § 99 Rn. 24; *Heinze*, Personalplanung, Rn. 437 ff.; *Heinze*, DB 1982, Beil. 23, 1, 17; *Kraft*, FS Müller, S. 265, 283 f.; MHdB ArbR/*Ricken*, § 276 Rn. 55; *Walenta*, NZA 2021, 1762, 1763.

1176 MHdB ArbR/*Ricken*, § 276 Rn. 55; HWK/*Ricken*, BetrVG, § 99 Rn. 12.

dem Arbeitskampf um die Zustimmung mit dem Betriebsrat streiten möchte. Hinsichtlich des Tatbestandes fehle es für eine nachträgliche Zustimmung gem. § 99 Abs. 1 S. 2 BetrVG bereits an der Voraussetzung der *„geplanten Maßnahme“*, da sie bereits zulässigerweise durchgeführt wurde.[1177] Zudem sei bereits nach Fristablauf gem. § 99 Abs. 3 BetrVG die Zustimmungsfiktion mit allen vorgesehenen Folgen eingetreten, sodass schon begrifflich nichts aufleben könne.[1178] Insofern bleibe eine einmal mitbestimmungsfrei durchgeführte personelle Einzelmaßnahme auch nach Beendigung mitbestimmungsfrei.[1179]

Die Möglichkeit einer Nachholung kommt nach Auffassung von *Kraft*[1180] nur bei Einstellungen, Kündigungen und Betriebsänderungen in Betracht, da soziale Angelegenheiten und die Versetzung ohnehin für eine mitbestimmungsfreie Durchführung auf die Dauer des Arbeitskampfes beschränkt werden müssten. Auch hinsichtlich der theoretisch möglichen Fälle lehnt er jedoch ein nachträgliches Aufleben ab. Mit Blick auf die Arbeitnehmerinteressen sei es nicht vertretbar, dass der ordnungsgemäß eingestellte Arbeitnehmer nachträglich mangels Zustimmung des Betriebsrats seinen Job verliert. Auch bei der Kündigung sei eine nachträgliche Anhörung zwecklos.

Tatsächlich sprechen die besseren Argumente gegen eine Nachholung der Mitbestimmungsrechte. Dafür spricht auch die überaus großzügige und ständige Rechtsprechung des BAG zugunsten der Arbeitskampffreiheit und der Kampfparität. Das BAG hatte bisher des Öfteren in seinen Entscheidungen die Gelegenheit in dieser Frage für Klarheit zu sorgen, hat sich allerdings darauf beschränkt, die Anordnung und Durchführung von Maßnahmen während eines stattfindenden Arbeitskampfes zu problematisieren. Danach sind solche kampfbedingten Anordnungen und Maßnahmen mitbestimmungsfrei. Eine Verpflichtung nachträglich die Zustimmung des Betriebsrats einzuholen, würde dieser Rechtsprechung und den eigentlichen Zweckrichtungen der Beteiligungsrechte widersprechen. Nach dem konkretisierten Ansatz zur Einschränkung von Mitbestimmungsrechten darf die Maßnahme gerade nicht vorübergehend verhindert und dadurch Druck auf den Arbeitgeber ausgeübt werden. Ein Aufleben würde allerdings genau das bewirken, zwar nicht bei der Anordnung der Maßnahme, aber bei Beendigung des Arbeitskampfes. Die nachteilige Wirkung würde einfach später eintreten und der Gewerkschaft einen Vorteil verschaffen. Denn der

---

1177 MHdB ArbR/*Ricken*, § 276 Rn. 55; *Heinze*, DB 1982, Beil. 23, 1, 17.

1178 *Heinze*, DB 1982, Beil. 23, 1, 17.

1179 So auch GK-BetrVG/*Raab*, BetrVG, § 99 Rn. 24; *Walenta*, NZA 2021, 1762, 1763.

1180 *Kraft*, FS Müller, S. 265, 283 f.

Arbeitgeber müsste sich bei Anordnung von nicht auf den Streik befristeten Maßnahmen schon Gedanken darüber machen, dass er im Anschluss mit dem Betriebsrat dazu streiten und im Zweifel die Maßnahme aufheben muss. Insofern könnte sich die Frage stellen, ob die nur kurzfristige Gegenmaßnahme in der Lage ist, überhaupt ihren Abwehrzweck zu erfüllen. Auch mit Blick darauf, dass es dem Arbeitgeber ohnehin nie möglich sein wird, durch organisatorische Gegenmaßnahmen vollständig den wirtschaftlichen Nachteil in der Produktion bzw. im Betrieb auszugleichen, würde so der Effekt seiner Abwehrmaßnahme weiter geschwächt. Die Gewerkschaft hätte so von Anfang an höhere Chancen, ihre Ziele durchzusetzen. Zudem ist der Abschluss von unbefristeten Einstellungen als Reaktion auf einen Arbeitskampf anerkannt.

Darüber hinaus muss es dem Arbeitgeber möglich sein, die Auswirkungen durch bereits im Streik angeordnete Arbeiten weiterhin zu kompensieren. Soziale Maßnahmen wie Kurzarbeit und Mehrarbeit sowie personelle Maßnahmen kann der Arbeitgeber in der Regel ohnehin nicht ewig nach dem Streik aufrechterhalten. Dagegen könnten bereits die arbeitsvertraglichen und gesetzlichen Bedingungen sprechen. Bei vertraglichen oder gesetzlichen Verstößen könnte man dagegen gesondert vorgehen. Lediglich neue Anordnungen zwecks Streikfolgenkompensation kann der Arbeitgeber nicht nach Ende des Streiks treffen. Diese Rechtsprechung indiziert bereits, dass die während des Streiks getroffenen Anordnungen auch nach dem Streik unberührt bleiben.

### 3. *Anhörungsrecht, § 102 BetrVG*

Weiterhin ist es dem Arbeitgeber auch möglich, als arbeitskampfbezogene Abwehrreaktion auf streikbedingte Arbeitsniederlegungen statt kollektivrechtlich Aussperrungen auszusprechen auf individualrechtlichem Wege mit Kampfkündigungen vorzugehen.[1181] Denn die Teilnahme an einem rechtswidrigen Streik stellt einen Arbeitsvertragsbruch dar und kann den Arbeitgeber zur ordentlichen oder außerordentlichen Kündigung berechtigen.[1182] Gleichwohl sind die Umstände des Einzelfalles zu beachten und bei der Entscheidung die

1181 BAG, Beschl. v. 21.04.1971 – GS 1/68, AP GG Art. 9 Arbeitskampf Nr. 43; Urt. v. 26.10.1971 – 1 AZR 113/68, AP GG Art. 9 Arbeitskampf Nr. 44; Urt. v. 14.02.1978 – 1 AZR 76/76, AP GG Art. 9 Arbeitskampf Nr. 58; APS/*Moll*, KSchG, § 25 Rn. 5; a.A.: *Bieback*, RdA 1978, 82, 95.

1182 BAG, Beschl. v. 21.04.1971 – GS 1/68, AP GG Art. 9 Arbeitskampf Nr. 43; Urt. v. 29.11.1983 – 1 AZR 469/82, AP BGB § 626 Nr. 78.

Interessen der Parteien vollständig gegeneinander abzuwägen.[1183] Berücksichtigt werden muss auch die Erkennbarkeit der Rechtswidrigkeit des Streiks.[1184] Der Betriebsrat ist grundsätzlich vor jeder Kündigung gem. § 102 Abs. 1 BetrVG zu hören. Eine ohne Anhörung des Betriebsrats ausgesprochene Kündigung ist gem. § 102 Abs. 1 S. 3 BetrVG unwirksam, sodass das Anhörungsverfahren zwingend durchzuführen ist.[1185] Dazu ist dem Betriebsrat die Gelegenheit zu geben, bei einer ordentlichen Kündigung innerhalb einer Woche und bei einer außerordentlichen Kündigung innerhalb von drei Tagen seine Bedenken mitzuteilen und Stellung zu nehmen. Erst nach erfolgter Stellungnahme oder bei Nichtäußerung nach Ablauf der genannten Fristen für die Zustimmungsfiktion, ist der Arbeitgeber berechtigt, die Kündigung auszusprechen.[1186] Zudem steht dem Betriebsrat bei ordentlichen Kündigungen ein Widerspruchsrecht nach § 102 Abs. 3 BetrVG zu.

Es stellt sich jedoch die Frage, ob das Anhörungsrecht während eines Arbeitskampfes einzuschränken ist.

### *a) Kampfkündigung*

Wenn der Arbeitgeber als Abwehrmaßnahme wegen Beteiligung an einem rechtswidrigen Streik – von der Gewerkschaft geführte rechtswidrige und von der Arbeitnehmerschaft ohne Gewerkschaft geführte wilde Streiks[1187] – gegenüber einem Arbeitnehmer eine Kündigung erklärt, handelt es sich dabei um eine Kampfkündigung.[1188] Diese kommt überwiegend bei wilden Streiks oder Streikexzessen zum Einsatz.[1189] Als rechtswidrig zu qualifizieren sind auch politisch motivierte Arbeitskämpfe oder kollektive Krankmeldungen.[1190] Inwiefern

1183 BAG, Beschl. v. 21.04.1971 – GS 1/68, AP GG Art. 9 Arbeitskampf Nr. 43; Urt. v. 29.11.1983 – 1 AZR 469/82, AP BGB § 626 Nr. 78.

1184 Urt. v. 29.11.1983 – 1 AZR 469/82, AP BGB § 626 Nr. 78.

1185 BAG, Urt. v. 23.10.2014 – 2 AZR 736/13, NZA 2015, 476; *Bader*, NZA-RR 2015, 505, 506.

1186 BAG, Urt. v. 23.10.2014 – 2 AZR 736/13, NZA 2015, 476.

1187 BAG, Beschl. v. 21.04.1971 – GS 1/68, AP GG Art. 9 Arbeitskampf Nr. 43; Urt. v. 29.11.1983 – 1 AZR 469/82, NZA 1984, 34.

1188 Richardi BetrVG/*Maschmann*, BetrVG, § 74 Rn. 37; APS/*Koch*, BetrVG, § 102 Rn. 15.

1189 APS/*Koch*, BetrVG, § 102 Rn. 15.

1190 Linck/Krause/*Bayreuther*, KSchG, § 25 Rn. 4; *Beckerle/Stolzenberg*, NZA 2016, 1313 ff.

das Mitbestimmungsrecht im Arbeitskampf eingeschränkt ist, ist weiterhin umstritten.[1191]

An dieser Stelle ist zu untersuchen, ob der Ansatz der Rechtsprechung zu einer arbeitskampfkonformen Auslegung führt und tatsächlich eine Paritätsbeeinträchtigung vorliegt. Nach der Auffassung des BAG entfällt bei einer Kampfkündigung, die als außerordentliche Kündigung gegenüber einem Arbeitnehmer wegen der Teilnahme an einem rechtswidrigen Streik in einem unmittelbar kampfbetroffenen Betrieb erklärt wird, das Mitbestimmungsrecht in Form der Anhörung gem. § 102 BetrVG.[1192] Diese Auffassung vertrat das BAG in einer Entscheidung vom 14.02.1978[1193], in der es um die Teilnahme an einem nicht gewerkschaftlichen, wilden Streik ging. Die Teilnahme an einem rechtmäßigen oder rechtswidrigen Streik befreie nicht von der Einhaltung der arbeitsvertraglichen Pflichten.[1194] Das gelte unabhängig davon, ob der Betriebsrat selbst an dem wilden Streik teilgenommen habe. Das BAG begründet die Einschränkung des Anhörungsrechts im Wege einer arbeitskampfkonformen Auslegung mit der Konfrontations- und Überforderungssituation zwischen Arbeitnehmern und Arbeitgeber infolge von Arbeitskämpfen. Der Betriebsrat sei nämlich wegen der Konfrontation zwischen Arbeitgeber und Belegschaft infolge des Streiks zur Beteiligungsausübung bei Abwehrmaßnahmen des Arbeitgebers rechtlich gehindert und vom Neutralitätsgebot überfordert, eine Stellungnahme über außerordentliche Kündigungen aus Arbeitskampfgründen abzugeben.[1195] Das BAG stellte später ausdrücklich klar, dass eine objektive Überforderung, und keine subjektive, gemeint ist.[1196]

Der ständigen Rechtsprechung des BAG lässt sich nicht ausdrücklich entnehmen, ob der Ansatz der arbeitskampfkonformen Auslegung auf Grundlage der Kampfparität auch bei rechtswidrigen Streiks Anwendung findet. Die Einschränkung wird lediglich mit dem Konfrontations- und Überforderungsargument erläutert. Der Grundsatz der Chancengleichheit passt jedenfalls auf den ersten Blick nicht, da bei einem wilden Streik keine Gewerkschaft, die einen Tarifvertrag abschließen möchte, vorhanden ist. Insofern kann hier bereits das

1191 Vgl. GK-BetrVG/*Raab*, BetrVG, § 102 Rn. 17 f. m.w.N.

1192 BAG, Urt. v. 26.10.1971 – 1 AZR 113/68, AP GG Art. 9 Arbeitskampf Nr. 44; Urt. v. 14.02.1978 – 1 AZR 76/76, AP GG Art. 9 Arbeitskampf Nr. 58.

1193 BAG, Urt. v. 14.02.1978 – 1 AZR 76/76, AP GG Art. 9 Arbeitskampf Nr. 58.

1194 BAG, Urt. v. 14.02.1978 – 1 AZR 76/76, AP GG Art. 9 Arbeitskampf Nr. 58.

1195 So auch BAG, Beschl. v. 10.12.2002 – 1 ABR 7/02, NZA 2004, 223; Beschl. v. 13.12.2011 – 1 ABR 2/10, NZA 2012, 571.

1196 BAG, Beschl. v. 13.12.2011 – 1 ABR 2/10, NZA 2012, 571.

Kampfgleichgewicht zwischen den Tarifvertragsparteien nicht gestört werden. Es geht ausschließlich um das Verhältnis zwischen Arbeitgeber und der streikenden Arbeitnehmerschaft. Auf der anderen Seite ist der Arbeitgeber befugt, auch gegen einen rechtswidrigen Streik eine kollektivrechtliche Abwehraussperrung durchzuführen.[1197] Denn einem Missbrauch des Arbeitskampfes muss der Arbeitgeber entsprechend mit einer Kampfmaßnahme reagieren können.[1198] Zudem darf es keinen Unterschied machen, ob ein rechtswidriger Streik ohne Gewerkschaft oder mit Gewerkschaft vorliegt. Beide Formen sind nicht von der Tarifautonomie gedeckt. Daher muss der Arbeitgeber auch auf einen wilden Streik reagieren können und darf nicht in seiner Kampfabwehr und seiner Arbeitskampffreiheit beeinträchtigt werden. Darüber hinaus argumentierte das BAG in einer anderen Entscheidung[1199] zu einer Kampfkündigung mit der Waffengleichheit und der arbeitskampfkonformen Auslegung. In einer weiteren Entscheidung[1200] brachte es als obiter dictum zum Ausdruck, dass der Betriebsrat bei einem rechtswidrigen Streik durch seine Zustimmungsentscheidung entweder die Abwehrmaßnahme gegen den Streik ermöglichen oder diesen verhindern würde und nicht in der Lage wäre eine neutrale Entscheidung zu treffen. Insofern geht es auch bei rechtswidrigen Streiks darum, die Streikabwehrmaßnahmen nicht zu vereiteln und den Arbeitgeber in seiner Kampffreiheit nicht zu beeinträchtigen. Die Anwendbarkeit des Ansatzes lässt sich auch aus dem Aufbau der Entscheidungsgründe einer BAG-Entscheidung[1201] ableiten. Darin erläutert das BAG vorausgehend den Ansatz der arbeitskampfkonformen Auslegung, erklärt diesen auch bei personellen Maßnahmen für anwendbar und differenziert anschließend bei Kündigungsfällen, die sich bisher auf rechtswidrige Streiks bezogen, lediglich hinsichtlich der dogmatischen Grundlage. Somit findet der konkretisierte Ansatz für die Überprüfung der Paritätsrelevanz Anwendung.[1202]

1197 BAG, Beschl. v. 21.04.1971 – GS 1/68, AP GG Art. 9 Arbeitskampf Nr. 43; Urt. v. 14.02.1978 – 1 AZR 76/76, AP GG Art. 9 Arbeitskampf Nr. 58; ErfK/*Linsenmaier*, GG, Art. 9 Rn. 244.

1198 BAG, Beschl. v. 21.04.1971 – GS 1/68, AP GG Art. 9 Arbeitskampf Nr. 43.

1199 BAG, Urt. v. 14.02.1978 – 1 AZR 54/76, AP GG Art. 9 Arbeitskampf Nr. 57.

1200 BAG, Beschl. v. 24.04.1979 – 1 ABR 43/77, AP GG Art. 9 Arbeitskampf Nr. 63.

1201 BAG, Beschl. v. 10.12.2002 – 1 ABR 7/02, NZA 2004, 223.

1202 APS/*Koch*, BetrVG, § 102 Rn. 15; Gallner/Mestwerdt/Nägele/*Nägele*, BetrVG, § 102 Rn. 48.

Das Anhörungsrecht müsste danach einer Einschränkung unterliegen, wenn es die Kampffähigkeit des Arbeitgebers ernsthaft beeinträchtigt.[1203] Dies ist der Fall, wenn das Anhörungsrecht die Durchführung der Kampfkündigung zumindest vorübergehend hindert und auf diese Weise zusätzlicher Druck ausgeübt wird. Diese Anforderungen sind erfüllt, wenn das Anhörungsrecht die Rechtmäßigkeit des vom Arbeitgeber beabsichtigten Handelns – der Kampfkündigung – an die Einhaltung einer Frist oder ein positives Votum des Betriebsrats und ggf. dessen Ersetzung durch die Einigungsstelle knüpft. Zur Wirksamkeit einer Kampfkündigung ist der Arbeitgeber gem. § 102 Abs. 2 BetrVG zwar nicht an die positive Zustimmung, jedoch an die Einhaltung einer Frist gebunden. Da der Betriebsrat nicht verpflichtet ist, eine Stellungnahme abzugeben, muss der Arbeitgeber jedenfalls bei einer ordentlichen Kündigung eine Woche und bei einer außerordentlichen Kündigung drei Tage abwarten, bis die Zustimmungsfiktion gilt und er die Kündigung rechtmäßig aussprechen kann. Der Betriebsrat kann die Kündigung durch seine Stellungnahme zwar nicht verhindern, da der Arbeitgeber weiterhin zum Ausspruch berechtigt bleibt. Der Arbeitgeber wird aber bei Widerspruch des Betriebsrats zur vorläufigen Weiterbeschäftigung nach § 102 Abs. 5 BetrVG verpflichtet, wogegen er wiederum im Wege der einstweiligen Verfügung vorgehen kann, und ist zeitlich gebunden. Der Widerspruch kann indes nicht die Erklärung der Kündigung verhindern.[1204] Es ist auch kein gesetzliches Ersatzverfahren wie bei § 99 Abs. 4 BetrVG vorgesehen.[1205] Für die Paritätsbeeinträchtigung reicht allerdings bereits aus, dass die beabsichtigte Kampfkündigung vorübergehend verhindert wird, da der Arbeitgeber seine Kampfmaßnahme wie von ihm gewünscht nicht sofort und effektiv durchführen kann.[1206] Vor dem Hintergrund der Kurzzeitigkeit und Schnelllebigkeit eines Streiks – insbesondere in Anbetracht von häufig genutzten Warnstreiks – ist eine Wartezeit von drei Tagen bis zu einer Woche eine nicht unbeträchtliche Einwirkung auf die Arbeitskampffreiheit des Arbeitgebers und geeignet, die Abwehr zu schwächen. Mithin ist eine Paritätsbeeinträchtigung nach dem Ansatz der Rechtsprechung zu bejahen, sodass das Anhörungsrecht bei außerordentlichen und ordentlichen Kündigungen arbeitskampfkonform auszulegen ist. Das Unterrichtungsrecht bleibt hiervon unberührt, nur die Fristen sind nicht einzuhalten.

---

1203 BAG, Beschl. v. 20.03.2018 – 1 ABR 70/16, NZA 2018, 1081.
1204 *Eich*, DB 1979, Beil. 9, 1, 3.
1205 *Eich*, DB 1979, Beil. 9, 1, 3.
1206 So auch APS/*Koch*, BetrVG, § 102 Rn. 15; KR/*Rinck*, BetrVG, § 102 Rn. 32.

Die vorstehenden Ausführungen gelten für wilde Streiks und für von der Gewerkschaft getragene rechtswidrige Streiks gleichermaßen.

Die herrschende Meinung[1207] im Schrifttum schließt sich der Meinung des BAG an. Einige Stimmen in der Literatur[1208] lehnen hingegen eine Einschränkung des Anhörungsrechts mangels Paritätsrelevanz ab. Der wilde Streik sei schon begrifflich kein privilegierter kollektiver Streik, sondern ein Individualhandeln.[1209] Das Argument wird auch generell bei Kampfkündigungen vorgebracht.[1210] Angeführt wird auch, dass der Betriebsrat zusammen mit dem Arbeitgeber dafür verantwortlich sei, dass rechtswidriges Verhalten unterbleibt und sich daher beteiligen können muss.[1211] Ferner führe das Anhörungsverfahren lediglich zu einer geringfügigen zeitlichen Verzögerung, ohne die Kündigung zu verhindern,[1212] was vor dem Hintergrund einer möglichen sofortigen Aussperrung für den Arbeitgeber hinnehmbar sei.[1213] Der Arbeitgeber sei bei außerordentlichen Kündigungen auch nicht an den Widerspruch gebunden.[1214] *Reuter*[1215] führt zudem an, dass der Arbeitgeber trotz der Fristgebundenheit von Kündigungen wegen des Anhörungsrechts den Arbeitnehmer sofort freistellen dürfe. So verliere die Gegenmaßnahme nicht ihren Effekt und beeinflusse nicht die Kampfparität. Letztlich sprechen der

1207 APS/*Koch*, BetrVG, § 102 Rn. 15; DKL/*Kolbe*, BetrVG, § 102 Rn. 7; Däubler/Hjort/Schubert/Wolmerath/*Braasch*, BetrVG, § 102 Rn. 13; Düwell/*Braasch*, BetrVG, § 102 Rn. 21; *Fitting*, BetrVG, § 102 Rn. 16; *Konzen*, AP GG Art. 9 Arbeitskampf Nr. 57–59; *Meisel*, AP BetrVG 1972 § 102 Nr. 20; MHdB ArbR/*Ricken*, § 276 Rn. 25; Richardi BetrVG/*Thüsing*, BetrVG, § 102 Rn. 50; *Wiese*, NZA 1984, 378, 381.

1208 Brox/Rüthers/*Brox*, Arbeitskampfrecht, § 12 Rn. 446; Däubler/*Dette*, Arbeitskampfrecht, § 19 Rn. 157, § 22 Rn. 87 f.; *Dietz*, Friedenspflicht, S. 146 mangels Arbeitskampfwirkung; ErfK/*Kania*, BetrVG, §§ 112, 112a Rn. 13; *Fitting*, BetrVG, § 74 Rn. 21a; Gagel/*Klein*, SGB II/III, § 160 Rn. 98; Gallner/Mestwerdt/Nägele/*Nägele*, BetrVG, § 102 Rn. 48; GK-BetrVG/*Raab*, BetrVG, § 102 Rn. 18; *Hässler*, Beteiligungsrechte, S. 166; *Heinze*, Personalplanung, Rn. 722 mangels Arbeitskampfwirkung; *Heinze*, DB 1982, Beil. 23, 1, 18; HWGNRH/*Huke*, BetrVG, § 102 Rn. 11; KR/*Bader*, KSchG, § 25 Rn. 16; *Richardi*, AP GG Art. 9 Arbeitskampf Nr. 44; *Reuter*, AuR 1973, 1, 8.

1209 *Heinze*, Personalplanung, Rn. 722; *Richardi*, AP GG Art. 9 Arbeitskampf Nr. 44.

1210 KR/*Bader*, KSchG, § 25 Rn. 16.

1211 HWGNRH/*Huke*, BetrVG, § 102 Rn. 11.

1212 *Hässler*, Beteiligungsrechte, S. 165.

1213 Gallner/Mestwerdt/Nägele/*Nägele*, BetrVG, § 102 Rn. 48; *Heinze*, SAE 1980, 221, 225.

1214 Brox/Rüthers/*Brox*, Arbeitskampfrecht, § 12 Rn. 446.

1215 *Reuter*, AuR 1973, 1, 8; so auch *Jansen*, Mitbestimmung, S. 238.

Wortlaut und die ohnehin schwache Mitbestimmung bei außerordentlichen Kündigungen gegen die Einschränkung.[1216]

Diese Argumente können jedoch nicht überzeugen. Rechtswidrige Streiks stellen gerade einen kollektiven Akt dar. Wenn der Arbeitgeber bei rechtmäßigen Streiks seiner Anhörungspflicht nicht nachkommen müsste, aber bei rechtswidrigen Streiks schon, würde ihn das unbillig benachteiligen, zumal er gerade auch mit der Abwehraussperrung reagieren dürfte. Auch der Ansatz der Rechtsprechung erfasst ausdrücklich auch vorübergehende Verzögerungen durch einzuhaltende Fristen. Das BAG legt gerade keine Mindestfrist zur Beurteilung der Erheblichkeit fest. Das zeigt, dass es im Wesentlichen auf die sofortige Abwehrfähigkeit ankommt. Die Fristen nach § 102 BetrVG sind nicht unerheblich und in der Lage die Kampfreaktion zu beeinträchtigen.[1217] Dem steht auch die Möglichkeit der sofortigen Aussperrung oder Freistellung nicht entgegen, denn es unterliegt der alleinigen Disposition des Arbeitgebers, welche Maßnahmen er vornimmt, zumal es ihm unter Umständen nicht zugemutet werden kann, weiterhin mit dem Vertragsbrüchigen in einem Vertragsverhältnis zu stehen. Insofern ist er auch nicht verpflichtet mit einer kollektivrechtlichen Maßnahme zu reagieren[1218] oder den Arbeitnehmer unter Fortzahlung seines Gehalts, was ferner eine finanzielle Belastung darstellt, freizustellen.[1219] Es ist unrealistisch vom Betriebsrat als Interessenvertreter der Arbeitnehmer eine Zustimmung für Abwehrmaßnahmen gegen die Arbeitnehmerschaft zu verlangen.[1220]

Insofern ist es nicht richtig, dass die Anhörungspflicht keine paritätsverändernde Wirkung hat. Sofern *Jahn*[1221] die Kampfauswirkungen der Dreitagesfrist mit der Begründung verneint, dass der einzige Effekt die Druckauswirkung auf die Arbeitnehmer sei und die Einleitung des Anhörungsverfahrens bereits diese Druckwirkung auslöse, ist diese Ansicht abzulehnen. Eine sofortige außerordentliche Kündigung ohne Mitwirkung des Betriebsrats, der auf der Seite der streikenden Arbeitnehmerschaft steht, hat einen viel größeren Effekt, als eine unter Mitwirkung des Betriebsrats, bei der der Betriebsrat sich für die Arbeitnehmer einsetzen könnte. Außerdem erfahren die gekündigten Arbeitnehmer von der Kündigung unmittelbar und ohne zeitliche Verzögerung, was eine größere

1216 DKW/*Bachner*, BetrVG, § 102 Rn. 43.

1217 KR/*Rinck*, BetrVG, § 102 Rn. 32; A.A.: KR/*Bader*, KSchG, § 25 Rn. 16.

1218 APS/*Koch*, BetrVG, § 102 Rn. 15; DKW/*Bachner*, BetrVG, § 102 Rn. 43.

1219 So auch *Jahn*, Die Beteiligung des Betriebsrats, S. 106.

1220 *Seiter*, Streikrecht und Aussperrungsrecht, S. 371.

1221 *Jahn*, Die Beteiligung des Betriebsrats, S. 108.

Druckwirkung hat, als wenn sie davon erst später im Wege des Anhörungsverfahrens durch den Betriebsrat erfahren würden. Eine schnelle Reaktionsfähigkeit ist insbesondere bei kurzen Warnstreiks bedeutsam.

Diese Einschränkung gilt nur für die Zeit während des Arbeitskampfes. Nach Beendigung des Arbeitskampfes ist der Betriebsrat wie gewöhnlich anzuhören, auch wenn er sich auf Gründe im Zusammenhang mit dem Streik beruft, die während des Streiks entstanden sind und die er bereits während des Streiks hätte geltend machen können.[1222]

### b) *Kampfkündigung bei rechtmäßigen Streiks*

Der Arbeitgeber darf auch während eines rechtmäßigen Streiks eine ordentliche oder außerordentliche Kündigung erklären. Eine Kampfkündigung allein wegen der Teilnahme an einem rechtmäßigen Streik kommt jedoch nicht in Betracht.[1223] Die Arbeitsniederlegung im Wege eines rechtmäßigen Arbeitskampfes ist von der Koalitionsfreiheit gedeckt und stellt weder einen Vertragsbruch noch ein rechtswidriges Handeln dar, sodass kein Grund für eine außerordentliche Kündigung besteht.[1224] Die Arbeitnehmer dürfen im Rahmen ihrer Koalitionsfreiheit von ihrem Streikrecht Gebrauch machen, ohne Nachteile befürchten zu müssen. Dies würde sonst eine Maßregelung darstellen und in die Koalitionsfreiheit eingreifen. Stattdessen muss der Arbeitgeber kollektivrechtliche Arbeitskampfmaßnahmen oder anderweitige Abwehrmaßnahmen nutzen.

Anders ist die Rechtslage, wenn infolge eines längeren Arbeitskampfes noch während des Arbeitskampfes, z.B. im Zusammenhang mit Betriebsstilllegungen und Rationalisierungsmaßnahmen infolge kampfbedingten Arbeitsausfalls, betriebsbedingte Kündigungen ausgesprochen werden müssen.[1225] Soweit *Bachner*[1226] der Auffassung ist, betriebsbedingte Kündigungen hätten nichts mit

---

1222 APS/*Koch*, BetrVG, § 102 Rn. 14.

1223 BAG, Urt. v. 17.12.1976 – 1 AZR 605/75, NJW 1977, 1079; MHdB ArbR/*Ricken*, § 276 Rn. 25.

1224 BAG, Beschl. v. 28.01.1955 – GS 1/54, NJW 1955, 882; Urt. v. 17.12.1976 – 1 AZR 605/75, NJW 1977, 1079; Schaub/*Linck*, Arbeitsrechts-Handbuch, § 127 Rn. 68; KR/*Bader*, KSchG, § 25 Rn. 9.

1225 *Hässler*, Beteiligungsrechte, S. 164; *Jansen*, Mitbestimmung, S. 218.

1226 DKW/*Bachner*, BetrVG, § 102 Rn. 43 unter Bezugnahme auf BAG, Urt. v. 06.03.1979 – 1 AZR 866/77, AP BetrVG 1972 § 102 Nr. 20 und Urt. v. 14.02.1978 – 1 AZR 154/76, AP GG Art. 9 Arbeitskampf Nr. 60, diese Entscheidung behandelt indes eine andere Konstellation, und zwar wollte der Arbeitgeber hier die gesamte Belegschaft kündigen und die Maßnahme war nicht mit Rationalisierungsmaßnahmen verknüpft.

der Kampfabwehr zutun und würden keine Wirkung auf das Kampfgeschehen entfalten, kann dem nicht gefolgt werden. Dies kann pauschal nicht behauptet werden, da ein länger andauernder Streik sich gleichwohl auf die wirtschaftliche Situation auswirken kann und der Arbeitgeber gezwungen sein kann zur Existenzsicherung seines Betriebes und gleichzeitig zur Kampfabwehr Rationalisierungsmaßnahmen durchzuführen und Arbeitnehmer zu entlassen. Der Arbeitgeber muss nicht bis zum Ende des Arbeitskampfes warten, wenn der Arbeitskräftebedarf nach Beendigung des Arbeitskampfes reduziert werden soll.[1227] Denn unter arbeitskampfbezogene Kündigungen fallen auch Kündigungen als Reaktion, die nicht aufgrund von rechtswidrigen und wilden Streiks erfolgen.[1228] Die Kündigung beruht dann auch nicht allein auf der Streikteilnahme, wenn der Arbeitnehmer auch nach Streikende aus betrieblichen Gründen nicht mehr weiterbeschäftigt werden kann.[1229] Für eine Einschränkung des Anhörungsrechts müssen die betrieblichen Gründe allerdings im Zusammenhang mit den Auswirkungen des Streiks stehen. Darüber hinaus muss die Kündigung zur Streikabwehr dienen. Daher ist nicht allein ausreichend, dass die Betriebsbedingtheit durch einen Arbeitskampf verursacht wurde oder der Streik den bereits vorher geplanten Personalabbau veranlasst hat.[1230] Eine betriebsbedingte Kündigung ist indes nicht gerechtfertigt, wenn der Arbeitgeber eine unbefristete Ersatzkraft für einen bestreikten Arbeitsplatz einstellt, da die Streikteilnehmer so immer erhebliche Nachteile zu befürchten hätten.[1231] Das Vorgehen wäre zudem in der Regel wegen der durchzuführenden Sozialauswahl, die den Bestand der streikenden Arbeitnehmer berücksichtigen würde, zwecklos. Gleiches gilt, wenn der Arbeitgeber beabsichtigt, von vornherein Streikteilnehmer zu kündigen, um Platz für arbeitswillige Arbeitnehmer zu schaffen.[1232] Das ist nicht mit Art. 9 Abs. 3 GG vereinbar.

---

Ferner war nicht eindeutig, ob sie als Kampfabwehrmaßnahme erfolgen soll; ähnlich *Richardi*, FS der deutschen Richterakademie, S. 111, 122.

1227 KR/*Bader*, KSchG, § 25 Rn. 10.

1228 Gallner/Mestwerdt/Nägele/*Nägele*, BetrVG, § 102 Rn. 48.

1229 MHdB ArbR/*Ricken*, § 276 Rn. 25.

1230 *Richardi*, FS der deutschen Richterakademie, S. 111, 122 unter Bezugnahme auf BAG, Urt. v. 14.02.1978 – 1 AZR 154/76, AP GG Art. 9 Arbeitskampf Nr. 60; ähnlich *Gamillscheg*, Kollektives Arbeitsrecht, Bd. I, S. 1285.

1231 ErfK/*Linsenmaier*, GG, Art. 9 Rn. 212; *Jahn*, Die Beteiligung des Betriebsrats, S. 106; a.A.: Brox/Rüthers/*Brox*, Arbeitskampfrecht, § 12 Rn. 311 m.w.N.; *Kraft*, FS Müller, S. 265, 275.

1232 So aber GK-BetrVG/*Raab*, BetrVG, § 102 Rn. 18; *Kraft*, FS Müller, S. 265, 275.

Bei einem rechtmäßigen Streik können auch Arbeitnehmer außerordentlich gekündigt werden, die sich im Rahmen des gewerkschaftlichen Streiks insofern rechtswidrig verhalten, als sie Streikausschreitungen begehen und ihre Streikbefugnisse unzulässigerweise überschreiten.[1233] In Betracht kommen z.B. Beleidigungen von Vorgesetzten oder Blockadehandlungen.[1234] Eine solche Kündigung in Bezug auf ein vertragswidriges Verhalten stellt damit keine Kündigung lediglich wegen der Teilnahme am Arbeitskampf dar.[1235] Wenn die Kündigung arbeitskampfbedingt ist und sich nicht per se gegen die Streikteilnahme richtet, findet der Ansatz der Rechtsprechung mit Blick auf die Kampfparität Anwendung und führt aufgrund einer vorübergehenden Verhinderung der Kündigung und der Fristgebundenheit des Anhörungsrechts bei betriebsbedingten Kündigungen sowie Streikausschreitungen zu einer Einschränkung des Mitbestimmungsrechts.[1236] Soweit vertreten wird, dass sich die Anhörung bei Kündigungen wegen Streikexzessen nicht auf das Streikgeschehen auswirkt, kann dem nicht zugestimmt werden.[1237] Die rechtswidrigen Streikausschreitungen machen den gesamten Streik zwar nicht rechtswidrig, jedoch stärkt die Teilnahme solcher Arbeitnehmer dennoch die Gewerkschaft. Streikausschreitungen wirken sich nachteilig auf das laufende Kampfgeschehen aus.[1238] Für die Frage der Einschränkung kommt es gerade auf die Kampfparität im aktuellen Arbeitskampf an.[1239] Die gravierenden Folgen einer Kündigung stehen dem nicht entgegen, zumal die Stellungnahme des Betriebsrats ohnehin die endgültige Entscheidung des Arbeitgebers nicht verhindern kann und der Weg über eine Kündigungsschutzklage[1240] offen steht. Auch der Einwand, der Arbeitgeber könnte so ohne

---

1233 BAG, Urt. v. 29.03.1957 – 1 AZR 547/55, NJW 1957, 1047; Urt. v. 26.10.1971 – 1 AZR 113/68, AP GG Art. 9 Arbeitskampf Nr. 44; Urt. v. 08.11.1988 – 1 AZR 417/86, AP GG Art. 9 Arbeitskampf Nr. 111; KR/*Bader*, KSchG, § 25 Rn. 9; ErfK/*Linsenmaier*, GG, Art. 9 Rn. 235; MHdB ArbR/*Ricken*, § 276 Rn. 25; *Reuter*, AuR 1973, 1, 4.

1234 MHdB ArbR/*Ricken*, § 276 Rn. 25.

1235 APS/*Moll*, KSchG, § 25 Rn. 5.

1236 APS/*Koch*, BetrVG, § 102 Rn. 14 f.; HWGNRH/*Huke*, BetrVG, § 102 Rn. 11, 19; MHdB ArbR/*Ricken*, § 276 Rn. 25; Pauly/Osnabrügge/*Stümper*, § 9 Rn. 31; a.A.: GK-BetrVG/*Raab*, BetrVG, § 102 Rn. 18; *Kissel*, Arbeitskampfrecht, § 36 Rn. 75.

1237 So aber KR/*Bader*, KSchG, § 25 Rn. 11; *Kissel*, Arbeitskampfrecht, § 36 Rn. 74.

1238 *Kissel*, Arbeitskampfrecht, § 36 Rn. 74, lehnt jedoch eine Paritätsbeeinträchtigung ab.

1239 *Kissel*, Arbeitskampfrecht, § 36 Rn. 74 erkennt die nachteilige Wirkung an, verneint aber eine Einschränkung mit Hinweis auf die weitreichenden Folgen einer Kündigung, die über das Kampfgeschehen hinausgehen.

1240 So auch *Eich*, DB 1979, Beil. 9, 1, 3.

Beteiligung des Betriebsrats Personalabbaumaßnahmen durchsetzen,[1241] ist nicht überzeugend, denn es muss ein konkreter Zusammenhang zum Arbeitskampf nachgewiesen werden. Der Paritätsrelevanz steht auch nicht entgegen, dass der Personalabbau auch nach dem Streik durchgeführt werden könnte.[1242] Ferner wird der Betriebsrat aufgrund der Streikumstände auch objektiv nicht in der Lage sein, eine neutrale dem Wohl des Betriebes entsprechende Entscheidung zu treffen,[1243] insbesondere bei nicht offensichtlichen Ausschreitungen. Daher würde sich die Aufrechterhaltung der Anhörungsverpflichtung unter Einhaltung der Fristen auf die Reaktionsfähigkeit und die Kampffähigkeit des Arbeitgebers auswirken.[1244] Entsprechendes gilt bei möglichen streikbedingten Massenänderungskündigungen.[1245]

Die Auswirkungen von Widerspruchsgründen, die nur bei ordentlichen Kündigungen und demnach bei rechtmäßigen Streiks Anwendung finden, dürfen auch nicht unberücksichtigt bleiben. Ein ordnungsgemäßer Widerspruch kann nämlich neben dem Weiterbeschäftigungsanspruch gem. § 1 Abs. 2 S. 2 KSchG zur Sozialwidrigkeit einer Kündigung führen, wodurch das ordentliche Kündigungsrecht als Abwehrmittel vollständig entwertet werden würde.

#### *c) Weiterbeschäftigungsanspruch, § 102 Abs. 5 BetrVG*

Nach § 102 Abs. 5 BetrVG steht dem gekündigten Arbeitnehmer ein Weiterbeschäftigungsanspruch bis zum rechtskräftigen Abschluss des Rechtsstreits zu, wenn der Betriebsrat bei einer ordentlichen Kündigung frist- und ordnungsgemäß widersprochen hat. Nach einer Auffassung[1246] im Schrifttum, die zwar das Anhörungsrecht bei kampfbedingten Kündigungen aufrechterhalten möchte, solle das Recht des Betriebsrats durch den Widerspruch nach § 102 Abs. 3 BetrVG einen Weiterbeschäftigungsanspruch zu begründen, bei kampfbedingten Kündigungen einer Einschränkung unterliegen. Von der Einschränkung erfasst seien jegliche Kündigungen bei rechtmäßigen und rechtswidrigen Streiks.[1247] Andernfalls sei das Abwehrinstrument insofern entwertet,

---

1241 *Bieback/Mayer*, AuR 1982, 169, 178.

1242 So aber *Jahn*, Die Beteiligung des Betriebsrats, S. 107.

1243 *Seiter*, RdA 1979, 393, 397.

1244 GK-BetrVG/*Raab*, BetrVG, § 102 Rn. 18.

1245 KR/*Bader*, KSchG, § 25 Rn. 21; MüKoBGB/*Hergenröder*, KSchG, § 25 Rn. 14 ff.

1246 GK-BetrVG/*Raab*, BetrVG, § 102 Rn. 18; *Heinze*, Personalplanung, Rn. 722; *Heinze*, DB 1982, Beil. 23, 1, 18; a.A.: Brox/Rüthers/*Brox*, Arbeitskampfrecht, § 12 Rn. 446.

1247 GK-BetrVG/*Raab*, BetrVG, § 102 Rn. 18.

als der Arbeitnehmer noch bis zum Abschluss des Kündigungsschutzprozesses weiterarbeiten könnte.[1248] Uneingeschränkte Anwendung finde der Weiterbeschäftigungsanspruch hingegen bei nicht kampfbedingt ausgesprochenen Kündigungen.[1249] Andere Stimmen[1250] stehen dem mit Blick auf eine fehlende Paritätsrelevanz kritisch gegenüber. Das wird zum einen damit begründet, dass dem Arbeitgeber die Missbrauchskontrolle beim Arbeitsgericht im Wege der einstweiligen Verfügung gem. § 102 Abs. 5 S. 2 BetrVG zustehe.[1251] Zum anderen stehe den Streikteilnehmern ohnehin wegen der suspendierenden Wirkung von Streiks während des Arbeitskampfes kein Weiterbeschäftigungsanspruch zu und nach Beendigung der Arbeitsniederlegung, wo der Weiterbeschäftigungsanspruch erst relevant werde, könne eine Einschränkung nicht mehr mit dem Paritätsgrundsatz begründet werden.[1252]

Da aus den bereits vorgetragenen Gründen das Anhörungsrecht gänzlich eingeschränkt wird, erübrigt sich mangels Widerspruchsmöglichkeit auch der Weiterbeschäftigungsanspruch. Ein Weiterbeschäftigungsanspruch würde allerdings isoliert betrachtet die Arbeitskampffreiheit des Arbeitgebers stören, da er nicht effektiv den Streik abwehren könnte und sogar weiterhin die gekündigten Arbeitnehmer beschäftigen müsste. Dabei steht dem nicht entgegen, dass der Weiterbeschäftigungsanspruch erst nach dem Streik relevant werden könnte, da das Risiko und die Pflicht zur Weiterbeschäftigung während des Arbeitskampfes gesetzt werden. Ob sich das dann später auswirkt, ist unbeachtlich. Auch der Gesichtspunkt, dass schon die notwendige Sozialauswahl die Kündigungen mit Sicherheit verhindern würde, steht der Paritätsrelevanz des Weiterbeschäftigungsanspruchs nicht entgegen. Die Rechtswidrigkeit der Kündigung würde erst viel später im Prozess festgestellt, was sich nicht unmittelbar auf den Arbeitskampf auswirken würde, wohingegen der Weiterbeschäftigungsanspruch den Arbeitgeber unter Lohnfortzahlung zu einer Zusammenarbeit während des Arbeitskampfes zwingt. Diese Diskussion hat in der Praxis jedoch keine große Bedeutung, da in der Regel Kampfkündigungen in Form von außerordentlichen Kündigungen ausgesprochen werden, die ohnehin kein Widerspruchsrecht

1248 GK-BetrVG/*Raab*, BetrVG, § 102 Rn. 18.
1249 GK-BetrVG/*Raab*, BetrVG, § 102 Rn. 18.
1250 *Herbst*, AiB 1987, 4, 8; *Jahn*, Die Beteiligung des Betriebsrats, S. 109.
1251 *Herbst*, AiB 1987, 4, 8.
1252 *Jahn*, Die Beteiligung des Betriebsrats, S. 109.

gewähren.[1253] Ein Widerspruchsrecht besteht gem. § 102 Abs. 3 BetrVG gerade nur bei ordentlichen Kündigungen.

#### *d) Kündigung aus anderen als arbeitskampfbedingten Gründen*

Für eine arbeitskampfkonforme Einschränkung kommt es nicht nur auf eine Kündigung während eines Arbeitskampfes an. Die Kündigung muss auch arbeitskampfbedingt ausgesprochen werden. Insofern muss der Arbeitgeber bei einer während des Arbeitskampfes ausgesprochenen Kündigung, die allerdings auf anderen als arbeitskampfbedingt ausgesprochenen Gründen beruht, zu ihrer Wirksamkeit den Betriebsrat mitbestimmungskonform gem. § 102 BetrVG anhören.[1254] Der Ausspruch solcher Kündigungen hat nichts mit der Kampfabwehr zu tun, sodass die Mitbestimmungsrechte keine nachteilige Wirkung auf das Kampfgeschehen haben.[1255]

### *4. Zustimmungsverweigerungsrecht, § 103 BetrVG*

Betriebsratsmitglieder können ebenso von einer Kampfkündigung betroffen sein. Sie bleiben zwar während eines Arbeitskampfes aufgrund ihrer besonderen Amtsstellung weiterhin funktionsfähig und für die Arbeitnehmerschaft Ansprechpartner.[1256] Die Fortsetzung der Tätigkeit dient auch dem Interesse des Arbeitgebers.[1257] Der Arbeitgeber ist insbesondere bei der Aufrechterhaltung der betrieblichen Ordnung oder der Vereinbarung eines Notdienstes auf die Existenz und die Mitwirkung des Betriebsrats angewiesen.[1258] Sie müssen sich jedoch wie andere Arbeitnehmer rechtmäßig verhalten. Wenn Sie sich rechtswidrig verhalten und so gegen ihre arbeitsvertraglichen Pflichten verstoßen, können sie gem. § 15 Abs. 1 KSchG, § 103 BetrVG von einer außerordentlichen Kündigung betroffen sein. Eine ordentliche Kündigung ohne Vorliegen eines wichtigen Grundes ist abgesehen von den Fällen des § 15 Abs. 4 und 5 KSchG

---

1253 *Fitting*, BetrVG, § 102 Rn. 16; ähnlich Brox/Rüthers/*Brox*, Arbeitskampfrecht, § 12 Rn. 446.

1254 BAG, Urt. v. 06.03.1979 – 1 AZR 866/77, AP BetrVG 1972 § 102 Nr. 20; *Meisel*, AP BetrVG 1972 § 102 Nr. 20; MHdB ArbR/*Ricken*, § 276 Rn. 25; *Fitting*, BetrVG, § 74 Rn. 18.

1255 BAG, Urt. v. 06.03.1979 – 1 AZR 866/77, AP BetrVG 1972 § 102 Nr. 20.

1256 BAG, Urt. v. 14.02.1978 – 1 AZR 54/76, AP GG Art. 9 Arbeitskampf Nr. 57.

1257 BAG, Beschl. v. 10.12.2002 – 1 ABR 7/02, NZA 2004, 223.

1258 BAG, Beschl. v. 10.12.2002 – 1 ABR 7/02, NZA 2004, 223; kritisch *Reuters*, AuR 1973, 1, 2 ff. hinsichtlich der bloßen Teilnahme an rechtswidrigen Arbeitskämpfen.

hingegen unzulässig. Der Arbeitgeber ist befugt, auch gegenüber Betriebsratsmitgliedern, die an rechtwidrigen Arbeitsniederlegungen teilnehmen, unter Beachtung der Bestimmung des § 103 BetrVG individualrechtlich im Wege der Kampfkündigung vorzugehen.[1259]

Gem. § 103 BetrVG bedarf die außerordentliche Kündigung eines Betriebsratsmitglieds der Zustimmung des Betriebsrats. Verweigert der Betriebsrat seine Zustimmung, so kann der Arbeitgeber beim Arbeitsgericht die Zustimmungsersetzung gem. § 103 Abs. 2 S. 1 BetrVG beantragen. Es stellt sich die Frage, ob auch dieses Mitbestimmungsrecht der Einschränkung unterliegt.

Das BAG ist nach einer Entscheidung vom 14.02.1978 der Auffassung[1260], dass gemäß dem Grundsatz der Kampfparität – in der Entscheidung noch ausdrücklich Chancengleichheit genannt – das Mitbestimmungsrecht aufgrund der nachteiligen Auswirkung auf die Arbeitskampffreiheit des Arbeitgebers im Wege einer arbeitskampfkonformen Auslegung einzuschränken sei. Aufgrund des Amtes müssen auch bei Abwehrmaßnahmen des Arbeitgebers gegen rechtswidrige Arbeitsniederlegungen die Vorschriften zum besonderen Amtsschutz beachtet werden und dürfen nicht vollständig wegfallen.[1261] Sonst könnte der Arbeitgeber sie ohne eine Kontrollinstanz kündigen und ihre Amtstätigkeit beenden, unabhängig davon, ob ihr Verhalten überhaupt einen wichtigen Grund darstellt.[1262] Dogmatisch begründet wird die Einschränkung damit, dass von den Betriebsratsmitgliedern nicht erwartet werden könne und ihnen nicht zumutbar sei, zu Kündigungen gegenüber Organmitgliedern im Rahmen des § 103 BetrVG zu beschließen. Der Betriebsrat sei vom Neutralitätsgebot überfordert und könne in einem Arbeitskampf seine Aufgabe zur Zustimmung nicht wahrnehmen. Um die Organmitglieder nicht schutzlos zu stellen, müsse bei Kampfkündigungen gegenüber Organmitgliedern allerdings das Zustimmungsersetzungsverfahren,

---

1259 BAG, Urt. v. 14.02.1978 – 1 AZR 54/76, AP GG Art. 9 Arbeitskampf Nr. 57; *Bieback*, RdA 1978, 82, 95 ff.

1260 BAG, Urt. v. 14.02.1978 – 1 AZR 54/76, AP GG Art. 9 Arbeitskampf Nr. 57; So auch *Buchner*, SAE 1973, 33, 44; MHdB ArbR/*Ricken*, § 276 Rn. 58; *Brill*, DB 1979, 403, 405; KR/*Rinck*, BetrVG, § 103 Rn. 61; a.A.: *Bieback*, RdA 1978, 82, 95; *Bieback/Mayer*, AuR 1982, 169, 177 ff.; DKW/*Bachner*, BetrVG, § 103 Rn. 25, 39; *Hässler*, Beteiligungsrechte, S. 167; *Jansen*, Mitbestimmung, S. 224; *Kalb*, Arbeitskampfrecht, Rn. 338.

1261 BAG, Urt. v. 14.02.1978 – 1 AZR 54/76, AP GG Art. 9 Arbeitskampf Nr. 57.

1262 BAG, Urt. v. 14.02.1978 – 1 AZR 54/76, AP GG Art. 9 Arbeitskampf Nr. 57.

wie bei einem Betrieb ohne Betriebsrat[1263] gem. § 102 Abs. 2a BetrVG, durchgeführt werden. Danach müsse der Arbeitgeber unmittelbar und alsbald beim Arbeitsgericht die Erteilung der Zustimmung zur Kündigung in entsprechender Anwendung des § 103 Abs. 2 BetrVG beantragen.[1264] Insofern werde zwar § 103 Abs. 1 BetrVG eingeschränkt, das Ersetzungsverfahren nach § 103 Abs. 2 BetrVG finde indes Anwendung. Eine außerordentliche Kündigung, bei der zumindest das Zustimmungsersetzungsverfahren durchgeführt werden muss, kommt bei Organmitgliedern bei der Teilnahme an oder Organisation von wilden Streiks und bei Streikausschreitungen[1265] im Rahmen von rechtmäßigen Streiks in Betracht.[1266] Sie unterliegen hingegen keiner ordentlichen Kündigung aus betriebsbedingten Gründen. Ausnahmen gelten bei Betriebsstilllegungen, § 15 Abs. 4 und 5 KSchG.

Nach dem Ansatz der Rechtsprechung ist eine Paritätsrelevanz zu bejahen, denn die Kampfkündigung als Reaktion auf die Arbeitsniederlegung würde sonst von der ausdrücklichen Zustimmung des Betriebsrats abhängen.[1267] Die Abwehrmaßnahme würde durch die Zustimmungsentscheidung und dem damit verbundenen Ersetzungsverfahren vorübergehend verhindert und so zusätzlicher Druck auf den Arbeitgeber ausgeübt. Hinsichtlich der zeitlichen Verzögerung muss der Arbeitgeber zunächst in entsprechender Anwendung des § 102 Abs. 1 S. 3 BetrVG drei Tage abwarten, bis der Betriebsrat sich äußert.[1268] Nach der hier zu § 102 BetrVG vertretenen Ansicht würde bereits die Wartezeit von drei Tagen für die Beeinträchtigung der Kampfparität ausreichen.[1269] Die Belastung mit der

---

1263 BAG, Urt. v. 12.08.1976 – 2 AZR 303/75, AP KSchG 1969 § 15 Nr. 2; nach BT-Drucks. 19/28899 wurde die ständige Rechtsprechung zu Kündigung von Organmitgliedern in betriebsratslosen Betrieben in § 103 Abs. 2a BetrVG implementiert.

1264 BAG, Urt. v. 14.02.1978 – 1 AZR 54/76, AP GG Art. 9 Arbeitskampf Nr. 57; so auch Urt. v. 16.12.1982 – 2 AZR 76/81, AP KSchG 1969 § 15 Nr. 13; *Heinze*, DB 1982, Beil. 23, 1, 18 begründet die Zustimmungsersetzung mit einer Zustimmungsfiktion analog § 102 Abs. 2 S. 2 BetrVG.

1265 So auch *Reuter*, AuR 1973, 1, 3.

1266 BAG, Urt. v. 26.10.1971 – 1 AZR 113/68, AP GG Art. 9 Arbeitskampf Nr. 44; Richardi BetrVG/*Maschmann*, BetrVG, § 74 Rn. 29.

1267 So auch BAG, Beschl. v. 10.12.2002 – 1 ABR 7/02, NZA 2004, 223.

1268 BAG, Beschl. v. 18.08.1977 – 2 ABR 19/77, AP BetrVG 1972 § 103 Nr. 10; *Fitting*, BetrVG, § 103 Rn. 33.

1269 A.A.: Brox/Rüthers/*Brox*, Arbeitskampfrecht, § 12 Rn. 447; *Hässler*, Beteiligungsrechte, S. 167, der bei § 102 BetrVG den Überraschungseffekt durch die Mitteilung der Kündigung nicht wesentlich geringer als bei sofortigem Ausspruch sieht.

Lohnzahlungspflicht während der Wartefrist spricht ebenso für die Paritätsstörung.[1270] Nach Ablauf der Drei-Tagesfrist gilt die Zustimmung als verweigert und der Arbeitgeber muss die Ersetzung beim Arbeitsgericht beantragen.[1271] Wie bei kampfbedingten Einstellungen und Versetzungen nach § 99 Abs. 4 BetrVG wäre der Arbeitgeber auf das Ersetzungsverfahren angewiesen und würde so erheblich in seiner Kampffreiheit eingeschränkt, weil er nicht sofort reagieren könnte und mehrere Monate auf die Ersetzung warten müsste.[1272] Die Überforderungssituation und die Unzumutbarkeit einer Entscheidung kommen hier insofern verstärkter zum Ausdruck, als der Zustimmungsbeschluss eine Person aus dem eigenen Gremium betrifft.[1273] Eine quantitative Betrachtungsweise, wonach eine geringe Anzahl von Betriebsratsmitgliedern im Verhältnis zu einer größeren Anzahl von Arbeitnehmern eine effektive Kampfführung nicht unmöglich machen würde,[1274] kann nicht berücksichtigt werden, da es nicht auf die Einzelfallumstände ankommt, sondern auf eine typisierende Betrachtung und die generelle Abwehrfähigkeit des Arbeitgebers. Mithin führt der Ansatz zu einer Paritätsbeeinträchtigung, sodass die Zustimmungspflicht des Betriebsrats entfällt.

Um willkürliche Entlassungen seitens des Arbeitgebers zu verhindern und die Kontinuität der Betriebsratsarbeit zu bewahren, erscheint es indes richtig und notwendig, das Arbeitsgericht als Zwischeninstanz einzuschalten.[1275] Der Arbeitgeber darf nicht einseitig ohne Kontrollinstanz Einfluss auf die Zusammensetzung nehmen.[1276] Dem steht auch der Grundsatz der Kampfparität nicht entgegen.[1277] Die ersatzlose Einschränkung würde insofern zu weit gehen, als das Arbeitsgericht nicht angerufen werden müsste und geschützte Positionen übergangen würden. Die vollständige Einschränkung wäre mit der vom Schutzzweck des Gesetzes nach § 15 KSchG i.V.m. § 103 BetrVG intendierten und vom BAG

1270 *Jahn*, Die Beteiligung des Betriebsrats, S. 101.

1271 BAG, Beschl. v. 18.08.1977 – 2 ABR 19/77, AP BetrVG 1972 § 103 Nr. 10.

1272 GK-BetrVG/*Raab*, BetrVG, § 103 Rn. 48 spricht von zwei bis drei Jahren.

1273 *Brill*, DB 1979, 1, 2.

1274 So aber *Jahn*, Die Beteiligung des Betriebsrats, S. 111 unter Bezugnahme auf BVerfG, Beschl. v. 19.02.1975 – 1 BvR 418/71, AP GG Art. 9 Arbeitskampf Nr. 50.

1275 Vgl. auch BVerfG, Beschl. v. 19.02.1975 – 1 BvR 418/71, AP GG Art. 9 Arbeitskampf Nr. 50; *Konzen*, AP GG Art. 9 Arbeitskampf Nr. 57–59; a.A.: HWGNRH/*Huke*, BetrVG, § 103 Rn. 6.

1276 Vgl. BVerfG, Beschl. v. 19.02.1975 – 1 BvR 418/71, AP GG Art. 9 Arbeitskampf Nr. 50.

1277 So auch *Eich*, DB 1979, Beil. 9, 1, 4.

selbst festgelegten Funktionsfähigkeit von Amtsträgern nicht vereinbar. Daher sind die Zeitverzögerung und die vorübergehende Verhinderung der Abwehrmaßnahme wegen des Ersetzungsverfahrens ausnahmsweise hinzunehmen.[1278] Dies wäre indes nicht mit dem Paritätsgedanken, sondern nur mit dem Überforderungsgedanken zu rechtfertigen. Zum einen stellt der Paritätsgedanke nur auf die vorübergehende Verhinderung der Kampfkündigung ab, zum anderen findet er nur bei rechtmäßigen Arbeitskämpfen Anwendung. Der Betriebsrat wäre dann allerdings nicht mehr vom Neutralitätsgebot überfordert. Die Entscheidung würde folglich durch eine neutrale Stelle – das Arbeitsgericht – getroffen, die keiner objektiven Überforderung unterliegt. Die Rechtfertigung mit dem Überforderungsargument würde in dogmatischer Hinsicht mit der Begründung des BAG[1279] übereinstimmen. Dies würde auch dem Sinn und Zweck entsprechen, nur die Mitbestimmung zu verhindern, nicht aber den präventiven Schutz und die strenge Kündigung zu erleichtern.[1280]

Die Auffassungen im Schrifttum[1281], die mit Blick auf arbeitskampfrechtliche Grundsätze auch das Ersetzungsverfahren entfallen lassen wollen, sind abzulehnen. Entgegen der Auffassung von *Raab*[1282] führt das notwendige Ersetzungsverfahren vorliegend nicht zur Untauglichkeit der Kündigung als Abwehrinstrument, denn es betrifft hier einen Amtsträger und nicht einen normalen Arbeitnehmer. Die Arbeitnehmer sind sich über den besonderen Kündigungsschutz von Amtsträgern bewusst und vergleichen sich nur mit normalen Arbeitnehmern, die aufgrund einer arbeitskampfkonformen Auslegung des § 102 BetrVG ohne Anhörung gekündigt werden können. Dem Amtsträger bleibt zwar weiterhin die Kündigungsschutzklage offen, dieser Rechtsbehelf dient jedoch lediglich dem individuellen Schutz des Betriebsratsmitglieds und lässt die betrieblichen Interessen sowie die Interessen der Arbeitnehmerschaft außer Betracht. Die Tätigkeit wäre nach der hier vertretenen Lösung erst einmal weiterhin gesichert. Auch das Argument des unzulässigen Eingriffs staatlicher Stellen kann nicht überzeugen.[1283] Das Gericht überprüft lediglich die Rechtfertigung der außerordentlichen Kündigung, ohne proaktiv in den Arbeitskampf

1278 Däubler/*Dette*, Arbeitskampfrecht, § 19 Rn. 157.

1279 BAG, Urt. v. 14.02.1978 – 1 AZR 54/76, AP GG Art. 9 Arbeitskampf Nr. 57; Beschl. v. 24.04.1979 – 1 ABR 43/77, AP GG Art. 9 Arbeitskampf Nr. 63.

1280 *Konzen*, AP GG Art. 9 Arbeitskampf Nr. 57–59; *Richardi*, FS der deutschen Richterakademie, S. 111, 118.

1281 *Kraft*, AP KSchG 1969 § 15 Nr. 13; HWGNRH/*Huke*, BetrVG, § 103 Rn. 6.

1282 GK-BetrVG/*Raab*, BetrVG, § 103 Rn. 48.

1283 So aber *Kraft*, FS Müller, S. 265, 276; *Mayer-Maly*, BB 1979, 1305, 1312.

einzugreifen. Mit diesem Argument dürfte der Rechtsweg bei Arbeitskampfstreitigkeiten nie eröffnet sein, was nicht der Fall ist, zumal der Staat keine Neutralität bei rechtswidrigen Streiks und Streikausschreitungen wahren muss.[1284] Überdies entscheidet sich der Arbeitgeber bei rechtswidrigen Handlungen, neben den ebenso möglichen Schritten nach § 23 BetrVG, bewusst für eine außerordentliche Kündigung und nimmt damit die Verzögerung ausnahmsweise in Kauf.[1285]

Bei einer außerordentlichen Kündigung von Amtsträgern aus anderen als arbeitskampfbedingten Gründen ist das Zustimmungserfordernis nicht eingeschränkt.[1286]

### 5. *Zwischenergebnis*

Die Untersuchung hat gezeigt, dass im Rahmen der Mitbestimmungsrechte bei personellen Angelegenheiten nach §§ 99, 100 BetrVG die streikbedingten Einstellungen und Versetzungen paritätsrelevant sind. Diese Maßnahmen dienen der unmittelbaren Abwehr des Streiks und dürfen daher nicht durch die Mitbestimmungsrechte des Betriebsrats vorübergehend verhindert werden. Durch die erforderliche Zustimmung des Betriebsrats, der Wartezeit des Arbeitgebers von einer Woche vor Durchführung der Maßnahme sowie des obligatorischen Zustimmungsersetzungsverfahrens im Falle der Verweigerung der Zustimmung würde es zwangsläufig zu einer zeitlich erheblichen Verzögerung kommen. Daher sind die Mitbestimmungsrechte arbeitskampfkonform auszulegen. Die Möglichkeit des vorläufigen Verfahrens gem. § 100 BetrVG ändert nichts am Ergebnis, da der Arbeitgeber weiterhin an das Zustimmungsersetzungsverfahren gebunden wäre und Nachteile zu befürchten hätte. Die Paritätsrelevanz gilt ebenso für den streikbedingten Einsatz von Leiharbeitnehmern. Nur die Mitbestimmungsrechte bei der Eingruppierung und Umgruppierung sowie die Unterrichtungsrechte wirken sich nicht auf die Kampfparität aus. Diese unterliegen keinen Einschränkungen im Arbeitskampf.

Auch Kampfkündigungen nach §§ 102, 103 BetrVG führen wegen der Wartezeit von drei Tagen bis zu einer Woche gem. § 102 BetrVG und der Wartezeit von drei Tagen und der erforderlichen Zustimmung sowie ggf. einer Zustimmungsersetzung durch das Arbeitsgericht gem. § 103 BetrVG zu einer Paritätsrelevanz und greifen damit in die Arbeitskampffreiheit des Arbeitgebers ein. Insofern

---

1284 *Eich*, DB 1979, Beil. 9, 1, 4.

1285 *Eich*, DB 1979, Beil. 9, 1, 4.

1286 BAG, Urt. v. 06.03.1979 – 1 AZR 866/77, AP BetrVG 1972 § 102 Nr. 20; Richardi BetrVG/*Thüsing*, BetrVG, § 103 Rn. 29.

sind die Mitbestimmungsrechte einzuschränken. Der Überforderungsgedanke, der Zweck des Gesetzes sowie der Amtsschutz sehen allerdings bei der Kündigung von Betriebsratsmitgliedern zur Erteilung der Zustimmung entsprechend § 103 Abs. 2 BetrVG die Anrufung des Arbeitsgerichts vor.

Somit wirken sich die geprüften Mitbestimmungstatbestände bei personellen Maßnahmen auf die Kampfparität aus. Der aktuelle Ansatz des BAG stimmt mit der Untersuchung überein und führt zu einem schlüssigen Paritätsergebnis.

## IV. Mitbestimmung in wirtschaftlichen Angelegenheiten, § 111 ff. BetrVG

Weiterhin ist zu prüfen, wie sich der Arbeitskampf auf die Mitbestimmung in wirtschaftlichen Angelegenheiten auswirkt. Dazu wird nachfolgend in den Blick genommen, welche Auswirkung die Mitbestimmung des Betriebsrats bei Betriebsänderungen auf die Arbeitskampfparität hat. Zu diesem Zweck wird zwischen einer vorübergehenden Betriebsstilllegung, die auf den Zeitraum des Streiks begrenzt ist, und einer dauerhaften über den Streik hinausgehenden Betriebsänderung differenziert.

Nach § 111 S. 1 BetrVG hat der Arbeitgeber in Unternehmen mit in der Regel mehr als zwanzig wahlberechtigten Arbeitnehmern den Betriebsrat über geplante Betriebsänderungen, die wesentliche Nachteile für die Belegschaft oder erhebliche Teile der Belegschaft zur Folge habe können, rechtzeitig und umfassend zu unterrichten und diese mit dem Betriebsrat zu beraten. Unter Betriebsänderungen sind nach § 111 S. 3 BetrVG u.a. Einschränkungen und Stilllegungen des ganzen Betriebs oder von wesentlichen Betriebsteilen, Betriebsverlegungen sowie grundlegende Umorganisationen zu verstehen. Neben der ordnungsgemäßen Unterrichtung ist der Arbeitgeber zur Beratung dahingehend verpflichtet, den Abschluss eines Interessenausgleichs und Sozialplans nach §§ 112, 112a BetrVG zu versuchen.[1287] Der Inhalt des Interessenausgleichs soll die Modalitäten der Betriebsänderung insofern regeln, als der Betriebsrat und der Arbeitgeber sich über das „ob“, „wann“ und „in welcher Weise“ der Durchführung der geplanten Betriebsänderung verständigen.[1288] Im Rahmen des Sozialplans einigen sich die Parteien über den Ausgleich oder die Milderung der wirtschaftlichen Nachteile, die den Arbeitnehmern infolge der geplanten Betriebsänderung

---

1287 ErfK/*Kania*, BetrVG, § 111 Rn. 24.

1288 BAG, Urt. v. 20.04.1994 – 10 AZR 186/93, NZA 1995, 89; *Fitting*, BetrVG, § 112a Rn. 13.

entstehen, § 112 Abs. 1 S. 2 BetrVG. Insofern hat der Betriebsrat im Rahmen seines Beratungsrechts ein Mitbestimmungsrecht, das gem. § 112 Abs. 4 BetrVG hinsichtlich der Aufstellung eines Sozialplans unter den Voraussetzungen des § 112a BetrVG sogar erzwingbar ist.[1289] Der Interessenausgleich und der Sozialplan sind also voneinander unabhängig.[1290]

### *1. Vorübergehende Betriebsstilllegung als Arbeitskampfmaßnahme*

Dem Arbeitgeber steht die Entscheidung frei, wie er auf einen Streik reagieren möchte.[1291] Er hat auch das Recht, nicht aktiv gegen einen Streik vorzugehen. Das BAG[1292] hat bereits zugunsten des Arbeitgebers festgestellt, dass dieser den bestreikten Betrieb oder Betriebsteil vorübergehend im Umfang des Streiks aus gegenständlicher und zeitlicher Sicht stilllegen darf, um den Streik durch Suspendierung seiner Beschäftigungs- und Lohnzahlungspflicht gegenüber allen – auch den Arbeitswilligen – Arbeitnehmern, abzuwehren. Insofern handelt es sich bei der Betriebsstilllegung um eine Abwehrmaßnahme.[1293] Diese Maßnahme hat insoweit eine wesentliche Bedeutung, als sie eine unmittelbare und flexible Abwehrreaktion auf gewerkschaftliche Arbeitskampfmaßnahmen, neben dem herkömmlichen Streik sogar auf Flashmob-Aktionen, erlaubt.[1294]

Wenn man die vorübergehende Betriebsstilllegung als echtes Kampfmittel betrachtet,[1295] das dem primären Kampfmittel der Arbeitsniederlegung ebenwürdig ist, würde das Mitbestimmungserfordernis sogar einen unmittelbaren Eingriff in die Kampfparität bedeuten, ohne dass es einer größeren Rechtfertigung und Begründung nach dem Ansatz der arbeitskampfkonformen Auslegung bedürfte. Das BAG[1296] nennt die suspendierende Betriebsstilllegung in einer Entscheidung zwar ausdrücklich als „Kampfmittel", stellt sie aber als betriebsorganisatorische Gegenmaßnahme zur Begrenzung der Folgen der streikbedingten

---

1289 Richardi BetrVG/*Annuß*, BetrVG, § 112 Rn. 50.

1290 Richardi BetrVG/*Annuß*, BetrVG, § 112 Rn. 59.

1291 BAG, Urt. v. 22.03.1994 – 1 AZR 622/93, AP GG Art. 9 Arbeitskampf Nr. 130.

1292 BAG, Urt. v. 22.03.1994 – 1 AZR 622/93, AP GG Art. 9 Arbeitskampf Nr. 130; Urt. v. 13.12.2011 – 1 AZR 495/10, NZA 2012, 995.

1293 BAG, Urt. v. 22.09.2009 – 1 AZR 972/08, NZA 2009, 1347; Urt. v. 13.12.2011 – 1 AZR 495/10, NZA 2012, 995; vgl. auch *Holthusen*, RdA 2019, 216 ff.

1294 BAG, Urt. v. 22.09.2009 – 1 AZR 972/08, NZA 2009, 1347.

1295 *Holthusen*, RdA 2019, 216 ff.; nach BAG, Urt. v. 22.09.2009 – 1 AZR 972/08, NZA 2009, 1347 kann die Betriebsstilllegung sogar effizienter als die Abwehraussperrung sein.

1296 BAG, Urt. v. 13.12.2011 – 1 AZR 495/10, NZA 2012, 995.

Betriebsstörung, wie die Mehrarbeitsanordnung oder Einstellung von Streikbrechern, dar. Insofern betrachtet das BAG die Betriebsstilllegung nur als eine von vielen Reaktionsmöglichkeiten auf die Arbeitsniederlegung und nicht als originäres Kampfmittel.[1297] Dies soll sich auch daraus ergeben, dass sich die Erklärung der Stilllegung als individualrechtliche Maßnahme an die Arbeitnehmer und nicht, wie etwa bei Abwehraussperrungen, an die Gewerkschaft richten soll.[1298] Daher handelt es sich bei der vorübergehenden Betriebsstilllegung um eine Arbeitskampfmaßnahme in Form einer kampfbedingten Gegenmaßnahme.

Es stellt sich indes zunächst die Frage, ob eine streikbedingte und auf den Umfang des Streikbeschlusses beschränkte Betriebsstilllegung eine Betriebsänderung nach § 111 S. 3 Nr. 1 BetrVG darstellt.[1299] Grundsätzlich wird eine Betriebsstilllegung angenommen, wenn „*der Arbeitgeber die wirtschaftliche Betätigung in der ernstlichen Absicht einstellt, den bisherigen Betriebszweck dauernd oder für eine ihrer Dauer nach unbestimmte, wirtschaftlich nicht unerhebliche Zeitspanne nicht weiterzuverfolgen*".[1300] Es wird daher vertreten, dass eine als Arbeitskampfmaßnahme ausgeübte vorübergehende Betriebsstilllegung aufgrund ihrer Kurzfristigkeit keine geplante Betriebsänderung darstellen könne,[1301] zumal sie aufgrund ihrer zeitlichen Befristung nicht mit den Auswirkungen einer dauerhaften Betriebsstilllegung vergleichbar sei.[1302] Eine nur vorübergehende Arbeitskampfmaßnahme könne schon den Tatbestand nicht erfüllen.[1303] Dem ist zuzustimmen, denn die hier beabsichtigte Betriebsstilllegung wird in der Regel, sofern sie denn arbeitskampfbedingt erfolgt, während des laufenden Arbeitskampfes als Reaktion auf den Streik kurzfristig ohne eine übliche längerfristige Planung über einen längeren Zeitraum entschieden. Es ist zwar klar, dass eine solche Betriebsänderung ohnehin nur bei länger andauernden Streiks

---

1297 BAG, Urt. v. 11.07.1995 – 1 AZR 63/95, NZA 1996, 214; so auch MHdB ArbR/*Ricken*, § 275 Rn. 1 f.

1298 BAG, Urt. v. 11.07.1995 – 1 AZR 63/95, NZA 1996, 214.

1299 MHdB ArbR/*Ricken*, § 276 Rn. 59; zweifelnd auch Däubler/*Dette*, BetrVG, § 19 Rn. 160.

1300 BAG, Urt. v. 21.06.2001 – 2 AZR 137/00, NZA 2002, 212.

1301 *Kraft*, FS Müller, S. 265, 278; MHdB ArbR/*Ricken*, § 276 Rn. 59; Richardi BetrVG/*Annuß*, BetrVG, § 111 Rn. 31; GK-BetrVG/*Oetker*, BetrVG, § 111 Rn. 84; HWGNRH/*Hess*, BetrVG, § 111 Rn. 164; *Roß*, Das Arbeitskampfverbot, S. 135; a.A.: *Kissel*, Arbeitskampfrecht, § 36 Rn. 87.

1302 MHdB ArbR/*Ricken*, § 276 Rn. 59.

1303 *Jahn*, Die Beteiligung des Betriebsrats, S. 120; *Jansen*, Mitbestimmung, S. 225 f.; Richardi BetrVG/*Annuß*, BetrVG, § 111 Rn. 31.

als Abwehrmaßnahme in Betracht kommt, damit nicht bereits zuvor geplante und mit der Kampfabwehr wenig zu tun habende Personalabbaumaßnahmen missbräuchlich durchgeführt werden können. Es erscheint gleichwohl schwierig im Zeitraum von wenigen Wochen eine „Planung" anzunehmen. Dafür müsste ein Willensentschluss vorliegen, der auf abgeschlossenen Prüfungen und Vorüberlegungen beruht.[1304] Das wird man grundsätzlich innerhalb eines Streiks nur schwer annehmen können. Eine andere Beurteilung wäre eventuell bei länger anhaltenden Streiks möglich, wenn ausreichend Zeit für die Planung einer Betriebsänderung vorhanden ist. Überdies können die Arbeitnehmer nach dem Ende des Streiks wieder auf ihren alten Arbeitsplätzen weiterarbeiten, sodass kein Bedürfnis dafür besteht, über einen Interessenausgleich und Sozialplan zu beraten. Eine nur vorübergehende und nicht längerfristige Maßnahme hat keine erheblichen sozialen Auswirkungen für die Arbeitnehmer, insbesondere weil die Nachteile nicht über den Streik hinausgehen.[1305] Die Nachteile während des Streiks werden teilweise ohnehin durch die Gewerkschaft getragen, da sie zum Streik aufgerufen hat. Ferner tragen die Arbeitnehmer das Lohnrisiko, insbesondere wenn sie die Nachteile durch den Streik selbst verursachen. Schließlich muss der Arbeitgeber eine streikbedingte Arbeitsniederlegung nicht widerstandslos hinnehmen. Er macht von seiner Kampfmittelfreiheit zur Abwehr der Streikfolgen Gebrauch und nutzt eine mögliche Arbeitskampfmaßnahme, um auf den Streik des Tarifgegners zu reagieren. Dem Betriebsrat nach dem Zweck des Gesetzes die Gelegenheit zu geben, die Auswirkungen der vorübergehenden Betriebsänderung rasch zu erfassen und Gegenmaßnahmen für eine Beschäftigungssicherung zu erarbeiten, um den Entschluss des Arbeitgebers zu beeinflussen,[1306] ist insofern im Lichte der Tarifautonomie nicht zielführend.

Das BAG hat bisher zu der arbeitskampfkonformen Suspendierung von Mitbestimmungsrechten nach §§ 111 ff. BetrVG im Falle vorübergehender Betriebsstilllegungen zwar nicht entschieden. Unterstellt, dass die vorübergehende Betriebsstilllegung als Arbeitskampfmaßnahme eine geplante Betriebsänderung darstellt, müsste das Mitbestimmungsrecht indes nach dem Ansatz der Rechtsprechung zur Gewährleistung der Kampfparität eingeschränkt werden.[1307]

---

1304 BAG, Beschl. v. 28.10.1992 – 10 ABR 75/91, NZA 1993, 420.

1305 So auch Däubler/*Colneric*, Arbeitskampfrecht, 2. Aufl., Rn. 743.

1306 BAG, Urt. v. 14.09.1976 – 1 AZR 784/75, AP BetrVG 1972 § 113 Nr. 2; MAH ArbR/*Liebers*, § 56 Rn. 125.

1307 So auch *Bauer/Krieger*, NZA 2004, 1019, 1024; *Bayreuther*, ZfA 2009, 107; Brox/Rüthers/*Brox*, Arbeitskampfrecht, § 12 Rn. 462; *Galperin/Löwisch*, BetrVG, § 74 Rn. 13b; *Gamillscheg*, Kollektives Arbeitsrecht, Bd. I, S. 1286; MHdB ArbR/*Ricken*,

Durch das einzuhaltende langwierige Mitbestimmungsverfahren würde die beabsichtigte Arbeitskampfmaßnahme vorübergehend verhindert und so zusätzlicher Druck auf den Arbeitgeber ausgeübt.[1308] Dieser könnte nicht schnell und effektiv auf die Arbeitsniederlegung reagieren. Der Arbeitgeber ist nämlich zunächst gezwungen, folgende Schritte einzuhalten, bevor er seine Maßnahme durchsetzen kann. Gem. § 112 Abs. 2 BetrVG müsste einer der Betriebspartner den Vorstand der Bundesagentur für Arbeit um Vermittlung ersuchen, wenn ein Interessenausgleich über die geplante Betriebsänderung oder eine Einigung über den Sozialplan nicht zustande kommt. Das Vermittlungsersuchen ist zwar freiwillig,[1309] der Betriebsrat könnte allerdings diesen Schritt einleiten, um das Verfahren in die Länge zu ziehen. Erfolgt kein Vermittlungsersuchen oder bleibt dieses ergebnislos, muss einer der Betriebsparteien die Einigungsstelle anrufen. Die Einigungsstelle muss zunächst gebildet werden, in der dann noch einmal verhandelt wird. Nach der hier vertretenen Auffassung würde bereits durch den Versuch der Beratung, den Vermittlungsversuch der Bundesagentur für Arbeit und die Anrufung der Einigungsstelle das Verfahren insofern zeitlich nicht unerheblich verzögert, als es zu einer eindeutigen Beeinträchtigung der Kampfparität kommen würde. Allein die Wartezeit von drei Tagen, wie bereits zu personellen Maßnahmen bestätigt, würde für die Beeinträchtigung der Kampfparität ausreichen. Hier würde es sogar zu einer Wartezeit von mehreren Wochen kommen. Überdies ist die Einigungsstelle befugt, nach einem erfolglosen Einigungsversuch der Betriebspartner über die Aufstellung eines Sozialplans zu entscheiden, welche zum Nachteil des Arbeitgebers gereichen könnte und eine eigenständige Gegenmaßnahme ohne Folgewirkung ausschließen würde. Insofern würde das Einigungsstellenverfahren noch intensiver und länger dauern und in die Arbeitskampffreiheit des Arbeitgebers eingreifen. Dieser könnte nicht frei auf die Arbeitsniederlegung reagieren, sondern müsste mit wirtschaftlichen Einbußen durch Ausgleichsansprüche der Arbeitnehmer im Rahmen des Sozialplans rechnen. Gegen eine Beteiligung des Betriebsrats spricht auch, dass

---

§ 276 Rn. 59; *Heinze*, DB 1982, Beil. 23, 1, 19; *Kissel*, Arbeitskampfrecht, § 36 Rn. 87; *Kraft*, FS Müller, S. 265, 278; *Löwisch*, DB 2005, 554, 559; *Meyer*, BB 2012, 2753; *Reuter*, AuR 1973, 1, 7 f.; Richardi BetrVG/*Annuß*, BetrVG, § 111 Rn. 31; *Ricken*, ZfA 2008, 301 ff.; *Willemsen/Stamer*, NZA, 2007, 412, 416; im Erg. auch GK-BetrVG/*Jacobs*, BetrVG, § 74 Rn. 83; a.A.: Däubler/*Dette*, BetrVG, § 19 Rn. 160; *Fitting*, BetrVG, § 112a Rn. 190; *Weiss*, AuR 1982, 265, 268.

1308 Brox/Rüthers/*Brox*, Arbeitskampfrecht, § 12 Rn. 462; *Otto*, Arbeitskampf- und Schlichtungsrecht, § 16 Rn. 76.

1309 BeckOK ArbR/*Besgen*, BetrVG, § 112 Rn. 5.

sich ein Verfahren zur Aufstellung eines Sozialplans und zur Mitbestimmung erübrigen würde, wenn der Streik beendet ist und der Betrieb nach der vorübergehenden Betriebsstilllegung wieder aufgenommen wird. Folglich ist nach dem Ansatz des BAG wegen der Beeinträchtigung der Arbeitskampffreiheit eine mitbestimmungsfreie Betriebsstilllegung anzunehmen. Dem steht auch nicht entgegen, dass der Betriebsrat eine Betriebsstilllegung lediglich durch Verhandeln in der Einigungsstelle verzögern, hingegen nicht verhindern könnte.[1310] Die unternehmerische Entscheidung als solche bleibt zwar mitbestimmungsfrei,[1311] der Arbeitgeber wäre dennoch gezwungen das zeitintensive Verfahren einzuhalten, um einen Nachteilsausgleich mit hohen finanziellen Einbußen nach § 113 Abs. 3 BetrVG zu vermeiden.[1312] Ferner würde dem die gleiche Wirkung wie eine Verhinderung zukommen, wenn die Betriebsänderung neben der Verzögerung nicht so durchgeführt werden könnte, wie vom Arbeitgeber als Gegenmaßnahme beabsichtigt, sondern mit einem Sozialplan. Er könnte von seiner Kampfmittelfreiheit zur Abwehr des Streiks nicht Gebrauch machen. Abgrenzungsschwierigkeiten, ob die Maßnahme tatsächlich auf den Arbeitskampf oder auf bereits bestehende Ursachen zurückzuführen ist und die Diskussion um Missbrauchsgefahren,[1313] bestehen bei einer nur vorübergehenden Betriebsstilllegung nicht. Der Arbeitgeber kann nämlich eine vorübergehende Betriebsstilllegung unabhängig von seiner wirtschaftlichen Situation anordnen, sogar wenn ihm die teilweise Aufrechterhaltung technisch möglich und wirtschaftlich zumutbar wäre.[1314]

Auch hier ist bei einer mitbestimmungsfrei durchgeführten vorübergehenden Betriebsstilllegung nach Beendigung des Streiks die Mitbestimmung nicht nachzuholen.[1315] Ein nachträglich durchgeführter Interessenausgleich und die nachträgliche Aufstellung eines Sozialplans würden die Kampfparität verletzen. Die Streikabwehrmaßnahme würde ihre Wirkung und ihren Zweck verlieren, wenn der Arbeitgeber die Nachteile durch einen nachträglichen Interessenausgleich und Sozialplan tragen müsste. Er könnte nicht frei von seiner Kampfmittelfreiheit Gebrauch machen, weil er nach Beendigung des Streiks mit den

1310 So aber Däubler/*Dette*, BetrVG, § 19 Rn. 160.

1311 *Jahn*, Die Beteiligung des Betriebsrats, S. 121.

1312 MHdB ArbR/*Ricken*, § 276 Rn. 59; *Meyer*, BB 2012, 2753 f.; *Reuter*, AuR 1973, 1, 7.

1313 So Däubler/*Dette*, BetrVG, § 19 Rn. 160.

1314 BAG, Urt. v. 22.03.1994 - 1 AZR 622/93, NJW 1995, 477.

1315 *Bauer/Krieger*, NZA 2004, 1019, 1024; HWGNRH/*Hess*, BetrVG, § 111 Rn. 4; *Kissel*, Arbeitskampfrecht, § 36 Rn. 88; MHdB ArbR/*Ricken*, § 276 Rn. 59; Richardi BetrVG/*Annuß*, BetrVG, § 111 Rn. 32; a.A.: *Reuter*, AuR 1973, 1, 7.

beteiligungsrechtlichen Nachteilen rechnen müsste. Dies hätte Auswirkungen auf die Entscheidungsfreiheit des Arbeitgebers. Zudem wäre die nachträgliche Beteiligung bei einer auf die Zeit des Streiks befristeten Maßnahme zwecklos und würde die arbeitskampfkonforme Auslegung aushebeln. In Anbetracht der zukunftsgerichteten Ausgleichs- und Überbrückungsfunktion von Sozialplänen, die die künftigen Nachteile für die Arbeitnehmer ausgleichen sollen, die durch die Betriebsänderung entstehen können,[1316] würde eine Mitbestimmung obsolet werden, da wegen der befristeten Maßnahme nach dem Ende des Streiks die Arbeitnehmer keine Nachteile mehr erleiden würden. Die Nachteile, die während des Streiks entstanden sind, müssen die Arbeitnehmer schon nach dem Arbeitskampfrisiko tragen. Einer Mitbestimmung bedarf es nur, wenn die streikbedingt durchgeführte Betriebsänderung nach dem Ende des Streiks geändert werden soll und zu diesem Zweck eine neue Betriebsänderung geplant wird.[1317]

### 2. *Durchführung einer dauerhaften Betriebsänderung*

Neben vorübergehenden Betriebsstilllegungen können auch dauerhafte Betriebsänderungen, wie Betriebsbeschränkungen infolge von Umstrukturierungen und Betriebsstilllegungen, Gegenstand von streikbedingten Maßnahmen des Arbeitgebers sein.[1318] Diese können insbesondere bei länger andauernden Arbeitsniederlegungen, die schwere wirtschaftliche Schäden verursachen, in Frage kommen.[1319] Die bewusste Existenzvernichtung darf zwar als Tarifziel nicht verfolgt oder billigend in Kauf genommen werden, indes ist gerade beim Verbandstarifvertrag als ungewollte Nebenfolge möglich, dass einige Unternehmen wirtschaftlich schwer geschädigt werden.[1320] Solche Betriebsänderungen, die „*wesentliche Nachteile für die gesamte oder Teile der Belegschaft*" zur Folge haben, erfordern grundsätzlich die Mitbestimmung nach § 111 BetrVG.[1321] Anders als bei der vorübergehenden Betriebsstilllegung, entstehen der Arbeitnehmerschaft bei einer dauerhaften Betriebsänderung Nachteile, die über den Zeitraum des Streiks hinausgehen. Insofern kann dann bei einer dauerhaften

---

1316 BAG, Urt. v. 11.11.2008 – 1 AZR 475/07, NZA 2009, 210.

1317 Richardi BetrVG/*Annuß*, BetrVG, § 111 Rn. 32.

1318 *Bieback/Mayer*, AuR 1982, 169, 178; *Reuter*, AuR 1973, 1, 7.

1319 *Eich*, DB 1979, Beil. 9, 1, 4; Brox/Rüthers/*Brox*, Arbeitskampfrecht, § 12 Rn. 461; *Jahn*, Die Beteiligung des Betriebsrats, S. 119; *Roß*, Das Arbeitskampfverbot, S. 135.

1320 *Seiter*, Streikrecht und Aussperrungsrecht, S. 533.

1321 *Fitting*, BetrVG, § 111 Rn. 56, 63; BAG, Urt. v. 28.04.1993 – 10 AZR 38/92, AP BetrVG 1972 § 111 Nr. 32; Urt. v. 21.06.2001 – 2 AZR 137/00, AP KSchG 1969 § 15 Nr. 50.

Betriebsstilllegung auch das Bedürfnis an einem Interessenausgleich und Sozialplan bestehen.

Fraglich ist, zu welchem Ergebnis hier der Ansatz des BAG bei streikbedingten Betriebsänderungen hinsichtlich der Mitbestimmungsrechte kommt.

Auch bei einer dauerhaften über den Streik hinausgehenden streikbedingten Betriebsänderung würde das langwierige Verfahren zur Mitbestimmung in Form der Einigungs- und Vermittlungsversuche sowie der Anrufung der Einigungsstelle eine schnelle Gegenmaßnahme im Rahmen der Arbeitskampffreiheit unmöglich machen.[1322] Die Dauerhaftigkeit der Betriebsänderung macht keinen Unterschied. Wegen einer erheblichen vorübergehenden Verhinderung der beabsichtigten Betriebsänderung würde die Kampfparität nicht unerheblich gestört, sodass die Mitbestimmungsrechte nach § 111 ff. BetrVG arbeitskampfbedingt suspendiert werden müssten. Die herrschende Meinung in der Literatur teilt diese paritätsbezogene Auffassung.[1323] Dem stünde nicht die Tatsache entgegen, dass ein Interessenausgleich und Sozialplan die Maßnahme an sich nicht verhindern, sondern nur zeitlich verzögern könnten. Vor Durchführung der Maßnahme müssten zwei verschiedene Stellen, der Vorstand der Bundesagentur für Arbeit und im Falle eines gescheiterten Vermittlungsversuchs die Einigungsstelle, angerufen werden. Im Gegensatz zur vorübergehenden Betriebsstilllegung könnte es Abgrenzungsschwierigkeiten bezüglich der Streikbedingtheit der Maßnahme geben.[1324] Für eine Überprüfungsmöglichkeit, ob überhaupt eine mitbestimmungsrelevante Maßnahme vorliegt, muss der Betriebsrat allerdings nicht unbedingt mitbestimmen. Das aufrechterhaltene Unterrichtungsrecht mit allen nötigen Informationen und Unterlagen zur wirtschaftlichen Situation würde

---

1322 So auch Brox/Rüthers/*Brox*, Arbeitskampfrecht, § 12 Rn. 462; *Lipinski/Ferme*, DB 2007, 1250, 1252; Meyer, BB 2012, 2753 f.; *Reuter*, AuR 1973, 1, 7; *Kraft*, FS Müller, S. 265, 278.

1323 *Bauer/Krieger*, NZA 2004, 1019, 1024; *Bayreuther*, NZA 2007, 1017, 1020 f.; Brox/Rüthers/*Brox*, Arbeitskampfrecht, § 12 Rn. 462; Dahl/*Ubber*, Mitbestimmung in wirtschaftlichen Angelegenheiten, Rn. 55 ff.; HWK/*Hohenstatt/Willemsen*, BetrVG, §112 Rn. 81; *Kissel*, Arbeitskampfrecht, § 36 Rn. 87; *Löwisch*, DB 2005, 554, 559; Löwisch/Kaiser/Klumpp/*Klumpp*, BetrVG, § 74 Rn. 22; *Reuter*, AuR 1973, 1, 7; *Seiter*, RdA1979, 393, 398; *Willemsen/Stamer*, NZA, 2007, 412, 416; a.A.: Däubler/*Colneric*, Arbeitskampfrecht, 2. Aufl., Rn. 740, 742; *Fitting*, BetrVG, § 112a Rn. 190; *Roß*, Das Arbeitskampfverbot, S. 137; *Jansen*, Mitbestimmung, S. 226.

1324 *Eich*, DB 1979, Beil. 9, 1, 4; *Reuter*, AuR 1973, 1, 7; Däubler/*Dette*, Arbeitskampfrecht § 19 Rn. 160; *Jansen*, Mitbestimmung, S. 226 Abgrenzung soll praktisch nicht möglich sein.

hierfür ausreichen.[1325] Daneben wird sich der Betriebsrat in größeren Unternehmen von dem Wirtschaftsausschuss über die wirtschaftlichen Angelegenheiten für die Zeit vor dem Streik unterrichten lassen, um einen Vergleich mit der Zeit während des Streiks anzustellen. Insofern bietet auch der Wirtschaftsausschuss mit seiner Unterrichtungspflicht gegenüber dem Betriebsrat eine Möglichkeit, den Hintergrund der wirtschaftlichen Situation des Unternehmens zu überprüfen. Gegen die Wahrscheinlichkeit, eine Betriebsänderung missbräuchlich unter dem Deckmantel der Streikbedingtheit durchzuführen,[1326] spricht schon das große Risiko eines Nachteilsausgleichs nach § 113 Abs. 3 BetrVG.[1327] Diese Regelung dient der Abschreckung dafür, die Maßnahme auf falsche Gründe zu stützen, um sie ohne Mitbestimmung des Betriebsrats durchführen zu können, zumal der Arbeitgeber die Darlegungs- und Beweislast für die Streikbedingtheit der Maßnahme trägt.[1328] Insofern wird der Arbeitgeber ein Interesse an einer sachgemäßen Entscheidung haben. Bei einem – ausnahmsweise – viel länger andauernden Streik, der solche Maßnahmen erfordern könnte, können zwar weitere Faktoren eine Rolle spielen. Diese Tatsache spricht aber nicht gegen eine Einschränkung.[1329] Wichtig ist, dass sie als Abwehrmaßnahme getroffen wird und der Streik die einzige Ursache der Betriebsänderung ist.[1330] Davon ausgenommen sind Fälle, in denen der Betrieb aus wirtschaftlicher Sicht noch weitergeführt werden könnte, der Arbeitgeber sich aber aus verschiedenen Motiven für eine Stilllegung oder Einschränkung entscheidet.

Sofern unterstellt wird, die dauerhafte Betriebsstilllegung würde eine weitere und gleich effektive Alternative für die Aussperrung darstellen und de facto die Wirkung einer lösenden Aussperrung ermöglichen, kann dem nicht gefolgt werden.[1331] Erstens suspendiert sie nämlich nicht die Lohnzahlungspflicht und

---

1325 A.A.: Däubler/*Dette*, Arbeitskampfrecht § 19 Rn. 160; Däubler/*Colneric*, Arbeitskampfrecht, 2. Aufl., Rn. 742.

1326 So *Herbst*, AiB 1987, 4, 9.

1327 Brox/Rüthers/*Brox*, Arbeitskampfrecht, § 12 Rn. 462; *Eich*, DB 1979, Beil. 9, 1, 4; *Kraft*, FS Müller, S. 265, 278; *Reuter*, AuR 1973, 1, 7.

1328 Brox/Rüthers/*Brox*, Arbeitskampfrecht, § 12 Rn. 462.

1329 So aber Däubler/*Colneric*, Arbeitskampfrecht, 2. Aufl., Rn. 742; *Hässler*, Beteiligungsrechte, S. 172; *Roß*, Das Arbeitskampfverbot, S. 137.

1330 *Gamillscheg*, Kollektives Arbeitsrecht, Bd. I, S. 1286; a.A.: *Jansen*, Mitbestimmung, S. 226 mit der Begründung, dass der Arbeitskampf mit seinen zeitlich begrenzten Wirkungen nie die einzige Ursache für eine Betriebsänderung sein kann; ähnlich *Hässler*, Beteiligungsrechte, S. 171.

1331 So aber *Jahn*, Die Beteiligung des Betriebsrats, S. 124.

zweitens führt sie ebenso zu einem wirtschaftlichen Nachteil für den Arbeitgeber, der gezwungen wird, Betriebe oder Betriebsteile dauerhaft aufzugeben.

Eine Betriebsänderung, die nur während und nicht wegen des Streiks durchgeführt wird, kann – auch wenn es um den Abschluss eines Sozialplantarifvertrages geht – die Mitbestimmung nicht ausschließen. Für eine Einschränkung des Mitbestimmungsrechts würde es hier bereits an einem konkreten Bezug zu einem laufenden Arbeitskampf fehlen.[1332] Die bloße Existenz eines Arbeitskampfes, ohne dass eine Gegenmaßnahme als bestimmtes arbeitskampfbezogenes Handeln des Arbeitgebers mit den Beteiligungsrechten des Betriebsrats kollidiert, kann nicht stets zu einer Suspendierung führen.[1333] Dem kann auch nicht mit dem Erst-Recht-Schluss entgegnet werden, wenn die beteiligungspflichtigen Maßnahmen später sogar Gegenstand von Tarifforderungen sind.[1334]

Da der Interessenausgleich und der Sozialplan gesetzlich voneinander unabhängig ausgestaltet sind und in der Literatur eine Diskussion über ihre jeweilige Paritätsrelevanz besteht, sind sie getrennt zu untersuchen.

### *a) Interessenausgleich*

Auch wenn das Gesetz in § 112 Abs. 2 und 3 BetrVG von „*können*" und „*sollen*" spricht, ist das Verfahren um den Interessenausgleich für den Arbeitgeber obligatorisch durchzuführen.[1335] Die Vereinbarung eines Interessenausgleichs ist durch die Einigungsstelle zwar nicht erzwingbar, indes muss der Arbeitgeber zumindest den Abschluss eines Interessenausgleichs versuchen, um den Nachteilsausgleichsansprüchen gem. § 113 Abs. 3 BetrVG zu entgehen.[1336] Dazu muss der Arbeitgeber das Verfahren vollständig ausschöpfen und die Einigungsstelle anrufen, soweit der Betriebsrat dies nicht tut. Erst wenn die Einigungsstelle vergeblich eine Einigung nach § 112 Abs. 3 S. 2 BetrVG versucht, ist das Verfahren für den Arbeitgeber vollständig ausgeschöpft.[1337]

---

1332 *Bauer/Krieger*, NZA 2004, 1019, 1024; *Fitting*, BetrVG, § 74 Rn. 18; Richardi BetrVG/*Annuß*, BetrVG, § 112 Rn. 179; a.A.: *Lipinski/Ferme*, DB 2007, 1250, 1252; *Löwisch*, DB, 2005, 554, 559.

1333 *Ricken*, ZfA 2008, 283, 302.

1334 So aber *Willemsen/Stamer*, NZA 2007, 413, 417.

1335 BAG, Urt. v. 18.12.1984 – 1 AZR 176/82, NZA 1985, 400.

1336 BAG, Urt. v. 18.12.1984 – 1 AZR 176/82, NZA 1985, 400; ErfK/*Kania*, BetrVG, §§ 112, 112a Rn. 6.

1337 BAG, Urt. v. 18.12.1984 – 1 AZR 176/82, NZA 1985, 400.

Hinsichtlich der Paritätsrelevanz gehen die Ansichten hierzu auseinander. Ein großer Teil der Literatur[1338] bejaht gerade wegen des sehr zeitaufwändigen Verfahrens, das zwar nicht in dem Abschluss eines Interessenausgleichs münden, aber unter Einbindung der Einigungsstelle versucht werden muss, die Paritätsrelevanz. Die beabsichtigte Abwehrmaßnahme werde blockiert und beeinträchtige die Kampfparität.[1339] *Löwisch*[1340] weist darauf hin, dass sich die Paritätswidrigkeit – insbesondere bei einem gleichzeitig laufenden Arbeitskampf um einen Tarifsozialplan[1341] zur Beschäftigungssicherung – schon aus dem Zusammenspiel von Betriebsrat und Gewerkschaft zur Erhöhung ihrer Durchsetzungskraft gegenüber dem Arbeitgeber ergebe. Die Verflechtung von Gewerkschaft und Betriebsrat stellt für den Arbeitgeber eine Situation dar, die bei allen Arbeitskämpfen der Gewerkschaft gegeben ist und spricht bei kampfbedingten Maßnahmen für eine arbeitskampfkonforme Interpretation. Daneben könnte die betriebliche Auseinandersetzung um Interessenausgleich- und Sozialplanverhandlungen nicht organisierte Arbeitnehmer dazu veranlassen, sich dem Streik der Gewerkschaft anzuschließen oder sogar als Mitglieder beizutreten.[1342]

Dagegen wird argumentiert, dass die eigentliche Wirkung einer während eines Arbeitskampfes durchgeführten Betriebsänderung erst nach Beendigung der Arbeitsniederlegung eintrete und diese daher keine Arbeitskampfmaßnahme sei.[1343] Eine Einschränkung während des Streiks sei auch zwecklos, da das Mitbestimmungsrecht mit Blick auf das Risiko des § 113 Abs. 3 BetrVG ohnehin nachgeholt werden müsse.[1344] Es wird auch angeführt, dass für eine Paritätsbeeinträchtigung die beabsichtigte Betriebsänderung durch die Mitbestimmung gänzlich verhindert und nicht nur zeitlich verzögert werden müsse. Denn der Arbeitgeber müsse ohnehin zunächst infolge von Betriebsänderungen betriebsbedingte Kündigungen aussprechen und die Kündigungsfristen

---

1338 *Bauer/Krieger*, NZA 2004, 1019, 1024; *Bayreuther*, ZfA 2009, 107; Brox/Rüthers/*Brox*, Arbeitskampfrecht, § 12 Rn. 462; *Dietz*, Friedenspflicht, S. 153; DKL/*Kolbe*, BetrVG, § 112a Rn. 10; *Eich*, DB 1979, Beil. 9, 1, 4; Meyer, BB 2012, 2753 f.; MHdB ArbR/*Ricken*, § 276 Rn. 59; *Heinze*, DB 1982, Beil. 23, 1, 19; *Kissel*, Arbeitskampfrecht, § 36 Rn. 87; *Löwisch*, DB 2005, 554, 559; *Reuter*, AuR 1973, 1, 7.

1339 *Meyer*, BB 2012, 2753 f.; Dahl/*Ubber*, Mitbestimmung in wirtschaftlichen Angelegenheiten, Rn. 55 ff.

1340 *Löwisch*, DB 2005, 554, 559; ähnlich *Lipinski/Ferme*, DB 2007, 1250, 1252.

1341 BAG, Urt. v. 24.04.2007 – 1 AZR 252/06, NZA 2007, 987.

1342 Dahl/*Ubber*, Mitbestimmung in wirtschaftlichen Angelegenheiten, Rn. 56.

1343 *Bieback/Mayer*, AuR 1982, 169, 178.

1344 *Bieback/Mayer*, AuR 1982, 169, 178.

abwarten.[1345] Die Arbeitnehmer könnten daher erst einmal weiterarbeiten. Betriebliche Gründe werden zwar grundsätzlich einen wichtigen Grund für außerordentliche Kündigungen erfüllen können, diese werden jedoch in der Regel aus dem Gesichtspunkt der Zumutbarkeit hinsichtlich der Fortsetzung bis zur Beendigung scheitern.[1346] Dann könne es auch keinen nachteiligen Unterschied machen, wenn die Interessenausgleich- und Sozialplanverhandlungen länger andauern. Die Einschränkung des Mitbestimmungsrechts wirkt sich zumindest während des Arbeitskampfes nicht günstig auf die Stellung des Arbeitgebers aus, außer dass die Betriebsänderung schnell wirksam wäre und er ohne Verzögerungen betriebsbedingte Kündigungen aussprechen könnte.[1347] An der Arbeitskampfsituation, z.B. aus kosten- oder produktionstechnischer Sicht, ändert sich nichts. Sogar nach dem Ende des Streiks bleibt erst einmal die Lohnzahlungspflicht beibehalten bis die Kündigungsfristen ablaufen. Darüber hinaus könne der Arbeitgeber seine unternehmerische Entscheidung auch nach Einhaltung des Verfahrens unangetastet umsetzen.[1348] Die Reaktionsfähigkeit verbessere sich insofern nur marginal.

Die Argumente können nicht überzeugen. Es darf nicht außer Acht gelassen werden, dass eine vorübergehende Verhinderung genauso schwer wiegen kann wie eine tatsächliche Verhinderung. Die Betriebsänderung muss im Kontext des Arbeitskampfes betrachtet werden. Die Kräfteverhältnisse werden zugunsten der Gewerkschaft verschoben, wenn diese den Streik in dem Bewusstsein in die Länge ziehen kann, dass die streikbedingten Nachteile für die Arbeitnehmer durch die betriebliche Mitbestimmung u.a. in Form von Abfindungen ohnehin ausgeglichen werden. Darüber hinaus kann die Druckwirkung auf Arbeitnehmer durch sofortige Betriebsänderungen für den Arbeitgeber einen erheblichen Unterschied machen, insbesondere wenn mehrere Betriebe bzw. Betriebsteile bestreikt werden. In einem solchen Fall könnte der Arbeitgeber durch die Druckwirkung einer sofortigen Betriebsänderung die Arbeitnehmer der anderen Betriebe oder Betriebsteile, die noch nicht von der Betriebsänderung betroffen sind, von der weiteren Streikteilnahme abhalten. Diese Signalwirkung würde ihren Zweck nicht erfüllen, wenn der Arbeitgeber noch eine lange Verfahrensdauer überwinden müsste, um erst eine Betriebsänderung auszusprechen. Er könnte von der Möglichkeit, Einfluss auf die Streikteilnehmer zu nehmen, nicht

1345 *Jahn*, Die Beteiligung des Betriebsrats, S. 125; *Jansen*, Mitbestimmung, S. 239.
1346 Brox/Rüthers/*Brox*, Arbeitskampfrecht, § 9 Rn. 310.
1347 *Jahn*, Die Beteiligung des Betriebsrats, S. 125; *Jansen*, Mitbestimmung, S. 239.
1348 *Roß*, Das Arbeitskampfverbot, S. 135.

Gebrauch machen. Allein die Einleitung eines Interessenausgleichsverfahrens bietet nicht die gleiche Druckwirkung auf die Arbeitnehmer, zumal eine schnelle Kenntnisnahme der Arbeitnehmer von einem lediglich eingeleiteten Verfahren nicht gewährleistet ist. Die schnelle Reaktionsmöglichkeit steht insofern im Vordergrund, von der in der Regel der Erfolg der Kampfabwehr abhängt.[1349] Der Umstand, dass die Betriebsänderung am Ende des Verfahrens wie gewünscht umgesetzt werden kann und lediglich verzögert wird, ändert daher nichts am Ergebnis.[1350] Zudem würde das Verfahren gleichzeitig den Ausspruch der betriebsbedingten Kündigungen verzögern. Der rasche Ausspruch von Kündigungen, der jedoch durch das lange Verfahren nach § 111 ff. BetrVG unterbunden wird, hat ebenso einen großen Effekt auf die Streikteilnehmer. Dies zeigt, dass der Arbeitgeber in all seinen Reaktionsmöglichkeiten beeinträchtigt würde.

Auch das BAG hat sich bereits in einer Entscheidung vom 24.04.2007[1351] im Zusammenhang mit der Zulässigkeit von Streiks um Tarifsozialpanforderungen der Gewerkschaft zwar nicht unmittelbar zur arbeitskampfkonformen Einschränkung infolge von arbeitskampfbedingt ausgesprochenen Betriebsänderungen geäußert, allerdings explizit auf die ständige Rechtsprechung verwiesen, Beteiligungsrechte zur Wahrung der Kampfparität arbeitskampfbedingt einzuschränken, statt umgekehrt die Koalitionsbetätigungsfreiheit zugunsten des Betriebsrats. Dem ausdrücklichen Hinweis ist zu entnehmen, dass kampfbedingte Betriebsänderungen möglich sind und zu einer arbeitskampfkonformen Auslegung führen können.

### *b) Sozialplan*

Da der Sozialplan hingegen erzwingbar ist, wird die Paritätsrelevanz von der Mehrheit des Schrifttums[1352] bejaht. Neben dem langwierigen Verfahren bis hin zur Verpflichtung zur Anrufung der Einigungsstelle werde auch wegen der finanziellen Belastungen durch Ausgleich der wirtschaftlichen Nachteile durch Aufstellung eines Sozialplans oder durch den Nachteilsausgleich nach § 113 BetrVG das Arbeitskampfrisiko auf den Arbeitgeber verschoben.[1353] Das wäre

---

1349 *Seiter*, RdA1979, 393, 398.

1350 *Seiter*, RdA1979, 393, 398.

1351 BAG, Urt. v. 24.04.2007 – 1 AZR 252/06, NZA 2007, 987.

1352 Brox/Rüthers/*Brox*, Arbeitskampfrecht, § 12 Rn. 462; DKL/*Kolbe*, BetrVG, § 112a Rn. 10; *Eich*, DB 1979, Beil. 9, 1, 4; a.A.: *Jahn*, Die Beteiligung des Betriebsrats, S. 12; *Jansen*, Mitbestimmung, S. 240.

1353 Brox/Rüthers/*Brox*, Arbeitskampfrecht, § 12 Rn. 462; *Eich*, DB 1979, Beil. 9, 1, 4.

indes unbillig und würde erhebliche negative Auswirkungen auf die Kampfparität haben. Es sei widersprüchlich im Rahmen des Sozialplans Nachteile für die Arbeitnehmer auszugleichen, die sie gerade selbst durch die Arbeitsniederlegung herbeigeführt hätten.[1354] Das Entlassung- bzw. Arbeitsplatzrisiko trage so wie auch das Lohnrisiko die Arbeitnehmerschaft.[1355] Diese von den Streikteilnehmern in Kauf genommen Risiken dürfen nicht durch die Hintertür auf den Arbeitgeber abgewälzt werden. Das wirke sich auch insofern auf die Chancengleichheit zwischen den Tarifparteien aus, als die Arbeitnehmer durch den Sozialplananspruch, den der Betriebsrat für sie ausverhandelt, weniger kompromissbereit mit den Tarifforderungen seien.[1356] Wenn die Arbeitnehmerschaft immer mit einem Ausgleich ihrer Interessen rechnen müsse, gehe der Anreiz verloren, durch Beendigung des Streiks ihre Arbeitsplätze zu erhalten.[1357] Dazu komme, dass der Arbeitgeber die gesamten Verfahrenskosten, die für eine zusätzliche Belastung sorgen, tragen müsse.[1358]

Andere vertreten hingegen die Auffassung[1359], dass die Mitbestimmung im Zusammenhang mit der Aufstellung eines Sozialplans bestehen bleibe. Im Wesentlichen wird argumentiert, dass die Mitbestimmung die Betriebsänderung nicht verhindern könne.[1360] Eine zeitliche Verzögerung für die Durchführung der Betriebsänderung trete nicht ein, da der Sozialplan auch nach Durchführung der Betriebsänderung vereinbart werden könne.[1361] Die Verschiebung des Arbeitskampfrisikos wollen sie dadurch verhindern, dass sie die streikbezogenen Faktoren im Rahmen des Sozialplans zulasten der Streikteilnehmer berücksichtigen.[1362] Dabei soll entsprechend der Streikbeteiligung der Arbeitnehmer hinsichtlich materieller Abfindungen sogar eine Reduzierung auf „Null" möglich sein.[1363] Zudem

---

1354 Brox/Rüthers/*Brox*, Arbeitskampfrecht, § 12 Rn. 462; *Eich*, DB 1979, Beil. 9, 1, 4; *Kraft*, FS Müller, S. 265, 278 f.

1355 *Eich*, DB 1979, Beil. 9, 1, 4; *Reuter*, AuR 1973, 1, 7.

1356 Brox/Rüthers/*Brox*, Arbeitskampfrecht, § 12 Rn. 462; *Eich*, DB 1979, Beil. 9, 1, 4.

1357 *Eich*, DB 1979, Beil. 9, 1, 4.

1358 *Seiter*, RdA1979, 393, 398.

1359 Däubler/*Dette*, Arbeitskampfrecht § 19 Rn. 161; *Jahn*, Die Beteiligung des Betriebsrats, S. 126.

1360 Däubler/*Dette*, Arbeitskampfrecht § 19 Rn. 160.

1361 ErfK/*Kania*, BetrVG, §§ 112, 112a Rn. 14; Richardi BetrVG/*Annuß*, BetrVG, § 112 Rn. 67.

1362 Däubler/*Dette*, Arbeitskampfrecht § 19 Rn. 162; Däubler/*Colneric*, Arbeitskampfrecht, 2. Aufl., Rn. 743; *Galperin/Löwisch*, BetrVG, § 74 Rn. 13c; *Jansen*, Mitbestimmung, S. 240.

1363 *Heinze*, DB 1982, Beil. 23, 1, 20; *Hässler*, Beteiligungsrechte, S. 172.

müsse die Mitbestimmung schon bestehen bleiben, damit im Einzelfall die Streikbedingtheit der Maßnahme überprüft werden könne.[1364]

Dem kann allerdings nicht gefolgt werden. Auch hier hat der Sozialplan zwar nicht unmittelbare Auswirkung auf die beabsichtigte Betriebsänderung, da dieser durch den Sozialplan nicht verhindert werden kann.[1365] Der Sozialplan könnte sogar nach der bereits durchgeführten Betriebsänderung aufgestellt werden, mittelbar können sich die hohen finanziellen Belastungen durch den Sozialplan allerdings schon auf Planungen und damit auf die Reaktionsfähigkeit des Arbeitgebers auswirken.[1366] Dieser wird gehemmt sein, eine freie Entscheidung zu treffen, wenn er bei seiner Entscheidung auch immer die hohen Einbußen durch den Sozialplan mitberücksichtigen muss. Eine pauschale Trennung der Streikursachen und der allgemeinen Nachteile wird ebenso kaum möglich sein. Nur das Lohnrisiko für den Zeitraum des Streiks nicht zu berücksichtigen, wird einer arbeitskampfrechtlichen Lösung nicht gerecht werden. Denn die gesamte Betriebsänderung und alle dadurch verursachten Nachteile werden durch den Streik der Arbeitnehmer verursacht. Dies liefe regelmäßig auf eine Reduzierung auf „Null" hinaus. Arbeitskampfbedingte Nachteile dürfen gerade nicht durch Sozialpläne ausgeglichen werden.[1367] Letztlich wäre es nach der vorliegenden Untersuchung widersinnig im Rahmen einer Betriebsänderung mitbestimmungsfrei aus Paritätsgründen Kündigungen nach §§ 102, 103 BetrVG auszusprechen, aber gleichzeitig paritätswidrig Interessenausgleich und Sozialplanverhandlungen durchzuführen.

### c) *Nachträgliche Beteiligung*

Eine nachträgliche Beteiligung bei einer mitbestimmungsfrei durchgeführten dauerhaften Betriebsänderung, die über das Ende des Arbeitskampfes hinaus fortwirkt und nicht auf die Zeit des Arbeitskampfes beschränkt ist, ist auch hier abzulehnen.[1368] Im Vergleich zu der vorübergehenden Betriebsstilllegung würde hier zwar die nachträgliche Aufstellung eines Sozialplans wegen der Zukunftsgerichtetheit Sinn machen. Der Abwehreffekt der Gegenmaßnahme würde jedoch ausgehebelt, wenn die Mitbestimmung nachgeholt werden müsste. Der Arbeitgeber würde von der finanziellen Belastung eines wenn auch nur nachträglichen Sozialplans nicht befreit werden. Ferner würde ein nachträglicher Interessenausgleich die Pläne des

---

1364 Däubler/*Dette*, Arbeitskampfrecht § 19 Rn. 161.

1365 Däubler/*Dette*, Arbeitskampfrecht § 19 Rn. 160.

1366 Ähnlich *Hässler*, Beteiligungsrechte, S. 171.

1367 *Gamillscheg*, Kollektives Arbeitsrecht, Bd. I, S. 1286.

1368 HWGNRH/*Hess*, BetrVG, § 111 Rn. 4.

Arbeitgebers durchkreuzen, wenn er bereits während des Arbeitskampfes andere Modalitäten für die Betriebsänderung vorgesehen hat. Darüber hinaus könnte die Arbeitnehmerschaft weiterhin das Arbeitsplatzrisiko in einem Arbeitskampf unberechtigterweise auf den Arbeitgeber abwälzen, indem sie sich die selbst durch den Streik veranlassten Nachteile durch Aufstellung eines nachträglichen Sozialplans ausgleichen lassen könnte.[1369] Insofern hätte die mitbestimmungsfreie Durchführung keinen Vorteil mehr und würde die Kampfparität verletzen.

Andere Stimmen in der Literatur plädieren zwar für eine Nachholung, wollen aber den Ausgleich von solchen Nachteilen der Belegschaft aus dem Sozialplan herausnehmen, die arbeitskampfbedingt entstanden und nach den arbeitskampfrechtlichen Grundsätzen von den Arbeitnehmern zu tragen sind.[1370] Eine Trennung der arbeitskampfbedingten Nachteile von den allgemeinen Nachteilen wird allerdings kaum möglich sein. Insbesondere, wenn die Betriebsänderung streikbedingt ausgesprochen wurde, werden für gewöhnlich alle entstandenen Nachteile aufgrund des Streiks der teilnehmenden Arbeitnehmer entstanden sein. Dies liefe ohnehin regelmäßig auf eine Reduzierung der Ansprüche auf „Null" hinaus.

Eine nachträgliche Beteiligung durch Aufstellung eines Sozialplans würde hingegen für den Teil der Belegschaft Sinn machen, der sich gerade nicht am Arbeitskampf beteiligt hat und seinen arbeitsrechtlichen Pflichten während des Arbeitskampfes nachgekommen ist. Hier gäbe es auch keine Schwierigkeiten im Sozialplan zwischen streikbedingten und allgemeinen Nachteilen zu differenzieren.

### *d) Zwischenergebnis*

Nach dem konkretisierten Ansatz der Rechtsprechung führt die Aufrechterhaltung der Mitbestimmungsrechte nach § 111 ff. BetrVG bei einer streikbedingten Betriebsänderung – ob vorübergehend oder dauerhaft – zu einer erheblichen Beeinträchtigung der Kampfparität. Die Durchführung der Betriebsänderung ist zwar nicht an eine Frist oder das positive Votum des Betriebsrats gebunden. Die Einigungsstelle muss indes vor einer abschließenden Entscheidung angerufen werden und kann über die Aufstellung eines Sozialplans entscheiden. Zuvor muss der Arbeitgeber auch seiner ernsthaften und zeitaufwändigen Beratungspflicht gegenüber dem Betriebsrat nachkommen. Dieses Verfahren ist in der Lage die Abwehrreaktion des Arbeitgebers vorübergehend mit erheblichen nachteiligen Auswirkungen auf den Arbeitskampf zu verhindern. Der Arbeitgeber wäre für eine schnelle Reaktion auf

---

1369 *Kissel*, Arbeitskampfrecht, § 36 Rn. 88; *Kraft*, FS Müller, S. 265, 278; a.A.: Däubler/*Dette*, BetrVG, § 19 Rn. 160.

1370 *Galperin/Löwisch*, BetrVG, § 74 Rn. 13c.

die Kooperation des Betriebsrats angewiesen. Insofern würde sich die Anrufung der Einigungsstelle zwar nicht auf die Ersetzung einer positiven Zustimmung, jedoch auf einen Einigungsversuch hinsichtlich des Interessenausgleichs und der Aufstellung eines Sozialplans richten. Die Untersuchung hat gezeigt, dass die Einhaltung der Mitbestimmungsrechte nicht mit dem Paritätsgrundsatz zu vereinbaren ist. Neben der zeitlichen Verhinderung sprechen auch die finanziellen Belastungen des Arbeitgebers für eine Suspendierung der Mitbestimmungsrechte. Demnach hat der Ansatz auch hier zu einem plausiblen Ergebnis geführt.

# 4. Kapitel Sonderfälle und neue Formen des Arbeitskampfes

Neben den Auswirkungen eines normalen Arbeitskampfes in Form der Arbeitsniederlegung werden die Auswirkungen ausgewählter Sonderfälle und neuer Formen des Arbeitskampfes - u.a. der Unterstützungsstreik und der Flashmob - auf die betriebliche Mitbestimmung untersucht.

## A. Unterstützungsstreik

Zu prüfen ist, welche Auswirkungen der Unterstützungsstreik auf die betrieblichen Mitbestimmungsrechte hat. Im Zusammenhang mit mittelbar von Arbeitskämpfen betroffenen Betrieben hat das BAG[1371] bereits klargestellt, dass eine arbeitskampfkonforme Einschränkung der betrieblichen Mitbestimmungsrechte mangels Paritätsrelevanz nicht in Betracht kommt. Nur wenn der mittelbar betroffene Betrieb ebenfalls dem unmittelbar vom Arbeitskampf betroffenen Arbeitgeber angehört, kann die Parität beeinträchtigt werden, mit der Folge, dass er auch in dem mittelbar betroffenen Betrieb mitbestimmungsfrei Gegenmaßmaßnahmen, wie z.B. die Versetzung von Streikarbeitern in den bestreikten Betrieb, vornehmen darf.[1372] Dabei handelt es sich um eine arbeitskampfbezogene personelle Maßnahme, wenn dadurch die wirtschaftlichen Folgen des Arbeitskampfes verringert werden sollen.[1373]

Fraglich ist, ob der vom Unterstützungsstreik betroffene Arbeitgeber ebenso mitbestimmungsfrei Arbeitskampfmaßnahmen als Gegenmaßnahmen ergreifen kann, obwohl er nicht Tarifvertragspartei des Hauptarbeitskampfes ist und auch keinen Einfluss auf diesen nehmen kann.[1374] Der vom Unterstützungsstreik betroffene Arbeitgeber könnte ebenso Mehrarbeit anordnen, Versetzungen und Einstellungen von Streikarbeitern[1375] vornehmen oder Streikbruchprämien gewähren, um seinen Betrieb aufrechtzuerhalten. Gleichermaßen kämen auch Kündigungen gegen rechtswidrige Streikausschreitungen in Betracht. Nach dem

---

1371 BAG, Beschl. v. 13.12.2011 - 1 ABR 2/10, NZA 2012, 571.

1372 BAG, Beschl. v. 13.12.2011 - 1 ABR 2/10, NZA 2012, 571.

1373 BAG, Beschl. v. 13.12.2011 - 1 ABR 2/10, NZA 2012, 571.

1374 BAG, Urt. v. 19.06.2007 - 1 AZR 396/06, NZA 2007, 1055.

1375 HWK/*Ricken*, BetrVG, § 99 Rn. 11.

Ansatz des BAG[1376] zur Einschränkung von Mitbestimmungsrechten ist eine ernsthafte Gefährdung der Arbeitskampffähigkeit des Arbeitgebers anzunehmen, wenn die Ausübung von Mitbestimmungsrechten des Betriebsrats dazu führt, *„dass der Arbeitgeber an der Durchführung einer kampfbedingten Maßnahme zumindest vorübergehend gehindert ist und auf diese Weise zusätzlich Druck auf ihn ausgeübt wird*". Da der Arbeitgeber bei Unterstützungsstreiks auch unmittelbar von einem Streik der eigenen Arbeitnehmerschaft betroffen ist, könnte eine arbeitskampfkonforme Auslegung nach dem Ansatz der Rechtsprechung zur Anwendung gelangen.[1377] Denn der Arbeitgeber ist in einer solchen Konstellation der Kampfgegner, auch wenn er nicht Adressat der Forderungen ist.[1378] Da die Gegenmaßnahmen streikbedingt erfolgen, um dem Streik zu begegnen und dessen Auswirkungen auf den betrieblichen Ablauf so gering wie möglich zu halten, befindet sich der vom Unterstützungsstreik betroffene Arbeitgeber in der gleichen Situation wie der vom Hauptarbeitskampf betroffene Arbeitgeber. Er ist genauso nachteilig betroffen wie der Arbeitgeber des Hauptarbeitskampfes und müsste daher kampfbedingte Abwehrmaßnahmen treffen können. Bei einer mitbestimmungsrechtlichen Beteiligung des eigenen Betriebsrats, der grundsätzlich nichts mit dem Hauptarbeitskampf zu tun hat, ist der Arbeitgeber indes in seiner Abwehrfähigkeit vorübergehend verhindert und einem zusätzlichen Druck ausgesetzt. Insbesondere in Fällen, in denen eine Gewerkschaft zur Unterstützung eines Hauptarbeitskampfes einen anderen Teil ihrer Mitglieder zum Unterstützungsstreik aufruft,[1379] wäre es sogar wahrscheinlich, dass sich der Betriebsrat des vom Unterstützungsstreik betroffenen Betriebes mit dem sozialen Gegenspieler solidarisiert und auf dessen Seite steht.[1380] Der Betriebsrat könnte in dieser Situation dazu geneigt sein, sich für die Interessen einer Belegschaft einzusetzen, die – sei es auch nur erst einmal für fremde Interessen – an einem Arbeitskampf beteiligt sind.[1381] Da die vorliegende Untersuchung die Paritätsrelevanz der geprüften Mitbestimmungstatbestände bestätigt hat, könnte

---

1376 BAG, Beschl. v. 13.12.2011 – 1 ABR 2/10, NZA 2012, 571.

1377 BAG, Beschl. v. 13.12.2011 – 1 ABR 2/10, NZA 2012, 571; LAG Schleswig-Holstein, Beschl. v. 29.05.2013 – 6 TaBV 30/12, BeckRS 2013, 70693; ArbG Hamburg, Beschl. v. 17.10.2017 – 15 BV 2/17, BeckRS 2017, 149966; *de Beauregard*, NZA-RR 2016, 617, 621.

1378 Brox/Rüthers/*Brox*, Arbeitskampfrecht, § 3 Rn. 44.

1379 BAG, Urt. v. 19.06.2007 – 1 AZR 396/06, NZA 2007, 1055.

1380 So auch ArbG Köln, Beschl. v. 07.10.2008 – 14 BV 113/07, BeckRS 2010, 71619.

1381 ArbG Köln, Beschl. v. 07.10.2008 – 14 BV 113/07, BeckRS 2010, 71619.

der Arbeitgeber mitbestimmungsfrei solche Maßnahmen ergreifen.[1382] Der Arbeitgeber ist in einem Unterstützungsstreik ebenso an die einzuhaltenden Fristen oder die positive Zustimmung des Betriebsrats und ggf. dessen Ersetzung durch die Einigungsstelle gebunden, sodass er faktisch in seiner Arbeitskampffreiheit und seiner Reaktionsfähigkeit blockiert wird. Insofern gelten hinsichtlich der arbeitskampfkonformen Interpretation für den Unterstützungsstreik die gleichen Grundsätze, die auch für den Arbeitgeber des Hauptarbeitskampfes gelten.[1383] Auch die in einem Arbeitskampf übliche Konfrontation zwischen Arbeitgeber und Belegschaft und die objektive Überforderungssituation des Betriebsrats liegen vor. Die Möglichkeit einer arbeitskampfkonformen Einschränkung im Fall eines Unterstützungsstreiks hat auch bereits das LAG Schleswig-Holstein in seinem Urteil vom 29.05.2013 signalisiert.[1384]

Zweifelhaft erscheint an dieser Stelle jedoch die dogmatische Begründung. Der dem Ansatz der arbeitskampfkonformen Auslegung zugrunde liegende Grundsatz der Kampfparität bezieht sich nämlich auf die Chancengleichheit zwischen den Tarifvertragsparteien zur Erzielung eines Tarifabschlusses. Der Unterstützungsstreik, der auch von derselben Gewerkschaft gegen ein anderes Unternehmen, das z.B. konzernmäßig oder anderweitig verbunden ist, geführt wird, verfolgt nur Tarifforderungen im Rahmen des Hauptarbeitskampfes, um dort Einfluss auf den Hauptarbeitgeber nehmen zu können.[1385] Hinsichtlich des vom Unterstützungsstreik betroffenen Arbeitgebers besteht bereits kein Bedürfnis zur Sicherstellung von annähernd gleichen Verhandlungschancen, da dieser nicht Adressat der Tarifforderungen ist, zumal zwischen ihnen bestehende Tarifverträge und Friedenspflichten zu beachten sind. Durch einen Unterstützungsstreik werden nicht Tarifverträge in Frage gestellt, die für die Streikenden gelten.[1386] Vielmehr werden andere

---

1382 HWK/*Ricken*, BetrVG, § 99 Rn. 11; ähnlich *de Beauregard*, NZA-RR 2016, 617, 621.

1383 LAG Schleswig-Holstein, Beschl. v. 29.05.2013 – 6 TaBV 30/12, BeckRS 2013, 70693; MHdB ArbR/*Ricken*, § 276 Rn. 54; *de Beauregard*, NZA-RR 2016, 617, 621.

1384 LAG Schleswig-Holstein, Beschl. v. 29.05.2013 – 6 TaBV 30/12, BeckRS 2013, 70693 *„Anders wäre der Fall möglicherweise zu beurteilen, wenn, wie hier nicht, die Arbeitgeberin mit einem Unterstützungsstreik überzogen worden wäre, um den Hauptarbeitskampf bei der A GmbH zu unterstützen“*; ähnlich ArbG Köln, Besch. v. 07.10.2008 – 14 BV 113/07, BeckRS 2010, 71619; LAG Hamburg, Beschl. v. 25.04.2018 – 2 TaBV 1/18, BeckRS 2018, 16136; *de Beauregard*, NZA-RR 2016, 617, 621.

1385 BAG, Urt. v. 19.06.2007 – 1 AZR 396/06, NZA 2007, 1055; *Beckerle*, NJW 2017, 439.

1386 BAG, Urt. v. 19.06.2007 – 1 AZR 396/06, NZA 2007, 1055.

Streikende bei ihrer Forderung nach dem Abschluss eines Tarifvertrages unterstützt.[1387]

Als Bezugspunkt könnte indes die Kampfparität im Hauptarbeitskampf dienen. Denn die Gewerkschaft versucht über den Unterstützungsstreik Einfluss auf den Hauptarbeitskampf zu nehmen. Daher müsste der vom Unterstützungsstreik betroffene Arbeitgeber, der ohnehin eine enge wirtschaftliche oder anderweitige Verflechtung zu dem vom Hauptarbeitskampf betroffenen Arbeitgeber hat, zur Gewährleistung dessen Chancengleichheit in der Lage sein, störungsfrei und schnell auf den Unterstützungsstreik zu reagieren. Insbesondere bei Konzernverbindungen betrifft es ferner die Kampfparität des Konzerns, zu welchem beide Arbeitgeber gehören. Für eine arbeitskampfkonforme Auslegung spricht auch, dass es unbillig wäre, wenn der vom Unterstützungsstreik betroffene Arbeitgeber bei Maßnahmen zugunsten seines Betriebes schutzloser gestellt werden würde, als der vom Hauptarbeitskampf betroffene Arbeitgeber, zumal er weder durch Verhandeln noch durch Nachgeben Einfluss auf den Hauptarbeitskampf oder den Tarifabschluss nehmen könnte.[1388] Wenn der im Hauptarbeitskampf betroffene Arbeitgeber mitbestimmungsfrei Gegenmaßnahmen anordnen kann, dann müsste dieses Recht erst recht dem mit dem Unterstützungsstreik überzogenen Arbeitgeber zustehen. Da ferner aufgrund der engen Verflechtung auch dieser künftig mit Hauptarbeitskämpfen rechnen könnte bzw. dem im Hauptarbeitskampf angestrebten Tarifvertrag Signalwirkung für spätere Tarifverträge zukommt, könnte der Unterstützungsstreik als vorgezogener Hauptarbeitskampf zu werten sein.[1389] Darüber hinaus müsste er mildere Gegenmaßnahmen ohne Beteiligung des Betriebsrats vornehmen dürfen, wenn er sogar eine Aussperrung aussprechen[1390] darf. Außer Acht gelassen werden darf auch nicht, dass für die Zulässigkeit des Unterstützungsstreiks argumentiert wird, er diene jedenfalls mittelbar – zur Unterstützung des Hauptstreiks – der Durchsetzung tariflich regelbarer Ziele.[1391] Dann dürfte auf der anderen Seite auch die Argumentation zulässig sein, dass die Abwehr durch Gegenmaßnahmen mittelbar der Abwehr des Hauptstreiks und zur Paritätserhaltung dient. Dementsprechend spielt die Kampfparität mittelbar weiterhin eine Rolle. Folglich hat der Unterstützungsstreik die gleichen Auswirkungen auf die Mitbestimmungsrechte

---

1387 BAG, Urt. v. 19.06.2007 – 1 AZR 396/06, NZA 2007, 1055.

1388 Vgl. BAG, Urt. v. 19.06.2007 – 1 AZR 396/06, NZA 2007, 1055.

1389 Vgl. BAG, Urt. v. 19.06.2007 – 1 AZR 396/06, NZA 2007, 1055.

1390 *Greiner*, NJW 2010, 2977, 2979.

1391 BAG, Urt. v. 19.06.2007 – 1 AZR 396/06, NZA 2007, 1055.

wie ein normaler Streik. Die betrieblichen Mitbestimmungsrechte während eines Unterstützungsstreiks beeinträchtigen aufgrund ihrer Paritätsrelevanz die Arbeitskampffreiheit des Arbeitgebers. Soweit vertreten wird, dass bei einem Unterstützungsstreik die Arbeitskampfparität in geringerer Weise betroffen sei als bei einem normalen Streik,[1392] kann dem aus den genannten Gründen nicht gefolgt werden.

Das Gleiche gilt für rechtswidrige Unterstützungsstreiks, die entweder an sich oder im Hinblick auf die Akzessorietät wegen eines rechtswidrigen Hauptarbeitskampfes rechtswidrig sind.[1393]

## B. Flashmob-Aktion

Zu den neueren Erscheinungsformen neben den herkömmlichen Arbeitskampfmitteln auf der Arbeitnehmerseite gehören sog. Flashmob-Aktionen.[1394] Dabei handelt es sich um einen neuen streikbegleitenden Ansatz der Gewerkschaften zur Druckausübung durch gezielte Störung des Betriebsablaufs öffentlich zugänglicher Einzelhandelsunternehmen.[1395] Die Störung betrieblicher Abläufe wird konkret dadurch hervorgerufen, dass die Teilnehmer, welche auch Dritte sein können, geringwertige Waren kaufen und dadurch den Ablauf verzögern oder ohne Kaufabsicht Einkaufswagen befüllen und stehenlassen.[1396] Das BAG hat einen Flashmob unter bestimmten Voraussetzungen, insbesondere solange dem Arbeitgeber im Hinblick auf die Verhandlungsparität Verteidigungsmöglichkeiten verbleiben, als rechtlich zulässiges Kampfmittel angesehen.[1397] Solange sie der Verfolgung tariflicher Ziele diene, unterfalle sie dem Schutzbereich des Art. 9 Abs. 3 GG. Gleichwohl wird die Entscheidung im Schrifttum[1398] bis heute stark kritisiert, besonders da unbeteiligte Dritte in den Arbeitskampf miteinbezogen werden und den ungeeigneten vermeintlichen Verteidigungsmöglichkeiten wie das Hausrecht des Arbeitgebers und die Möglichkeit der

---

1392 *De Beauregard*, NZA-RR 2019, 625, 628 unter Bezugnahme auf LAG Hamburg, Beschl. v. 25.04.2018 – 2 TaBV 1/18, BeckRS 2018, 16136, das allerdings eine solche Aussage nicht macht, sondern sich zur Einschränkungsmöglichkeit bei mittelbarer Betroffenheit äußert.

1393 Vgl. BAG, Urt. v. 19.06.2007 – 1 AZR 396/06, NZA 2007, 1055.

1394 BAG, Urt. v. 22.09.2009 – 1 AZR 972/08, NZA 2009, 1347.

1395 BAG, Urt. v. 22.09.2009 – 1 AZR 972/08, NZA 2009, 1347.

1396 BAG, Urt. v. 22.09.2009 – 1 AZR 972/08, NZA 2009, 1347.

1397 BAG, Urt. v. 22.09.2009 – 1 AZR 972/08, NZA 2009, 1347.

1398 Vgl. MHdB ArbR/*Ricken*, § 273 Rn. 18 m.w.N.

Betriebsstilllegung. Es stellt sich die Frage, welche Auswirkungen eine Flashmob-Aktion auf die Mitbestimmungsrechte hat.

Bei einer Flashmob-Aktion handelt es sich um eine streikbegleitende Maßnahme eines bereits begonnenen Streiks der Gewerkschaft. Die Gewerkschaften greifen auf den Flashmob zurück, weil sie den Arbeitgeber mit der herkömmlichen Arbeitsniederlegung nicht ausreichend unter Druck setzen können, etwa weil der Arbeitgeber mit Fremdpersonal und Streikbrechern seinen Betrieb aufrechterhält und dadurch den Streik nahezu vollständig abwehrt.[1399] Da bereits ein Arbeitskampf anhängig ist und die streikenden Arbeitnehmer ihre Arbeit niedergelegt haben, gelten bei einem zusätzlichen Flashmob bereits die Grundsätze der arbeitskampfkonformen Einschränkung von Mitbestimmungsrechten. Der Arbeitgeber kann auch schon ohne die Flashmob-Aktion mitbestimmungsfrei streikbedingte Abwehr- und Arbeitskampfmaßnahmen anordnen. Ein normaler Streik bzw. ein Warnstreik ist ein ausreichender Anlass für die Aussetzung der Mitbestimmungsrechte des Betriebsrats zur Gewährleistung der Chancengleichheit. Die Ausübung der Mitbestimmung während eines zusätzlichen Flashmobs würde hingegen die Kampfparität noch stärker beeinträchtigen, da der Flashmob aus Sicht der überwiegenden Literaturstimmen[1400] das Kräftegleichgewicht nicht unerheblich stört und dem Arbeitgeber keinerlei effektive und taugliche Verteidigungsmöglichkeiten lässt.

Zudem bleiben dem Arbeitgeber auch nicht viele Reaktionsmöglichkeiten auf den Flashmob. Die vom BAG vorgeschlagene Betriebsschließung wäre zwar eine Möglichkeit, um den Flashmob schneller zu beenden, den eingetretenen Schaden kann der Arbeitgeber jedoch nicht rückgängig machen.[1401] Dennoch kann er die vorübergehende Betriebsstilllegung als Arbeitskampfmaßnahme mitbestimmungsfrei vornehmen.[1402] Diese Kampfmaßnahme verwirklicht zwar nach der hier vertretenen Ansicht bereits nicht den Tatbestand der Betriebsänderung gem. § 111 BetrVG. Jedenfalls wäre das Mitbestimmungsrecht wegen Paritätsbeeinträchtigung, hier wegen des zusätzlichen sehr paritätsrelevanten Flashmobs, arbeitskampfkonform einzuschränken. Andere Reaktionsmöglichkeiten wie die Anordnung von Mehrarbeit oder die Vornahme von Versetzungen in den betroffenen Betrieb erscheinen wegen der Dauer des Flashmobs in

1399 Vgl. BAG, Urt. v. 22.09.2009 – 1 AZR 972/08, NZA 2009, 1347.

1400 *Baeck/Winzer/Kramer*, NZG 2015, 1063, 1065; *Jacobs*, ZfA 2011, 71, 74 ff.; *Krieger/Günther*, NZA 2010, 20 ff.; *Rieble*, NZA 2008, 796 ff.

1401 *Krieger/Günther*, NZA 2010, 20, 21.

1402 Siehe hierzu die Ausführungen unter 3. Kap. C. IV. 1.

der Regel von ein bis zwei Stunden zwecklos. In der Praxis ist die Anordnung solcher Gegenmaßnahmen unwahrscheinlich, da der Betriebsablauf vollständig lahmgelegt wird und diese Maßnahmen nicht kurzfristig angeordnet werden können. Lediglich Maßnahmen zur Streikfolgenkompensation, um wieder Ordnung in der Filiale zu schaffen und die Waren aus den Einkaufswagen zurück in die Regale zu räumen, kommen durch Mehrarbeit oder zusätzliche Arbeitskraft durch Versetzungen und Einstellungen in Betracht. Diese können jedoch nur mitbestimmungsfrei angeordnet werden, wenn weiterhin gestreikt wird, auch wenn der Flashmob beendet ist. Wenn dagegen der Streik auch beendet ist, bedürfen Kompensationsmaßnahmen der Zustimmung des Betriebsrats.[1403] Kündigungen können bei rechtswidrigen Teilnahmen, z.B. mangels Erkennbarkeit des Flashmobs oder Streikausschreitungen, ebenso mitbestimmungsfrei ausgesprochen werden. Demnach sind alle relevanten Mitbestimmungsrechte bei kampfbedingten Abwehrmaßnahmen suspendiert, da der Arbeitgeber im Falle eines streikbegleitenden Flashmobs einer doppelten Belastung ausgesetzt ist. Der Flashmob hat im Hinblick auf die Einschränkungsmöglichkeiten jedoch keine große Bedeutung, da er einen im Hintergrund laufenden Streik begleitet und unterstützt, nicht jedoch ersetzt.

Soweit man Flashmob-Aktionen isoliert betrachtet, stellen sie neuartige Kampfformen dar und sind teilweise intensiver als normale Streiks, da sie aktiv in den betrieblichen Ablauf eingreifen und nicht wie beim klassischen Streik mit finanziellen Opfern für die Streikteilnehmer verbunden sind.[1404] Da bei einem Flashmob in der Regel Dritte teilnehmen, verlieren die Arbeitnehmer nicht ihren Vergütungsanspruch, sodass diese Arbeitskampfmaßnahme keine Selbstschädigung zur Folge hat.[1405] Insofern haben die Gewerkschaften mehr Vorteile als Nachteile. Dagegen erleidet der Arbeitgeber schwere Nachteile, ohne eine richtige Verteidigungsmöglichkeit zu haben.[1406] Bei einer zusätzlichen vorübergehenden Verzögerung durch die Beteiligung des Betriebsrats wären die Folgen für die Abwehrfähigkeit und die Kampffähigkeit des Arbeitgebers daher schwerer als bei einer nur passiven Arbeitsniederlegung. Mithin muss der Arbeitgeber erst recht von der Mitbestimmung des Betriebsrats befreit werden.

1403 Beschl. v. 20.03.2018 – 1 ABR 70/16, NZA 2018, 1081.
1404 BAG, Urt. v. 22.09.2009 – 1 AZR 972/08, NZA 2009, 1347.
1405 BAG, Urt. v. 22.09.2009 – 1 AZR 972/08, NZA 2009, 1347.
1406 So auch *Thüsing/Waldhoff*, ZfA 2011, 329 ff.

## C. Betriebsblockade und Betriebsbesetzung

Auch Betriebsblockaden und Betriebsbesetzungen, die von der Arbeitnehmerschaft als Kampfmittel verwendet werden, gehen in der Regel als Begleithandlungen mit einem normalen Streik einher,[1407] sodass ihnen eine streikunterstützende Funktion zukommt. Insofern würden sie die Auswirkungen auf den Arbeitskampf und den Druck auf den Arbeitgeber nur verstärken und damit eine arbeitskampfkonforme Auslegung von Mitbestimmungsrechten bei einer zusätzlichen Intervention des Betriebsrats erforderlich machen.[1408] Ein normaler Streik reicht bereits aus, um eine Einschränkung von Mitbestimmungsrechten bei streikbedingten und paritätsrelevanten Maßnahmen des Arbeitgebers zu rechtfertigen.[1409]

Indes geht das BAG davon aus, dass diese Kampfmittel weit über den zulässigen Streik hinausgehen und rechtswidrig sind.[1410] Eine Betriebsblockade ist die „*Verhinderung des Zu- und Abgangs von Waren und Kunden sowie die Behinderung arbeitswilliger Arbeitnehmer am Betreten des Betriebes durch Maßnahmen, die über bloßes Zureden, sich am Streik zu beteiligen, hinausgehen*".[1411] Bei Betriebsbesetzungen verlassen die sich im Arbeitskampf befindlichen Arbeitnehmer gegen den Willen des Arbeitgebers nicht den Betrieb, stellen aber gleichzeitig die Arbeit ein und hindern hierdurch arbeitswillige Arbeitnehmer an der Arbeitsaufnahme oder stören durch ihre bloße Anwesenheit im Betrieb die Arbeitsabläufe erheblich.[1412] Da diese Vorgehensweisen sich als unzulässig erwiesen haben, darf der Arbeitgeber bei rechtswidriger Störung betrieblicher Arbeitsabläufe, u.a. der Verletzung des Eigentumsrechts und des Rechts am eingerichteten und ausgeübten Gewerbebetrieb,[1413] aufgrund Vertragsbruchs auf individualrechtlichem Wege mit Kampfkündigungen reagieren.[1414] Während

1407 ErfK/*Linsenmaier*, GG, Art. 9 Rn. 277; MHdB ArbR/*Ricken*, § 265 Rn. 10.

1408 Ähnlich ErfK/*Linsenmaier*, GG, Art. 9 Rn. 277.

1409 BAG, Beschl. v. 20.03.2018 – 1 ABR 70/16, NZA 2018, 1081.

1410 BAG, Urt. v. 21.06.1988 – 1 AZR 651/86, NZA 1988, 846; Urt. v. 14.02.1978 – 1 AZR 103/76, NJW 1979, 239; Urt. v. 14.02.1978 – 1 AZR 76/76, AP GG Art. 9 Arbeitskampf Nr. 58; so auch *Löwisch/Rieble*, TVG, Rn. 532; gegen die generelle Unzulässigkeit ErfK/*Linsenmaier*, GG, Art. 9 Rn. 277; Gagel/*Klein*, SGB II/III, § 160 Rn. 110.

1411 BAG, Urt. v. 21.06.1988 – 1 AZR 651/86, NZA 1988, 846; Urt. v. 08.11.1988 – 1 AZR 417/86, NZA 1989, 475; *Kissel*, Arbeitskampfrecht, § 34 Rn. 26, § 61 Rn. 101.

1412 *Kissel*, Arbeitskampfrecht, § 61 Rn. 57; MHdB ArbR/*Ricken*, § 265 Rn. 10.

1413 BAG, Urt. v. 21.06.1988 – 1 AZR 651/86, NZA 1988, 846; BeckOK ArbR/*Waas*, GG, Art. 9 Rn. 168; *Kissel*, Arbeitskampfrecht, § 61 Rn. 68 ff., 101 ff.

1414 BAG, Urt. v. 14.02.1978 – 1 AZR 103/76, NJW 1979, 239; Urt. v. 14.02.1978 – 1 AZR 76/76, AP GG Art. 9 Arbeitskampf Nr. 58.

des Arbeitskampfes bedürfen diese Kampfkündigungen des Arbeitgebers aus Arbeitskampfgründen nicht der Mitbestimmung des Betriebsrats.[1415]

## D. Boykott

Ähnlich ist es bei dem Arbeitskampfmittel des Boykotts der Arbeitnehmerseite. Dabei handelt es sich um die planmäßig durchgeführte Absperrung des Tarifgegners vom geschäftlichen Verkehr zur Erzielung eines Tarifzieles.[1416] Durch den Aufruf der Gewerkschaft, jegliche geschäftliche Beziehungen zu dem Unternehmen einzustellen, soll der Arbeitgeber vom geschäftlichen Verkehr ausgeschlossen werden.[1417] Der Boykott hat als rechtlich zulässiges Arbeitskampfmittel[1418] praktisch nur eine streikunterstützende Funktion und wird in der Literatur als Nebenkampfmittel bezeichnet.[1419] Er soll verhindern, dass der Betrieb durch organisatorische Maßnahmen wie Neueinstellungen aufrechterhalten werden kann, um die Auswirkungen der Arbeitsniederlegung zu mildern.[1420] Wenn aufgrund des Boykotts keine neuen Arbeitsverträge mit dem Arbeitgeber abgeschlossen und keine Waren mehr bezogen oder geliefert werden, wird der Druck auf den Arbeitgeber, insbesondere neben einer laufenden Arbeitsniederlegung, erhöht[1421] und die Verteidigungsmöglichkeit auf ein Minimum beschränkt. Wenn der betriebliche Ablauf bzw. die Produktion kaum noch fortgesetzt werden kann, keine Streikbrecher eingesetzt werden können und eine Betriebsstilllegung nicht in Betracht kommt, bleibt dem Arbeitgeber nur noch die Möglichkeit, den Boykott durchzustehen.[1422] Eine zusätzliche Intervention des Betriebsrats durch Ausübung von Mitbestimmungsrechten würde die Kampffähigkeit des Arbeitgebers weiter verschlechtern, sodass er mitbestimmungsfrei entscheiden dürfte.

Lediglich der Aufruf der Gewerkschaft an arbeitswillige Arbeitnehmer die Arbeit niederzulegen, verstärkt grundsätzlich nicht die Druckausübung. Der

---

1415 BAG, Urt. v. 14.02.1978 – 1 AZR 76/76, AP GG Art. 9 Arbeitskampf Nr. 58.

1416 Brox/Rüthers/*Brox*, Arbeitskampfrecht, § 3 Rn. 64.

1417 Brox/Rüthers/*Brox*, Arbeitskampfrecht, § 3 Rn. 66; MHdB ArbR/*Ricken*, § 265 Rn. 11.

1418 BAG, Urt. v. 19.10.1976 – 1 AZR 611/75, NJW 1977, 318.

1419 Brox/Rüthers/*Brox*, Arbeitskampfrecht, § 3 Rn. 67; *Müller/Landshuter*, Arbeitsrecht, Rn. 172.

1420 Brox/Rüthers/*Brox*, Arbeitskampfrecht, § 3 Rn. 67.

1421 Ähnlich ErfK/*Linsenmaier*, GG, Art. 9 Rn. 277.

1422 BAG, Urt. v. 19.10.1976 – 1 AZR 611/75, NJW 1977, 318 als Mindestverteidigungsmöglichkeit.

bestehende Arbeitskampf reicht jedoch aus, um eine Einschränkung der Mitbestimmung bei Verhinderung von Kampfmaßnahmen des Arbeitgebers zu rechtfertigen. Letztlich muss der Arbeitgeber weiterhin in der Lage sein, sich auch gegen Boykottmaßnahmen zu verteidigen. Seine Verteidigungsfähigkeit wäre erheblich eingeschränkt, wenn er eine Zustimmung einholen müsste. Isoliert betrachtet, wenn der Boykott nicht mit einem Streik einhergeht, muss die Gegenmaßnahme als Reaktion auf den Boykott und im engen Zusammenhang mit diesem erfolgen, damit sie die erforderliche Mitbestimmung suspendieren kann. Da es sich bei dem Boykott auch unabhängig von einem Streik um ein zulässiges Arbeitskampfmittel handelt, bei dem auch der Grundsatz der Verhältnismäßigkeit einzuhalten ist,[1423] muss der Arbeitgeber dieses mit einer Arbeitskampfmaßnahme abwehren können. Der Betriebsrat muss bei solchen Maßnahmen seine Neutralität wahren.[1424]

## E. Warnstreik

Das BAG hat in seiner jüngsten Entscheidung zu diesem Themenbereich bestätigt, dass es auch einer arbeitskampfkonformen Auslegung von Mitbestimmungsrechten bedarf, die bei der Vornahme von Abwehrmaßnahmen gegen von der Gewerkschaft geführte Warnstreikmaßnahmen ausgelöst werden.[1425] Das BAG hat ausdrücklich festgestellt, dass bei Warnstreikmaßnahmen hinsichtlich der Rechtfertigung von arbeitskampfrechtlichen Einschränkungsmöglichkeiten nichts anderes gelte als bei normalen Streiks.[1426] Die überwiegenden Stimmen in der Literatur haben diesen Aspekt nicht problematisiert und nach der Entscheidung des BAG auch so angenommen.[1427]

Dies erscheint auch vor dem Hintergrund der Gleichstellung von Warnstreiks mit Erzwingungsstreiks durch das BAG und den großen Auswirkungen von Warnstreikmaßnahmen plausibel.[1428] Seit dem Warnstreikurteil werden kurzzeitige Warnstreiks nicht von längerfristigen Erzwingungsstreiks unterschieden.[1429]

---

1423 Schaub/*Treber*, Arbeitsrechts-Handbuch, § 192 Rn. 53; HWK/*Reichold*, GG, Art. 9 Rn. 244.

1424 *Fitting*, BetrVG, § 74 Rn. 12.

1425 BAG, Beschl. v. 20.03.2018 – 1 ABR 70/16, NZA 2018, 1081; so auch LAG Hessen, Beschl. v. 21.04.2016 – 5 TaBV 196/15, BeckRS 2016, 74599.

1426 BAG, Beschl. v. 20.03.2018 – 1 ABR 70/16, NZA 2018, 1081

1427 U.a. *Nothelfer/Schlotthauer*, SAE 2019, 63 ff.; *Sura*, NZA-RR 2018, 551, 556.

1428 BAG, Urt. v. 21.06.1988 – 1 AZR 651/86, NZA 1988, 846.

1429 Däubler/*Rödl/Unterhinninghofen/Wroblewski*, Arbeitskampfrecht, § 17 Rn. 46.

Warnstreiks werden wie Erzwingungsstreiks behandelt und unterliegen den gleichen Rechtmäßigkeitsvoraussetzungen, dem Ultima-Ratio-Prinzip und dem Verhältnismäßigkeitsgrundsatz.[1430] Insofern übt der Warnstreik den gleichen Druck auf den Arbeitgeber aus und stellt lediglich eine Streiktaktik dar.[1431] Dementsprechend ist der Vorgehensweise der Rechtsprechung zu folgen, wonach der Ansatz der arbeitskampfkonformen Auslegung von Mitbestimmungsrechten auf den Warnstreik unterschiedslos Anwendung findet. Da der Warnstreik ein vollwertiges Kampfmittel mit erheblichen Auswirkungen auf den Tarifabschluss ist, würden Mitbestimmungsrechte bei Gegenmaßnahmen des Arbeitgebers in gleicher Weise in die Kampfparität eingreifen und die Gewerkschaft begünstigen. Dafür spricht auch, dass die Abwehr- und Reaktionsfähigkeit bei schnellen und kurzfristigen Warnstreiks sowie mangels Ankündigungspflicht für den Arbeitgeber ohnehin schwieriger erscheint,[1432] zumal die Schäden und Nachteile bei mehreren aufeinander folgenden Warnstreiks genauso erheblich sein können. Soweit in der Literatur vereinzelt vertreten wird, Warnstreiks hätten eine geringere Wirkung, weshalb die Notwendigkeit einer Einschränkung der Mitbestimmungsausübung daher zweifelhaft sein könnte,[1433] ist diese Auffassung abzulehnen. Andere Literaturstimmen[1434] wollen die Mitbestimmungsrechte ebenso aufrechterhalten, da eine arbeitskampfbedingte Maßnahme eng auszulegen sei und bei befristeten und kurzfristigen Warnstreiks kaum vorliegen könne. Ebenso ist der Ansatz nicht überzeugend, wonach bei einer fehlenden Ankündigung des Warnstreiks faktisch keine operative Abwehrmöglichkeit für den Arbeitgeber bestehe und daher zur „Nachholung“ der Mehrarbeit die zeitliche Dauer für mitbestimmungsfreie Mehrarbeitsanordnungen über den Streik hinaus verlängert werden müsse.[1435] Für eine Suspendierung muss gerade ein Bezug zu einem laufenden Warnstreik bestehen. Dies ist gerade die Besonderheit der arbeitskampfkonformen Auslegung. Sie soll nicht die Mitbestimmungsrechte außerhalb des Arbeitskampfes aushebeln. Für eine anderweitige Regelung, die Mitbestimmungsrechte auch während der Verhandlungsphasen

---

1430 BAG, Urt. v. 21.06.1988 – 1 AZR 651/86, NZA 1988, 846.

1431 BAG, Beschl. v. 20.03.2018 – 1 ABR 70/16, NZA 2018, 1081; Brox/Rüthers/*Rüthers*, Arbeitskampfrecht, § 8 Rn. 154; *Nothelfer/Schlotthauer*, SAE 2019, 63, 65.

1432 *Meyer*, RdA 2018, 380 ff.

1433 Vgl. *Meyer*, RdA 2018, 380, 382; *Bobke/Grimberg*, AiB 1984, 20, 22.

1434 *Blanke*, AiB 1993, 220, 225; *Reichold*, NZA, 2004, 248, 240 zweifelt Rechtsprechung vor dem Hintergrund von Minimax-, Warn- und Wellenstreiks an.

1435 Vgl. *Meyer*, RdA 2018, 380, 382.

einzuschränken, besteht kein Bedürfnis.[1436] Zudem kann der Arbeitgeber bereits im Vorfeld während der Verhandlungen sich auf eine schnelle Reaktion in Form von Mehrarbeit oder Versetzungen und Einstellungen vorbereiten.[1437] Spätestens nach dem ersten Warnstreik könnte der Arbeitgeber eine taktische und schnellere Vorgehensweise überlegen. Da auch ein befristeter Warnstreik einige Stunden[1438] in Anspruch nehmen kann, bleibt eine Gegenmaßnahme durchaus möglich.

Insbesondere bei Warnstreikmaßnahmen sollte der Arbeitgeber jedoch die streikbedingten Anordnungen des Einsatzes arbeitswilliger Arbeitnehmer auf die Streikzeit bzw. die warnstreikbedingte Betriebsunterbrechung oder -einschränkung begrenzen, da nur während dieser Zeit die Mitbestimmungsrechte suspendiert werden können.[1439] Wenn ihm die Streikzeit nicht bekannt ist, sollte er die Anordnung ausdrücklich nur auf die dem Streikaufruf nicht folgende Mitarbeiter beziehen und auf diese beschränken, damit für alle Arbeitnehmer erkennbar ist, ob sie Streikarbeit leisten und Kampfunwillige nicht gezwungen werden irrtümlich mitzuarbeiten.[1440] Nur dann handelt es sich bei der Anordnung um eine für die arbeitskampfkonforme Auslegung relevante Arbeitskampfmaßnahme.

## F. Erhaltungs- und Notdienstarbeiten

Weiterhin sind die Auswirkungen auf die Mitbestimmungsrechte im Zusammenhang mit Erhaltungs- und Notdienstarbeiten zu untersuchen.

Unter Erhaltungsarbeiten sind diejenigen Arbeiten zu verstehen, die erforderlich sind, um die Anlagen und Betriebsmittel während des Arbeitskampfes so zu erhalten, dass nach Beendigung die Betriebstätigkeit fortgesetzt werden kann.[1441] Notdienstarbeiten sind Arbeiten zur Sicherstellung der Versorgung der Bevölkerung mit lebensnotwendigen Diensten und Gütern während eines Arbeitskampfes.[1442] Grundsätzlich werden diese Arbeiten zwischen Arbeitgeber und Gewerkschaft geregelt. Das BAG hat bereits entschieden, dass die Regelung

1436 BAG, Beschl. v. 20.03.2018 – 1 ABR 70/16, NZA 2018, 1081.

1437 A.A.: *Weller*, BB 2018, 3008.

1438 *Kalb*, Arbeitskampfrecht, Rn. 146.

1439 BAG, Beschl. v. 20.03.2018 – 1 ABR 70/16, NZA 2018, 1081; *Nothelfer/Schlotthauer*, SAE 2019, 63, 65.

1440 BAG, Beschl. v. 20.03.2018 – 1 ABR 70/16, NZA 2018, 1081; *Lambrich/Woidy*, DB 2018, 2645; *Markowski*, ArbRB 2018, 265.

1441 BAG, Urt. v. 30.03.1982 – 1 AZR 265/80, AP GG Art. 9 Arbeitskampf Nr. 74.

1442 BAG, Urt. v. 31.01.1995 – 1 AZR 142/94, NJW 1995, 2869.

der Modalitäten eines arbeitskampfbedingten Notdienstes, zumindest zunächst den Tarifparteien als gemeinsame Aufgabe zusteht.[1443]. Wer hingegen bei Fehlen einer solchen einvernehmlichen Regelung zwischen den Tarifparteien, z.B. bei Scheitern der Verhandlungen, dafür zuständig sein soll, ist weiterhin umstritten.[1444] An dieser Stelle soll nicht vertieft werden, wer genau – der Arbeitgeber oder die Gewerkschaft oder beide zusammen – zuständig und verantwortlich für die Organisation und Durchführung von Erhaltungs- und Notdienstarbeiten ist.

Streitig ist allerdings auch, ob der Betriebsrat freiwillig während eines Arbeitskampfes an der Entscheidung über die Art und den Umfang eines Erhaltungs- und Notdienstes mitwirken kann.[1445] Teilweise wird hier ein Mitwirkungsrecht dahingehend bejaht, dass der Betriebsrat zumindest freiwillig mitwirken können müsse.[1446] Andere vertreten die Auffassung, dass die Mitwirkung einen Eingriff in die Arbeitskampffreiheit bedeute und der Betriebsrat sich bei der Organisation nicht neutral verhalten könne.[1447] Der letzteren Ansicht ist zuzustimmen, soweit die Kampfparteien selbst Regelungen zu Erhaltungs- und Notdienstarbeiten treffen.[1448] Dann wäre jede davon abweichende Regelung zwischen Arbeitgeber und Betriebsrat ein Eingriff in die Arbeitskampfparität der Tarifparteien und die Neutralitätspflicht des Betriebsrats. Das BAG hat jedoch bereits bestätigt, dass der Betriebsrat bei Aufrechterhaltung der betrieblichen Ordnung oder der Vereinbarung eines Notdienstes bei fehlender Regelung durch die Kampfparteien selbst freiwillig zur Verfügung stehen kann.[1449] Eine freiwillige Regelung bei fehlender Vereinbarung der Tarifparteien ist demnach nicht ausgeschlossen. Dies spricht auch dafür, dass es sich in diesem Fall bei der Auswahl der Arbeitnehmer nicht um eine Arbeitskampfmaßnahme handeln kann.[1450]

---

1443 BAG, Urt. v. 31.01.1995 – 1 AZR 142/94; AP GG Art. 9 Arbeitskampf Nr. 135.

1444 Vgl. BAG, Urt. v. 30.03.1982 – 1 AZR 265/80, AP GG Art. 9 Arbeitskampf Nr. 74 m.w.N.; vgl. Däubler/*Dette*, Arbeitskampfrecht, § 19 Rn. 152; vgl. *Wiese*, NZA 1984, 378, 382.

1445 Vgl. *Fitting*, BetrVG, § 74 Rn. 24.

1446 Brox/Rüthers/*Brox*, Arbeitskampfrecht, § 13 Rn. 467; GK-BetrVG/*Jacobs*, BetrVG, § 74 Rn. 85; *Wiese*, NZA 1984, 378, 382.

1447 LAG Niedersachsen, Urt. v. 01.02.1980 – 10 Sa 110/79, AP GG Art. 9 Arbeitskampf Nr. 69; LAG Frankfurt, Urt. v. 22.04.1969 – 5 Sa 627/68, AP GG Art. 9 Arbeitskampf Nr. 40; *Däubler*, AuR 1981, 257, 264; *Kempen*, NZA 2005, 185, 190; *Kissel*, Arbeitskampfrecht, § 43 Rn. 63.

1448 Vgl. *Fitting*, BetrVG, § 74 Rn. 25.

1449 BAG, Beschl. v. 10.12.2002 – 1 ABR 7/02, NZA 2004, 223.

1450 GK-BetrVG/*Jacobs*, BetrVG, § 74 Rn. 85; *Wiese*, NZA 1984, 378, 382.

Vielmehr ist die Verständigung hinsichtlich der Auswahl Voraussetzung für die Rechtmäßigkeit des Arbeitskampfes.[1451] Insbesondere, wenn der Arbeitgeber gerade mangels Kooperation der Gewerkschaft ein Interesse an der Mitwirkung des Betriebsrats hat und diesen mit Blick auf die Organisation zur Mitwirkung auffordert, wäre es widersinnig in der Beteiligung des Betriebsrats eine Kampfmaßnahme im Sinne des § 74 Abs. 2 S. 1 BetrVG, eine Druckausübung gegen den Arbeitgeber oder eine Unterstützung der Gewerkschaft zu sehen, zumal der Arbeitgeber die Erhaltungs- und Notdienstarbeiten auch unmittelbar mit der Gewerkschaft selbst regeln könnte.[1452] Eine Verpflichtung zur Kooperation würde sich hier auch aus dem gesetzlichen Gebot der vertrauensvollen Zusammenarbeit ergeben.[1453]

## I. Mitbestimmungsrecht nach § 87 Abs. 1 Nr. 1 BetrVG

Fraglich ist, ob dem Betriebsrat bei der Vereinbarung der Auswahl der Arbeitnehmer und des Umfangs der Erhaltungs- und Notdienstarbeiten Mitbestimmungsrechte zustehen. Das Mitbestimmungsrecht des § 87 Abs. 1 Nr. 1 BetrVG könnte vorliegend berührt sein. Darunter fallen Angelegenheiten zu Fragen der Ordnung des Betriebs und des Verhaltens der Arbeitnehmer im Betrieb. Dieses Mitbestimmungsrecht betrifft das Zusammenleben und Zusammenwirken der Arbeitnehmer im Betrieb.[1454] Vom Ordnungsverhalten abzugrenzen ist das Arbeitsverhalten, das Maßnahmen betrifft, mit denen die aus dem Arbeitsvertrag bestehende Hauptleistungspflicht zwischen den Vertragsparteien konkretisiert wird.[1455] Diese Maßnahmen bleiben mitbestimmungsfrei, da § 87 Abs. 1 Nr. 1 BetrVG nur kollektive ordnungsbezogene Verhalten erfasst.[1456] Dabei geht es um generell geltende formelle Arbeitsbedingungen und nicht um Leistungsverhalten der Arbeitnehmer.[1457] Die Regelungsinhalte zu Erhaltungs- und Notdienstregelungen und die Auswahl der Arbeitnehmer sollen jedoch gerade nicht das kollektive Zusammenleben und Zusammenwirken im Betrieb betreffen,

---

1451 GK-BetrVG/*Jacobs*, BetrVG, § 74 Rn. 85; *Wiese*, NZA 1984, 378, 382.

1452 So auch GK-BetrVG/*Jacobs*, BetrVG, § 74 Rn. 85; *Wiese*, NZA 1984, 378, 382.

1453 So auch *Schmidt*, DB 1978, 1278.

1454 ErfK/*Kania*, BetrVG, § 87 Rn. 18.

1455 ErfK/*Kania*, BetrVG, § 87 Rn. 18.

1456 BAG, Beschl. v. 23.10.1984 – 1 ABR 2/83, AP BetrVG 1972 § 87 Ordnung des Betriebes Nr. 8; a.A.: Däubler/*Dette*, Arbeitskampfrecht, § 19 Rn. 152.

1457 BAG, Beschl. v. 23.10.1984 – 1 ABR 2/83, AP BetrVG 1972 § 87 Ordnung des Betriebes Nr. 8.

sodass eine Mitbestimmung abzulehnen wäre.[1458] Hier stehe die Arbeitskampf-ordnung, für die die Tarifpartner zuständig seien, im Mittelpunkt.[1459] Mit diesen Regelungen werde die Hauptleistungspflicht der Arbeitnehmer zu Erhaltungs- und Notdienstarbeiten konkretisiert, da sich die Pflicht zur Durchführung aus dem Arbeitsvertrag ergebe.[1460] Insofern sei bereits der Tatbestand des Mitbestimmungsrechts nicht erfüllt, sodass der Betriebsrat zu dieser Frage kein Mitbestimmungsrecht besitzt.

## II. Mitbestimmungspflichtige Maßnahmen

Gestritten wird auch über die Frage, ob der Arbeitgeber befugt ist, mitbestimmungsfrei der Beteiligung des Betriebsrats unterliegende Maßnahmen bezüglich der konkreten Durchführung von Erhaltungs- und Notdienstarbeiten anzuordnen. Im Zusammenhang mit solchen Arbeiten kommen zum Beispiel Maßnahmen wie die Einstellung und Versetzung von Notarbeitnehmern, die Anordnung von Mehrarbeit, die Kündigung wegen vertragswidrigen Verhaltens oder Verweigerung von Erhaltungs- und Notdienstarbeiten sowie Fragen zur betrieblichen Ordnung wie über Werksausweise und Torkontrollen in Betracht.[1461] Daher ist in den Blick zu nehmen, ob der Betriebsrat die Interessen der Erhaltungs- und Notdienstarbeiter im Wege der Mitbestimmungsausübung zu vertreten hat oder dieses Recht ausnahmsweise wegen des laufenden Arbeitskampfes einer Einschränkung unterliegt.

---

1458 Brox/Rüthers/*Brox*, Arbeitskampfrecht, § 13 Rn. 467; *Hässler*, Beteiligungsrechte, S. 77; *Hohenstatt*, Erhaltungsarbeiten, S. 156; HWK/*Reichold*, BetrVG, § 74 Rn. 13; *Jansen*, Mitbestimmung, S. 231; *Kissel*, Arbeitskampfrecht, § 43 Rn. 63, § 36 Rn. 89, 90; *Kraus*, Erhaltungsarbeiten, S. 148 f., *Oetker*, Erhaltungsarbeiten, S. 82 f.; *Weißleder*, Erhaltungs- und Notstandsarbeiten, S. 194; *Wiese*, NZA 1984, 378, 382; im Ergebnis auch *Galperin/Löwisch*, BetrVG, § 74 Rn. 13d.

1459 Brox/Rüthers/*Brox*, Arbeitskampfrecht, § 13 Rn. 467; *Galperin/Löwisch*, BetrVG, § 74 Rn. 13d; *Hohenstatt*, Erhaltungsarbeiten, S. 156.

1460 *Jansen*, Mitbestimmung, S. 231; *Oetker*, Erhaltungsarbeiten, S. 85; *Wiese*, NZA 1984, 378, 381; *Däubler*, AuR 1981, 257, 263; *Hässler*, Beteiligungsrechte, S. 77; *Kraus*, Erhaltungsarbeiten, S. 149; *Otto*, Arbeitskampf- und Schlichtungsrecht, § 8 Rn. 34; *Weißleder*, Erhaltungs- und Notstandsarbeiten, S. 141 ff., 194.

1461 *Fitting*, BetrVG, § 74 Rn. 25; *Hohenstatt*, Erhaltungsarbeiten, S. 166 ff.; *Kraus*, Erhaltungsarbeiten, S. 171 ff.; *Weißleder*, Erhaltungs- und Notstandsarbeiten, S. 194; *Wiese*, NZA 1984, 378, 383.

Weite Teile des Schrifttums[1462] vertreten hierzu die Ansicht, die Beteiligungsrechte müssten uneingeschränkt beachtet werden. Die ausgewählten Arbeitnehmer seien nämlich so zu behandeln, als stünden sie außerhalb des Arbeitskampfes.[1463] Das Betriebsratsamt bestehe fort und die den Erhaltungs- und Notarbeitsdienst betreffenden mitbestimmungspflichtigen Maßnahmen hätten schon keine Auswirkung auf die Kampfparität und seien demnach arbeitskampfneutral.[1464] Bei diesen handle es sich nämlich nicht um Arbeitskampfmaßnahmen.[1465] Daher müsse der Betriebsrat wie außerhalb eines Arbeitskampfes die Interessen der Arbeitnehmer vertreten und seine Mitbestimmungsrechte unter Einhaltung der Neutralitätspflicht ausüben können.[1466] Diese Arbeitnehmer erbringen ihre Arbeit gerade aufgrund einer Vereinbarung und üben ihr Streikrecht nicht aus. Insofern könnte die Tätigkeit wie normale Arbeit zu betrachten sein.

Andere Stimmen[1467] sind gegenteiliger Auffassung und wollen in Anlehnung an das Neutralitätsgebot gem. § 74 Abs. 2 BetrVG und die Kampfparität die Mitbestimmungsrechte auch für Arbeitnehmer arbeitskampfkonform einschränken, die Erhaltungs- und Notdienstarbeiten leisten. Entgegen der Gegenauffassung befinden sich die Arbeitnehmer im Arbeitskampf und die Gestaltung des Erhaltungs- und Notdienstes betreffe unmittelbar die Gestaltung des Arbeitskampfes selbst.[1468] Sie erfolgt gerade anlässlich des Arbeitskampfes, dient der rechtmäßigen Ausübung des Streiks und ist dementsprechend als ein Teil des arbeitskampfrechtlichen Geschehens zu betrachten.[1469] Da die Verpflichtung zur Regelung

---

1462 Brox/Rüthers/*Brox*, Arbeitskampfrecht, § 13 Rn. 467; Däubler/*Dette*, Arbeitskampfrecht, § 19 Rn. 152; Düwell/*Lorenz*, BetrVG, § 74 Rn. 12; *Fitting*, BetrVG, § 74 Rn. 25; GK-BetrVG/*Jacobs*, BetrVG, § 74 Rn. 86; *Hässler*, Beteiligungsrechte, S. 78; MAH ArbR/*Ludwig/Kemna*, § 60 Rn. 16; *Oetker*, Erhaltungsarbeiten, S. 86 ff.; *Schiffer*, Erhaltungsarbeiten, S. 102 ff.; *Wiese*, NZA 1984, 378, 383.

1463 *Wiese*, NZA 1984, 378, 38 f.

1464 Brox/Rüthers/*Brox*, Arbeitskampfrecht, § 13 Rn. 467; *Hässler*, Beteiligungsrechte, S. 78; *Kraus*, Erhaltungsarbeiten, S. 172 ff.

1465 *Kraus*, Erhaltungsarbeiten, S. 172 ff.

1466 Brox/Rüthers/*Brox*, Arbeitskampfrecht, § 13 Rn. 467; *Schiffer*, Erhaltungsarbeiten, S. 102 ff.; *Wiese*, NZA 1984, 378, 38 f.

1467 LAG Niedersachsen, Urt. v. 01.02.1980 – 10 Sa 110/79, DB 1980, 2041; *Bauer/Haußmann*, DB 1996 881, 883; *Gaumann*, NZA 2001, 245, 246; *Kissel*, Arbeitskampfrecht, § 43 Rn. 67, 68; MHdB ArbR/*Boemke*, § 288 Rn. 19; *Otto*, Arbeitskampf- und Schlichtungsrecht, § 8 Rn. 38; Richardi BetrVG/*Thüsing*, BetrVG, § 99 Rn. 24.

1468 *Bauer/Haußmann*, DB 1996 881, 883.

1469 BAG, Urt. v. 31.01.1995 – 1 AZR 142/94, NZA 1995, 958; HWK/*Reichold*, BetrVG, § 74 Rn. 13; *Kissel*, Arbeitskampfrecht, § 43 Rn. 63, § 36 Rn. 89, 90.

der Erhaltungs- und Notdienstarbeiten unmittelbar aus dem arbeitskampfrechtlichen Verhältnismäßigkeitsgrundsatz hergeleitet werde, habe die Art, Umfang und Durchführung dieser Arbeiten auch unmittelbar Auswirkungen auf den Druck und das Kräftegleichgewicht der Tarifparteien.[1470] Die Gewerkschaften als Arbeitnehmerseite nutzen die Verhandlungen zu Erhaltungs- und Notdienstarbeiten zur Druckausübung.[1471] Versucht wird auch mit der besonderen Eilbedürftigkeit und Effektivität von Erhaltungs- und Notdienstarbeiten zu argumentieren.[1472] Mit diesen müsse spätestens bei Kampfausbruch begonnen werden und daher auch die schnelle Reaktion auf Ausfälle effektiv möglich sein. Bei Einhaltung der Mitbestimmung und der Konfliktregelungsmechanismen könne man dem nicht gerecht werden. Daher seien mit Blick auf die Effektivität der Erhaltungs- und Notdienstarbeiten alle mit diesen Arbeiten im Zusammenhang stehende Maßnahmen gänzlich der Mitbestimmung entzogen.[1473]

Daneben sei in Anlehnung an die Kampfparität eine Gegenmaßnahme jedenfalls immer dann frei von der Mitbestimmung, wenn sie im Zusammenhang mit der Durchführung der Aussperrung stehe und unmittelbar dem Hauptkampfmittel diene.[1474] Insbesondere die Kennzeichnung der nicht auszusperrenden Erhaltungs- und Notdienstarbeiter im Wege eines Werksausweises oder durch Torkontrollen[1475], welche den Mitbestimmungstatbestand des § 87 Abs. 1 Nr. 1 BetrVG betreffe,[1476] diene unmittelbar der Aussperrung.[1477] Indes seien die Mitbestimmungsrechte auch bei anderen möglichen Maßnahmen im Zusammenhang mit den Erhaltungs- und Notstandsmaßnahmen einzuschränken, da eine Aussperrung nicht ohne Sicherstellung der Erhaltungs- und Notdienstarbeiten – und allen dafür notwendigen Anordnungen zur ordnungsgemäßen Verwirklichung dieser Arbeiten – gewährleistet werden könne.[1478] Die Verhinderung der Aussperrung als echte Arbeitskampfmaßnahme würde nämlich in

---

1470 *Gaumann*, NZA 2001, 245, 246.

1471 *Däubler*, AuR 1981, 257, 258.

1472 *Otto*, Arbeitskampf- und Schlichtungsrecht, § 8 Rn. 38; *Weißleder*, Erhaltungs- und Notstandsarbeiten, S. 196.

1473 *Weißleder*, Erhaltungs- und Notstandsarbeiten, S. 196.

1474 BAG, Beschl. v. 16.12.1986 – 1 ABR 35/85, NZA 1987, 355; *Gaumann*, NZA 2001, 245, 247; *Hohenstatt*, Erhaltungsarbeiten, S. 170 f.; *Jansen*, Mitbestimmung, S. 230 f.

1475 BAG, Urt. v. 12.8.1999 – 2 AZR 923/98, NZA 2000, 421.

1476 *Weißleder*, Erhaltungs- und Notstandsarbeiten, S. 195.

1477 BAG, Beschl. v. 16.12.1986 – 1 ABR 35/85, NZA 1987, 355; *Gaumann*, NZA 2001, 245, 247.

1478 *Jansen*, Mitbestimmung, S. 230 f.

die Arbeitskampfparität eingreifen. Vertreten wird auch, dass der Arbeitgeber mitbestimmungsfrei Arbeitnehmer einstellen kann, wenn die Gewerkschaft bei der Stellung einer ausreichenden Zahl an Arbeitnehmern nicht kooperiert.[1479] Dies leuchtet auch ein, da sonst der Betriebsrat durch Verzögerung oder Verhinderung der Maßnahme die Arbeiten unmöglich machen könnte. Hinsichtlich einer Kündigung wegen Notdienstverweigerung gem. §§ 102, 103 BetrVG wird die Mitbestimmung hingegen teilweise bejaht, da sie keine Kampfmaßnahme darstelle, nicht an eine solche angelehnt sei und keinen Einfluss auf die Durchführung von Erhaltungs- und Notdienstarbeiten habe.[1480]

Der Auffassung zur Einschränkung von Mitbestimmungsrechten ist zu folgen, insbesondere vor dem Hintergrund, dass mit Blick auf effektive Erhaltungs- und Notdienstarbeiten Fragen zu Umfang und Durchführung, wie etwa Nachbesetzungen durch Versetzungen, auch Gegenstand solcher Vereinbarungen sein müssen.[1481] Wenn diese Aspekte nicht Gegenstand der Vereinbarung werden, müssen sie zur ordnungsgemäßen Durchführung störungsfrei ermöglicht werden, da sonst der beabsichtige Zweck dieser Arbeiten gefährdet wäre und die Vereinbarung obsolet werden könnte. Die völlige Arbeitskampfneutralität solcher Maßnahmen ist abzulehnen. Der Erhaltungs- und Notdienst dient einem rechtmäßigen Arbeitskampf und ist Teil des arbeitskampfrechtlichen Geschehens,[1482] sodass eine strikte Trennung den Arbeitskampf künstlich aufspalten würde. Wenn der Arbeitgeber auf die Modalitäten der Erhaltungs- und Notdienstarbeiten keinen Einfluss nehmen kann und die Maßnahmen aufgrund der erforderlichen Zustimmung des Betriebsrats verhindert bzw. erheblich verzögert werden, ist die Betriebsstörung neben den normalen Streikfolgen noch größer und erhöht den Druck auf den Arbeitgeber.[1483] Gegen eine Mitbestimmung spricht auch, dass das BetrVG selbst kein ausdrückliches Mitbestimmungsrecht hinsichtlich Erhaltungs- und Notdienstarbeiten enthält.[1484]

---

1479 *Hohenstatt*, Erhaltungsarbeiten, S. 167 f.; a.A.: *Schiffer*, Erhaltungsarbeiten, S. 103 f.

1480 *Hohenstatt*, Erhaltungsarbeiten, S. 168 f.; *Jansen*, Mitbestimmung, S. 231; *Weißleder*, Erhaltungs- und Notstandsarbeiten, S. 197; im Ergebnis auch *Schiffer*, Erhaltungsarbeiten, S. 103.

1481 BAG, Urt. v. 31.01.1995 – 1 AZR 142/94, NJW 1995, 2869.

1482 BAG, Urt. v. 31.01.1995 – 1 AZR 142/94, NJW 1995, 2869.

1483 So auch *Kissel*, Arbeitskampfrecht, § 43 Rn. 63.

1484 *Dietz*, Friedenspflicht, S. 39; ArbR/*Ricken*, § 278 Rn. 1; *Galperin/Löwisch*, BetrVG, § 74 Rn. 13d.

Der aktuelle Ansatz der Rechtsprechung kommt hier mangels Arbeitskampfmaßnahme[1485] zur Abwehr des Streiks zwar nicht zur Anwendung, da die Erhaltungs- und Notdienstarbeiten in der Regel zwischen den Tarifparteien gemeinsam vereinbart werden und die Arbeitgebermaßnahmen bezüglich der Notarbeitnehmer nicht unmittelbar zur Abwehr des gewerkschaftlichen Streiks dienen. Jedoch sind die Erhaltungsarbeiten gerade durch den Arbeitskampf veranlasst und begrenzen die Schäden bzw. die Folgeschäden,[1486] sodass Maßnahmen zur Aufrechterhaltung der notwendigen Arbeiten mittelbar auch zur Druckminderung im Arbeitskampf und damit zur Abwehr dienen.[1487] Dieser nicht zu leugnende Einfluss könnte Anlass dazu geben, die Mitbestimmungsrechte des Betriebsrats aus dem Gesichtsunkt der Kampfparität einzuschränken.[1488] Denn jede Beeinträchtigung der störungsfreien Durchführung der Arbeiten und jeder Ausfall von Arbeitnehmern, die nicht schnell ersetzt werden können, schwächt die Kampfkraft des Arbeitgebers und behindert das Kräftegleichgewicht.[1489] Wenn bereits Maßnahmen gegen den Streik mitbestimmungsfrei durchgeführt werden können, dann sollte dies auch für Erhaltungs- und Notdienstarbeiten gelten, die gerade einen Mindestschutz zur Erhaltung der Substanz des Betriebes und zur Versorgung der Öffentlichkeit mit lebensnotwendigen Diensten garantieren. Wenn die Maßnahmen gleichzeitig der Durchführung einer Aussperrung dienen, reicht indes die unmittelbare Betroffenheit der Kampfparität für die Einschränkung aus. Der besondere Schutz vor zeitlichen Verzögerungen der Erhaltungs- und Notdienstarbeiten durch die betriebliche Mitbestimmung kommt ferner auch dadurch zum Ausdruck, dass sogar der Einsatz von Leiharbeitnehmern zulässig ist.[1490] Nach der Begründung zum Gesetzesentwurf des Gesetzes zur Änderung des Arbeitnehmerüberlassungsgesetzes vom 20.07.2016

---

1485 *Buschmann*, AuR 1980, 230, 232 kein Kampfmittel; GK BetrVG/*Jacobs*, BetrVG, § 74 Rn. 86; *Oetker*, Erhaltungsarbeiten, S. 88 f.; *Weißleder*, Erhaltungs- und Notstandsarbeiten, S. 150; a.A.: *Hohenstatt*, Erhaltungsarbeiten, S. 168 sieht Maßnahmen zur Durchführung von Erhaltungsarbeiten als Reaktion auf den Arbeitskampf an.

1486 *Buschmann*, AuR 1980, 230, 232.

1487 Ähnlich *Kissel*, Arbeitskampfrecht, § 43 Rn. 63; ähnlich *Hohenstatt*, Erhaltungsarbeiten, S. 168.

1488 Ähnlich *Kempen*, NZA 2005, 185, 189; ähnlich *Oetker*, Erhaltungsarbeiten, S. 89 f.; *Weißleder*, Erhaltungs- und Notstandsarbeiten, S. 193; *Hohenstatt*, Erhaltungsarbeiten, S. 168.

1489 *Hohenstatt*, Erhaltungsarbeiten, S. 168; *Weißleder*, Erhaltungs- und Notstandsarbeiten, S. 196.

1490 BT-Drucks. 18/9232, S. 28.

erfasst das Leiharbeitsverbot nach § 11 Abs. 5 AÜG diesen Fall nicht.[1491] Dies indiziert bereits den besonderen Schutz und in Anbetracht der besonderen Eilbedürftigkeit die Möglichkeit einer schnellen Einstellungsmaßnahme nach § 99 BetrVG.[1492] Die Existenzerhaltung darf nicht von der Zustimmung des Betriebsrats abhängen. Letztlich dürfen dem Arbeitgeber nach Verhandlungen mit der Gewerkschaft nicht noch die Beteiligung des Betriebsrats und die Durchführung des Zustimmungsersetzungsverfahrens zugemutet werden.[1493] Aufgrund der mittelbaren Auswirkungen auf die Kampfparität und der Druckwirkung auf den Gegenspieler müsste auch die Kündigung mitbestimmungsfrei erfolgen. Die Kündigung entfaltet auch eine gewisse Druckwirkung auf die Arbeitnehmerschaft und bewirkt, dass die Arbeitnehmer die Arbeiten nicht unberechtigt verweigern. Insofern kommt der verzögerungsfreien Maßnahme auch hier große Bedeutung zu.

---

1491 BT-Drucks. 18/9232, S. 28.
1492 *Otto*, Arbeitskampf- und Schlichtungsrecht, § 8 Rn. 38.
1493 *Otto*, Arbeitskampf- und Schlichtungsrecht, § 8 Rn. 38.

# Zusammenfassung der zentralen Ergebnisse

1. Der Arbeitskampf zwischen den Tarifparteien hat keinerlei Auswirkungen auf den Fortbestand des Betriebsratsamtes und berührt nicht die Funktionsfähigkeit des Betriebsrats. Allein das Bestehen des Betriebsratsamtes wirkt sich, trotz der häufigen Nähe der Betriebsratsmitglieder zur Gewerkschaft, nicht auf die Kampfparität aus. Die Betriebsratsmitglieder dürfen in ihrer Eigenschaft als Arbeitnehmer unter Beachtung des Neutralitätsgebots und ihrer Amtsstellung ohne Einschränkungen an Arbeitskämpfen teilnehmen. Eine Kampfteilnahme in ihrer Amtsstellung stellt hingegen einen Verstoß gegen das Arbeitskampfverbot gem. § 74 Abs. 2 S. 1 Hs. 1 BetrVG dar. Insofern muss für das Recht zur Kampfteilnahme die Abgrenzung zwischen der Arbeitnehmerstellung und der Amtsstellung berücksichtigt werden, welche jedoch nicht immer eindeutig vorgenommen werden kann. In der Realität gelingt es den Amtsträgern in der Regel nicht, ihr Amt vollständig abzulegen, da sie bei den Arbeitnehmern als Betriebsratsmitglieder bekannt sind. Die – in der Theorie ungewollte – Außenwirkung des Amtes kann auch in der Arbeitnehmerstellung Auswirkungen auf die Belegschaft haben.
2. Die dogmatische Grundlage der arbeitskampfkonformen Auslegung von betrieblichen Mitbestimmungsrechten nach dem Ansatz des BAG ist weiterhin der Grundsatz der Kampfparität. Das BAG hat seine ständige Rechtsprechung im Hinblick auf die Einschränkung von Mitbestimmungsrechten im Laufe der Zeit konkretisiert und einen nachvollziehbaren Ansatz für unmittelbar vom Arbeitskampf betroffene Betriebe bzw. Unternehmen entwickelt, wonach die Paritätsrelevanz von Beteiligungsrechten im Hinblick auf die Arbeitskampfparität des Arbeitgebers nachgeprüft und festgestellt werden kann. Der Ansatz stellt nicht lediglich eine inhaltsleere Formel dar.
3. Der Ansatz der Rechtsprechung führt zu verlässlichen und nachvollziehbaren Ergebnissen. Die einzige Schwäche der dogmatischen Grundlage bleibt hingegen weiterhin, dass sie bei rechtswidrigen und wilden Streiks nicht passt. Sie findet gem. Art. 9 Abs. 3 GG nur auf rechtmäßige Arbeitsniederlegungen Anwendung. Der Ansatz an sich führt indes auch bei rechtswidrigen Streiks insofern zu plausiblen Ergebnissen, als

die betriebliche Mitbestimmung zur vorübergehenden Verhinderung von Kampfabwehrmaßnahmen führt.

4. Mit Blick auf das Hauptkriterium der Kampfparität stellen das Konfrontationsargument und das Argument der Überforderung vom Neutralitätsgebot nur noch Hilfskriterien dar. Das Überforderungsargument bleibt zwar nur eine Randerscheinung, es hat allerdings eine Daseinsberechtigung, da der Betriebsrat sich während des Arbeitskampfes neutral verhalten muss und durch die Wahrnehmung seiner Mitbestimmungsrechte bei kampfbedingten Maßnahmen des Arbeitgebers keine Entscheidung treffen kann, ohne dass er eine Tarifpartei begünstigt, auch wenn er das nicht beabsichtigt.
5. Der betriebsverfassungsrechtliche Ansatz, wonach eine Einschränkung von Mitbestimmungsrechten bei kampfbedingten Maßnahmen des Arbeitgebers aus § 74 Abs. 2 S. 1 BetrVG abgeleitet wird, ist als dogmatische Grundlage nach der hier vertretenen Auffassung nicht geeignet, um eine Einschränkung zu begründen. Die Vorschrift des § 74 Abs. 2 BetrVG gilt lediglich im Verhältnis zwischen Arbeitgeber und Betriebsrat und bezieht sich nicht auf die Auseinandersetzung zwischen den Tarifparteien. Sie richtet sich als Arbeitskampfverbot an Arbeitgeber und Betriebsrat gleichermaßen.
6. Der Ansatz der Rechtsprechung führt hinsichtlich der verschiedenen Mitbestimmungstatbestände zu einheitlichen Ergebnissen. Er ermöglicht eine ordnungsgemäße Prüfung der Paritätsrelevanz der verschiedenen Mitbestimmungstatbestände.
7. Die untersuchten Mitbestimmungstatbestände in sozialen Angelegenheiten (§ 87 Abs. 1, 2, 3, 10 BetrVG) und in personellen Angelegenheiten (§§ 98, 99, 102, 103 BetrVG) sind unter den herausgearbeiteten Voraussetzungen bei kampfbedingten Anordnungen des Arbeitgebers aufgrund ihrer paritätsrelevanten Auswirkungen auf die kampfrechtlichen Abwehrmaßnahmen des Arbeitgebers, arbeitskampfkonform einzuschränken. Die Mitbestimmungstatbestände wirken sich auf die Arbeitskampffreiheit des Arbeitgebers aus und bedürfen daher der Einschränkung.

8. Das Gleiche gilt für die Mitbestimmungsrechte in wirtschaftlichen Angelegenheiten gem. § 111 ff. BetrVG. Nach dem konkretisierten Ansatz der Rechtsprechung führt die Ausübung der Mitbestimmungsrechte bei einer streikbedingten Betriebsänderung zu einer Beeinträchtigung der Arbeitskampfparität und erfordert daher eine einschränkende Auslegung. Die rechtmäßige Durchführung der Gegenmaßnahme erfordert hier zwar nicht das Abwarten einer Frist oder das positive Votum des Betriebsrats. Die Einigungsstelle müsste indes vor einer abschließenden Entscheidung angerufen werden und könnte über die Aufstellung eines Sozialplans entscheiden. Es müsste insgesamt ein sehr zeitaufwändiges Verfahren durchlaufen werden. Dieses Verfahren würde zu einer erheblichen vorübergehenden Verhinderung führen und durch den erzwingbaren Sozialplan unerwünschte Folgen nach sich ziehen. Insofern würde sich die Anrufung der Einigungsstelle zwar nicht auf die Ersetzung einer positiven Zustimmung richten, jedoch auf einen Einigungsversuch hinsichtlich des Interessenausgleichs und die Aufstellung eines Sozialplans. Die Anrufung der Einigungsstelle wäre hier genauso obligatorisch, um die Gegenmaßnahme durchzuführen. Dies würde wie bei einem Zustimmungsersetzungsverfahren die Arbeitskampffreiheit des Arbeitgebers verletzen.
9. Der Unterrichtungsanspruch gem. § 80 Abs. 2 S. 1 BetrVG i.V.m. den unterschiedlichen Mitbestimmungstatbeständen hat hingegen keine Auswirkung auf die Kampfparität und bedarf daher unter Anwendung der arbeitskampfkonformen Auslegungsgrundsätze keiner Einschränkung. Der Arbeitgeber bleibt trotz der Unterrichtungspflicht weiterhin in der Lage, seine Kampfmaßnahme ohne zeitliche Einschränkungen auszuführen.
10. Es bestehen allerdings keine allgemeingültigen Aussagen hinsichtlich der Auswirkungen der Mitwirkungs- und Mitbestimmungstatbestände auf die Arbeitskampffreiheit des Arbeitgebers. Es muss immer der Einzelfall betrachtet und beurteilt werden, ob eine Beeinträchtigung der Kampfparität vorliegt.
11. Wenn die Kampfmaßnahme selbst ein reines Arbeitskampfmittel bzw. eine reine Arbeitskampfmaßnahme darstellt oder zur Durchführung einer solchen Maßnahme dient (wie die Aussperrung oder die Streikbruchprämie), ist sie per se durch die Kampfparität geschützt und führt zur Suspendierung des einschlägigen Mitbestimmungsrechts. Es bedarf dann keiner größeren Rechtfertigung nach dem Ansatz der arbeitskampfkonformen Auslegung.

12. Es gibt Fälle, in denen die Voraussetzungen der arbeitskampfkonformen Auslegung auf den ersten Blick nicht gegeben sind, weil die rechtmäßige Durchführung der Gegenmaßnahme weder an eine Frist noch an eine positive Zustimmung oder die Ersetzung durch die Einigungsstelle geknüpft ist. Dies ist etwa bei der Betriebsänderung der Fall. Der Arbeitgeber muss in diesem Fall die Einigungsstelle anrufen, ohne dass er eine Frist abwarten muss, die Zustimmung des Betriebsrats oder die Zustimmungsersetzung erforderlich ist. Da diese von der Rechtsprechung herausgearbeiteten Kriterien allerdings nicht abschließend sind, sondern das BAG mit dieser Aufzählung nur versucht eine Paritätsbeeinträchtigung zu konkretisieren, steht die zeitliche Verzögerung der Abwehrfähigkeit des Arbeitgebers im Vordergrund und führt daher auch hier zu einem klaren Ergebnis.
13. In Sonderfällen des Arbeitskampfes findet der Ansatz der Rechtsprechung insofern Anwendung und führt auch zu klaren Ergebnissen, als die einzelnen Voraussetzungen der arbeitskampfkonformen Auslegung vorliegen. Die Mitbestimmungsrechte unterliegen etwa bei Flashmobs und Unterstützungsstreiks einer arbeitskampfkonformen Einschränkung. Insbesondere wenn streikbegleitende zusätzliche Kampfmaßnahmen (z.B. Flashmob oder Boykott) seitens der Gewerkschaften vorgenommen werden, spricht dies mit Blick auf eine stärkere Belastung des Arbeitgebers bei einer Intervention des Betriebsrats im Wege der Mitbestimmung erst recht für eine Paritätsbeeinträchtigung.
14. Bei den dargestellten Kampfformen – soweit sie vom BAG als zulässige Kampfmittel anerkannt sind – sind die einschlägigen betrieblichen Mitbestimmungsrechte bei kampfbedingten Gegenmaßnahmen des Arbeitgebers im Falle einer Beeinträchtigung der Kampfabwehr arbeitskampfkonform zu suspendieren. Im Mittelpunkt steht auch hier der Eingriff in die Kampfparität.
15. Die betriebliche Mitbestimmung ist auch bei Maßnahmen im Zusammenhang mit Erhaltungs- und Notdienstarbeiten einzuschränken.
16. Im Ergebnis wirkt sich der laufende Arbeitskampf, unter den genannten Voraussetzungen, auf die in dieser Arbeit untersuchten und einschlägigen betrieblichen Mitbestimmungstatbestände des Betriebsrats einschränkend aus. Die betrieblichen Mitwirkungs- und Mitbestimmungsrechte werden im Lichte der Arbeitskampffreiheit wegen ihrer Paritätsrelevanz arbeitskampfkonform suspendiert.

17. Im Grundsatz stellt sich der Ansatz der arbeitskampfkonformen Auslegung als eine schlüssige und plausible Vorgehensweise dar. Er kommt bei den dargestellten Mitbestimmungsrechten zum Einsatz und kann die Erforderlichkeit einer Einschränkung feststellen. In Ausnahmefällen, in denen keine vorübergehende Verzögerung durch Ablauf einer Frist oder die positive Zustimmung des Betriebsrats festgestellt werden kann, kann es für die Feststellung der Paritätsrelevanz auf eine Abwägung im Einzelfall ankommen. Dies war etwa bei der Prüfung der Paritätsrelevanz von Unterrichtungsrechten der Fall. Mithin kann die Feststellung der Intensität einer Paritätsbeeinträchtigung einer Einzelfallentscheidung unterliegen. Bei den meisten Mitbestimmungsrechten kommt der Ansatz hingegen zu klaren Ergebnissen, ohne dass eine Einzelfallabwägung erforderlich ist.
18. Abschließend ist festzustellen, dass der Ansatz des BAG ein Gesamtkonzept beinhaltet. Der Ansatz stellt eine Konkretisierung der Interessenabwägung zwischen Arbeitskampffreiheit und Betriebsverfassungsrecht dar. Weitere Argumente können im Einzelfall Berücksichtigung finden. Die Arbeitskampfparität bleibt als Kern des Arbeitskampfes durch das BetrVG unangetastet. Der Ansatz des BAG ist mithin schlüssig und konsequent.

Printed by
CPI books GmbH, Leck

FSC
www.fsc.org
MIX
Papier | Fördert gute Waldnutzung
FSC® C083411

Kolibri 360 GmbH
Ferdinand-Jühlke-Straße 7
99095 Erfurt, Deutschland
produktsicherheit@kolibri360.de